谨以此书献给那些无辜逝去的生命，

并纪念世界反法西斯战争胜利七十五周年！

伯力城审判

KHABAROVSK TRIALS

孙家红 编校

九 州 出 版 社
JIUZHOUPRESS

图书在版编目（CIP）数据

伯力城审判 / 孙家红编校. -- 北京 ： 九州出版社，
2020.3

ISBN 978-7-5108-8902-8

Ⅰ．①伯… Ⅱ．①孙… Ⅲ．①第二次世界大战－日本
－战犯－审判－史料 Ⅳ．①K152

中国版本图书馆CIP数据核字(2020)第021478号

伯力城审判

作　　者	孙家红　编校
出版发行	九州出版社
地　　址	北京市西城区阜外大街甲 35 号（100037）
发行电话	(010)68992190/3/5/6
网　　址	www.jiuzhoupress.com
电子信箱	jiuzhou@jiuzhoupress.com
印　　刷	三河市兴博印务有限公司
开　　本	880 毫米×1230 毫米　16 开
印　　张	28.25
插页印张	0.5
字　　数	405 千字
版　　次	2020 年 6 月第 1 版
印　　次	2020 年 6 月第 1 次印刷
书　　号	ISBN 978-7-5108-8902-8
定　　价	75.00 元

庭审现场——被告席一

庭审现场——被告席二

日本关东军司令山田乙三接受审讯

苏联契尔特科夫少将法官宣布判决

致那些逝去的灵魂
——《伯力城审判》再版序

2015 年 5 月，《伯力城审判——沉默半个世纪的证言》在九州出版社首次出版。随后，受到新华社、《解放日报》、《人民法院报》、《中华读书报》、《中国纪检监察报》、《中国青年报》、《法制日报》等数十家媒体关注和密集报道。同年 8 月 15 日，本人又应邀在凤凰卫视"世纪大讲堂"栏目担任主讲，专门介绍了伯力城审判的来龙去脉。随后，中国法院网络电视台也进行系列专访，以示不忘历史，展望未来。

某位媒体记者曾经当面告知，原来对于二战之后的系列审判，国内媒体一般只涉及"三大审判"，即纽伦堡审判、东京审判，以及南京国民政府对于日本战犯的审判。这本书出版后，现已改成"四大审判"，并且在当年《人民法院报》为纪念世界反法西斯战争胜利 70 周年策划的整整 70 版纪念特刊中，为伯力城审判特别留下了两个整版。总之，这本书出版后，在极短的时间内便产生广泛社会影响，大大超出原来设想，也算是"无心插柳柳成荫"。

本人在原版序言中，曾提出一个主张，即：面对中华民族曾经遭受的苦难，我们应该学会从"拒绝遗忘"调换为"正视历史"。主要考虑到，我们以往对于历史——尤其苦难历史的"拒绝遗忘"，强调未免过多；相比之下，却似乎少了些许正视历史的勇气。当然，对于国家民族的苦难历史，我们都不应该遗忘，一方面，我们一般都会同意，拒绝遗忘并不是为了记住仇恨，而是为了更好地面向未来；另一方面，拒绝遗忘本身，并不足以帮助我们找到化解历史宿怨之道。因而，我们更需要在思想上学会正视历史，从历史中找到真正有价值的经验和教训。正如鲁迅先生所言，"真的勇士，敢于直面惨淡的人生，敢于正视淋漓的鲜血"。正视历史和正视现实一样，其实都需要十足的勇气。

于今而言，每当我们看到一些媒体上仍在不断上演"手撕鬼子"之类的"抗日神剧"，便忍不住想大声疾呼：赶紧把这些历史虚无主义的东西停止吧！我们有责任将历史的真相告诉大众，真正的战争绝非儿戏，炮火连天、枪林弹雨之下，是人类彼此之间的杀伐戕害。一个习惯戏说或歪说历史的民族，不仅令人感到浅薄幼稚，更注定是没有未来和希望的。

遗憾的是，我们对于这场与中国人关系密切的历史审判，不管是历史学界，还是国际法学领域，长期缺乏研究。2015年《伯力城审判》出版后，尽管在社会媒体产生广泛影响，但对学术界的触动似乎不大。2018年5月7日，全长22小时5分57秒的伯力审判原始录音资料，正式入藏吉林省长春市伪满皇宫博物院，欲图充分利用这批录音资料，恐怕尚需时日。

不管怎样，今日《伯力城审判》再版，给予笔者和读者一个重温历史的机会。让我们通过阅读历史，近距离感受那个黑暗年代中华民族所遭受的苦难悲歌。让我们通过阅读历史，磨砺心志，找到直面人生、正视历史和未来的勇气。

谨此向那个时代无数逝去的灵魂，献上最诚挚的哀悼和敬意！

是为序。

己亥冬月廿九日
于京西寄庐

从"拒绝遗忘"到"正视历史"（代序）

　　今年（二〇一五年）恰逢世界反法西斯战争结束的第七十年。可以想见，在世界范围内——尤其当年参战各国，将会有多种多样的活动来纪念这场旷日持久、创巨痛深的人类浩劫，关于这场战争的记忆将被大规模唤醒，许多战争往事则会以形形色色的方式，重新涌入现时人们的生活当中。在这抚今追昔的庄严时刻，本文所要论及的是一场近乎被国人遗忘、但十分重要的战后国际审判活动——一九四九年十二月二十五至三十日，在前苏联远东城市哈巴罗夫斯克（Khabarovsk）针对日军"准备和使用细菌武器"的战争罪行，对包括最后一任关东军司令山田乙三等人在内的十二名日本战犯进行的公开审判。因为哈巴罗夫斯克原属中国领土，在汉语中旧名"伯力城"，故这场审判又名"伯力城审判"或"伯力审判"（Khabarovsk Trials）。

　　伯力城审判产生于特定的国际时势背景下，长期遭受人为"曲解"和掩饰，并未引起足够重视。二战后，关于战犯的国际军事审判，最著名者莫过于纽伦堡审判（Nuremberg Trials，一九四五年十一月二十一日至一九四六年十月一日）和东京审判（Tokyo Trials，一九四六年一月十九日至一九四八年十一月十二日），此二者不仅为战争犯罪审判开辟崭新纪元，更衍生若干国际法律规范，对形塑战后世界政治格局影响深远。历来关于这两场审判的研究者和研究成果众多，也最为国人熟知。但就战后远东国际军事法庭对日本战犯的审判惩处而言，与日本军国主义所犯下的诸般战争罪行相比，太过局限。

即如关于日本战争罪行的揭露发现，乃至相关战犯的审判追责，都很不彻底，或曰存在严重的"漏罪"问题。仅就中国所遭受的战争苦难来说，在数十年日本侵华战争中，除常规战争带来的破坏摧残、奸淫掳掠等暴行外，还有更令人发指的，日军利用中国人进行的各类"活体实验"、[①] 细菌武器开发、实施细菌战等罪行。

二战结束前后，中国的南京国民政府和苏联政府曾就日本细菌战罪行进行调查取证，随将所获各项证据材料提交远东国际军事法庭，苏联甚至还曾押送两名亲身参与实施细菌战实验的日本战俘（柄泽十三夫和川岛清）到东京作证，拟就日军细菌战罪行提起诉讼。但在美国政府的野蛮干预和精心掩护下，昔日细菌战罪魁石井四郎、北野政藏、若松次郎、笠原辛雄，以及亲自批准组织进行细菌战的裕仁天皇等人，皆被免于起诉，幸逃法外。这样一个结果，对于那些因为细菌战（包括相关实验）而遭受伤亡的各国罹难者——尤其对于其中占据绝大比例的中国罹难同胞来说，显然有失公平和正义。

为何会发生这样的状况？从二战结束前后的国际形势来看，随着战事逐渐接近尾声，围绕国家利益和意识形态等方面的对立分歧，美、苏两大阵营之间的角逐竞争日益激烈。自一九四六年三月五日英国首相丘吉尔在美国富尔顿发表"铁幕演说"，冷战正式拉开序幕。而发生于一九四六年一月至一九四八年十一月的远东国际军事法庭审判，自调查取证、开庭审理，乃至裁判处决，整个过程都被笼罩在冷战的阴云之下。最终，东京审判历时两年有余，竟未能将日本细菌战犯送上国际法庭，这不能不说是一种历史的遗憾。

然而，对日本细菌战罪行的揭发取证、对细菌战犯的国际司法审判并未就此终结。同样基于美、苏两大阵营的针锋对立，一九四九年十二月二十五日至三十日，苏联在其远东著名城市伯力城设置特别军事法庭（即滨海军区军事法庭），从当时拘禁的数万战俘中遴选出十二名细菌战犯，就其所犯细菌战争罪行，进行公开审判。这十二名战犯分别是：前日本关东军总司令陆军

---

① 其实遭受日军"活体实验"者众多，除大量中国同胞外，还有不少苏联人，甚至美英战俘。

大将山田乙三，前日本关东军医务处长军医中将梶冢隆二，前关东军兽医处长兽医中将高桥隆笃，前第七三一细菌部队部长军医少将川岛清，前第七三一部队分部长军医少佐柄泽十三夫，前第七三一部队部长军医中佐西俊英，前第七三一部队支队长军医少佐尾上正男，前第五军团军医处长军医少将佐藤俊二，前第一〇〇细菌部队科学工作员中尉平樱全作，前第一〇〇部队工作员上士官三友一男，前第七三一部队第六四三支队医务实习员上等兵菊地则光及前第七三一部队第一六二支队医务实验员久留岛祐司。经过这场审判，苏联向全世界昭告日军曾在战争期间"准备和使用细菌武器"的犯罪事实，成为向以美国为首的国际阵营对战的有力"外交武器"。

这场由一个国家（苏联）组织特别军事法庭，对另外一个国家（日本）的细菌战犯进行审判的国际司法活动，尽管在法庭组织、审判规则、实体运用等方面存在一定瑕疵，[①] 尤与晚近发生的纽伦堡审判和东京审判迥然不同，但因其中揭露的日本"准备和使用细菌武器"等内容属于严重战争罪行，早被多项国际战争法规和惯例[②] 谴责、排斥；并且，苏联以一种近乎点名的方式，直斥"某个有力的大国"（即美国）掩盖这些令人发指的战争罪行，以

①　这场审判存在的问题其实很多。比如，日军"准备和使用细菌武器"等犯罪行为主要发生在中国境内，按照一般国际法惯例和规则，理应由中方行使主要审判职责，并充分考虑中国人民在日军进行"活体实验"和细菌战争中所受之伤亡损失。但在当时情况下，中国战争疮痍未复，尚无法进行此类审判活动，而在苏联主导下的这场审判活动，基于苏联国际社会主义运动领袖的霸主地位，更侧重苏联国家、军队和民众所遭受的战争损害，在一定程度上忽视了中国的国家主权和人民利益。

②　如一九二五年六月十七日在日内瓦签署的《禁止在战争中使用窒息性、毒性或其他气体和细菌作战方法的议定书》，规定："鉴于在战争中使用窒息性、毒性或其他气体，以及使用一切类似的液体、物体或器件，受到文明世界舆论的正当的谴责；鉴于在世界上大多数国家缔结的条约中已经宣布禁止这种使用，为了使此项禁令被普遍接受为国际法的一部分，对各国良心和实践具有同样的约束力"，兹宣告："各缔约国如果尚未缔结禁止这种使用的条约，均接受这项禁令，各缔约国同意将这项禁令扩大到禁止使用细菌作战方法，并同意缔约国之间的关系按照本宣言的条款受到约束。"（王铁崖、朱荔荪等编：《战争法文献集》，解放军出版社，一九八六年，第一四〇至一四二页）虽然日本、美国同为发起签署国，但该议定书并未获本国政府批准，为此后两国的细菌武器研究、应用埋下伏笔。最终，日本直到一九七〇年五月二十一日才批准加入此议定书，美国则至一九七五年四月十日也批准加入，而中国的南京国民政府早在一九二九年八月二十四日便已批准加入。

致相关罪犯未能在远东国际军事法庭交付审判，得到应有惩罚；所以，这场审判一经公开报道，国际反响十分强烈，美方在难以否认基本事实的前提下，只能不断声称这场审判是一场"政治秀"（Political Show），只是苏联进行的宣传伎俩而已，刻意在媒体上加以歪曲和反宣传。然而，随着一九八〇年代以来美国政府相关档案解密，通过一些记者、学者研究揭发，[①] 美国当年攫取日本细菌战实验材料，聘用石井四郎等细菌战犯进行细菌武器开发，借以推进本国细菌战水平，并在随后的朝鲜战争中针对朝鲜和中国部分地区施放细菌武器等事实，早已大白于天下。今日观之，美国当时虽以极低成本自日本细菌战犯手中获取大量"活体试验"和细菌战武器资料，但在此件事情上所根本牺牲的，却是一个以"道德楷模"和"国际警察"自命的大国道义形象。

在战后关于战犯的系列审判活动中，伯力城审判是相当重要的一环。正如前言，继纽伦堡审判之后组织的远东国际军事法庭审判，使日本的主要细菌战犯逃脱法网，免于刑责。遗憾并令人费解的是，大约在此前后，在南京国民政府组织的数次大规模审判日本战犯活动中，对于日本细菌战罪行的调查取证、相关战犯的审判处理，一直未见有明显动作。（或因忙于内战，或许是在某一大国压力下不得已而为之？有待进一步揭示。）因而，专门针对细菌战犯罪的苏联伯力城审判，尽管其中存在不少瑕疵，但作为二战后或曰人类历史上第一次针对细菌战犯罪的国际审判，正式开启了人类审判生化武器犯罪的正义之路，意义非凡。

再从后续发展来看，苏联在伯力城对于日本战犯的公开审判，为中国的战犯审判提供了经验。一九五〇年七月苏联将九百六十九名战俘（连同部分讯供材料）移交中国，关押于新成立的抚顺战犯管理所。一九五六年六至七月中华人民共和国最高法院在辽宁沈阳和山西太原组织特别军事法庭，开庭

---

① 最重要的开篇之作当属约翰·W·鲍威尔（John W. Powell）的《日本的生化武器：1930—1945》一文，载于《原子科学家公报》（Bulletin of the Atomic Scientists），一九八一年十月。该文又载于同年《纽约时报》，一九八一年十一月一日，第四五页。

审理武步六藏、铃木启久等四十五名战争犯罪嫌疑人（含此前羁押于太原战犯管理所者）。据曾经担任沈阳特别军事法庭审判长的袁光将军回忆，当时"找来苏联在伯力审判日本战犯的程序，有厚厚两大本，基本上就采用了人家的程序"。[①]另有证据表明，苏联的伯力审判记录更成为一九五六年沈阳特别军事法庭审办日本细菌战犯榊原秀夫案件的一项重要书证。[②]当然，中国对于日本战犯的司法审理，有不少法律实体和司法程序方面的创造，亦绝非照搬苏联经验；而从战犯认罪和思想改造效果看，中国的"以德服人"策略明显更深入人心。

在一九四九年十二月二十五至三十日伯力城审判完结后，苏联有关当局便着手将审判资料公开出版。一九五○年四月底或五月初，经过编辑整理，设于莫斯科的国立政治读物出版局便以俄文出版了一本名为《前日本陆军军人因准备和使用细菌战武器被控案审判材料》的书。[③]随后，该书被译成多国文字，由苏联的外国文书籍出版局出版印行。从笔者所见中文、英文、日文、德文四种版本样式窥之，该书并无完整版权标识或销售信息（如经销定价），应属官方特种印刷品，可能仅限政府或政党间交流使用，因而存世数量较为稀少。有鉴于此，但凡得此原本者，无不加以珍视；甚或争取机会，整理出版，以此警世。据笔者有限所见，除一九五○年苏联外国文书籍出版局的中文原版外，近二十年间，该书至少在中国已被三次重新出版，且均经改拟书名，大致如下：（1）《伯力审判——12 名前日本细菌战犯自供词》（吉林人民出版社，一九九七年一月），署作"佛洋编写"。（2）《1949 伯力大审判：侵华日军使用细菌武器案庭审实录》（解放军文艺出版社，二○○五年一月），署作"姜力编"。（3）《日本细菌战战犯伯力审判实录》（湖南人民出版社，二

---

① 袁光：《从红军战士到军法将军》，江西人民出版社，一九九八年，第一五三页。

② 王战平：《最高人民法院特别军事法庭审判日本战犯纪实》，人民法院出版社、法律出版社，二○○五年，第三六一页。

③ 一九五○年五月十四日《人民日报》（第四版）转载塔斯社莫斯科十日讯："苏联国家政治读物出版局最近出版《被控犯有准备及使用细菌武器罪的前日本武装部队人员审讯案材料》的专辑。真理报与消息报皆著文评论该书。"

〇〇五年五月），署作"王国栋编译"。以上三者，虽然书名和署名方式各异，但内容并无二致。此外，该书的日文版与中文版大致同时出版，并很快传到日本。一九八一年十月，曾经沦为苏联战俘的日本作家山田清三郎，根据本书的日文原版，以纪实文学的笔法撰写发表了《细菌战军事裁判：记录小说》（新兴出版社发行）一书；次年七月，不二出版株式会社又在该书日文原版基础上影印重版，并改名为《公审记录——七三一细菌战部队》，侧面表明日本民间确有一些人士对于这场重要的审判表示关注。

如今在中国大陆，中文原本既难获见，三次重版本也早经售罄，时逢世界反法西斯战争胜利七十周年，"为了忘却的纪念"，很有必要再次重版此书。本次重版，酌将书名改拟为《伯力城审判——沉默半个世纪的证言》，一则以审判发生地地名称之，比较符合国际语文惯例；二则言该书"沉默半个世纪"，乃因中国（提前）释放最后三名日本战犯在一九六四年四月——自此关于日本战犯的个体的诉讼问责宣告终结，国内关于日本细菌战罪行的研究揭发也骤然沉寂，距离提出本次出版动议（二〇一四年）正好五十周年，故命此名。

另外，笔者在查阅相关资料过程中发现：数十年来，中国的知识界对于这样一场重要而特别的伯力城战犯审判，一直鲜有深入专门的研究成果。对于普通民众而言，则更"难得周郎顾"。目前中国学界基本限于利用伯力城审判的历史记录，讨论研究中国抗战期间的细菌战、活体实验等问题，或根据新近发现资料或实地调查报告，就伯力城审判中未能发现或存在偏差的细菌战史实，进行补充和修正。换言之，比较侧重在细菌战或抗战史的框架下进行讨论。相比之下，对于这场审判的来龙去脉，绝大多数论者只是根据目前这本伯力城审判材料，作些简单介绍而已。因而，透过冷战的历史烟云，全面厘清伯力城审判的历史背景、审判过程、时代反响及其历史遗绪，尚是亟待研究开发的宏大学术课题。

最后，我们应该如何看待日本数十年侵华战争期间给我们的国家民族所造成的巨大伤害？又该如何看待惨酷无比的"活体实验"和细菌战罪行？一一九六二年六月，前远东国际法庭法官梅汝璈先生在追述南京大屠杀的一篇文章结尾处特别写道："我不是复仇主义者。我无意于把日本帝国主义者欠下我们的血债写在日本人民的账上。但是，我相信，忘记过去的苦难可能招致未来的灾祸。"[①] 然在笔者看来，追溯或纪念历史的意义，不仅在于拒绝人类对于痛苦经历近乎本能的"选择性遗忘"，更在于正视历史惨淡的真实，深刻反省：人类何以一面高扬理性的旗帜，礼赞人性的光荣伟大，另一面却在同类间大肆杀戮，以致给彼此民族造成沉痛灾难？我们相信，只有从真实的历史中吸取足够的教训，才能寻绎出人类未来的光明前景。

事实上，第二次世界大战给予当今世界的影响始终没有消歇。遑论这场大战所形塑的崭新世界格局与战前迥然不同，亦不论这场大战后的世界格局又经历几多沧桑剧变，单就这场战争中所投入的一些新式杀人武器（如原子武器、生化细菌武器）来说，其对人类道德伦理乃至精神世界造成的严重冲击，仍时常成为人们热议的话题，乃至引起公众的警惧或恐慌。与此同时，自世界范围看，包括当年交战各国（尤其一些"大国"）在内，今天的人们对于这场战争的认识和反省，既难言完全一致，更难说有多么彻底。日本政府一方，对于当年侵华战争的态度，经常游移于有限承认和坚决否定之间。媒体亦时常曝出部分人士否定侵略战争的言论，甚至有一些政府官员不断为当年的甲级战犯招魂献祭。对于日本二战时期"准备和使用细菌武器"的罪行来说，不仅绝大多数细菌战罪魁最终逃脱刑责，得享天年，有的甚至复出政坛，成为美国当年太平洋战略的重要棋子。日本政府亦从未就此正面表示道歉。二〇〇七年五月日本最高法院终审驳回中国一百八十名细菌战受害者的上诉，虽然没有否定日军当年细菌战犯罪事实，但拒绝对受害者进行赔偿，便足以说明一切。

当然，作为另一方的中国，在追溯或纪念这场人类"大浩劫"的时候，也有必要让我们的公众了解真实的历史，进而在真实历史的基础上，学会面

---

① 梅汝璈：《关于谷寿夫、松井石根和南京大屠杀事件》，载梅小璈、范忠信选编：《梅汝璈法学文集》，中国政法大学出版社，二〇〇七年，第四〇八至四〇九页。

对历史的经验和教训，做到"前事不忘，后事之师"。或许，中日两国只有双方都能真正学会正视历史，才能从历史的沉疴中解脱出来，更加妥善地处理两国关系，在谋求两国人民乃至人类和平福祉的大业中有更积极的作为。至所企盼！

二〇一五年二月十八日

于京西寄庐

编校凡例

一、旧译人名、地名及其他专有名词，一般不作改动。如：巴士特尔（巴斯德）、芦沟桥（卢沟桥）、海乐英（海洛因）、列宁格拉（列宁格勒）、奥斯维子姆（奥斯维辛）等。

二、部分名词译法与当今译法不同（如立脱尔、托拉尼脱尔），恐生费解，酌加小注。

三、书中"的""地""得"，及"哪""那"用法多不统一，今参考现代汉语规范，予以统改。"做"、"作"二字虽有未协，然难用现代标准统之，姑保留原样。

四、书中采用汉字计数，今皆保留原样。

五、原书多处"公分"系"克"（Gram）之误译，今参照本书英文译本逐一校改，不单出注。

六、"文件证据"部分，有若干文字下附着重号，考虑其有特别用意，酌予保留。

七、原书译者于部分文件中加有"译者注"，今全部保留，并根据实际页码信息，略作改动。编校者所加者，则在相应文字后标以"编校者注"，以示区别。

八、对于书中出现的"满洲国"，中国政府从未认可；书中"蒙古人民共和国"（或简称"蒙古"）则至一九四六年二月由中国政府承认其独立。为方便读者研究，对书中这些文字未作改动，特此说明。

目 录

序　言

　　一九四九年十二月二十五日至三十日，在伯力城举行了前日本陆军军人十二名因准备和使用细菌武器被控一案的审判。

　　被提交法庭审判的有前日本关东军总司令陆军大将山田乙三，前日本关东军医务处长军医中将梶冢隆二，前关东军兽医处长兽医中将高桥隆笃，前第七三一细菌部队部长军医少将川岛清，前第七三一部队分部长军医少佐柄泽十三夫，前第七三一部队部长军医中佐西俊英，前第七三一部队支队长军医少佐尾上正男，前第五军团军医处长军医少将佐藤俊二，前第一〇〇细菌部队科学工作员中尉平樱全作，前第一〇〇部队工作员上士官三友一男，前第七三一部队第六四三支队医务实习员上等兵菊地则光及前第七三一部队第一六二支队医务实验员久留岛祐司。

　　本案系由滨海军区军事法庭公开审判，法庭审判长为少将法官契尔特科夫，审判员为上校法官伊里尼茨基和中校法官沃罗比耶夫。担任国家公诉人的是三级国家法律顾问斯米尔诺夫。各被告均由相当律师作过辩护：陆军大将山田由莫斯科律师公会会员柏洛夫作辩护；军医中将梶冢由莫斯科律师公会会员山尼科夫作辩护；兽医中将高桥由莫斯科律师公会会员兹维列夫作辩护；军医少将川岛由莫斯科律师公会会员波罗维克作辩护；军医少将佐藤由莫斯科律师公会会员波加切夫作辩护；军医少佐柄泽和军医少佐尾上由伯力边区律师公会主席鲁克杨杰夫作辩护；军医中佐西俊英和中尉平樱由伯力边区律师公会会员波尔霍维金诺夫作辩护；上士官三友、上等兵菊地和久留岛三人由滨海边区律师公会主席普罗珂坪科作辩护。

在法庭上作出关于细菌和医学问题结论的检验委员会委员为：苏联医学科学院大学士茹科夫－费勒什尼科夫、军医上校克拉斯诺夫、伯力医学研究院微生物学系主任科萨列夫教授、伯力医学研究院微生物学系助教里甫金娜、兽医中校亚历山大洛夫、寄生物学家科兹洛福斯卡娅。

本集内仅刊载有审判案正式材料。

预审文件即起诉书以及某些文件证据和关于各项基本罪状审讯记录，系按本案存件公布。

庭审材料即各被告供词和最后陈述、各证人在法庭上所作供词（摘录）、检验委员会结论、国家公诉人演词及各辩护人的发言，系按本案正式速记录公布。

预审文件

起诉书

　　因前日本陆军军人山田乙三、梶冢隆二、高桥隆笃、川岛清、西俊英、柄泽十三夫、尾上正男、佐藤俊二、平樱全作、三友一男、菊地则光及久留岛祐司犯准备和使用细菌武器罪，即犯苏联最高苏维埃主席团一九四三年四月十九日法令第一条上所定罪行一案而提出的起诉书。

　　在多年以内，帝国主义的日本曾是远东方面侵略势力的主要策源地。

　　帝国主义日本的当权集团，同希特勒德国和法西斯意大利一起结成罪恶阴谋联盟，曾策划、发动并进行侵略战争反对各爱好和平国家人民，以期和希特勒德国共同建立世界统治。

　　这些侵略战争的目的，就是要建立所谓"大东亚共荣圈"，即建立一个由日本统治的殖民地国家。此种力求用强力掠夺日本邻近诸爱好和平国家广大领土以期建立这样一个殖民地国家的事实，也就表明日本帝国主义者怀有极端强烈的扩张意图。

日本当权集团的侵略野心该是如何巨大，这从日本政策主要领导人的多次公开声明中便可看出。

日本主要战犯之一，即日本军国主义侵略集团"思想家"桥本金五郎，在一九四二年一月五日《太阳大日本》报上发表的一篇标题为"大东亚帝国共荣圈"的论文中写道，这个"共荣圈"内应包括下列诸国："日本、满洲、中国、苏联远东地区、马来亚、荷属东印度、英属印度、阿富汗、澳大利亚、新西兰、夏威夷、菲律宾，以及太平洋和印度洋各岛屿。"

在那按日本天皇特令设立而由日本首相直接管辖的"总体战研究院"所规定的各种计划和方案内，所谓"大东亚"版图也恰恰是这样划定的。

日本帝国主义者的一切罪恶计划中，都是把侵略苏联一举看成为主要的任务。日本军阀实行侵略的战略计划内，通常是把苏联叫做"第一号对象"。

他们在日本居民中间曾广泛宣传反苏的掠夺战争。此种宣传在所有一切完全受日本政府情报部管制的日本刊物上，都曾进行过。

日本当权集团为实现其罪恶计划，采取过多次侵略行动：

一九三一年，日本武装力量挑起了所谓"沈阳事件"，随即侵入满洲，并将其占领；

一九三七年，日军挑起了所谓"芦沟桥事件"，随即侵入中国内地；

一九三八年，日本军阀在哈桑湖地区向苏联举行侵犯，但被苏军击溃；

一九三九年，日本帝国主义者在哈勒欣河地区侵犯苏联的友邦蒙古人民共和国，但也被蒙古人民共和国和苏联的武装力量击溃；

一九四一年末，日本军阀把日本卷入第二次世界大战，站在希特勒德国方面作战。

只是由于苏联军队对集中在满洲的日本主要突击力量关东军，给予了决定性的歼灭打击而使日本向联盟国投降之后，日本的侵略才告停止。

有关日本帝国主义侵略的诸事件，业已在东京举行的日本主要战犯案国际审判中审核过了。国际军事法庭，确定日本当权集团与希特勒德国共同策划、发动并进行了诸次侵略战争，确认日本当权集团在多年以内，曾积极准备大规模反苏的侵略战争。军事法庭确认了日本于一九三八年在哈桑湖地区及一九三九年在哈勒欣河地区两次进行反苏侵略战争，均系事实。同时军事法庭又已确认，日本与希特勒德国及法西斯意大利结成反和平反人类的罪恶阴谋，亦系事实。

军事法庭同样确定了日本根本违反战争法规和惯例的事实，其表现就是日本军阀曾用残暴手段对待战俘及占领区和平居民。

本案预审结果业已查明：日本帝国主义者在策划和准备其反苏和反其他国家的侵略战时，为达到其目的计，曾立意大规模地使用，并且在局部上已经使用过细菌战武器这种大批歼灭人命的罪恶工具。

建立特种部队来准备和进行细菌战

预审结果查明，在占领满洲后不久，日军参谋本部和日本陆军省就在满洲境内建立了一个细菌实验所，并将其划归日本关东军建制内。该实验所系由日本著名细菌战思想家，以后晋升为军医中将的石井四郎主持。实验所中专门研究用烈性传染病菌进行攻势细菌战的方法。

据前日军军医少将，被告川岛清供称：一九三五至一九三六年间，已由日本参谋本部和陆军省按照天皇裕仁诸次秘令在满洲境内成立有两个用来准备和进行细菌战的极端秘密部队活动。

为保守秘密起见，就将其中一个以石井实验所为基础建立的部队命名为"关东军防疫给水部"；另一个部队则叫作"关东军兽疫预防部"。一九四一年，当希特勒德国开始进犯苏联后，这两个机关就用番号秘密称为"第七三一部队"和"第一〇〇部队"。"第七三一部队"由上述石井四郎领导。"第一〇〇部队"由兽医少将若松主持。

这两个部队内都配足有细菌学专家，其中工作人有许多是由日本最著名细菌学家指导的科学技术人员。单就第七三一部队内便大约有三千工作人员这点说来，已足证明这两个细菌部队工作的巨大规模了。

日本统帅部曾拨出巨款以供各该制造细菌战武器的部队之用。例如，为了展开第七三一部队的活动，特于一九三九年间在距哈尔滨二十公里远的平房站一带，建成了一座大军用市镇，其中设有许多实验室和办事室。储存有大量原料品。市镇周围划定了一个禁区，以资严守秘密。该部队有自己的航空队，并在安达车站附近设立有一个特种打靶场。

第一〇〇部队设在长春以南十公里的孟家屯，也拥有广阔的房舍、特种设备和大片土地以供使用。

第七三一部队与第一〇〇部队下面，分设有许多交由日本关东军各部队和各兵团指挥的支队，这些支队都位置在与苏联毗邻的各主要战略方面。（案卷第十四卷，第二九页）

各支队的主要任务，是要准备在战争中实际使用各该细菌部队所制造出的细菌武器。

细菌部队及其各支队均直接受日本关东军总司令管辖。

证实这点的除了各证人和各被告的供词外，还有前日本关东军总司令梅津美次郎一九四〇年十二月二日所发布，而于一九四五年被苏军在满洲缴获的关于建立和分布第七三一部队四个新支队的命令。（案卷第十五卷，第三页）

继梅津之后任日本关东军总司令，现为本案被告的山田将军在供状中也证实说，细菌部队都是直接受他管辖的。（案卷第十八卷，第三八三页）

被告山田乙三在说明第七三一部队的任务时供称：

　　……第七三一部队成立的目的是准备细菌战，主要是反对苏联，同时也反对蒙古人民共和国和中国。（案卷第十八卷，第三八二页）

据山田供称，日本准备细菌战，也是要反对其他国家。（案卷第十八卷，第三八三页）

山田还供称，第一〇〇部队的活动，就是制造供细菌战用的细菌武器。（案卷第十八卷，第三八二页）

此外，第一〇〇部队还"负责进行军事破坏活动，即用病菌去传染牧场、牲畜和蓄水池。在这方面，第一〇〇部队的工作是与关东军司令部侦探部有密切联系的……"（案卷第十八卷，第一七一页）

前日本关东军兽医处长兽医中将被告高桥也供称："兽疫部队"的任务是要准备和进行细菌战和军事破坏活动。（案卷第十一卷，第五四页）

在该两部队及其他各支队中，曾有计划地进行细菌学研究，以求确定可以作为细菌武器的最有效细菌种类，并探求出大批生产此种细菌以及使用此种细菌去消灭大批人命和借传染牲畜庄稼来造成经济损害的方法。

第七三一部队内共设有八部，其中只有一部（第三部）经管给水和防疫事宜。但就在第三部的生产作坊内，也制造名叫"石井式飞机弹"的特种细菌弹壳。这些炸弹是用来从飞机上散播染有鼠疫的跳蚤的。（案卷第二卷，第二六三页）

第七三一部队内所有其余各部，完全是在干准备和进行细菌战的事情。

预审材料证实，该部队第一部专为进行细菌战来研究和培养鼠疫菌、霍乱菌、坏疽菌、炭疽热菌、伤寒菌、副伤寒菌及其他病菌，以便在细菌战中加以使用。

在此种研究过程中，不仅用动物，而且用活人来进行实验，为了这个目的，就设立有一个能容三四百人的内部监狱。

第二部，即所谓实验部，负责在打靶场条件下以及在战斗环境内试验细菌武器。

第二部管辖有一个特别航空队，其中飞机上都有仪器装配，并管辖有设立在安达站附近的一个打靶场。该部下面设有一个分部来专门培育与繁殖供散布鼠疫用的寄生虫。

第二部专门制造散布细菌的特种武器：自来水笔式和手杖式的投掷器、瓷质飞机弹等等。从在日军档案中发现的别动队武器表上可以看出，日本人曾把自来水笔式投掷器采用为一种武器。（案卷第十六卷，第十六页）

另一部叫作"训练"部，该部专为日军战斗分队和别动队造就善于使用细菌战武器的专门人材。

为了大量培制足供细菌战需用的细菌，第七三一部队内设有一个生产部（第四部）。据前该部部长，被告川岛所说，这生产部是大规模出产各种细菌的"工厂"。

该部具有强大仪器装备，分为两个分部，每一分部都能独立生产细菌。第一分部有以下基本设备：制细菌营养液的大锅炉四具，每具容量为一吨；营养液消毒器十四具，每具长三公尺，直径一公尺半。每一消毒器内可容三十个由第七三一部队长官石井发明的特种培养器。第一分部内有两个冷却细菌营养液的房间。每个房间内能同时容下一百个培养器。该分部内还有五个调温器，总共可容六百二十个石井式培养器。

第二分部内有大锅炉两具，每具容量为二吨，消毒器八具，每一消毒器内可容六十个培养器，此外还有其他设备。

第四部内尚有保存现成"产品"的特种冷藏器。

根据第七三一部队培养细菌主要设备出产能力的材料，法庭检验委员会确定：在总共不过几天的一个生产周期内，单只第七三一部队内的此种装备，就能出产不下三万万亿微生物。检验委员会强调指出，若按生产期限说来，此种细菌产量应认为是非常巨大的。

这种强大的细菌出产量，就使第七三一部队和第一〇〇部队人员曾用公斤来计算他们所培养出的细菌胶状体。这也就说明，为什么各被告在口供中说用公斤来计算细菌数量，须知他们所指的是直接从营养液浮面上取出的乳浆状浓细菌体的重量。

例如，在说明第七三一部队的生产能力时，被告川岛供称：

> ……按生产设备及其生产能力说，该生产部内每月能培制出三百公斤鼠疫细菌。（案卷第三卷，第三一七页）

另一被告柄泽同样供称：

……细菌生产部出产能力……在全部设备都动用起来时……每月能出产三百公斤鼠疫细菌。（案卷第四卷，第二八六页）

据预审材料证实以及检验委员会确定：所有这些大量出产的传染病菌，包括鼠疫菌、霍乱菌、伤寒菌及其他病菌在内，都是用去制造细菌武器，以便大批消灭人命的。

在第七三一部队及其各支队中，也曾大规模养育跳蚤，以后使其受到细菌传染。为了繁殖和传染跳蚤，使用过老鼠及其他鼠类动物，这种动物不仅是由各该细菌部队人员去搜捕，并且还由关东军各部队内所指定的专门队伍去捕获。

单就第七三一部队内拥有四千五百具用鼠类血液繁殖跳蚤的孵育器这点说来，就可知道培养跳蚤的巨大规模了。

按各被告所供，这种孵育器的生产能力在短时间内能培养出几公斤染有鼠疫的跳蚤，据检验家计算，这几公斤的重量就相当于数千万个专门用作细菌武器的跳蚤。

关于繁殖跳蚤的巨大规模还可从如下事实中看出：据证人森田供述，单在海拉尔第五四三支队内，一九四五年夏天就同时养育有约一万三千只老鼠。（案卷第二卷，第二三九页）

预审材料证实，另外两个日本细菌部队，即一九四一至一九四三年期间由被告军医少将佐藤在华中和华南指挥过，而用暗号称呼的"波"字部队和"荣"字部队，也同样进行过细菌战准备工作。

据被告佐藤供称，"荣"字部队拥有大量培养细菌以供进行细菌战之用的生产能力。

据法庭医学检验委员会证明，第七三一部队和第一〇〇部队按其生产能力和活动性质来说，都是为了要进行积极的细菌战。（案卷第九卷，第一五五页）

据被告山田供称，日军"……曾批准了并采取了使用细菌武器的如下三

种主要方法：从飞机上散布细菌，投掷细菌弹，以及进行军事破坏……"（案卷第十八卷，第一三一页）

按日本帝国主义者的计划，专门装置的飞机以及受过特别训练的战斗部队和破坏队匪徒，其任务就是在前线和敌后大量散染有鼠疫、霍乱、伤寒、鼻疽、炭疽热及其他烈性传染病的致命细菌，并用一切可能办法传染居民点、蓄水池、水井、庄稼和牲畜群等。日本帝国主义者的罪恶计划是打算利用致命细菌之迅速繁殖的性能，蓄意向敌军中和敌方和平居民中散布鼠疫、霍乱等等传染病，借以引起可怖的瘟疫，而使千百万人遭到惨死。他们决心运用这种不仅对交战国居民，而且对中立国都能造成极大危害的残忍武器。

在活人身上进行罪恶实验

为检查细菌武器效能所曾采用的基本方法，就是有系统地和大规模地用活人来进行惨无人道的罪恶实验。

这种罪恶实验，曾施之于中国参加抗日运动的爱国分子以及苏联公民身上，这些人都是日本宪兵机关确定要用惨酷手段加以消灭的。

预审材料证实，日本细菌部队人员拿活人来作罪恶实验而将他们残酷杀害一事，都是经过日本关东军总司令认可和同意的。

被告山田供述，他曾准许用活人来进行实验。

山田供称：

我……曾准许人们去进行此种实验，因而我在事实上也就是批准了强行杀害那些都是由我所管辖的关东宪兵队机关和各日本军事团送去受实验的中国人、俄国人和满洲本地人……（案卷第十八卷，第一七四页）

作为证人受讯的古都，供出了关于在活人身上进行伤寒病传染实验的情形。

他供称：

> ……大约在一九四三年初，我奉第七三一部队第一部长官田部井命令，初次参加对该部队监狱内犯人作传染伤寒病的实验。我预先准备了一公升投有伤寒病菌的甜水，然后把这一公升甜水用普通水冲淡，就分给约五十名中国犯人喝了，据我所记得的，他们都是战俘，其中只有几个人事先受过预防伤寒病的注射。（案卷第五卷，第三〇八页）

被告川岛清在被讯关于第七三一部队第一部活动情形时供称：

> ……第七三一部队中，广泛地拿活人来作过检查各种致命细菌效用的实验。用来作这种实验的材料，就是日本反侦探机关确定要加以消灭的中国爱国分子和俄国人……（案卷第三卷，第五九页）
>
> ……第七三一部队内设有拘禁犯人的特别监狱，其中所有要用来受实验的犯人，均严被看管和隔绝；为了保守秘密起见，本部队工作人员通常都把他们叫作"木头"。（案卷第三卷，第一四六页）

在近似战斗环境的野外条件下，即在特种装备的打靶场上，也同样用活人来进行惨无人道的实验。先把被禁闭者一一绑在打靶场内的铁柱子上，然后就对他们进行检查各种细菌弹效能的实验。

被告柄泽供称：

> ……我两次到安达站打靶场那里，亲身参与过在野外条件下用活人来实验细菌的作用。第一次是在一九四三年末，当时有十个人被押到打靶场上来，他们被绑在事先就栽在土里彼此相隔五公尺的柱子上。

然后就在距他们五十公尺以外的地方，借电流爆发了一颗开花弹。结果有几个受实验的人被弹片炸伤，立刻——这点我事后才知道——就受到了炭疽热的传染，因为这炸弹内面就装的是这种病菌……

第二次我到打靶场上去参加实验，是在一九四四年春季；当时解来了十个人，也和第一次一样，把他们都绑在柱子上，然后在距离受实验者约十公尺的地方，爆发了一颗装有鼠疫细菌的炸弹。（案卷第四卷，第四二页）

另一个在安达站附近打靶场上参加了此种罪恶实验的被告西俊英供称：

……一九四五年一月间，我曾在安达站附近第七三一部队打靶场上，亲自看过那里由该部队第二部部长碇常重中佐协同该部科学人员二木一起，在十个中国战俘身上进行坏疽病传染的实验。这十个被俘的中国人被绑在各距十至二十公尺的柱子上，然后就借电流爆发了一颗炸弹。结果这十个人都被带有坏疽菌的榴霰弹所炸伤，一星期后他们全都痛苦万分地死去了。（案卷第七卷，第一一三页）

惨死者的尸体就在第七三一部队监狱近旁特别装设的焚尸炉里被焚化了。本案受讯的各证人和被告，都供出了所有被当作"实验材料"落到第七三一部队特设监狱刑场中的人们遭受种种残酷拷打、暴刑和侮辱的事实。

证人仓原供称：

……在每一层楼上都有几个供实验用的房间，中部有几个小牢房，那里禁闭有受实验的人，或如曹长田坂告诉我说，这就是该部队内所叫作的"木头"……我记得很清楚，这个监狱里除了中国人外，还拘禁有俄国人。在一间小牢房里，我看见有一些中国妇人……关在牢房的人都戴有脚镣……三个中国人没有手指了，其余的人只剩下手指骨

头。吉村向我解释说，这是他对他们作过冻伤实验的结果……（案卷第二卷，第三七一页）

作为证人受讯的前日本"保护院"集中营副主任山岸供称：

……我记不得所有被发送到第七三一部队里去消灭的那些人的名姓。不过我至今还记得有几个人……一个是苏军兵士德姆琴科，他根本拒绝供出关于苏联的任何消息。经我允许，对他采用了肉刑。审讯人拷打过他，把他的脚手捆住，吊在屋梁上。可是德姆琴科终于没有招供。

那时我便决定将他消灭，所以就把他发送到第七三一部队里去了。（案卷第二卷，第一七四页）

证人饭岛也供出了把苏联人从"保护院"集中营内送去消灭的事实。

……我几次从"保护院"集中营内总共送了约近四十个苏联公民去遭死，他们受过实验之后都死掉了……（案卷第六卷，第二四二页）

凡落到了第七三一部队里的被监禁者，总是不断受到惨无人道的实验，一直到死去时为止。据被告川岛供称：

要是犯人受过致命细菌传染后又痊愈起来，那他也不免要受接二连三的实验，直到因传染病死去时为止。为了研究各种治疗法，对已受传染的人也曾加以治疗，也给他们吃正常的饭食，等到他们身体完全复原之后，就把他们用来作另一种实验，用另一种细菌传染他们。无论如何，从来是没有一个人能活着走出这个杀人工厂的……（案卷第三卷，第六〇页）

日本宪兵队机关和日本驻满洲各军事团，根据它们所奉到的命令以及它们与各细菌部队长官商定好的手续，经常把被囚禁的中国人、满洲本地人和苏联公民送到各细菌部队里去，以作供所谓"研究"之用的"特别材料"。为保守秘密起见，在宪兵队的正式文件上规定出了一个专门名词，叫做"特殊输送"。

前"满洲国"军宪兵署日本顾问，证人橘武夫供称：

>……有一种被抓来审讯的人，按我所管辖的宪兵署特务部路线，是应当加以消灭掉的。这种人就是……游击队员，激烈反对日本驻满当局的分子等等。这些被捕的人并没有提交法庭审讯过，因为我们总是径直把他们送到第七三一细菌部队去消灭的……（案卷第六卷，第九五页）

另一个证人，前哈尔滨日本宪兵队司令的副官木村在受讯时供称：有次他当场听到第七三一部队长官石井将军在同哈尔滨宪兵队司令春日馨谈话中表示说，他相信以后也会能和先前一样领到被捕人来作"实验"。（案卷第二卷，第一九四页）

苏联军队在满洲日方档案中缴获的日本宪兵队正式文件证实：自一九三九年起及以后时期，经常采用过所谓"特殊输送"被监禁者的办法。其中有一个文件，是关东军宪兵队司令城仓少将于一九三九年颁发的第二二四号命令，内容是要把三十个被监禁者"特殊输送"到石井部队里去。（案卷第十七卷，第三五至三八页）

被告川岛清也证实有大批消灭被监禁者的事实，他供称：

>每年都有五六百犯人被送到第七三一部队里去。我曾亲眼看见，这部队第一部工作人员从宪兵队方面领到一批批的犯人。（案卷第三卷，第五九页）

　　……根据我在该部队内因所负职务关系才知道的消息，我可以说，在第七三一部队中，每年因受实验而死去的大约至少有六百人。（案卷第三卷，第一四六页）

　　当本部队驻在平房站附近的五年之内，即从一九四〇年至一九四五年间，通过这杀人工厂，因染受致命细菌而被消灭的，至少有三千人。至于在一九四〇年以前被消灭的人究有多少，那我却不知道。（案卷第三卷，第六〇至六一页）

第一〇〇部队中也干过同类的罪行，该部队第二部第六分部曾专门在活人身上进行实验。

前第一〇〇部队实验员，证人畑木章述及该部队活动时供称：

　　……关东军第一〇〇部队名义上称为兽疫预防部队，其实它是一个细菌部队，因为那里专门繁殖和培养传播鼻疽、炭疽热、牛瘟等兽疫的病菌。第一〇〇部队中曾用家畜和活人来试验细菌效能，所以在这部队内专门养得有马匹、乳牛及其他牲畜，并且还单独拘禁有一些活人，我之所以知道这点是因为我亲自看见过。（案卷第十三卷，第一一一页）

另一个证人，前第一〇〇部队兽医福住光由供称：

　　……第一〇〇部队是用许多细菌学工作员、化学家、兽医和农艺家配备起来的一个试验工作队。这部队内所进行的全部工作，都是在准备反苏的破坏性的细菌战。该部队及各支队人员曾进行一种科学研究工作……专门探求大量使用各种细菌和烈性毒药来大规模歼灭牲畜和人命的方法。

　　……为了确定这种毒药的效能，曾用动物和活人来进行过实验……

（案卷第十三卷，第四八页）

前第一〇〇部队服务人被告三友供称，说有许多被监禁者就是经他亲手施行过残暴实验后被害死了的。（案卷第十二卷，第一九二页）

三友供称：

> ……有过这样一回事。一九四四年八月，在两个星期内对一个俄国人作过各种各样的实验。他的身体已经消瘦不堪，松井下令用注射氰化钾办法把这个俄国人毒死……
>
> 我假装是给这个俄国人治疗，向他注射了一针氰化钾后，他便立即死掉了。这药针是我在单人牢房内注射的……
>
> 一九四四年九月初，有个宪兵当着我的面，在牲畜掩埋场上把两个俄国人枪毙了，枪毙之后就埋在那里。这是奉中岛中尉命令枪毙的。枪毙他们的原因，是因为他们的身体已经衰弱不堪，再不能用来进行实验了。（案卷第十二卷，第一四九页）

除了用被监禁者来作传染鼠疫和其他烈性传染病的罪恶实验之外，第七三一部队内，还广泛进行过冰冻活人四肢的残忍实验。强迫那些被监禁者把双手双脚放在特种冰箱内，直到四肢完全僵冻时为止。

证人古都供称：

> ……一群戴上脚镣的俄国人、满洲本地人、中国人、蒙古人，每次从两个到十六个人不等，被押到严寒露天里，就用枪杆威吓他们，要他们把光着的手（有时一只手，有时两只手）放进水桶里，然后强迫他们把浸湿了的光手伸在冰冻天气内，僵冻十分钟到两小时，看天气的温度如何而定，当大家的手完全被冻伤之后，再带他们回到监狱实验室里去。（案卷第五卷，第三一七页）

此种罪恶实验的结果，多半是受实验者四肢腐烂，被割去四肢，直至死去。此种实验目的，就是要探求在日本将来实现反苏军事行动时如何医治四肢冻伤的办法。

在对华战争中使用细菌武器

日本帝国主义者曾一面准备着大规模的细菌战，同时他们已于一九四〇年间在他们所发动的对华侵略战争中部分地使用了细菌武器。

一九四〇年夏季，由第七三一部队长石井将军率领的一个特别细菌远征队，被派往华中战区。第七三一部队的飞机队在宁波一带借染有鼠疫的跳蚤散播鼠疫到敌人地区中去，结果那里发生了鼠疫流行症。（案卷第三卷，第七三页）

被告柄泽十三夫在被讯关于组织上述远征队情形时供称：

> ……一九四〇年下半年，我奉直接长官铃木少佐的命令，要准备七十公斤伤寒菌和五十公斤霍乱菌。当时铃木少佐向我解释说，准备细菌一事，是该部队长官石井将军命令他作的，因为石井将军正准备率领一个特别远征队去用细菌反对中国军队……我执行了这个命令。同时，我从第二部人员方面听到，第二部内为石井将军远征队培养了五公斤染有鼠疫的跳蚤，以便用去散布鼠疫。一九四〇年九月，石井将军带了部队内其他一部分军官到汉口去，同年十二月返回了本部队。据那些随同石井将军到过汉口的军官转回来时说，使用染有鼠疫跳蚤一举，业已奏效。散布跳蚤的结果引起了鼠疫流行症。参加过那次远征队的野崎少佐曾拿出一份中国报纸给我看，报纸上有篇论文指出说，宁波一带发生了鼠疫。接着，该论文作者作出正确结论，说这次鼠疫症的肇事者是日本人，因为有人亲眼看到，有架日本飞机飞过该区域上空时，曾在不高地方扔下了什么东西。这篇论文，我亲自读过。（案

卷第四卷，第四三页）

被告西俊英在第七三一部队内，亲眼见过摄有日本细菌部队攻击华军经过的秘密纪实新闻片，他供述说：

> ……银幕上放映出如下几个镜头：把一些特种器皿挂在几架飞机下面，马上就说明这些器皿内装的是传染鼠疫的跳蚤……有架飞机是飞在敌区上空时被摄照的。那里地面上显现有中国军队在移动，并且还有一个村庄。

西俊英往下又供述到银幕上映出细菌攻击实施和结束的情形：

> 那架飞机转回到飞机场，接着银幕上就现出"任务完成"字样。石井和碇常重从飞机里走出来。接着便放映出"结果"二字。银幕上照出一张中国报纸上的论文和日语译文。这中国报纸上写道：宁波一带发生了强烈的鼠疫。（案卷第七卷，第五八页）

证实输送特别远征队到华中战区去这一事实的，除以上所引的被告柄泽和西俊英的供词外，还有在日本关东军档案中所发现的文件。其中有前日本关东军总司令梅津将军于一九四〇年七月二十五日颁发的丙字第六五九号命令，他命令关东军野战铁道司令官料理将第七三一部队一队人员和特种秘密货物运往华中去。也找出了关东军野战铁道司令官草场中将为执行上述命令于一九四〇年七月二十六日所发出的第一七八号命令，该命令内也特别强调这货物极端秘密，因此提出不要把这货物名称公开写在输送表内，而只是指明了由平房站、哈尔滨、沈阳、山海关到天津的输送路线。（案卷第十五卷，第三五至三九页）

一九四一年，从第七三一部队内派出了一个远征队到华中常德地区去。此次远征中，日机在当地散播了传染鼠疫的跳蚤。

一九四二年，当日军从华中某战区退却时，第七三一部队又组织了一次远征。

被告柄泽关于这次远征准备情形供称：

> ……由石井将军率领开去反对中国军队的这次远征，是在一九四二年年中举行的。
>
> ……当这次远征队出发之前，又按铃木少佐的命令，由我主持备办了一百三十公斤副伤寒菌和炭疽热菌，供该远征队之用。据我所知道的，在这次远征中也用过跳蚤作为传染病媒介物……为了进行这次远征，石井将军率领一队人出发到当时日军正在撤退的华中区去。远征队队员们乘日军退却之际，在行将放弃的区域内散布了细菌，好让进攻的华军染上传染病。（案卷第四卷，第四四页）

另一个被告川岛也完全证实了被告柄泽的这一供词，川岛清供称：

> ……一九四二年七月，事先加以准备之后，远征队就分成几批开到华中去……这次使用细菌武器的方法是地面传染法，按军事破坏活动原则向该地区散布病菌……
>
> 华军进攻部队进入传染区之后，就受到这细菌武器的袭击。

正如前日军第十三军军部侦探科科长，证人三品隆行的口供所证实："荣"字细菌部队人员也参加过这次动作。（案卷第六卷，第三〇七页）

加紧准备对苏的细菌战

一九四一年间，从希特勒背信弃义进犯苏联时起，日本军阀既待机参加反苏战争，便在满洲加紧扩张和准备专为进行细菌战而成立的细菌部队及其支队。

按照"关特演"计划（即一九四一年夏季采定的展开日本关东军以便进犯苏联的计划），第七三一部队和第一〇〇部队内曾对军官和士官组织了专门训练，目的在使他们通晓和善于使用细菌武器。

前关东军兽医处长高桥隆笃中将供称：

> 自从"关特演"作战计划颁发之后，驻满各日军军部内都组织了"兽疫"部队。这些部队的长官都是从第一〇〇部队内派来的细菌学专科医生……这些部队是由日本陆军参谋本部第一作战部发起成立的……兽疫部队的任务，就是准备和进行对苏的细菌战和破坏活动……（案卷第十一卷，第五三至五四页）

被告川岛关于日本在一九四一年间加紧准备细菌战一事供称：

> ……一九四一年夏季，当德国对苏战争爆发后，有次我去见石井将军时，本部队内两个部长村上中佐和大谷章大佐也在场，石井将军说到必须加强队内工作，并对我们宣读了日军参谋总长的命令，命令上要求我们加紧研究鼠疫细菌，作为细菌战武器。该命令中特别指出，必须大量培养跳蚤作为散布鼠疫的媒介物。（案卷第三卷，第二八至二九页）

前第七三一部队训练部长被告西俊英说到日本在希特勒德国进犯苏联之际对细菌战方面的准备情形时供称：

......当一九四一年希特勒德国进犯苏联，而驻满关东军集中在苏联边境的时候，第七三一部队内为创造有效细菌攻击武器的科学研究工作，大体上已经解决，至于部队内往后的活动则是完善大量生产细菌过程和散布细菌的方法。当时已经确定鼠疫细菌是最有效的攻击武器。（案卷第七卷，第一二四页）

为了准备进行细菌战争，第七三一部队和第一〇〇部队于一九四二年特别侦察过苏联边境地区。更早以前，第一〇〇部队奉日本关东军司令部命令，曾经常派遣细菌别动队到苏联边界附近活动，这种别动队在若干年内曾为军事破坏目的而把毒菌散布到边境各池塘中，包括三河区一带的池塘在内。

这些事实已为被告平樱、三友及证人吉川等等的供词所证明。（案卷第十二卷，第九四和第一九二页；第十三卷，第五七至五八页）

一九四四年九月，第一〇〇部队在安达站附近的第七三一部队打靶场上，有关东军司令部代表们参加，举行了试验细菌武器效能的所谓演习。

此种演习参加人之一，即证人福住光由供称：

......探求大量使用细菌法一举，是在特种打靶场上用特别装置和飞机来从事试验的，这种大规模的试验就叫作"演习"。此种"演习"于一九四四年九月间在安达站举行过......试验是以三百只牛羊为目标。那次试验结果圆满，因为全部牲畜都中毒倒毙了。关东军司令部代表们乘飞机前来参观过这种演习。（案卷第十三卷，第四九页）

第七三一部队和第一〇〇部队及其各支队特别加紧准备反苏细菌战争的第二个时期，是在一九四五年。

被告西俊英关于这点供称：

......一九四五年五月，当我亲自向石井将军作报告时，他向我特别强调地说，必须加紧生产细菌材料，首先是要加紧培养鼠疫菌。据他说，照事变发展情形来看，随时都可能有用细菌去攻击敌人的必要。（案卷第七卷，第一三〇页）

由于有了这种指示，第七三一部队所有各支队，都加紧捕鼠与饲养鼠类，以供繁殖跳蚤并使跳蚤染上鼠疫。为此目的，于是在该部队各支队以及各军队中都成立了捕鼠队。（案卷第十卷，第三〇、第一七六和第一九三页；第二卷，第一六八页）

在同一时期内，实验工作也加紧了，设备也换新了，目的是要增加细菌生产能力和大量储存细菌材料。

前日本关东军总司令山田将军在被讯关于他所管辖的那些细菌部队的生产潜能时供称：这种生产能力极为强大，单是"第七三一部队在必要时就能用自己的武器去保证口军进行细菌战"。（案卷第二卷，第六页）

* * *

苏联及其武装力量打破了帝国主义日本当权集团想发动细菌战争的罪恶计谋。

苏联军队进入满洲境内后，给了敌人以一蹶不振的神速打击，在极短期间内就粉碎了作为日军主力的关东军，并迫使帝国主义日本实行了无条件的投降。

由于苏联加入反日作战和苏军迅速深入满洲腹地——被告山田供称——遂使我们失去了使用细菌武器来反对苏联及其他国家的可能……（案卷第十八卷，第一三三页）

在日本投降前夕，日军统帅部为了消灭罪迹，就下令把各细菌部队及其支队所有的建筑物、装备和文件等统统毁灭了。

*　*　*

由此可见，预审结果已经证实：第七三一和第一○○两细菌部队内由日军参谋本部和关东军总司令指导的实际活动，就在于准备和进行细菌战，这种活动乃是帝国主义日本当权集团整个罪恶阴谋计划中的一个组成部分。

同样也确凿证实：日本军阀为了实现自己的罪恶计划，不惜干出任何罪行，直至在活人身上进行惨无人道的实验，以及用强迫传染致命细菌办法惨杀了几千被囚禁的人。

各被告个人的罪状

本案中每一被告的罪状，具体表现如下：

（一）山田乙三，自一九四四年起至日军投降时止，以日本关东军总司令资格领导过第七三一和第一○○两个特种部队准备细菌战争的活动。

在此期间，山田本人或委托司令部负责军官巡视过各该部队，多次听取各该部队长的报告，极力设法使此种部队经常处于备战状态。

被告山田由亲身视察及由细菌部队指挥官报告中，熟知对活人进行罪恶实验的情形，并且鼓励过此种暴行。因此，山田应对用传染致命细菌法惨杀成千人命的野蛮屠杀行为负责。

被告山田说明本人在领导第七三一部队方面的作用时供称：

> 第七三一部队是直接由我以关东军总司令资格来管辖的。对第七三一部队的战术领导，即解决一切有关细菌武器生产和使用方面的问题，都是由我负责的。这就是说：若一旦必须使用细菌武器去反对敌军，那时关于此种动作的命令就只能由我发出，因为第七三一部队是受我管辖的一个特种部队。（案卷第十八卷，第三八三页）

第一○○细菌部队是在同等范围内属被告山田节制的。（案卷第十八卷，

第三九二页）

（二）梶冢隆二，自一九三九年任关东军医务处长时起，便直接指挥那积极准备细菌战争的第七三一部队的工作。梶冢是研究细菌武器使用法的发起人之一。

早在一九三一年，梶冢便积极拥护细菌战争思想家之一石井四郎极力要求加紧研究细菌武器以供战争之用的主张。

一九三四至一九三六年间，被告梶冢以日本陆军省卫生署科长资格，曾积极参加建立第七三一部队以及用相当专家配备该部队的工作，并促成了任命石井四郎为第七三一部队长官一举。

在作为被告受审时，梶冢承认他十分熟悉第七三一部队及其各支队的全盘活动情形，从对活人作罪恶实验起，直至使用细菌武器止。

当时——被告梶冢供称——我很熟悉第七三一部队内为要探求最有效的细菌武器，经常对活人进行试验的情形。我曾知道第七三一部队在一九四一至一九四二年间使用细菌武器攻击过中国军队与平民的事实……

细菌部队以及我领导的军队内的医务队，当时已有进行细菌战的充分准备。（案卷第一卷，第一一五页、第一一九至一二一页）

梶冢否认他曾亲身参加过直接准备反苏细菌战方面的实际活动，但他在这方面的罪行已由被告山田、高桥及证人河野信雄等等的供词所完全揭穿了。（案卷第二卷，第四九至六三页；第十八卷，第四二七页）

（三）高桥隆笃，自一九四一年起至日本投降时止，以日本关东军兽医处长资格直接领导过第一〇〇部队的活动，这样积极参加了准备细菌战一事。

被告高桥说到本人在第一〇〇部队活动中的作用时供称：

我指导过用以反苏的细菌战和细菌破坏活动的准备工作。

　　我曾命令并亲身监督过第一〇〇部队内培养鼻疽菌、炭疽热菌、牛瘟菌和斑驳病菌等等的工作，目的是要用这些细菌去进行反苏的细菌战和细菌破坏活动。（案卷第十一卷，第一一七页）

　　被告高桥在指导第一〇〇部队工作时，经常鼓吹细菌武器是一种最有效战争工具的思想。（案卷第十一卷，第一一三页、第一一七至一二〇页）

　　（四）川岛清，自一九四一年起至一九四三年止任第七三一部队生产部长，组织过大规模制造细菌武器的事情。

　　被告川岛亲身参加过该部队内在大批活人身上进行"研究"和"实验"的罪恶行为。

　　被告川岛关于这点供称：

　　　　我确认，我们当时在活人身上进行试验以及用毒菌把他们大批害死，这乃是一种反人类的野蛮罪行。（案卷第三卷，第一四七页）

　　一九四二年间，被告川岛曾参加过用战斗工具供给派往华中战区去使用细菌武器的特别远征队一事。（案卷第三卷，第一四一页、第一四五至一四七页）

　　（五）西俊英，自一九四三年一月至一九四五年间任第七三一部队驻孙吴城第六七三支队长，领导过该支队为保证第七三一部队以生产细菌武器必要材料的全盘工作。

　　自一九四四年七月起，被告西俊英兼任第七三一部队内所谓训练部部长职务，主持过为专门作细菌战的别动队培养干部的工作。

　　被告西俊英亲身参加过对活人进行残忍罪恶实验的事情。

　　一九四五年当苏军部队逼近时，被告西俊英为掩蔽本人罪恶活动形迹，烧毁了他所领导的第六七三支队的全部公务房舍和档案。（案卷第七卷，第一〇八页、第一一二至一一五页）

（六）柄泽十三夫，在一九四三年至一九四五年间任第七三一部队生产部分部长，积极组织过大规模生产细菌武器的工作。

一九四〇年至一九四二年，被告柄泽曾极力用细菌供应第七三一部队两次派往华中去使用细菌武器作战的特种远征队。

一九四三至一九四四年，被告柄泽直接参与过在被监禁者身上用致命细菌进行罪恶实验的勾当。（案卷第四卷，第一五八页、第一六二至一六五页）

（七）尾上正男，自一九四三年十月至一九四五年间，任第七三一部队第六四三支队长，直接领导过多方探求最有效战斗细菌武器及其大批制造方法的工作。

> ……我——被告尾上供称——当时知道，第七三一部队内是在从事研究并大量制造专供对苏联进行细菌战之用的细菌武器……
>
> 在我所领导的第六四三支队中，曾从事培养鼠类和传染鼠疫的跳蚤，并将这些跳蚤送往第七三一部队中去，用以制造细菌武器。（案卷第八卷，第一〇二页）

该支队内所设立的训练部，经常由被告尾上领导培养进行细菌战的专门干部。

一九四五年间，被告尾上为掩藏准备细菌战的各种罪行起见，消灭了该支队内所有一切设备与全部档案。（案卷第八卷，第九八页、第一〇二至一〇四页）

（八）佐藤俊二，在一九四一至一九四三年间任"波"字部队长和"荣"字部队长，自一九四四年起任关东军第五军团军医处长，指导过第七三一部队第六四三支队的工作。

被告佐藤在领导"波"字部队和"荣"字部队时，积极参加过研究与生产细菌武器的活动。

被告佐藤后来任第五军团军医处长时，积极帮助和支持过第六四三支队内扩大细菌生产的工作，并发布特别命令责成第五军团各部队为该支队捕集鼠类。

佐藤作为被告受讯时供称：

> 我在任"荣"字部队长时……领导过本部队内探求和大量生产细菌武器的工作。为了这个目的，南京"荣"字部队装置有大量器械，配备有各种细菌学专家，因而能大规模地培养致命细菌。
>
> ……训练部在我领导下，每年培养出约三百名细菌学家，以供进行细菌战的需要。（案卷第九卷，第一五〇页、第一五四至一五七页）

佐藤的罪状除由他本人供认外，尚由被告尾上、证人三品和其他等人的供词加以揭露。（案卷第二卷，第二五一页；第十七卷，第五九至六四页）

（九）平樱全作，自一九四二年七月起至日本投降时止，在第一〇〇部队中以一个工作员资格，积极参与过研究和大量制造细菌武器以供进犯苏联之用。

一九四二至一九四四年间，被告平樱曾率领第一〇〇部队各侦察破坏队，一再参加反苏的专门侦察活动，目的是要探求反苏的最有效细菌武器使用法。在同一期间，他曾屡次在苏联边界一带，特别是在三河区各蓄水池内施放毒药，从事军事破坏活动。（案卷第十八卷，第八九页、第九三至九六页）

（一〇）三友一男，自一九四一年四月起至一九四四年止在第一〇〇部队内当工作员，积极参加过生产致命细菌以便对苏联进行细菌战和军事破坏活动。

三友曾亲身参与对被监禁者试验诸种细菌武器性能而用残忍手段将他们杀害。

在一九四二年七、八月内，被告三友身为第一〇〇部队侦察破坏队一员，参加过在三河区进行的反苏军事破坏活动。（案卷第十二卷，第一八七页、第一九一至一九三页）

（一一）菊地则光，自一九四三年四月起至一九四五年八月止，在第七三一部队第六四三支队中充当队员。一九四四年二月至一九四五年二月间，菊地为该支队第一部实验员，从事培养伤寒菌与赤痢菌，这样参加过研究细菌武器的工作。一九四五年六月，菊地在第七三一部队内细菌战人员训练班受过补充训练。

这些事实已由菊地本人供词以及证人斋藤正辉、冈田光重及其他等人供词所证实。（案卷第十九卷，第一一至一五页、第二五至二七页）

（一二）久留岛祐司，自一九四四年十月受过专门训练后，即在第七三一部队第一六二支队内服务，并以该支队第一部医务实验员资格参加过培养霍乱菌和伤寒菌等等的工作。

久留岛本人供认，他曾知悉第七三一部队准备进行细菌战和制造细菌武器的事实。（案卷第二十卷，第一一至一六页）

本案各被告山田乙三、高桥隆笃、柄泽十三夫、川岛清、尾上正男、西俊英、平樱全作、佐藤俊二、三友一男、菊地则光及久留岛祐司等对于所控各节均已完全招认。

被告梶冢隆二只承认一部分的罪状。

本案各被告的罪状，除由各被告本人供认外，业经许多证人的供词，以及文件证据和法庭医学检验委员会结论所判明。

根据如上所述，兹对下列诸犯：

（一）山田乙三，一八八一年生，籍贯东京市，陆军大将，前日本关东军总司令；

（二）梶冢隆二，一八八八年生，籍贯田尻町城，医生兼细菌学家，军医中将，前日本关东军医务处长；

（三）高桥隆笃，一八八八年生，籍贯秋田郡，百合县，本庄城，化学家兼生物学家，兽医中将，前日本关东军兽医处长；

（四）川岛清，一八九三年生，籍贯千叶郡，山武县，莲沼村，医生兼细菌学家，军医少将，前日本关东军第七三一部队生产部长；

（五）西俊英，一九〇四年生，籍贯鹿儿岛郡，萨摩县，樋胁村，医生兼细菌学家，军医中佐，前日本关东军第七三一部队训练部长；

（六）柄泽十三夫，一九一一年生，籍贯长野郡，小县县，丰里村，医生兼细菌学家，军医少佐，前日本关东军第七三一部队生产部分部长；

（七）尾上正男，一九一〇年生，籍贯鹿儿岛郡，出水县，米津町城，医生兼细菌学家，军医少佐，前日本关东军第七三一部队第六四三支队长；

（八）佐藤俊二，一八九六年生，籍贯爱知郡，丰桥城，医生兼细菌学家，军医少将，前日本关东军第五军团军医处长；

（九）平樱全作，一九一六年生，籍贯石川郡，金泽城，兽医，兽医中尉，前日本关东军第一〇〇部队工作员；

（一〇）三友一男，一九二四年生，籍贯埼玉郡，秩父县，原野村，上士官，前日本关东军第一〇〇部队工作员；

（一一）菊地则光，一九二二年生，籍贯爱媛郡，九年级毕业生，上等兵，前日本关东军第七三一部队第六四三支队医务实习员；

（一二）久留岛祐司，一九二三年生，籍贯香川郡，小豆县，苗羽村，八年级毕业生，前日本关东军第七三一部队第一六二支队医务实验员；——

提出如下的控告：

山田、梶冢、高桥及佐藤身任日军领导职位，主持过日军特种细菌部队的活动，并使此种活动集中于从事制造细菌武器，用以准备细菌战去反对苏联和其他国家。

可见该四名被告积极参与过实现帝国主义日本当权集团发动侵略战争和制造供大批屠杀和平居民用的细菌武器的罪恶计划。

此外，被告山田、梶冢及高桥三人曾自觉准许对活人进行惨无人道的罪恶试验，结果至少有三千人惨遭杀害。被告佐藤曾指挥"波"字部队和"荣"字部队，亲身领导过该两部队内生产细菌武器的工作。

山田、梶冢、高桥及佐藤犯有苏联最高苏维埃主席团一九四三年四月十九日法令第一条上所定之罪。

川岛、柄泽、西俊英、尾上及平樱在专为准备与进行细菌战而成立的日军特种细菌部队中担任负责职务,积极参加过研究与制造供大批杀人用的细菌武器的活动。

被告川岛及柄泽曾积极参与对华的细菌战争,平樱曾积极参与对苏的细菌破坏活动。

此外,川岛、柄泽及西俊英还亲自参加过对活人进行惨无人道的罪恶实验。

上列诸人犯有苏联最高苏维埃主席团一九四三年四月十九日法令第一条上所定之罪。

三友、菊地及久留岛在专为准备与进行细菌战而成立的日军特种细菌部队内充任工作员,参与过各该部队制造大批屠杀人命之细菌武器的罪恶活动。

此外,三友又曾亲身参加对活人进行惨无人道实验的残害人命的罪行,并亲身参与了对苏的细菌破坏活动。

上列诸人犯有苏联最高苏维埃主席团一九四三年四月十九日法令第一条上所定之罪。

所有以上各被告均应受军事法庭审判。

滨海军区军事检察官上校法官毕列左夫斯基

一九四九年十二月十六日

被告与证人的供词

被告山田乙三受审记录

一九四九年十二月六日　　　伯力城

　　　受审时是用日语，由翻译员茨菲洛夫翻译。翻译员曾被预告过，如有故意错译之处，即应按俄罗斯苏维埃联邦社会主义共和国刑法第九五条治罪。

茨菲洛夫（签名）

　　问：你明了一九四九年十二月五日决议上依据苏联最高苏维埃主席团一九四三年四月十九日法令第一条向你宣布的那罪状的实质么？

　　答：我明了一九四九年十二月五日决议上依据苏联最高苏维埃主席团一九四三年四月十九日法令第一条向我宣布的罪状。

　　问：你承认你犯了一九四九年十二月五日决议上依据苏联最高苏维埃主席团一九四三年四月十九日法令第一条向你宣布的罪状么？

　　答：是，我完全承认我犯了一九四九年十二月五日宣布罪状的决议上向我宣布的各条罪状。

　　问：你具体承认你犯了什么罪呢？

　　答：我首先承认我所犯的罪是，我从一九四四年起到投降那天止，始终以关东军总司令资格直接领导过我所管辖的第七三一和第一〇〇细菌部队内，为了供作战需要来研究细菌武器最有效使用法，以及大批生产细菌武器的工作。换句话说，我承认我所犯的罪是，我直接领导过准备细菌战去反对苏联、中国、蒙古人民共和国、英国、美国及其他国家。我同样应当承认，这种准备工作主要是为了反对苏联。所以，第七三一和第一〇〇细菌部队及其各支队正是分布在邻近苏联边境的地方。

我以日本关东军总司令资格领导过准备细菌战的实际活动，其具体表现如下：

当我来到满洲就任了关东军总司令一职时，我就从本司令部医务处长梶冢和兽医处长高桥一九四四年七月向我所作报告中知道，受我管辖的第七三一和第一〇〇细菌部队是在研究和大批制造细菌武器。

以后不久，我亲自巡视过第七三一部队，以便督察该部队准备细菌武器的工作。我巡视第七三一部队是在一九四四年八月，当时我亲身考察了这部队内研究和大量制造细菌武器的工作。并且，当我考察该部队工作时，我见到此种大量生产细菌以作为细菌武器的工作规模，实在感到惊奇。我视察了这种工作之后，便嘉许了这种工作，因而也就是批准了要继续进行这一工作。所以，在我任关东军总司令期间，第七三一部队和第一〇〇部队是经我认准去继续研究最有效细菌武器，并大批生产作为战斗武器的致命细菌。我经常从我的部属方面得到关于这种工作进行情形的报告，所以我经常知道准备细菌战的全部情况。向我作这种报告的，有刚才我所供述的医务处长和兽医处长，有第七三一部队长，有本司令部内那些与第七三一部队及第一〇〇部队准备细菌战活动有直接关系的属员。至于有关战术上运用细菌武器的问题，则是由参谋长和作战部相当人员向我作报告的。

我既熟知这两个部队的工作情形，就以总司令资格采取过一切必要办法，来保证它们有经常作战准备。

一九四五年六月，我命令关东军司令部干部部长田村去视察了第七三一部队的工作。这次视察，是因为必须采取适当办法来增加细菌武器生产。关于这次视察结果，田村向我作了一个详细报告。

我听了第七三一部队长向我所作的报告之后，就以关东军总司令资格批准了使用细菌武器的两种最有效手段。

一九四四年十一月，第七三一部队长北野向我做过一次报告，当时在座的有参谋长笠原，作战部长松村和作战部参谋宫田中佐（竹田宫）。

北野的报告是在关东军司令部内作的。北野向我报告时，把染有鼠疫的跳蚤用作细菌武器的种种实验结果作了一个综合的说明。北野做报告时还拿出关于实验结果的各种图表来加以说明，并且放映过用跳蚤作传染鼠疫实验的专门影片。

我赞许了这个报告，于是北野所提出的鼠疫跳蚤使用法，就成为批准了的一种实际使用细菌武器的方法了。

同年（一九四四年）七月末，我阅读过当时第七三一部队长石井所作的书面报告，其中具体说明了"石井式"细菌炸弹性能及其使用方法。这个报告也经我认可，其中所提办法也由我认准是有效的方法了。

一九四五年春，当最有效细菌武器使用法的研究工作完成之后，接着又收到了陆军省要增加细菌武器生产的训令。于是我就采取了实现这个训令的一切必要办法。

我记得，当时我委托第一作战部部长松村在作战部方面根据所奉训令，设法保证增加各种细菌的生产。同时我又命令用必要数量的专门家军官去充实第七三一部队，并保证该部队以必需的设备。

至于第一〇〇部队内准备细菌战的工作，我应当说，该部队负责进行军事破坏活动，即用病菌去传染牧场、牲畜和蓄水池。在这方面，第一〇〇部队的工作是与关东军司令部侦探部有密切联系的。我按第一〇〇部队的一般任务，知道该部队内是在从事制造细菌武器以及研究此种武器使用法的相当工作。

但是关于这种工作的具体情形，我却不曾知道，因为所有这些问题，都是由我部下的侦探部直接管理的。例如，我就不记得有人向我作过关于在与苏联毗邻的北兴安省地区所作细菌侦察情形的报告。我可以供认，这一切工作都是按关东军司令部指示进行的，所以我并不否认我应该对这种工作负责，因为这样的行动是发生在我任关东军总司令职期间。我并不否认，同样是以准备细菌战为宗旨和任务的第一○○部队，确实研究过作军事破坏措施的具体方法，并曾积极准备用这种破坏措施去反对苏联——因为这是从该部队实际任务中直接产生的行动，但这方面的详细情节我却不很清楚知道。

第七三一部队为了实验本部队内所产细菌武器效能起见，曾在实验室内以及近于战斗环境的野外条件下，进行过对活人使用此种武器的实验。野外条件下的实验是由第七三一部队在安达站附近一个有特种装置的打靶场上进行的。

从北野和田村两人的报告中，我知道了有用活人进行实验的事实。此外，我从我看过的那张影片上，同样也知道实验细菌武器效能一事，是在活人身上进行的。一九四四年十一月，我从北野的报告中知道了在安达站打靶场那里是拿活人来作实验的对象。一九四五年六月，我从田村的报告中知道了受实验的是一些被关在第七三一部队特别监狱内的人。

在活人身上进行实验一举，原是由我的一位前任人梅津将军或植田将军批准的。在这点上，我承认我的罪过是，我明知道有对活人进行实验的事实，却准许人们去进行此种实验，因而我在事实上也就是批准了强行杀害那些都是由我所管辖的关东宪兵队机关和各日本军事团送去受实验的中国人、俄国人和满洲本地人。

把被监禁的人送去受实验，或者说"特殊输送"一举，也是由我的前任人植田或梅津批准的。这个批准令，我也没有废除，所以原定的"特殊输送"手续在我任职期间也继续发生效力。我不知道究竟有多少人因受此种实验被害死了，因为那时我没有查问过这点。

关于培养使用细菌武器的专门干部一层，我应当说，在第七三一部队和第一○○部队内，确实培养过这样的干部。

这些干部受过训练后就被分派到上述部队各支队及关东军各部队和兵团里去，一到作战时，这些干部就应当用去建立实际使用细菌武器的细菌战斗部队。我不知道究竟这样的干部总共训练出了多少，但我认为他们的人数完全足以供实际使用细菌战武器时的需要。

一九四五年八月当军事行动开始时，为要掩蔽准备细菌战的痕迹起见，我命令把第七三一和第一〇〇细菌部队及其各支队统统消灭了。各该部队人员被撤退到朝鲜去了。

问：究竟当时预定在军事行动开始时，要怎样具体使用细菌武器来反对苏联呢？

答：使用细菌武器问题原来没有包括在作战计划之内，但因当时已在实行准备使用细菌武器，所以这种问题曾在司令部作战部内研究过。

当时我这关东军总司令个人认为，在与苏联发生军事冲突时使用细菌武器的办法，就是用飞机在苏联后方区域散播传染病，以及按第一〇〇部队路线进行军事破坏活动。

如果当时没有与苏方发生军事冲突，那么细菌武器可能用去反对美国及其他国家。

问：建立第九七和第三步兵联队，是什么目的呢？

答：我根本不知道在我指挥的部队里有过这两个联队。

问：一九四五年间重新任命石井为第七三一部队长，是为了什么目的呢？

答：第七三一部队是石井一手创立的，所以一九四五年间他又被任为该部队长。我个人认为，任命石井为第七三一部队长，这是与当时必须加紧各细菌部队工作的任务有直接联系，并且是由于必须执行陆军省发布的要扩大细菌武器生产的训令……

关于本案我再没有什么话可以供述，我所说的话都记录得正确，并经过翻译官用日语念给我听过。

山田

负责审讯者：

军事检察官巴真科中校法官（审讯时有滨海军区军事检察官毕列左夫斯基上校法官出席）

内务部驻伯力边区办事处工作员哥赫曼大尉

翻译员：茨菲洛夫

被告梶冢隆二受审记录

一九四九年十二月六日　　　伯力城

　　受审时由翻译员布尔霍菲金诺夫翻译。翻译员曾被预告过，如有故意错译之处，即应按俄罗斯苏维埃联邦社会主义共和国刑法第九五条治罪。

布尔霍菲金诺夫（签名）

　　问：向你宣布的决议是说你因犯了苏联最高苏维埃主席团一九四三年四月十九日法令第一条上所定的罪要被控告。你明了你的罪状么？

　　答：是，我明了。

　　问：你承认你犯了一九四九年十二月五日决议上向你宣布的罪状么？

　　答：我承认我犯了向我宣布的罪状，不过我不承认说我直接领导过第七三一部队内关于制造、实验和使用细菌武器的工作，因为这一工作是由第七三一部队长石井和北野两人直接领导的。

　　问：你具体承认你犯了什么罪呢？

　　答：我具体承认我所犯的罪是，我从一九三一年起就赞成石井四郎关于日本必须准备细菌战的思想，一九三四至一九三七年我主管日本陆军省军医署卫生科时，又积极参与了在关东军建制内成立一个专门研究细菌武器及防疫事宜的部队，即第七三一部队，以及拨调相当专家去配备这个部队，并促成任命一位细菌战思想家石井四郎为第七三一部队长。一九三九年十二月至一九四五年八月，当我任关东军医务处长时，我在总的方面领导了第七三一部队内的科学研究工作，即在各方面研究和培养细菌，研究传染病菌的虫类，研究各种很少研究的传染病，探求医治和预防传染病的最有效手段与方法。

　　我同样承认，第七三一部队内所进行的科学研究工作，不仅是为了防止传染病，而且是为了探讨、制造与试验细菌武器，但在制造、试验和实际使用细菌武器方面的直接领导责任，是由第七三一部队长石井和北野两人担负的。在这方面，石井和北野都是遵循着关东军司令部作战部以及日军参谋本部的指令。

我当时知道，第七三一部队内是在研究和试验细菌武器性能及探求那医治和预防流行病方法方面进行实验，并且这种实验是在活人身上进行的。

关于细菌武器实验的结果，以及第七三一部队在一九四〇年至一九四二年实际使用细菌武器反对中国军民的情形，都是由第七三一部队长北野向我口头报告的。关于探求和医治流行病最有效手段和方法，研究不大清楚的传染病的实验结果，以及关于冻伤实验等，则是由第七三一部队长石井和北野定期用书面形式向我报告的。

一九四〇年，我直接参加过在毗邻苏联边境的海林、林口、孙吴和海拉尔四处成立第七三一部队四个支队，保证该部队及其各支队的种种设备和其他技术资料，以及培养供进行细菌战用的人员等工作。

同时我承认，日本准备细菌战主要是为了反对苏联、蒙古人民共和国、中国以及反对英国和美国的。

问：请你说说，关于第七三一部队内所进行的冻伤实验，你知道一些什么情形？

答：我知道，第七三一部队内进行过冻伤实验，目的是要找到医治冻伤的最有效手段和方法。第七三一部队长向我作过关于此种实验结果的书面报告，其中指出冻伤实验是在动物身上进行的。

问：现在向你宣读一九四九年十月二十三日由证人大泽松雄和一九四九年十二月五日由证人古都所供出的供词，他们都说第七三一部队内的冻伤实验是在活人身上进行的。你能证实这两个证人的供词么？

答：刚才念给我听过的大泽松雄和古都关于第七三一部队内在活人身上进行冻伤实验的供词，我不能否认，因为第七三一部队内确实作过冻伤实验，并且证人古都所供的那个曾任第七三一部队第一部科学工作员的吉村，用书面向我报告过他所进行的冻伤实验及其结果。但吉村所作的报告中没说到这种实验是在活人身上进行的。

问：可见你参加过建立第七三一部队及其各支队来专门研究、制造与试验此种主要是为了对苏联、蒙古人民共和国和中国以及对英美作战用的细菌武器，你曾知道第七三一部队内在活人身上实验细菌武器，你培养过细菌战干部，对么？

答：对，是这样的。

我说的话都记录得正确，并用日语念给我听过。

梶冢

负责审讯者：

军事检察官卡昌中校法官

内务部驻伯力边区办事处工作员巴普科夫中校

翻译员：布尔霍菲金诺夫

被告高桥隆笃受审记录

一九四九年十二月六日　　　伯力城

受审时由翻译员普罗塔索夫·安那托里·尼古拉也维奇翻译。翻译员曾被预告过，如有故意错译之处，即应按俄罗斯苏维埃联邦社会主义共和国刑法第九五条治罪。

普罗塔索夫（签名）

问：向你宣布的决议是说你犯了苏联最高苏维埃主席团一九四三年四月十九日法令第一条所定的刑事罪。罪状实质已在向你宣布的决议上载明了。你承认自己有罪么？

答：是，我完全承认我犯了苏联最高苏维埃主席团一九四三年四月十九日法令第一条上所定的罪状。的确，当我从一九四一年起到一九四五年八月日本投降之日止任关东军兽医处长期间，我积极参加过关东军准备对苏进行细菌战和军事破坏的工作。

关于准备细菌战的计划，我是在一九四一年九月的一次会议上从关东军总司令梅津口中知道的。

我在准备关东军进行细菌战和军事破坏方面的活动，是表现于我在领导第一〇〇部队的实际工作时，曾指令该部队大批制造细菌武器，其中包括有引起鼻疽、炭疽热、牛瘟、羊痘和斑驳病等烈性传染病的细菌。

我曾督察第一〇〇部队去执行此种大批制造细菌武器的任务。为此目的，我大约每月到第一〇〇部队里去一次，亲身检查该部队在制造细菌武器方面执行我的命令的情形。此外，关于这类问题，我还经常听取第一〇〇部队长官若松的口头报告。

为了增加细菌武器产量起见，一九四三年十二月，经关东军司令部第二侦探部认可，并由我下令，在第一〇〇部队第二部内设立了第六分部，其任务是大批出产细菌武器……

为了研究和大量制造细菌武器起见，第一〇〇部队内根据我的指令，曾用牲畜进行过各种实验。

一九四二年夏季，按照我的指令，由第一〇〇部队科学工作人井田清率领该部队别动队，在三河地区结尔布勒河一带进行过传染牲畜的实验，目的是要在最近似苏联国境的气候条件下来检验细菌武器的效能。

一九四五年三月，根据我的指令，在安达站附近第七三一部队打靶场上进行过用烈性传染病传染牲畜的实验。从第一〇〇部队长若松的报告中，我知道这次实验结果圆满，所有受实验的十条母牛都倒毙了。一九四四年三月，由我下令并经关东军司令部第二侦探部认可，由第一〇〇部队一部分人员组成了一个别动队，随后就由中尉平樱率领到北兴安省地区去，为的是要侦察道路、夏冬牧场、蓄水池及居民的牲畜数量，以便准备作反苏的细菌破坏活动。这个别动队的任务是由关东军总司令用作战命令规定的。

平樱在执行这个命令时期，两次向我做过关于工作情形的报告。第一次报告是一九四四年九月在第一〇〇部队长若松办公室内作的。他在报告中说到他所收集的关于北兴安省居民牲畜数目、牧场、蓄水池、道路以及畜群所在地等实际材料。

平樱第二次向我作报告是一九四五年三月在我的办公室内。当时他按照地图把该地夏冬牧场、蓄水池、道路情形及居民的牲畜数目等，都报告给我听了。

平樱别动队的任务，除侦察活动外，还要采办大量牲畜：羊五百只，牛一百头，马九十匹，以便将来把这些牲畜染上烈性传染病后留在苏军后方。

当平樱作第二次报告时，我曾同第一〇〇部队科学工作员雄坂，井田以及该部队长若松商量，究应用哪种细菌去传染北兴安省居民的牧畜。当时拟定了传染牲畜的如下手段：牛类就用第七三一部队飞机去散播炭疽热菌和牛瘟菌，并决定了这种手段只用去传染当地居民在牧场上放养的牲畜，马匹则用炭疽热菌去传染。

平樱在一九四五年所采办的那批牲畜，后来我们决定要这样来传染：羊就注射羊痘菌，牛就染上牛瘟菌，马就传染炭疽热。凡是染上瘟疫的牛、羊和马都决定散往各处，让他们跑到苏军活动区域内去。至于当时我们所规定的详细办法，由于时间过去很久，现在我都不记得了。

问：除了第一〇〇部队外，关东军内还有什么兽医部队曾准备对苏联进行细菌战和破坏活动呢？

答：第一〇〇部队有两个支队，一个驻在大连，一个驻在拉古。此外，一九四一年七月，在每个军团内还成立有军团兽疫部队，分布在克山、东安、鸡宁、东宁等城市内。所有这些兽疫部队都是预定当作特种部队去使用细菌武器反对苏联的。

问：这些部队中的细菌学专门干部是由谁负责训练的呢？

答：第一〇〇部队各支队长及各兽疫部队长均由细菌学医生充任，这些部队内其余的人员是些没有细菌学知识的兽医。为培养新的细菌学家和重新训练旧专门家起见，所有这些部队中的人员都在第一〇〇部队内受过专门训练。

问：关于你所管辖的第一〇〇部队内对活人进行的那些实验情形，你知道些什么呢？

答：关于这点，我在一九四九年十一月二十四日受审时听到证人口供记录后才知道。虽然我个人原不知道那里在活人身上进行实验，但我也不能卸脱自己的责任，因为第一〇〇部队原是属我管辖的。

问：你什么时候对前关东军总司令山田报告过第一〇〇部队活动情形，你所报告的内容又是什么呢？

答：关于第一〇〇部队内研究与制造细菌武器的工作，我向山田将军做过三次报告。

我第一次向山田将军报告是在一九四四年七月，即当他以新任总司令资格正式接见我之后不到几天的时候。我向他报告了第一〇〇部队秘密制造细菌武器的情形。就中我向他说明了第一〇〇部队第二部第六分部内大批培养牛瘟菌、羊痘菌、鼻疽菌和锈菌的情形。同时我还向山田报告了第一〇〇部队内所出产的细菌数量。

第二次我向山田报告是在一九四四年十一月。当我报告时，列席者有参谋长笠原、副参谋长池田、第二部部长笹井、第一〇〇部队长若松，大概还有第一部部长松村。我报告了第一〇〇部队别动队由中尉平樱率领到北兴安省地区去研究传染牲畜可能性的工作结果。山田听到我这报告时没有提出任何意见，所以我认为他是认准了我这个报告。

一九四五年二月，我向山田将军作过第三次报告，内容是关于第一〇〇部队内制造细菌武器的工作情形。我这次报告作得很简短，只是通报说该部队内工作如旧，没有任何变更。山田对于我这个报告没有提出什么特别的指示。

问：第一〇〇部队的经费由什么地方供给以及怎样供给的呢？

答：该部队经费有两种来源：一部分是日本陆军省拨给该部队人员的给养费，另一部分是日本陆军省拨给关东军制造防疫药品的费用。

研究和生产细菌武器的款项是按关东军秘密经费开支路线由第二侦探部发给的。

问：此种经费总共发给了多少呢？

答：我记得很清楚，从一九四四年四月一日至一九四五年四月一日，日本陆军省拨给第一〇〇部队的人员给养费和防疫药品制造费，共计六十万圆。同一期间内，由关东军司令部第二部拨给的研究和生产细菌武器费，共计一百万圆。但是这个数目并没有限制过我们，因为必要时就可按需要增拨款额。究竟在一九四四年以前发给了多少钱，此刻我记不起来了。

问：关于第七三一部队内准备细菌战的情形，你知道一些什么？

答：一九四一年九月，前任关东军总司令梅津在军司令部内一次部处长会议上通知说，帝国大本营参谋本部发来了一道命令，要关东军准备进行细菌战。梅津在这次会议上就命令第七三一部队长官石井开始大批培养传染病媒介物。从那时起，我就知道第七三一部队在准备细菌战。

问：第七三一部队内准备细菌战的实际工作是由谁领导的呢？

答：一九四一年九月，总司令梅津把领导和监督第七三一部队内准备细菌战这实际工作的责任委托给关东军医务处长梶冢亲身担负。

我所说的话都记录得正确，并用日语念给我听过。

高桥

负责审讯者：

军事检察官安东诺夫中校法官

内务部驻伯力边区办事处工作员塞洛夫大尉

翻译员：普罗塔索夫

被告川岛清受审记录

一九四九年十二月六日　　　伯力城

　　受审时由翻译员普拉琴科翻译。翻译员曾被预告过关于俄罗斯苏维埃联邦社会主义共和国刑法第九五条上所定的处分。

普拉琴科（签名）

　　问：向你宣布的罪状是说你犯了苏联最高苏维埃主席团一九四三年四月十九日法令第一条所定的罪。你承认你犯了这种罪么？

　　答：一九四九年十二月五日决议上所提出的罪状实质，我都明白。我完全承认我犯了罪，按向我宣布的罪状实质来说，我承认：我从一九四一年到一九四三年是在第七三一部队内供职，在供职期间我担任过总务部长、第一部部长、生产部长和第三部部长。

　　关东军第七三一部队曾从事研究细菌武器，并由我积极参加大量培制过作为战争武器用的传染病病菌。我承认第七三一部队准备过用以反苏和反苏的细菌战武器。

　　第七三一部队员额共约三千人，其中包括有军官、兵士和雇员。该部队颇大一部分人员是受过细菌学专门训练的，他们把自己的知识用去进行科学研究和实验工作，目的是要制出新式细菌武器并大量生产这种武器，作为积极进攻的手段。

　　第七三一部队内具有足以大批制造细菌战武器的必要装备，所以它能充分保证关东军在细菌武器方面的需要。

　　第七三一部队内设有几部，关于各部任务我在前几次受审时已经说明过了，这些部内从事研究各种可供战时使用的新传染病媒介物，研究长期保存细菌和增强细菌坚韧性的方法，以及提高细菌产量的可能性。

我于一九四一年四月至六月期间所兼管的总务部，其任务是分配干部、管理财政、计划本部队各项工作，以及掌管第七三一部队附设监狱内犯人的供给事宜。当时我经过我所管辖的总务部与日军宪兵部维持联络，以便经常从那里领到犯人来作强迫传染致命细菌实验的对象。

我于一九四一至一九四三年期间负责领导的第四部（生产部），实际上是该部队中制造传染病细菌的工厂。生产部内装备有培制细菌的良好仪器，使我们每月能出产约三百公斤净鼠疫菌，或五百至六百公斤净炭疽热菌，或八百至九百公斤净伤寒菌、副伤寒菌或痢疾菌，或一千公斤净霍乱菌。事实上并不是每月都曾培制出此种数量的细菌，因为这种数量是预定供战时消费的。实际上生产部所培制出的细菌量，只足供部队内日常工作中的需要。

为了检验所制各种细菌武器的效能以及探求医治传染病的方法，第七三一部队内经常用活人，即被监禁的中国人和俄国人来进行实验，这些人都是由驻满日本宪兵机关专门送来受实验的。

第七三一部队内设有一个监狱，专门禁闭这些用作实验的犯人，监狱设在部队内面，受实验者被严格与外界隔离开来，本部队工作人员称他们是"木头"。受实验者的这种名称，我从第七三一部队长官石井将军口中多次听到过。

在实验室内用活人作对象的实验，是由第一部进行的。

一九四二年春季，我兼任第一部部长职务有一个月的光景。

第一部从事防疫方面的科学研究工作，但其主要任务是准备最有效的细菌战武器，并将研究所得的最终结果，用那些因禁在由该部管辖的监狱内的活人来作实际检验。

当我任第一部部长时，我在上述期间内领导过该部工作，以期执行其研究细菌武器的任务。

除了在第一部各实验室内用活人进行实验外，同时还在第七三一部队各打靶场上近于作战情况的环境中，拿活人进行过实验。有次，我也参加过对活人进行实验的工作。

一九四一年六月，我同本部队人员们一起在安达站附近本部队打靶场上参加过检查鼠疫跳蚤炸弹效能的试验。在这次试验时，是对十个至十五个被绑在柱子上的犯人来检验细菌飞机弹的效能。当时从飞机上投下了十多个炸弹。

我以总务部长资格参加这次实验的目的，是要检查此种实验工作中的组织情形，以及在本问题上由我起草而用第七三一部队长名义发下的命令执行情形。同时我之所以对这次实验感兴趣，还因为我是生产部长。但实际领导这次实验的是第二部部长太田大佐。

根据我因在该部队内职务关系上所知道的材料，我可以说，第七三一部队内每年因受烈性传染病实验而死去的囚犯，大约不下六百人。

一九四二年间，第七三一部队奉关东军司令部命令，派了一个约一百人的远征队，前往华中浙赣战区去使用细菌武器反对中国军队。参加这次远征的，有第一部、第二部和第四部工作人员。我从生产部内派去了八个人。根据石井将军命令，我叫生产部制备了约一百三十公斤副伤寒菌和炭疽热菌供该远征队之用。此外，第一部人员还带有由他们培制的若干罐霍乱菌和鼠疫菌，其必要数量则由他们在南京"荣"字部队内就地培养。第二部人员携带有充分数量染有鼠疫的跳蚤。

我知道，该远征队任务是顺利完成了的。

此外，第七三一部队又于一九四一年间在常德城一带，使用过细菌武器去攻击中国军队。一九四〇年间，该部队远征队在宁波地区使用细菌武器攻击过中国军队。

我以该部队中一个领导人资格，亲身参加过由本部队长官石井将军召集以及从一九四二年夏天起则由北野将军召集的多次会议，会议上讨论过有关研究和制备细菌材料及在战时实际使用这种材料的问题。

我承认，我既领导过第七三一部队内大量制造作为战争武器的细菌材料的生产部，并临时兼任过从事各种新式细菌武器科学研究工作的第一部部长职务，我也就犯了危害人类的罪行。

我承认，我们当时用强迫传染烈性传染病方法，在活人身上试验细菌武器效能（我本人也参加了这种实验），以及用致命病菌大批毒死受实验者，这都是野蛮的和罪恶的行为。

我承认，先后由石井将军和北野将军领导的第七三一部队，原是罪恶的组织……我既参加过这一组织，所以我现在甘受惩治。

问：你还有什么话来补充你的供词么？

答：我在以前各次受审时都老老实实供述了第七三一部队活动的情形，并详细说明了我在这部队供职期间所担任工作的性质。我会诚心想要帮助预审机关揭破第七三一部队的罪恶性质，并且我完全客观地说明了我所知道的事实，所以我对我的口供，再没有什么话可以补充，也许我还没有把第七三一部队罪恶活动中的某些事实供述出来，因为时间过去了很久，这些情形我已经记不得了。

我所说的话都记录得正确，并用日语念给我听过。

川岛

负责审讯者：

军事检察官布斯洛维奇中校法官
内务部驻伯力边区办事处工作员布拉维大尉
翻译员：普拉琴科

被告西俊英受审记录

一九四九年十二月六日　　伯力城

　　受审时经翻译员拉曼诺夫·格阿尔吉·格里哥列维奇翻译。翻译员曾被预告过关于俄罗斯苏维埃联邦社会主义共和国刑法第九五条上所定的处分。

拉曼诺夫（签名）

　　问：向你宣布的罪状是说你犯了苏联最高苏维埃主席团一九四三年四月十九日法令第一条所定的罪。你承认你确实犯了这样的罪么？

　　答：是，我完全承认我犯了一九四九年十二月六日决议上依据苏联最高苏维埃主席团一九四三年四月十九日法令第一条向我宣布的罪状，并且我想说出以下的情形：

　　真的，从一九四三年一月起到我受俘时（一九四五年八月）止，我在关东军第七三一部队内历任过第六七三支队长和该部队训练部长职务。

　　我积极参与过执行第七三一部队所负基本任务的工作，即准备细菌武器去作反苏联与反蒙古人民共和国的战争，研究进行此种细菌战的方法及培养进行细菌战的干部。

　　我自从到第七三一部队来供职时起就很清楚知道，第七三一部队及其驻孙吴、海拉尔、林口、海林各支队是在制造细菌战武器，因为那时我已亲自看过本部队第一部、第二部和第四部的陈列标本和工作程序及图表，认识过第七三一部队司令部总务部特别房间内保存的秘密材料。

　　从一九四三年一月到一九四四年七月，以后从一九四五年六月到同年八月间，我领导了第七三一部队驻孙吴城的第六七三支队，这个支队曾专门养育白鼠、老鼠、豚鼠，以及捕捉鼠类和培养跳蚤。

　　所有这些东西都被送到第七三一部队内去，用以制造已采用为日军兵器的细菌武器，以便进行细菌战。

自从一九四五年三月起，由于日军在南洋一带遭到挫折以及由于准备对苏战争的缘故，根据第七三一部队长石井中将按关东军战略作战计划所颁发的命令，孙吴支队的工作，也如同第七三一部队全部工作一样，大大加紧了。

特别是养育鼠类、搜捕鼠类和培养跳蚤以便送往第七三一部队去的工作，也加强起来，因为用染有鼠疫的跳蚤来散播鼠疫细菌，已被认为是进行细菌战的最有效手段。

一九四五年八月十一至十二日，因苏联军队已在举行进攻，为了要掩蔽日本关东军内制造细菌战武器以及第七三一部队中由我领导的第六七三支队参与此种罪行的事实，于是我就命令把本支队所有的公务房屋、住宅、设备、材料和文件等统统烧毁了，为了同样目的，一九四五八月十四日，按我的命令，发给了本支队全体人员（一百二十人）每人一剂毒药，要他们遇有被苏军俘虏的危险时即服毒自尽……

从一九四四年七月到一九四五年八月止（即直到受俘日止），我担任第七三一部队训练部长时，培养过干部并将此种干部供给本部队及各支队，以备进行细菌侵略战之用。

培养干部的办法是由训练部开办各种训练班和短期班，为新从日本招收到第七三一部队来工作的人员（主要是十七八岁的青年）开办过一年期的讲习班。

凡直接或从远方来本部队工作的人，均先在训练部下面受到七天的训练和训示；然后由训练部给每人一个鉴定，决定他能否在本部队内工作。

在进行训示时，特别注意到使受训者保守部队工作的秘密。

当我任第七三一部队训练部长期间，经过训示和考核的共有军官十五名，自愿雇员六十名，兵士一百五十名。

一九四四年九月间，因训练班医务人员毕业，为了要检查第七三一部队各支队内训练干部工作的情形，我同前第七三一部队长军医少将北野一起去巡视过本部队各支队一次。

由于我在该部队内所负工作性质以及职位关系，我知道那里用强迫办法对俄国人和中国人（其中也有关在该部队特设监狱内的战俘）传染致命细菌，借以实验细菌武器效能的事实。这些人都是由宪兵队机关和各日本军事团押送到本部队内来的。

全年内都曾进行这种实验，当人们被强迫受细菌传染后死去的时候，就被送到一个专门为了这个目的修造的焚尸炉里去焚化。

例如，据我所知，一九四五年一月至三月期间，在这监狱内对俄国人和中国人作过传染斑疹伤寒的实验；一九四四年十月，在安达站打靶场上对五个中国战俘作过传染鼠疫（用鼠疫跳蚤）的实验；一九四三年冬季，在该部队内拿俄国人和中国人来进行过冻伤四肢的实验（关于这次实验情形，我看过实验者所写的报告书并看过特制的影片）。

此外，一九四五年一月，由我亲身参加对十个中国战俘进行过传染坏疽病的实验。实验目的是要查明在零下二十度的严寒天气下可否用坏疽病进行传染。

这次实验的手续如下：把十个中国战俘绑在柱子上，距装有坏疽菌的开花弹达十至二十公尺远。

为了不让这些人立刻被炸弹炸死，就把他们的头部和背部都用特种金属板和厚棉被掩盖着，双脚和臀部则露在外面。电门一开，炸弹爆炸了，带有坏疽菌的霰片落到受实验者所在的小坪上。结果全体受实验者的脚上或臀部都受了伤，他们经过七天惨痛之后都死去了。

我还知道日军两次实际使用第七三一部队内所造细菌武器的事实。

（一）日军于一九三九年在哈勒欣河地区进攻苏蒙两国军队时，使用过伤寒菌、副伤寒菌和赤痢菌等细菌武器，方法是把这种病菌投散在战区哈勒欣河内。

（二）一九四〇年五月至七月间，由石井中将率领的第七三一部队远征队在华中宁波一带使用过鼠疫菌去攻击中国军队，方法是用飞机散播鼠疫跳蚤。

这消息是我从训练部保险柜内发现的文件中知道的，文件上载明远征敢死队员担负有使用致命细菌的任务。此外，我亲眼看过在战区投掷细菌地点摄下以证实所用细菌武器有效的影片。

根据以上所述一切，我承认我在第七三一部队及孙吴支队内所进行的实际工作，都是为了准备主要用去反对苏联和蒙古人民共和国的细菌战。

我懂得，当时所准备的战争定会在和平居民中引起无数的牺牲；我懂得此种细菌战武器以及在活人身上强制进行细菌传染实验的办法，乃是惨无人道的罪恶行为。

关于本案，我再没有什么话可说了，我的话都记录得正确，并且由日语翻译官拉曼诺夫念给我听过。

西俊英

负责审讯者：
军事检察官波哥德少校法官
内务部驻伯力边区办事处工作员尼启金少校
翻译员：拉曼诺夫

被告柄泽十三夫受审记录

一九四九年十二月六日　　　伯力城

　　审讯时由翻译员巴荷摩夫·米海依尔·雅可夫列维奇翻译。翻译员曾被预告过关于俄罗斯苏维埃联邦社会主义共和国刑法第九五条上所定的处分。

巴荷摩夫（签名）

　　问：一九四九年十二月五日决议上宣布你犯了苏联最高苏维埃主席团一九四三年四月十九日法令第一条所定的罪。你承认你犯了这种罪么？

　　答：我完全承认我犯了苏联最高苏维埃主席团一九四三年四月十九日法令第一条所定的罪。

　　真的，我从一九三九年到一九四四年期间，是在驻满洲的日本关东军第七三一部队内任职，这个部队内积极研究过大批生产细菌和使用此种细菌作为细菌战武器的最完善方法。

　　为实现该部队准备细菌战的任务起见，在部队内经常把日本宪兵队机关送到第七三一部队里来消灭的那些人强迫用作进行传染流行病的实验。

　　一九四〇年和一九四二年期间，第七三一部队派过两次特别远征队去使用细菌武器反对中国人民……

　　问：你承认你具体上犯了什么罪呢？

　　答：我承认我具体上犯的罪，就是我在一个长久时期，即从一九三九年十二月到一九四四年八月间，在一个罪恶组织即第七三一部队内任职，起初充当普通工作员，后来担任分部内的科长，从一九四二年末，或从一九四三年初，担任该部队第四部（生产部）分部部长。

　　我开始领导的那个科和以后领导的那个分部，曾按需要程度大批培养过伤寒、副伤寒、霍乱、鼠疫及炭疽热等病菌，以供实际使用，就中即供第七三一部队在安达站附近打靶场野外条件下进行细菌实验，同时也供战争中作为细菌武器去反对中国人民。

我既是个细菌科医生，所以我在大量生产细菌时知道这些细菌是用去消灭人命的。但当时我认为这种作法是身任日军军官者应尽的职责，所以我就尽力去执行上级长官命令我执行的任务。

当我在该部队内工作期间，在我管辖下工作的有军官、士官及雇员共五十至七十人，并且有大量培养细菌的一切必要设备……

我所领导的那个分部，运用自己所具有的设备，每月内可培养如下数量的某一种细菌：鼠疫菌一百公斤，炭疽热菌二百公斤，伤寒菌三百公斤，副伤寒菌"A"三百公斤，霍乱菌三百三十公斤，赤痢菌三百公斤。

一九四〇年下半年内，我所主持的一组人曾培养出七十公斤伤寒菌和五十公斤霍乱菌，供给由第七三一部队另一部分工作人员所组成，经前该部队长石井将军率领到华中一带去的特别远征队之用。除伤寒菌和霍乱菌外，该远征队还使用过染上鼠疫的跳蚤去反对中国军队。

一九四二年年中，我所主持的那个科制备了一百三十公斤副伤寒菌"A"和炭疽热菌，以供同样由石井将军率领到华中去用细菌反对华军的远征队的需要。根据向我宣布过的各证人供述，我已知道这次远征队还带得有伤寒菌，但我自己对于这一点却记不清楚了。

石井将军在一九四〇年以及一九四二年间率队远征的目的，就是要在具体战斗环境内进行探求大量散播细菌方法的实验。但其实这也就是把细菌实际用作战争武器去攻击中国军队。石井将军远征队在一九四〇年间使用鼠疫跳蚤，结果在散播此种跳蚤的地区内引起了鼠疫，关于这点，我在一九四九年十月二十二日受审时已经详尽陈述过了。至于以后一次使用上述各种细菌时是否达到了目的，那我却不知道。

由我领导培制出的各种细菌曾在安达站附近本部队特设打靶场上用来进行过实验，目的是要探求在野外条件下传播细菌的方法。在进行这种实验时，是把被称为"木头"的活人作为实验对象的。

我在该部队供职期间，原已知道部队内设有一个专门拘禁受实验者的监狱，这些人在受到实验后总是必遭消灭的。

当时在安达站打靶场上有系统地进行实验。我两次参加过这样的实验，第一次是在一九四三年末，第二次是在一九四四年春。

在两次实验时，每次都是把十个看样子是中国人的受实验者押到打靶场上来，在未进行实验之前，先将他们绑到栽在地里的柱子上，然后让装有细菌的炸弹在他们近旁爆炸。我所说的这两次实验中第一次实验的结果，是一部分受实验的人染上了炭疽热，我事后听说，这些人都死掉了。

这两次我都亲自到了安达站打靶场上，为的是要在实验时就地查明我所培养的各种细菌的效能……

此外，我还知道，第七三一部队内同时又在实验室条件下有系统地对活人进行过实验。这里是强迫被实验者染上各种病菌，然后就来观察这些受实验者的病状，以求研究出最有效的传染病媒介物。

直接在活人身上进行实验，就加速了解决该部队所负的任务，即研究出最厉害的细菌战武器以及用以大量传染活人的方法。

日军统帅部准备作细菌战时，曾极力设法增大细菌生产能力。正因为如此，所以在一九四四年就开始有新的设备从日本运到第七三一部队内来，据前该部队第四部部长太田澄告诉我说，这种新设备比较完善，能够用连续生产法来培养细菌。

同年间，我奉前该部队长北野正次的命令，亲自到过孙吴、海拉尔、海林和林口各支队，目的是要就地研究可否在这些支队内装上大批培养细菌的设备。北野将军在我出发前指示我说，在各支队内建立起培养细菌的工作是必要的，一方面是为要增大细菌生产能力，他方面是当本部队内设备一旦被敌机炸坏时，不致使细菌生产工作陷于停顿。

根据我所作出的结论，于是同年间就运送了一些设备到孙吴、海林和林口诸支队里去，但我不知道这究竟是些什么设备，也不知道这些设备是否在那里装设了起来。

　　我常以细菌学医生和培养细菌专家资格参加过该部队内军官和科学工作人员会议，在会议上我作过关于大量培养细菌和利用精制营养液等办法的报告。

　　为了提高我部下工作人员的熟练程度，我曾给他们上过课，一九四〇年初，我又在本部队新招收的雇员训练班内担任过细菌学教员。

　　问：你还想用什么话来补充你的口供么？

　　答：我完全理解到，第七三一部队是个罪恶的组织，它制造过那种用国际公法上所禁用的野蛮手段去消灭人命的武器。

　　我在本部队内工作期间既参加过这一罪恶工作，我也就犯了危害人类的罪行，因此我应该受到惩罚。

　　我既了解到这点，所以我从开始受审时，就已极力想诚恳和客观地揭露该部队的罪恶活动以及我个人在这中间所起的作用。

　　我再没有什么话可以补充我的口供，因为在预审过程中，我已把我所知道的一切表明该部队内罪行的事实都供述出来了。

　　我的话都记录得正确，俄文审讯记录用日语翻译给我听过。

柄泽

负责审讯者：

军事检察官布斯洛维奇中校法官

内务部驻伯力边区办事处工作员依万诺夫中校

翻译员：巴荷摩夫

被告尾上正男受审记录

一九四九年十二月六日　　　伯力城

受审时由翻译员古尔杨诺夫翻译。翻译员曾被预告过，如有故意错译之处，即应按俄罗斯苏维埃联邦社会主义共和国刑法第九五条治罪。

古尔杨诺夫（签名）

问：一九四九年十二月五日决议上宣布你犯了苏联最高苏维埃主席团一九四三年四月十九日法令第一条所定的罪。你明了你的罪状实质么？你承认你犯了这种罪么？

答：我明了向我宣布的罪状内容。我承认我所犯的罪状是，在我领导的第六四三支队内训练过细菌实验员干部，当我在支队供职期间总共培养出了一百六十人。本支队内也曾繁殖和搜捕过鼠类（豚鼠、白老鼠）和家兔，这些动物都被送到了第七三一部队司令部去，用以生产细菌武器和进行研究"孙吴"疟疾的实验。此外，第六四三支队内还繁殖过跳蚤，这种跳蚤也被送到了第七三一部队中去染上鼠疫菌，使其成为一种细菌武器。本支队第一部内曾用灰老鼠进行过研究工作，目的是要找到繁殖鼠疫跳蚤的最有效办法，但这一工作没有什么成就，所以后来只是在白老鼠身上来繁殖跳蚤。根据第七三一部队长军医中将石井的指令，我于一九四五年八月十三日把第六四三支队连同所有各种材料、设备和文件一概烧毁，只留下密码和二十至二十五克跳蚤，由我派人送到第七三一部队司令部去了。当时第七三一部队司令部下令烧毁该支队究竟是为的什么目的，那我可不知道。当时我知道第七三一部队曾从事研究和大批生产过细菌武器，如鼠疫菌、炭疽热菌及其他致命病菌，这些病菌都是拿活人来作实验，因之部队内设有内部监狱和供实验用的一个打靶场。一九四四年春季，我同第七三一部队总务部长一起，坐飞机到过打靶场，目的是要参加用活人来实验细菌武器，但部队长却不知为什么取消了进行这次实验的命令，于是第二天我就返回到部队司令部来了。

至于在向我宣布的罪状上说第五军团军医处长军医少将佐藤是由我建议发过一道命令，责成各部队指挥官和各军医院院长组织捕鼠工作，把捕获的老鼠送来第六四三支队，那末这一罪名我是不承认的，因为我并没有向佐藤将军提出过这种请求。

问：第七三一部队制造细菌武器的目的是什么呢？

答：第七三一部队大批制造细菌武器的目的，是要使用这种武器去进行战争，至于使用这种武器究竟是要反对日本的哪个敌人，这点我却不清楚……

问：第六四三支队及其内部设备和所进行的各种工作，是一种军事秘密么？

答：我认为支队本身及其设备和所进行的工作，都不是军事秘密。

问：那末，你认为繁殖跳蚤和鼠类不曾是秘密么？

答：不，并不是这样。支队内繁殖跳蚤一事是秘密的，至于繁殖鼠类，我认为这不曾是秘密事情。

问：你还想用什么话来补充你的供词么？

答：我再没有什么话可以补充我的供词了。

审讯记录经翻译官古尔杨诺夫用日语念给我听过，我所供述的话都记录得正确，特签字为凭。

尾上

负责审讯者：

军事检察官布庶也夫中校法官

内务部驻伯力边区办事处工作员福尔申科少校

翻译员：古尔杨诺夫

被告佐藤俊二受审记录

一九四九年十二月六日　　伯力城

　　审讯时由翻译员科尔尼洛夫翻译。翻译员曾被预告过关于俄罗斯苏维埃联邦社会主义共和国刑法第九五条上所定的处分。

科尔尼洛夫（签名）

　　问：一九四九年十二月五日决议上宣布你犯了苏联最高苏维埃主席团一九四三年四月十九日法令第一条所定的罪。你明白你所犯的各条罪状的实质么？你承认你犯了向你宣布的罪状么？

　　答：向我宣布的各条罪状实质，我都明白。我完全承认我犯了苏联最高苏维埃主席团一九四三年四月十九日法令第一条所定的罪。我的罪过，就是我从一九四一年十二月到一九四三年二月间确实领导过广州"波"字第八六〇四部队，随后从一九四三年二月到一九四四年三月间我又领导过南京"荣"字第一六四四部队。这两个部队都曾从事研究和大批生产过用以攻击中国军民的致命细菌……南京"荣"字第一六四四部队与关东军第七三一细菌部队一起曾于日军作战时期，直接参加过用细菌武器反对中国军队及当地居民的动作……

　　我在任"荣"字第一六四四部队长时，领导过本部队内探求和大量生产细菌武器的工作。为了这个目的，南京"荣"字第一六四四部队装置有大量器械，配备有各种细菌学专家，因而能大规模地培养致命细菌。真的，南京"荣"字第一六四四部队内所设训练部，在我领导下，每年培养出三百名细菌学干部，以供进行细菌战的需要。我从一九四四年三月任日本关东军第五军团军医处长时起，就积极地帮助和支持了第七三一部队第六四三支队来扩大细菌材料的生产。

为了这个目的，我在一九四五年五月下了一道专门命令给第五军团各部队，要它们搜捕为生产细菌武器所必需的鼠类，以便送往第七三一部队第六四三支队里去。

问：请你确定说明一下，南京"荣"字第一六四四部队的生产能力究竟有多大，以及该部队内的技术装备情形怎样。

答：南京"荣"字第一六四四部队在培养致命细菌方面的生产能力，每一生产周期内计达十公斤。为出产这一数量的细菌，"荣"字第一六四四部队内有如下的技术设备：石井式培养器约二百具，孵育室（容积：5×5×3公尺）一所，管式营养液消毒器（直径一公尺半，长二公尺半）两具，孵育器约四十至五十具，蒸气灭菌器四十至五十具，科哈式锅炉约四十至五十具，此外还有蒸馏营养液的大玻璃蒸馏器，这蒸馏器究竟多少，我此刻记不清楚了。

我的话都记录得正确，审讯记录用日语念给我听过。

佐藤

负责审讯者：

军事检察官布庶也夫中校法官

内务部驻伯力边区办事处工作员亚格勒兹科夫少校

翻译员：科尔尼洛夫

被告平樱全作受审记录

一九四九年十二月六日　　　伯力城

审讯时经翻译员叶尔根翻译。翻译员曾被预告，如有故意错译之处，即应按俄罗斯苏维埃联邦社会主义共和国刑法第九五条治罪。

叶尔根（签名）

问：念给你听了的决议是宣布你犯了苏联最高苏维埃主席团一九四三年四月十九日法令第一条所定的罪。你明了你的罪状实质么？你承认你犯了这样的罪么？

答：是的，我完全承认我犯了苏联最高苏维埃主席团一九四三年四月十九日法令第一条所定的罪，并且我想把我的罪状实质供述如下：

从一九四二年六月到一九四五年八月，我确实在关东军第一〇〇部队内供职，该部队的基本任务，除防疫措施外，还准备作反苏细菌战之用的进攻武器。

在第一〇〇部队内任职的细菌学家、化学家、兽医等，都会从事培养各种细菌，研究细菌特性，探求大量传染牲畜与人的方法。为了这个目的，第一〇〇部队内会用活人和牲畜来进行过细菌与毒药效能的实验。

我是个兽医，曾以科学工作者资格，起初在该部队第二部第一分部内，尔后在一九四三年十二月成立的第二部第六分部内，研究过鼻疽菌和炭疽热菌的作用，从事繁殖这种细菌，也研究过在细菌战中使用此种细菌的一切可能方法。

为此目的，我于一九四二年七、八月间参加过到三河区去作所谓"夏季演习"的远征队。这远征队目的就是要考察在临近可能发生军事行动的区域，即在毗邻苏联边境地带的野外条件下使用炭疽热菌和鼻疽菌的可能性。在这次远征期间，进行过用鼻疽菌传染结尔布勒河及各蓄水池的实验，以及用炭疽热菌传染田地与草场的实验。我们在行军实验室内培养过供此种需要的微生物，并用马、羊、豚鼠等实验过这种微生物。

从一九四四年六月起，我同第一〇〇部队的一批科学工作人在北兴安省蹲过一个时期，并遵照关东军司令部命令在那里搜集了各种情报，即调查过毗邻苏联及蒙古人民共和国的各地区居民的牲畜数量，确定过这些牲畜的情形，夏季和冬季牧场所在地，收割牧草地段，道路和蓄水池情况等等。日军统帅部之所以需要这种情报，是为了一旦与苏联作战时便能大量传染牲畜，借以进行细菌破坏活动。

从一九四四年六月到九月间，我在这一别动班内执行浅尾大尉所给予的个别任务，尔后从一九四四年九月到受俘日（一九四五年八月）止，我领导过这别动班，因为浅尾已从本班内调走了。

第一〇〇部队长若松少将曾告诉我说，在一旦发生战争时，日本空军就会根据我所收集的情报，在毗邻苏蒙边境的各区域内，散播鼻疽菌、炭疽热菌、牛瘟菌等以便传染牲畜。

关于本班人员所进行的工作情形，我向若松少将做过两次书面报告，并且每次都附有地形图，图上标明有侦察所得的消息（如蓄水池、牧场、牲畜情形等等）。同时，我还向关东军兽医处长高桥隆笃中将做过一次关于这个问题的口头报告。

此外，我又把本班工作情形通知过海拉尔军事团团长天野中佐，他——据若松少将告诉我说——原来知悉本别动班的工作目的和任务。据我所知道的，天野中佐在呈给关东军司令部的报告书中十分称赞过我们的工作。

除上述工作外，我于一九四五年夏季又奉若松少将命令向北兴安省居民采办了五百只羊、一百条牛和九十匹马，一共花了八万圆的开支费。

据若松中将告诉我说，一旦与苏联发生战争时，就会把这批牲畜染上炭疽热、鼻疽、牛瘟和羊痘等病症，并为军事破坏目的把它们留在苏军后方，借以引起烈性流行病。我还知道，为了这个目的，将会用飞机把必要数量的上述各种病菌运到我所采办的那批牲畜所在地来，并由几个军事破坏队把这些细菌传染到牲畜身上去。

同时，我还承认我作过以下的罪恶，就是当我在北兴安省时期，曾奉若松少将命令采办了一些牲畜（十条黄牛），以供一九四五年早春在南岗河一带进行实验之用。据参加这次实验的山口少佐告诉我说，在进行这次所谓"冬季演习"的实验时，检查了牛瘟菌和羊痘菌在冬季气候下的效能，办法就是把这种病菌撒到雪地上以及散在雪地上的饲料上。这次实验是在预定要向蒙古人民共和国进行细菌破坏活动的那种条件下进行的，因为如众所知，蒙古的牲畜在冬令时期是靠野外草料饲养的。

此外，一九四三年夏季，为了要确定毒死马匹所需要的毒药（氰化钾，马前霜碱等等）分量，我奉第二部部长穗坂命令曾用关东军部队内的四五十匹马来作过实验。实验结果有十匹马倒毙了。此种实验究竟为了什么目的，我不曾知道，但据我推测，是要研究在进行军事破坏时使用毒药的手段。

我再没有什么话可以供述了，我的话都记录得正确，并用日语念给我听过，特签字为凭。

平樱

负责审讯者：

军事检察官波哥德少校法官

内务部驻伯力边区办事处工作员拿查洛夫中尉

翻译员：叶尔根

被告三友一男受审记录

一九四九年十二月六日　　　伯力城

审讯时经翻译员叶尔根·格里哥里·格阿尔吉也维奇翻译。翻译员曾被预告过关于俄罗斯苏维埃联邦社会主义共和国刑法第九五条上所定的处分。

叶尔根（签名）

问：向你宣布的罪状是说你犯了苏联最高苏维埃主席团一九四三年四月十九日法令第一条所定的罪。你承认你犯了这种罪状么？

答：我明了一九四九年十二月五日决议上依据苏联最高苏维埃主席团一九四三年四月十九日法令第一条向我宣布的罪状的实质，并完全承认自己犯了这种罪。

问：你具体承认你犯了什么罪呢？

答：我承认我所犯的罪，是我在一九四一年四月间自动投到专门培养炭疽热、鼻疽、牛瘟、羊痘等病菌的关东军第一〇〇部队内工作，并且我明知培养此种病菌是专门为了进行反苏战争，但我仍积极参加了第一〇〇部队特别实验室内培养此种细菌的工作。

我进入该部队后，住过炭疽热菌和鼻疽菌培养法训练班，曾用专门由我看管的孵育器培育过此种病菌。当我在该部队工作期间，即从一九四一年四月起到一九四四年十月止，我始终都是干这件事情。

此外，我又多次参加过用动物和活人来实验我所培养出的致命细菌效能，以备日军统帅部在反苏战争时使用这种细菌。例如一九四二年七、八月间，我协同第一〇〇部队一批人员到三河区去行动过，当时我们把鼻疽菌投在结尔布勒河里，把炭疽热菌投到蓄水池内，这样来实验此种细菌的强韧性。这一别动班是由第一〇〇部队第二部部长村本少佐率领的。我在那里也亲自培养过鼻疽菌和炭疽热菌，供本班人员在结尔布勒河和各蓄水池内作实验之用。这种实验是在……与苏联交界的额尔古讷河支流结尔布勒河里进行的。

一九四四年八、九月间，我由科学工作员松井经孝指导，在第一〇〇部队场所内用七八个被捕的俄国人和中国人进行过实验，在他们身上检验过毒药效能，方法就是把被我放上了毒药的食物发给这些被捕人去吃。

一九四四年八月末，我遵照松井指示把一公分海乐英放到一碗稀饭里，然后就把这碗稀饭发给一个被捕的中国人吃下，他吃下之后经过三十分钟就失掉知觉，再经十五六个钟头就死掉了。我们下这份海乐英时，明知这是致命的分量，但对于这人的死活，我们是漠不关心的。

我对某些被捕者每人进行过五六次实验，目的是要检验朝鲜"朝颜"、海乐英、"巴克塔尔"和蓖麻青等毒药的效能。有个被捕的俄国人在受实验之后，身体虚弱得已经再不能用来进行实验了。松井叫我注射一针氰化钾把他毒死。这人受到这种注射之后，马上就死掉了。

其次，有三个被捕者经我进行实验后，就由宪兵当着我的面把他们枪毙了……

问：你还想用什么话来补充你的口供么？

答：我再没有什么话可以补充了。我所供出的话都记录得正确，经翻译官叶尔根用日语念给我听过，特签字为凭。

三友

负责审讯者：

军事检察官安东诺夫中校法官

内务部驻伯力边区办事处工作员波一科上尉

翻译员：叶尔根

被告菊地则光受审记录

一九四九年十二月六日　　　伯力城

　　审讯时由翻译员颇鲁扬诺夫翻译。翻译员曾被预告过关于俄罗斯苏维埃联邦社会主义共和国刑法第九五条上所定的处分。

颇鲁扬诺夫（签名）

　　问：向你宣布的决议上是认定你因犯了苏联最高苏维埃主席团一九四三年四月十九日法令第一条所定的罪状被控，这一罪状的实质已向你说明过了。你承认你犯了这种罪状么？

　　答：我承认我犯了依据苏联最高苏维埃主席团一九四三年四月十九日法令第一条向我宣布的罪状。

　　问：你具体承认你犯了什么罪呢？

　　答：我承认我所犯的罪是：我从一九四三年四月到被俘日止在第七三一部队第六四三支队供职期间，曾从事于培养伤寒、副伤寒、赤痢及结核等细菌，以便研究这些细菌的属性及其引起疫症的效能。我在培养细菌时研究过细菌所赖以繁殖的营养液，目的是要制造出一种使细菌能赖以迅速繁殖起来并能更长久保存其生活力的营养液。

　　同时我还想找到更快地制造细菌营养液的方法。我从事培养细菌和研究细菌营养液的目的，是要一旦奉到上司命令时，我个人以及整个第一研究部都能够很迅速地大量培养细菌。

　　我原来知道日本关东军是在准备对苏的细菌战，第七三一部队和帮助第七三一部队进行细菌战准备工作的第六四三支队正是向这方面努力，所以我在本支队第一研究部内所做的工作……也是为了准备细菌战。这就是说，我个人也参加过细菌战的准备工作，我承认我犯的罪就在这里。

我的这种罪行，并不是由我自愿作出，而是遵照我那些长官命令作出的。我不能不执行他们的命令，因为我不执行命令就会受到惩罚。

问：你还想用什么话来补充你的供词么？

答：我再没有什么话可以补充我的供词了……

我所供述的话都记录得正确，并用日语念给我听过。

菊地

负责审讯者：

滨海军区副军事检察官安东诺夫中校法官

内务部驻伯力边区办事处工作员布兰诺夫上尉

翻译员：颇鲁扬诺夫

被告久留岛祐司受审记录

一九四九年十二月十日　　　伯力城

　　审讯时由翻译员斯托洛什科夫翻译。翻译员曾被预告过，如有故意误译之处，即应按俄罗斯苏维埃联邦社会主义共和国刑法第九五条治罪。

斯托洛什科夫（签名）

　　问：向你宣布的罪状是说你犯了苏联最高苏维埃主席团一九四三年四月十九日法令第一条所定的罪。你明了这一罪状的实质么？你承认你犯了这种罪么？

　　答：军事检察官一九四九年十二月九日决议上依据苏联最高苏维埃主席团一九四三年四月十九日法令第一条向我宣布罪状的实质，我都明白，并且我完全承认我犯了这种罪。

　　关于我所犯罪状的实质，我想供出如下的话：

　　真的，当我被征入日军队伍，在第九十七步兵联队受过普通军训之后，就于一九四四年四月间被派到林口第七三一部队第一六二支队里来服务。

　　我进这支队后不久，因亲身认识队内工作性质和听到关于第七三一部队活动秘密性的预告就了解到：虽然第七三一部队所负正式任务是经管给水与防疫事宜，但其实它是在培养各种烈性传染病（伤寒、副伤寒、霍乱，鼠疫等等）细菌，以及养育跳蚤并为养育跳蚤来繁殖鼠类。

　　我在第一六二支队附设的六个月卫生员训练班学习时，同其他受训人一起在第一部部长细屋少佐领导下特别注意研究过细菌学。

　　在训练班毕业后，我就和一批军人由下士官兵头义舛率领，被派到第七三一部队去参加细菌弹的实验。这种实验叫做"演习"。

　　我在第七三一部队内的时期，有次出发实验时听见本部队人员说，这里大批培养的烈性传染病菌是用强迫手段在本部队内所拘禁的俄国人和中国人身上进行实验的。

同时我又听到，说我必须参加实验，目的是要查明用飞机散播跳蚤去传染地上生物的效能。

一九四四年十月六日至三十日，我在吴屯附近参加过这种演习，当时我在实验工作人员住宅外面担任守卫。

此外，当飞机掷下装有跳蚤的瓷器弹爆炸后，我也去计算过，究竟有多少跳蚤落到摆在两平方公里地面上的那些箱子内。

一九四四年十一月二日，我转回到第一六二支队里来，被指定在第一部细菌实验室内担任实验见习生。

这里，我在军曹官丰和第一部部长军医少佐细屋领导下，担任过把结核菌、伤寒菌和副伤寒菌放置到营养液上去，预备实验仪器，调剂培养细菌时孵化器内的温度及其他工作。

此外，我又两次（每次七天）到外处去捕过田鼠。我总共捕获了约三百个田鼠，然后就把它们送到第七三一部队去用来生产细菌武器。

我承认我所犯的罪就是，我在第七三一部队及其第一六二支队中的全部实际活动，都是参加制造供大批杀人用的细菌武器，但是我请求你们注意到，我参加这种罪行时，不过是尽着执行日军统帅部命令的作用。

我的供词记录得正确，并用日语念给我听过。

久留岛

负责审讯者：

军事检察官波哥德少校法官

内务部驻伯力边区办事处工作员孔诺诺夫少校

翻译员：斯托洛什科夫

山田乙三受审记录摘录

一九四九年十一月三日　　伯力城

……第七三一部队正式称为"关东军防疫给水部"，这个名称在相当程度内是用来隐蔽该部队的真正职能的。为了同样目的，第七三一部队工作人员都穿着普通军服，并不佩带医务人员的识别章。我们曾担心到，大量医务人员集聚在一块，可能使人们对第七三一部队工作的真实性质发生不良的怀疑心理。

……一九四四年八月，当我巡视第七三一部队时，我亲身考察了部队内各部的工作。我视察各部的时候，有人向我报告过培养和大量养出细菌的生产过程。我记得我在一个部内看见有强大的特种设备体系，这是用来生产大量传染病媒介物的。该部部长向我报告过关于全部队内生产能力的数目字，但这些数目字此刻我记不得了。

我应当说，这一部里的细菌生产规模极大，能保证大量使用细菌的需要。该部队另一部专门养育传染鼠疫的跳蚤，我在那里看见有些特种保藏具，内面养有大量的跳蚤。该部队内那些伴随我的人员向我报告说，这些跳蚤是用去传染鼠疫的，说这是细菌武器中的一种。

我视察过该部队内的各部之后，就和随员们一起攀登到高台上去，那里是当飞机散播跳蚤时观测和监察实验的地方，我从高台上眺望了飞机场。当时有个军官向我报告，说染有鼠疫的跳蚤这种细菌武器，是在一个特设的打靶场上用飞机散播法来进行实验。同时，他们向我说明了在各种不同天候条件下进行实验的结果。

当我视察第七三一部队时，那里制造细菌战武器的研究工作与生产活动之巨大规模，竟使我极端惊异。

问：那末，建立第七三一部队的目的就是要准备用细菌武器进犯苏联么？

答：我应当承认，位置在满洲境内的第七三一部队成立的目的是准备细菌战武器，主要是来反对苏联，同时也反对蒙古人民共和国和中国……

问：第七三一部队在何种范围内受关东军司令部管辖呢？

答：第七三一部队是直接由我用关东军总司令资格管辖的。

第七三一部队受关东军司令部管辖，这是在该部队成立时就由日本陆相明令规定了的。

第七三一部队内关于生产和使用细菌武器诸问题的战术指导，都是由我负责。这就是说，若一旦必须使用细菌武器去反对敌军时，那末这种命令只能由我颁发，因为第七三一部队是受我管辖的一个特种部队……

山田

负责审讯者：

内务部驻伯力边区办事处工作员布拉菲和哥赫曼

翻译员：茨菲洛夫

山田乙三受审记录摘录

一九四九年十一月五日　　伯力城

问：你什么时候亲身巡视过第七三一部队呢？

答：我只巡视过第七三一部队一次。当我被任为关东军总司令后，我视察了我所管辖下的一切部队和支队，其中也有第七三一部队。这是在一九四四年八月间的事。

伴随我到第七三一部队驻地去的，是关东军司令部中佐参谋官。我从哈尔滨到该部队去并不是晚上动身，像我以前所供的那样，而是白天十二点钟动身，我在该部队内大约逗留了一点半钟。关于这次巡视情形，我记在自己日记簿上了。

当我走到该部队驻地入口处时，有第七三一部队长北野少将率领全体军官来迎接我。迎接仪式完毕后，我就走进北野少将办公室去，当时他向我报告说，部队内设有七个部：总务部、疗诊部、材料部、生产部、科学研究部和训练部。第七部的名称我忘记了。

北野在报告该部队宗旨和任务时指出说，该部队按本身性质说来负有两个任务：第一，是经管关东军内的防疫和给水事宜；第二，是研究各种与准备细菌战手段有关的问题。此外，北野将军又向我大体报告过该部队人员数目，但这数目字我此刻记不起来了。

他向我解释各部活动的性质时说，科学研究部系研究使用细菌武器的手段和方法。当时我就明白，在必须使用细菌来进行军事破坏时，是采在地面上散布的方法，而在广泛使用细菌武器时，则用飞机来投掷。

关于生产部工作情形，北野将军向我报告说，该部在大批制造足供进攻战使用的细菌武器。

后来，当我已完全认识了第七三一部队的活动情形时，我就知道该部队生产能力足以供应大规模使用细菌武器的需要，关于这点我在前次受审时已经供述过了。

据北野将军说，第七三一部队训练部专门培养医务干部，以后就用他们去充实该部队内的各部，其中也有从事研究与制造细菌武器的各部。

材料部负责供应第七三一部队内所需要的各种材料和医务器材。

听完北野将军报告后，我就开始巡视该部队。此刻我很难记起我在该部队每部内所见到的个别情节，所以我只能把我当时所看见的情形大致说明一下，却不能确定该部队工作中的每一过程究竟是属于哪一部。虽然如此，但我确实记得，关于该部队一切重要部内的工作性质，我是察明了的。在一个部（大概是生产部）内，我认识了大量培养细菌的过程。那里有强大的设备，如大锅炉以及其他用来大批制造细菌武器的器具。

在另一间屋子里，我看见有一些装有极多活跳蚤的特别箱子。有人告诉我说，这些跳蚤是专门用来染受鼠疫的，跳蚤染上鼠疫之后，就能用去传染鼠疫流行病。至于我在其他屋子内看见了一些什么，此刻我记不起来了。

当我视察了该部队内各个主要房间后，我就同伴随我的军官们登到该部队的高台上去眺望飞机场，关于这点，我在前次受审时已经详细供述过了。

当我已充分认识该部队工作情形并对该部队活动性质得到一个印象之后，该部队内研究工作的巨大规模及其制造细菌武器的强大生产能力，竟使我极为惊异……

山田

负责审讯者：

军事检察官巴真科中校法官

内务部驻伯力边区办事处工作员布拉菲上尉和哥赫曼上尉

翻译员：茨菲洛夫

山田乙三受审记录摘录

一九四九年十一月十七日　　　伯力城

……第七三一部队和第一〇〇部队及其各个支队，都是在我管辖下从事研究和大批生产细菌武器的部队。

……讲到第七三一部队和第一〇〇部队内准备细菌战的活动问题时，必须指出，第七三一部队是专门研究和生产用以大批残杀人命的细菌武器的。第一〇〇部队在这方面的活动范围较为狭小，只是研究和生产那用去进行消灭牲畜和毒害庄稼等破坏活动的细菌武器。

……受我管辖的作战部所负的任务，就是对生产必要数量的细菌，保证技术设备，以及培养熟练干部来充实第七三一部队和第一〇〇部队等方面实现领导……

问：那末，你在一九四九年十一月三日受审时供称，说准备细菌战武器主要是为了反对苏联，这究竟是指的什么呢？

答：我完全证实我这供词，但我应该说明一下，准备细菌战不只是为了反对苏联，而且也是为了反对其他国家。

问：请确定一下，究竟你所指的是哪些国家呢？

答：主要是苏联，同时还有中国、蒙古人民共和国、美国和英国。

问：在准备用以反对苏联的细菌战方面，曾实行过一些什么具体的措施呢？

答：在对苏联方面，细菌战准备工作归结起来，就是多次研究使用传染病菌的方法，大量生产细菌武器，进行各种实验来确定各种细菌的效能。

问：请你说说，究竟研究出了使用细菌武器的哪些方法呢？

答：据我所记得的，使用细菌武器的基本方法和最有效方法，原是从飞机上散布细菌以及在地面上直接施放细菌。从飞机上散布时，是把细菌装在一种特制炸弹内，或者由飞机上的一种特别装置散播下来。直接在地面上施放时，是用细菌去传染蓄水池、牧场和牲畜。

……我应当承认，一九四五年六月，我真的派过田村大佐到第七三一部队内去就地考察该部队工作，并查明是否必须增加专门家数量的问题。我派田村大佐到第七三一部队去，是由于关东军司令部接到了陆军省责成增加细菌武器生产的指令。这个指令曾转交给第七三一部队长石井中将去执行，他为执行这一指令计，曾于一九四五年五月写了一封信给我，要求增加他所需要的专门家数量。顺便说说，我此刻已回忆起来，那时我的确收到有石井关于细菌弹的报告。在这点上，请将我先前所说出的供词加以相当修正。

这个报告原来是保存在我的保险柜里，后来我把它交给了作战部部长松村知胜少将。我现在还记得很清楚，这个报告是用印有红线的公文纸写的。同样我还记得，这个报告的标题是"关于石井式细菌弹"，并且我还记起了，当我巡视石井部队时，我亲眼见过这种用去装上鼠疫跳蚤作为细菌武器使用的炸弹模型。

……我记得，我在第七三一部队内检查工作时看见了这种炸弹。这种炸弹是第七三一部队制造的。究竟数量有多少，我却不记得，但这数量是由一定的需要来决定的。拿给我看的那张图表上的炸弹样式，我在上述的石井报告中曾经看见过。

为了研究使用细菌武器的方法，曾组织有几个专门委员会，委员为关东军参谋长、作战部长、第一〇〇细菌部队长或第七三一细菌部队长以及司令部的个别军官。各该专门委员会主席是由参谋长担任。关东军总司令未曾参加这些委员会的工作。委员会关于使用细菌武器的决定，均交由关东军总司令批准，然后呈报日军参谋本部。参谋本部当批准了某种武器时，即将此种决定通知关东军司令部，然后再由关东军司令部颁发大量生产必要病菌的相当命令给第七三一部队和第一〇〇部队。根据参谋本部关于生产此种或彼种细菌武器的要求，日本陆军省会保证第七三一部队和第一〇〇部队以一切必要的设备、原料和材料。

所有关于使用细菌武器以及编制必要部队来实际运用细菌武器的事宜，都是由日军参谋本部根据关东军司令部的相当报告策划的。

问：究竟有哪些细菌武器使用法是在你任总司令期间采纳为关东军作战方法的呢？

答：所有被采纳为关东军作战方法的细菌武器使用法，都是在我受任为关东军总司令以前批准的。当时我个人认为最有效的方法是从飞机上散布细菌，因为这种办法能够传染广大的面积。

问：投掷细菌武器时是决定用什么飞机呢？

答：平时受第七三一部队支配的只有几架特种飞机。而在战时必要场合，则可以利用任何一个空军部队中预先装备有必需器具的飞机。

问：你以总司令资格亲身参加领导细菌战准备工作一举，究竟具体表现在什么地方呢？

答：我已经说过，关东军所采纳的一切细菌武器使用方法，都是在我受任为总司令以前由日军参谋本部审核和批准的，这些方法在我任职期间还是继续发生效力。此外，根据日本陆军省和参谋本部指令，我又以总司令资格经过本司令部所属各部处领导过第七三一号和第一〇〇号两细菌部队研究与生产细菌武器的工作。我以关东军总司令资格所负的任务，并且是要在作战期间对使用细菌战武器一事实行战术上的领导。在这方面，当一旦发生战争时，我就应该决定究竟用什么兵团以及在哪些方面必须使用细菌武器。

为了实现细菌攻击，就要把那些以第七三一和第一〇〇部队及其各支队为基础建立起来的特种细菌部队，拨归各战线司令官和各个军团指挥官指挥……

……

问：你根据陆军省指令在增加细菌武器生产方面，具体作过一些什么事情呢？

答：先前我已经说过，根据副陆相签署发来的指令，我批准了按照陆军省训令范围增加细菌武器生产一举。但究竟这种生产增加了多少，我却记不清楚了……

　　……

　　问：使用细菌武器的决定究应出自于谁呢？

　　答：使用细菌武器的命令应由帝国大本营颁发……

山田

负责审讯者：

军事检察官巴真科中校法官

内务部驻伯力边区办事处工作员哥赫曼大尉

翻译员：茨菲洛夫

山田乙三受审记录摘录

一九四九年十二月一日　　伯力城

……

问：一九四五年细菌武器生产加紧起来，究竟是由于什么原因呢？

答：那时第七三一部队和第一〇〇部队细菌武器生产加紧起来，是由于试验最有效细菌武器的准备时期已经终结。我所指的是使用"石井式"细菌弹，用飞机散布鼠疫跳蚤以及在地面上进行细菌破坏活动的方式，关于这些情形，我是从北野将军、高桥将军及其他等人的相当报告中知道的。

一九四五年，由于改善最有效细菌武器使用法的一切准备工作业已顺利完成，于是开始实行大量生产细菌武器，以便一旦奉到帝国大本营命令时就能在任何方面实际运用这种武器。根据如上所述，并依照日本副陆相指令，一九四五年春季，我便颁发了一道命令要第七三一部队和第一〇〇部队扩大细菌武器的生产，并因而要设法增加和完善设备以及为第七三一部队补足必需的专门家。

除此以外，我个人认为在一九四五年间扩大细菌武器生产，是由于各战场上军事情况恶化。不过这是我个人的意见，因为我当时没有收到过关于本问题的正式报导。

问：请你确切地说说，究竟日本副陆相关于扩大细菌武器生产的指令，是在什么时候到达关东军司令部的？

答：据我所记得的，这个指令是在一九四五年三月收到的……

……

问：当你任关东军总司令一职期间，在研究细菌武器使用方面，究竟有过一些什么变更呢？

答：我已经说过，细菌武器的基本使用法是在我还没有受任为总司令以前就已为关东军所采纳，并经日军参谋本部批准，而在我任职期间，这方面并没有发生过任何变更。此种使用法也经我认可，依旧有效。但是，当我在关东军任职期间，在完善某种细菌武器方面是进行了一些工作。不论在第七三一部队或在第一〇〇部队内都曾进行过这种工作。例如在我任职期间曾最终地改善了鼠疫跳蚤使用法，即从飞机上借助特种装置来散布跳蚤或投掷特种细菌弹的方法。关于这种方法，北野将军向我作过专门报告。

问：你听了石井所作关于细菌弹的报告后，究竟采取过怎样的决定呢？

答：根据石井关于使用特种细菌弹的报告所作出的决定，是我的前任人梅津将军采取的。我在查阅了石井的报告后，也认可了这种使用法。关于这个问题，再丝毫用不着来专门批准了。

……一九四四年十月或十一月间，北野将军关于把鼠疫跳蚤作为细菌战武器使用的实验结果，向我作过一次详细报告。北野向我作报告时，还把他从第七三一部队内带来的特制影片以及标明有用飞机作散布鼠疫跳蚤实验那地方的图表一并拿出给我看过。北野报告的内容，是综合在这方面所进行过的一切实验和研究，并作出了全部工作的总结。他在报告时，还拿出各种图表给大家看过，图表上很清楚地标明有研究和试验用鼠疫菌传染地区的结果。当时我个人认为使用鼠疫跳蚤一法效力极大，所以就认准了北野的报告以及他提议的细菌武器使用法。

关于使用鼠疫跳蚤的实验结果，是由第七三一部队领导人超过关东军司令部，直接呈报帝国大本营的。

问：先前你说过，关于研究和生产细菌武器问题的一切决定，都是预先经一个临时委员会审定后交由总司令批准，然后再由关东军司令部呈报日本参谋本部和陆军省。究竟哪种说法是对的呢？

答：我完全证实我先前的口供，并且我觉得我这两种说法之间并没有任何矛盾。原来，以前我所说的那种报告是关系于更加重要的问题，即通常是与拟定细菌武器使用法或与其他更迫切问题有关的，这样的报告是经由关东军司令部呈报中央机关的。至于有关解决各种局部问题，如研究某种细菌武器效能的报告，则直接由第七三一部队长官呈报，视其内容如何，或呈报给帝国大本营，或呈报给陆军省，或呈报给军医研究院。

……

问：供研究和生产细菌武器用的经费是怎样拨给的呢？

答：供研究和生产细菌武器用的经费，是由日本陆军省拨给而经由关东军司令部支付的。经费数目以及拨款方式等详细情形，我却不清楚。

问：究竟为什么要把第七三一和第一〇〇部队及其各支队设立在直接邻近苏联国境的地方呢？

答：关于这个问题，谁也没有向我作过什么专门解释。不过我个人认为这样作的目的，是要能最方便和最迅速地来使用细菌武器反对苏联。

问：日本曾怎样打算用细菌武器去反对英美和其他国家呢？

答：我认为，假如当时苏联不曾出兵对日作战，那么细菌武器是会用去反对美国、英国及其他国家的。但由于苏联加入反日战争和苏军急速深入满洲腹地，遂使我们失去了使用细菌武器来反对苏联及其他国家的可能……

山田

负责审讯者：

军事检察官巴真科中校法官

内务部驻伯力边区办事处工作员哥赫曼大尉

翻译员：茨菲洛夫

梶冢隆二受审记录摘录

一九四九年十月二十三日　　伯力城

问：第七三一部队内在准备细菌战方面，具体地作了一些什么事情呢？

答：一九四一年二月，第七三一部队长军医大佐石井，经关东军总司令梅津允许后，在长春城我的办公室内向我报告该部队工作情形时，也向我叙述过该部队内在准备细菌战方面所进行的事情，这样，他就履行了他于一九四〇年间当我巡视第七三一部队时给予我的诺言。

据石井说，由于该部队内进行实验的结果，业已查明将细菌直接装在飞机弹内投散的方法是很少有成效的，因空气阻力强大以及温度过高的缘故，像赤痢菌、伤寒菌、副伤寒菌、霍乱菌和鼠疫菌这类不大坚韧的细菌，几乎是百分之百地死去。同时，石井还说出原先对这种研究本抱有很大的希望，但这种希望并没有实现，无论是装着这种细菌的炸弹或炮弹，都没有照原来所期待的那样把传染病散布到广大范围内去。

至于炭疽热菌一类最坚韧的细菌，石井说可能用这种方法去使用，并说这个问题正在继续研究中。

试验结果同样证明：从飞机上散布细菌，如像施放毒气那样，其效力较大。

石井向我叙述说，不能从高空散布细菌，否则细菌统统会死掉，说细菌只能在五百公尺以下投掷，但在低空投掷时，细菌散布的面积又太小……

石井告诉我说，在敌区散布霍乱菌，不仅效力小，且难于实施。第一，因为细菌要从低空投掷，但在低空投掷便使敌方能自由地扫射飞机；第二，因为使用这种方法就需要有极多的细菌。

其次，石井还对我说，效力更大得多的细菌投掷法是不把细菌"赤裸裸"

地投掷下去，而是把它同媒介物一块，即同虫类，特别是同跳蚤一块投掷下去。跳蚤是最富有生命力的虫子，把跳蚤染上鼠疫后，就从飞机上投掷下去，而寄存在跳蚤体内的鼠疫菌，便能顺利地同跳蚤一起落到地面上。这种情况就可减少飞机有被敌方高射炮击落的危险。

同时，石井向我说，对这个问题的研究工作尚未结束，例如，究竟从高空投下的跳蚤能散布到多大面积这个问题，就还没有弄清楚。

谈到传染食品问题时，石井向我叙述说，在这方面用霍乱菌、赤痢菌、伤寒菌和副伤寒菌进行过实验。当时是把菜蔬、水果、鱼类和肉类染上细菌。结果查明出，对细菌战最适宜的是菜蔬，特别是叶子多的菜蔬，例如白菜；块根类由于表面平滑，较少适用。把细菌注射到水果一类的食品内去，要比把细菌染在水果外皮上的效力大些。据石井说，散布传染病最适当的媒介物是菜蔬，其次是水果，再其次是鱼类，最后是肉类……

为证实这种情形，石井当时告诉我说，他部队内在进行实验，即将细菌装在炮弹和飞机弹内进行实验；从飞机上投掷细菌的实验，是在平房站该部队飞机场旁边的一个实验打靶场上进行，至于最危险的细菌，则是在一个什么荒野地方来实验的，究竟在哪里，石井却没有说出。同时他又说到，第七三一部队内是用活人进行实验，但究竟这是些什么人，在什么时候以及在什么地方对他们进行过实验，石井没有向我说明，他只说到这些人是中国人，但马上他就声明他没有权说出这是些什么人，因为这是"秘密的秘密"。

最后，石井向我说，经过了他所领导进行的一切实验后，他得出的结论是认为用人工散布流行病一事，并不像某些人所设想以及他本人以前所认定的那样容易做到。在自然界中，自然散布流行病是很容易的，但用人工方法来传播流行病则遇着种种困难，这些困难有时必得大费气力才可克服。他认为此种措施的成效是依各人对各种传染病的感受性如何为转移，而他也就决心来研究这个问题。

……一九四四年三月，我在本人办公室内同军医中将北野正次也作过类似的谈话，此人从一九四二年八月起到一九四五年三月止也担任过第七三一部队长职务。

除了我已从石井口中听到的一切之外，北野在回答我关于该部队内工作情形的问题时，还向我说过，当他任第七三一部队长期间，工作中有了某些成绩。就中他叙述说，第七三一部队内有一组工作人员曾驶往上海以南华军战线内，从高空把染有鼠疫的大批跳蚤投掷到中国居民地区。跳蚤落下后还活着，结果就在它们落下的地方引起了鼠疫流行病。北野说明，虽则当时没有发生大的瘟疫，但这种细菌战的方法应该认为是有效的。

此外，北野还向我叙述说，在安达站地区实验过装有炭疽热菌的慢性炸弹。这种炸弹片击伤人和牲畜后，就使其染受炭疽热病。

据北野说，该部队内已开始在实验人们对各种传染病的感受性。此种实验由该部队内科学工作员、病理学专家川上博士领导。这种实验是从检验健康的日本人和中国人的血液开始，但因川上死去，此种实验便停止了。

我从石井和北野两人口中知道，第七三一部队内曾大批生产细菌战武器，即生产各种传播流行病的细菌，以及作为传染病媒介物的跳蚤和老鼠。

我不知道这些东西的生产量如何，但我认为这数量一定是不小的。

问：第七三一部队是什么时候建立的呢？

答：第七三一部队是奉日本天皇裕仁一九三六年敕令建立的。

……这道敕令曾印成多份分发到日军各部队，以便使全体军官一体知悉。我个人读过这敕令以及关于该部队人员表的附件，读后我就盖上了私人图章，以示签署。

随后，我参加过挑选该部队下级军官以及审核陆军省干部交给我的上级军官名单的工作。

该部队驻地是由关东军司令部确定的。一九四一年前，这部队还没有正式番号，只是称呼为关东军"防疫给水部"，同时又叫做石井部队，因为日军中各个部队通常是按该部队长官姓氏来称呼的。

一九四一年，关东军总司令下令全军所有各部队及机关都采用番号时，于是这部队就开始命名为第七三一部队。

审讯记录用日语念给我听过，我说的话都记录得正确。

梶冢

负责审讯者：

军事检察官杜布卓夫中校法官

内务部驻伯力边区办事处工作员巴普科夫中校

翻译员：茨菲洛夫

梶冢隆二受审记录摘录

一九四九年十月二十四日　　伯力城

……第七三一部队奉日本天皇裕仁一九三九年秘令，于一九三九至一九四〇年期间曾经改编过。一九四〇年二月左右，我在关东军司令部内读过这个秘令，并在上面签署过……

此外，根据天皇裕仁一九四〇年颁发的一道或两道秘令，又于同年下半年在海拉尔城、孙吴城、海林站及林口站，成立了第七三一部队的四个支队，秘令上规定了各该支队成立的期限及其驻扎地点。从秘令附件上经陆相东条签署的各该支队人员表中可以看出，每一支队员额达三百人。

日本陆相东条根据天皇敕令所颁发的命令中，曾责成相当军医院和第七三一部队抽调出定额的医生专家、士官和兵士，并指出可以接纳雇员，但其人数不得超过各该支队全体员额的百分之三十……

问：准备细菌战的主张是由什么人提出的呢？

答：准备细菌战的主张是由石井提出的。

石井四郎大约生于一八九三年，千叶郡人，大地主出身，一九一九至一九二〇年在京都帝国大学医学系毕业。尔后，他以志愿军人资格自动加入日军服务。不久，他申请服正式军役，经过半年他初次获得中尉官衔，在某部队任军医，随后又被调到东京第一军医院供职，这里，我于一九二二年十月因与他同事，就和他认识了。一九二四年四月到一九二六年三月，他在他原先于一九一九至一九二〇年间毕业的那个大学内当研究生，研究病理学和细菌学。尔后，直到一九二八年四月，他在京都军医院当常任医官，随后就从那里被遣派出国考察，一九三〇年返国。

在国外考察时期，他几乎到过欧洲所有的国家，其中也到过苏联，他在苏联参观过莫斯科和列宁格拉诸医学研究院的工作。

石井返国后，就在东京日军军医学院担任传染病学讲师。

一九三六年，由日本陆相下令把他从那里调去任第七三一部队长。当时他的军衔是军医中佐。

石井从国外考察回来后，自一九三一年起，他就在军医学院同事——也有我在内——以及在日军参谋本部有威望有信仰的人物和工作人员中间，开始进行鼓动，说日本必须准备作细菌战……

石井的主张，自一九三三年起就得到日本陆军省军务署署长永田少将拥护，而自一九三五年起，又受到日军参谋本部战略部第一科科长铃木大佐支持。

由于这一切情况，加之石井本人又是一个大专门家，所以石井就被任为第七三一部队长，他自从担任这一职务时起，就开始研究进行细菌战的手段。

日本陆军省干部署任用科所拟定的关于任命石井为该部队长的命令草案，经我审阅过，因为当时我是陆军省军医署的科长。我同意了这个命令草案，就在草案上签名了。

不久就由陆相签署颁发了任命石井为该部队长的命令……

梶冢

负责审讯者：

军事检察官杜布卓夫中校法官

内务部驻伯力边区办事处工作员巴普科夫中校

翻译员：茨菲洛夫

高桥隆笃受审记录摘录

一九四九年十月三十日　　　伯力城

……我曾命令并亲身监督过第一〇〇部队内培养鼻疽菌、炭疽热菌、牛瘟菌和斑驳病菌等等的工作，目的是要用这些细菌去进行反苏的细菌战和细菌破坏活动。

问：你是在什么时候命令以及命令什么人去生产鼻疽菌、炭疽热菌、牛瘟菌和斑驳病菌的呢？

答：一九四一年九月，我命令第一〇〇部队长若松大佐——后来是兽医少将——开始生产鼻疽菌、炭疽热菌和锈菌。一九四四年三月，我又命令他开始生产牛瘟菌和斑驳病菌来代替锈菌。

……

问：你在一九四一年九月命令第一〇〇部队长开始生产鼻疽菌、炭疽热菌和锈菌，究竟由于什么缘因呢？

答：是由于奉到了帝国大本营参谋本部给关东军总司令的训令，说要着手准备进行对苏的细菌战。

问：帝国大本营参谋本部关于准备细菌战的训令是在什么时候收到的呢？

答：这个训令是在一九四一年七月间制定"关特演"计划时收到的。

问：你是从什么地方知道这点的呢？

答：这点我是在一九四一年九月一次会议上亲自从关东军总司令口中听到的。那次会议是由关东军总司令召集的，内容是关于准备进行对苏的细菌战问题。他向会议全体出席人宣布过这点……

高桥

负责审讯者：

军事检察官安东诺夫中校法官

内务部驻伯力边区办事处工作员塞洛夫大尉

翻译员：普罗塔索夫

高桥隆笃受审记录摘录

一九四九年十一月二十一日　　伯力城

问：当平樱率领的别动班呈报了反苏的细菌侦察结果之后，关于进行细菌战的方法和手段采取了一些什么决定呢？

答：平樱中尉向我报告时，有若松、穗坂和井田在座。当时在座人中间，我不记得是谁说出需要有多少炭疽热、鼻疽、牛瘟、羊痘等病症传播物，去传染那个由平樱细菌别动队侦察过的区域。

按当时所定计划，当苏日战争发生时，所有这一切细菌都要实行生产。那时还讨论过反苏的细菌武器使用手段和方法。我们所拟定的传染牲畜的办法，是要用飞机散播传染牛类的炭疽热和牛瘟。同时还预定要传染属于当地居民的游牧场上的牲畜。

对马匹是预定要用飞机散布炭疽热菌的方法去传染。

因为用鼻疽传染兽类的办法很难实行，所以我们决定对马匹只用炭疽热菌去传染……平樱别动班所采购的绵羊是预定用注射法传染羊痘，然后就放散出去，以便进行对苏的军事破坏活动。同时又打算把采购的那批牛用注射法染上牛瘟。

凡是受到了传染的牛羊马匹都预定要散放出去，好让它们落到苏军作战的地区内。关于当时我们所拟定的各种措施中的详细情节，由于时间过去很久，我已经记不清楚了。

问：你把那时所拟定的各种措施，都向当时的关东军总司令报告过么？

答：是的，报告过。例如报告过山田将军。

问：请你说说，什么时候你向山田报告过，报告的内容是什么？

答：一九四四年十一月或十二月间，山田将军把我召去，要我报告用飞机进行反苏细菌破坏活动的计划，我根据平樱中尉呈报给我的那些细菌侦查情报，曾向山田将军作过一次报告，说明我所拟定的细菌破坏活动计划，报告时有笠原和池田两将军在座。尔后，一九四五年三月间，又在我办公室内讨论过这个计划，讨论时有平樱出席。该计划经总司令山田批准了。

关于这个计划，我只作过一个大概的报告。至于计划中的技术方法，我并没有报告过……

高桥

负责审讯者：
内务部驻伯力边区办事处工作员塞洛夫大尉
翻译员：普罗塔索夫

川岛清受审记录摘录

一九四九年十月二十一日　　　伯力城

问：关于第七三一部队产生的经过你知道一些什么，这个部队是由于什么原因成立的？

答：第七三一部队是一九三六年遵照日本天皇裕仁秘令成立的。该部队驻地最初决定设在哈尔滨，并由日本陆相任命军医大佐石井四郎为第七三一部队长。

当我任第七三一部队总务部长一职时，我在档案中亲眼见过这道敕令，但现在我不能记起这敕令的外表和详细内容，因为时间已经过去很久了。

这部队在刚一成立后就正式称为"关东军防疫给水部"，它名义上是经管关东军部队内水料消毒和供应以及防疫事宜。关东军内都把它称为"满洲第七三一部队"。其所以这样称呼，是因为它除了在名义上担负的职务以外，还担负有别的，秘密的任务。

随着该部队研究工作的加紧，该部队作用的增大及其工作重要程度的提高，于是也就必须增加部队员额，扩大其实验室和驻地范围。

由于这个缘故，日本天皇就于一九四〇年颁发了一道新敕令，责成把部队内主要部分移到哈尔滨城南约三十公里处的平房站地区，部队内的基本活动，如研究、试验和生产事宜，都在那里进行。准备作为第七三一部队驻址的平房站地区中的全部建筑工程，约于一九三九年开始动工，而到该部队迁去时均已完全竣工了。

这样一来，一九四〇年间，留在哈尔滨的只是专管防疫和医疗事宜的诸部，而其余一切从事有关准备细菌战工作的各部则都迁往平房站去了。

此外，一九四〇年天皇敕令上还命令把该部队人员扩充到三千人，包括依据该敕令在满洲各个地区从新编制的几个支队在内，并把部队机构分成为几部。

上述一切关于第七三一部队产生经过的情形，我是因为在一九四一年间看过本部队总务部内的文件才知道的，并且亲自由前任总务部长太田大佐（一九四一年我从他手上接任此职）和第二部部长军医中佐村上隆口中听到过……

一九四一年夏季，当德苏战争开始后，有次我去访问石井将军时，本部队内两个部长村上中佐和大谷章大佐也在场，石井将军说到必须加强队内工作，并对我们宣读了日本参谋总长的命令，命令上要求我们加紧研究鼠疫细菌，作为细菌战武器。

该命令中特别指出，必须大量培养跳蚤作为散布鼠疫媒介物。这个命令是用墨笔写的。究竟这命令是由什么人签署的，我此刻却记不得了。

有次，一九四一年夏季，石井将军在自己办公室内同本部队负责工作人员谈话时，说明过日本军事当局为什么要成立像第七三一部队这样一种研究机关的原因。当时他说，日本没有充分的五金矿藏及他种制造武器所必需的原料，所以日本务必寻求新式武器，而细菌武器便是其中之一种。此外，石井还指出说，所有各个强国都在这方面进行着相当的工作，因而日本在这个问题上也不应当落后。

问：当第七三一部队尚未建立之前，在满洲曾有什么组织执行过与第七三一部队职能相类似的任务和职能呢？

答：我从与第七三一部队总务部长太田大佐及其他同事们的谈话中，知道石井将军于一九三二至一九三三年（确定时期我记不得了）在满洲进行过细菌研究工作。那时，石井活动的中心地点是汉沟（哈尔滨附近），在那里他的工作人员就组成为一个部队，并为保守秘密而叫作"东乡"部队。

这个部队（人数我不知道）曾进行研究细菌战武器的科学工作，为了这一目的，"东乡"部队曾装备有必要的器具。不难明白，那时"东乡"部队的工作范围，是比第七三一部队的要小一些。后来，石井将军就以这个部队为基础建立了关东军第七三一部队。

本记录用日语念给我听过，我的话都记录得正确，特签字为凭。

川岛

负责审讯者：

军事检察官柏留加大尉法官

内务部驻伯力边区办事处工作员布拉菲上尉

翻译员：普拉琴科

川岛清受审记录摘录

一九四九年十月二十三日　　　伯力城

……培养跳蚤这种传染病媒介物的仪器设备如下：本部队第二部内有些特别装备的房间，其中可以存放约四千五百具孵育器。每具孵育器内在一个月过程中轮流放进三四个白老鼠，用一种特别管制器把这些老鼠固定在孵育器内。那里面放有营养液和几个跳蚤。孵育期为三四个月，在这一期间内，每具孵育器约培养出十克跳蚤。这样，在每三四个月中，该部队内总共培养出约四十五公斤能传染鼠疫的跳蚤。

请注明，这只是跳蚤繁殖的一个大概数目字，因为我没有在第二部内工作过。

在计划部队工作时，曾预定要一贯提高培养细菌和繁殖跳蚤方面的生产能力。日军参谋本部对这部队的工作极为重视。

我记得，一九四一年六月，当石井将军从东京转回来后，他把本部队各部部长召集到自己办公室内开会，当时他通知我们说，他向日军参谋本部报告过，说第七三一部队已研究好了用染有鼠疫跳蚤作为细菌武器的方法，说这方面所达到的成绩可以大规模地实际用去达到战争目的。

石井告诉我们说，参谋本部对本部队工作成果极为称赞，并指示我们要特别注意于改进并继续研究细菌作战武器。石井将军作过这番通知后，就号召我们更紧张地工作，以便提高部队内繁殖跳蚤的生产率，更加扩大跳蚤产量。同时石井又指出说，本部队在最顺利情况下每三四个月内还只能繁殖六十公斤跳蚤，但现在必须扩大跳蚤产量，以求在同一期间能生产出二百公斤。石井将军向我们解释说，上述一切扩大细菌武器生产办法之所以必须实行，是因为国际形势已发生变化，即德国对苏战争已经开始，以及因为关东军中已在实施反苏军事措施准备的"关特演"计划，所以我们军队应当充分具备有细菌武器，以便能在必要时用去反对苏联。

在那次会议上有第二部部长太田和材料供给部长大谷发言，他们对于扩大细菌战武器生产以及设法在满洲找到白鼠代替前此由日本运来的白鼠等问题，提出了具体的建议……

……为尽量完备研讨细菌对人的传染作用，及尽量迅速研究出制造细菌武器以供战时使用的方法起见，第七三一部队内广泛进行过用活人作对象来检查一切致命细菌效能的实验……

每年都有五六百犯人被送到第七三一部队里去。我曾亲眼看见，这部队第一部工作人员从宪兵队方面领到大批大批的犯人。这些犯人都被关在监狱内的两座房屋里……

……要是犯人受过致命病菌传染后又痊愈起来，那他也不免要受接二连三的实验，直到因传染病死去时为止。为了研究各种治疗法对已受传染的人也曾加以治疗，也给他们吃正常的饭食，等到他们身体完全复原之后，就把他们用来作另一种实验，用另一种细菌传染他们。无论如何，从来都没有一个人能活着走出这个杀人工厂的。

死人的尸体经过检验后，就被放到该部队焚尸炉里去焚化……

……当我在该部队内供职期间，我多次同石井将军一起视察过该部队所属各种勤务机关，包括监狱在内，所以我知道监狱内处理犯人、管制犯人和禁锢犯人的某些详细情形。

押送犯人到监狱里来时，是经过部队中央大楼正门下的一条秘密地道。部队内的宪兵队有几辆特种汽车，汽车表面涂的是暗黑油漆，没有窗户，只有一个通气孔。这种汽车就是把犯人从讨伐机关押送到第七三一部队监狱里来的。

监狱管理处给每个送来受实验的犯人安上一个号码，一直到他死去时都叫这个号码……

当本部队驻扎在平房站附近的五年之内，即从一九四〇到一九四五年间，通过这个杀人工厂，因染致命细菌而被消灭的，至少有三千人。至于在一九四〇年以前被消灭的人究竟有多少，那我却不知道……

……一九四一年四月，当我刚到该部队任职的时候，我就视察过这个监狱，看见有一间牢房里关得有两个俄国女人，其中一个女人带有她在该监狱内生下而还不满一岁的孩子。当我在该部队内任职期间，这两个女人还是活着的。以后她们的命运怎样，我不知道，但无论如何，她们决不会从这监狱里活着出去，她们也不免是和其余一切犯人一样同归于尽了……

川岛

负责审讯者：
军事检察官柏留加大尉法官
内务部驻伯力边区办事处工作员布拉菲上尉
翻译员：普拉琴科

川岛清受审记录摘录

一九四九年十月二十四日　　　伯力城

……当然，要在活人身上进行实验以及为此目的从宪兵部方面领到犯人，若不经关东军总司令认准是办不到的，因为他同时是日本驻满洲特任全权大使，即事实上是满洲的主人……

……关于必须从宪兵部那里领到犯人一事，每次都是由石井将军本人根据那些直接用活人进行实验者所作的报告来确定的。当部队长认为必须补充受实验犯人数量时，他就吩咐总务部长去同宪兵部接洽，并从那里领到犯人……

……根据该部队产生的经过以及它在成立以后全期间内的实际活动，我可以说，第七三一部队正是设立在满洲境内的原因有如下述：

第一个原因，就是需要在邻近苏联边境的地方建立有细菌战武器根据地，以供将来实行进犯苏联之用，因为苏联远东地区是包括在日本军阀侵略政策计划以内的。

此外，在满洲境内进行检查细菌武器效能的实验，便使我们能在近似苏联远东地区的气候条件下进行此种工作。

第二个原因，就是在满洲境内有可能获得大量非日籍的活人来做进行细菌实验的材料，并且满洲地域也很辽阔……

川岛

负责审讯者：

军事检察官柏留加大尉法官

内务部驻伯力边区办事处工作员布拉菲上尉

翻译员：普拉琴科

平樱全作受审记录摘录

一九四九年十月二十一日　　　伯力城

问：请你说说，关于关东军第一〇〇部队，你知道一些什么情形呢？

答：第一〇〇部队是关东军兽类细菌实验部队的秘密番号。该部队是由关东军司令部建立的，但什么时候建立的，我却说不上。第一〇〇部队的全部工作，都是由关东军司令部兽医处长高桥隆笃中将直接领导的。这部队司令部及其基本人员驻扎在长春城外一个叫作孟家屯的华人村镇上，它的各个支队分设在佳木斯、克山和大连城。第一〇〇部队既是一个细菌实验部队，所以它配备有细菌学家、化学家和兽医等科学工作员，他们专门研究各种细菌和烈性毒药，探求用此种毒药来大批毒害人命和牲畜的方法。为此目的，该部队人员就在牲畜和活人身上进行实验。第一〇〇部队及其各支队里所进行的全部工作，都是为了准备军事破坏性的细菌战去反对苏联。第一〇〇部队内共分四部，其中第二部是最主要的一部，它在一九四三年以前又分成五个分部。

一九四三年十二月，由第一〇〇部队内高级人员和关东军一位代表举行了一次联席会议，参加者有第一〇〇部队长若松有次郎少将、副部队长保坂斯道中佐、山口文二少佐、工程师井田清、关东军司令部兽医处长高桥隆笃中将（上列诸人现在何处，我不知道），在这次会议上拟定了要在第二部内成立第六分部，即所谓"细菌分部"的计划。该分部任务是大量培制细菌并在地下特种仓库内保藏这种细菌。

真的，在这次会议举行后，第一〇〇部队内就根据已定计划，开展大规模建筑工程，即建筑若干栋下面设有地窖的特种单层房屋。部队人员也增多了。

为了就地实现领导和加强监督本计划执行情形起见，关东军兽医处长高桥隆笃中将常常到第一〇〇部队来视察。

第一〇〇部队长若松少将在几个领导干部中间，在同这些干部谈话时，多次说过："一旦日本同苏联发生战争时，第一〇〇部队应当成为大量出产各种细菌和烈性毒药的工厂，以便进行军事破坏性的细菌战争去反对苏联。"

第六分部内确实制造出了大量的细菌和化学药品。我本人几次因事到过该分部附设的仓库，那里把细菌和烈性毒药保存在特种铁盒中，走进到这种仓库里去的时候必须用浸透特种药水的布片把口鼻蒙上。只有戴上橡皮手套时才准许用手去挨那些铁盒子。为了严守秘密起见，这些盒子外面只标有一个用油漆写的号码，并没写上任何其他的说明。在第一〇〇部队内还研究过进行军事破坏活动的形式和方法，例如研究过用飞机来达到此种目的的问题……

平樱

负责审讯者：

内务部驻伯力边区办事处工作员拿查洛夫上尉[1]

翻译员：格尔茨曼

---

[1] 拿查洛夫在一九四九年十二月六日被告平樱全作受审记录（本书第六十至六十二页）末尾所署军衔为中尉，前后歧异，未知何故，暂保留原样。——编校者注

证人松村知胜受审记录

一九四九年十月二十七日　　伯力城

　　我是苏联内务部驻伯力边区办事处工作员科尔沙可夫上尉，负责审讯过证人松村知胜，他是日本人，一八九九年生于东京，日本国籍，受过高等教育，一九四五年被俘前担任过关东军司令部副参谋长职务，前日军少将，已婚，妻松村秀子，父亲系职员。

　　证人曾被预告，如有伪述之处，即应按俄罗斯苏维埃联邦社会主义共和国刑法第九五条治罪。

松村（签名）

问：你愿意用哪国语言来供述？

答：我愿意用日本国语言来供述。

问：审问你的时候由翻译员巴荷摩夫·米海依尔·雅可夫列维奇翻译，你不反对么？

答：我不反对。他说的日本语，我听得很明白。

　　翻译员曾被预告过关于俄罗斯苏维埃联邦社会主义共和国刑法第九五条所定的处分。

巴荷摩夫（签名）

问：请你说明你在日军里服务的经过。

答：一九二八年间，我在日本陆军大学毕业后，就在第三十四步兵联队里当过一年排长。

　　一九二九年我被派到日军参谋部去工作，我在那里担任的工作是：从一九二九年到一九三二年十二月在第一部内军队编制科任事，一九三二年到一九三六年奉参谋本部命令出国考察。回国后，一九三六年在陆军大学担任过战史讲师一年。

一九三七年到一九三九年十月，我又在军队编制科任职，尔后，从一九三九年十月到一九四一年十月，在战史部工作，起初当工作员，以后任该部部长。

一九四一年十月到一九四三年八月，我在日军参谋本部第二侦探部任第五俄国科科长。一九四三年八月，陆相任命我当关东军司令部第一作战部部长，这一职务我一直担任到一九四五年三月止。从一九四五年三月到一九四五年八月日本投降时止，我担任关东军司令部第二个副参谋长。

问：关于满洲境内设置有细菌部队一事，你知道一些什么情形？

答：我很清楚地知道关东军建制内有过两个细菌部队，第一个叫做第七三一部队，第二个叫做第一〇〇部队。

问：石井中将主持的第七三一部队在何种程度上受关东军司令部管辖呢？

答：石井中将主持的第七三一部队是受关东军总司令（以前为梅津，以后是山田）直接管辖的，该部队内所进行的全部工作都是由关东军司令部直接领导的。

问：关东军总司令山田乙三大将和关东军司令部方面对该部队活动的领导，究竟表现在什么地方呢？

答：关东军总司令经由本司令部医务处长梶冢中将去实际领导过第七三一部队的活动；因而关东军司令部首先要对该部队的活动负责。

问：第七三一部队所进行的反苏细菌战准备工作表现在什么地方呢？

答：这一准备细菌战武器的工作表现在第七三一部队专门从事研究使用鼠疫、霍乱、伤寒及其他传染病细菌的方法；为此目的，该部队内设置有专门进行实验和培养细菌的机关。

此外，第七三一部队在牡丹江、海拉尔、孙吴和东安四处设有支队，那里同样也进行过培养和试验细菌的工作。

问：你这位前关东军司令部作战部部长兼副参谋长同第七三一部队有过什么关系呢？

答：我与第七三一部队的关系，就是我曾负责替那些被准许到该部队所在地去的人们办理通行证。若要到第七三一部队所在地去，必须经总司令山田本人准许。直接发给通行证一事，是由我所主持的作战部副部长竹田宫，即宫田中佐负责。到过该部队的人都要把通行证带回，交还给竹田宫。

问：请你说说，关东军司令部医务处长和兽医处长关于自己工作中最重要的情节，是向什么人作报告的呢？

答：医务处长梶冢中将和兽医处长高桥隆笃中将关于自己工作中最重要的情事，是直接向总司令山田作报告的。

问：关东军总司令山田常去视察石井部队么？

答：我记得很清楚，总司令于一九四四年七月抵满洲后不久，就到驻哈尔滨的石井部队去，视察过该部队的工作，但山田在返长春后，并没有对任何人叙说过他那次视察的详细情节，所以我关于这方面的情形丝毫也不知道。

问：关于销毁第七三一部队和第一〇〇部队各实验室的情形，你知道一些什么呢？

答：一九四五年八月九日或十日，总司令山田鉴于军事行动业已开始，便决定把培养细菌的一切实验室和贵重设备完全消灭，免得这些科学实验室落到苏军手中。关于消灭上述部队并将该部队人员撤往汉城（朝鲜南部）的命令，是由我的部属草地大佐拟定的。当天，这命令就由总司令山田签署而送交第七三一部队和第一〇〇部队长官去执行了。

石井中将和若松少将根据总司令命令，才得以由本地工兵队协助，把这两个部队所有一切建筑物炸毁和破坏了。

问：这两个细菌部队所有实验室设备品也一同运到朝鲜去了么？

答：这个问题我却难于回答，因为在报道上没有说到这点，加之关东军司令部并未接到该两部队撤退结果的报告。

大概，第七三一部队和第一〇〇部队的最贵重细菌仪器是运往朝鲜南部去了。

我的话记录得正确，记录用日语念给我听过，特此签字为凭。

松村

负责审讯者：

内务部驻伯力边区办事处工作员科尔沙可夫上尉

翻译员：巴荷摩夫

证人松村知胜受审记录

一九四九年十一月十六日　　　伯力城

证人松村曾被预告过，如有伪述之处，即应按俄罗斯苏维埃联邦社会主义共和国刑法第九五条治罪。

松村（签名）

审讯时由翻译员普拉琴科翻译。翻译员曾被预告过，如有故意误译之处，即应按俄罗斯苏维埃联邦社会主义共和国刑法第九五条治罪。

普拉琴科（签名）

问：第七三一部队是什么时候成立的呢？

答：石井将军所主持的这个部队，大概是一九三四年成立的，驻扎地点在哈尔滨。

问：为什么第七三一部队正是建立在满洲境内呢？

答：第七三一部队是一个研究和制造细菌武器的大联合制造厂，它其所以建立在满洲境内，是由于战略上的打算，因为当时日本准备对苏联进行战争，而这部队的全部活动也就是准备对苏联进行细菌战。第二，凡属建立部队以及该部队研究细菌武器工作所需要的经费，都是列在关东军的非常军事预算内，这笔预算既不必向国会报销，就能使那些坐在国会内面而不谙军事问题的人们无从知道该部队的活动。

问：第七三一部队在准备反对苏联的细菌战方面，采取过一些什么组织上的措施呢？

答：对苏细菌战准备工作是表现在第七三一部队曾从事研究鼠疫、炭疽热、霍乱、伤寒及其他病菌使用法；为了这个目的，第七三一部队内设立有一些专门实验和培养细菌的机构。同时第七三一部队还组织有自己的支队，关于这些支队，我已在一九四九年十月二十七日供述过了。至于第七三一部队各支队内进行了什么工作，我却不知道。

问：究竟是用什么人去受实验呢？

答：据田村大佐告诉我说，第七三一部队内是在原系中国人民革命军兵士和游击队员这些活人身上进行实验。

问：你从什么地方知道石井部队进行过探求和培制细菌的科学研究工作呢？

答：一九四三年八月，关东军司令部前任作战部部长田村善友少将向我办交代手续时，曾告诉我说，石井部队在进行探求细菌武器及其使用方法的科学研究工作。一九四四年夏季（月份我记不清楚），我从我的属员宫田中佐口中最终知道了第七三一部队在进行这种工作，因为宫田中佐是由我按参谋长笠原行雄中将指示亲自派到石井部队内去检查过流行病菌特种炸弹的生产情形的。此外，从我经手转呈关东军总司令的一些报告中（关于这些报告，我往下再讲），我也知道过第七三一部队内生产细菌武器的情形。

问：按一九四五年生产情形说来，第七三一部队能否保证关东军以必需数量的细菌武器呢？

答：据关东军司令部作战部收到的材料以及宫田中佐的报告看来，第七三一部队，按一九四五年生产情形，已能大批培养出各种流行病病菌，其数量足供使用细菌武器之用。当时已在加紧研究特别炸弹，作为使用细菌武器方面的一种最有效手段。

问：你在自己的战略计划中曾预定要在对苏战争中使用细菌武器么？

答：在拟制战略作战计划时，并没有预定要使用细菌武器，但若奉到帝国大本营要在对苏战争中使用细菌武器的命令，那末当时所有的细菌武器一定是会动用的，因为当时石井部队对此已有充分准备。

问：当时究竟是预定要怎样具体使用细菌去进行对苏战争呢？

答：当时预定使用细菌进行反苏战争的办法，是由飞机投掷细菌弹及直接散播细菌。至于对苏战争中使用细菌武器的其他方法，我不曾知道。

问：关东军司令部对第七三一部队活动的领导是表现在什么地方呢？

答：我在一九四九年十月二十七日受审时已供述过：石井中将所主持的第七三一部队是受关东军总司令直接管辖的部队，该部队内的全部工作都是在关东军司令部直接领导下进行的。

关东军总司令梅津以及后来——从一九四四年七月起——总司令山田乙三对第七三一部队活动的领导，关于战略问题是经过我所主管的作战部实现的，关于科学技术问题则是经过关东军司令部医务处长梶冢隆二将军实现的，凡有关细菌学方面的科学技术研究问题、培养细菌学干部问题，以及防疫和给水问题，都属于医务处长的管辖范围之内。

问：你所主管的作战部是在哪种问题上具体领导过该部队呢？

答：关东军司令部作战部是在研究和制造细菌武器问题方面具体领导过第七三一部队。

问：关于第七三一部队活动情形，总司令究竟收到了哪些报告，根据这些报告又采取了何种决定呢？

答：据我此刻所记得的，关东军总司令收到的这种报告有两个。第一个是该部队长石井关于从飞机上用特种装置器散播细菌法的报告，这个报告是一九四三年下半年收到的。

当时的关东军总司令梅津美次郎大将阅览了石井将军在报告中所提出的方法后，就认为这种方法的效能很少，同时他指出说，要是用这种方法使用细菌武器，那我们便不免要在人员和技术方面受到很大的损失，因为我们不能保证自己的军队不会受到传染。总司令梅津当即经过参谋长笠原饬令该部队长石井，要他另外拟制一种更有效的细菌武器使用法。

大约经过一年之后，总司令收到了关于细菌武器新使用法的报告。在这个报告中，石井中将说他已制定了使用细菌武器的新方法，即从空中投掷装有传染病病菌的特种瓷器炸弹。总司令梅津对于这个报告没有作出任何指正，他把这个文件一直保存到一九四四年七月他离去总司令一职时为止。我从工作实践中知道，如果总司令对呈给他的某一报告不加任何指示，那就是说他同意该报告中所提出的办法。

这次也是如此。梅津认为在对苏战争中这样使用细菌武器的方法是最适当的。

一九四四年七月山田乙三大将接任关东军总司令一职时，他的前任人梅津将这一文件给他看过，并把石井部队的活动情形告诉了他，当这文件交给我保存的时候，山田乙三也没有给予任何指示，这就是说，该报告中所提出的办法，即由飞机投掷装有细菌的特种瓷质炸弹这样使用细菌武器的办法，山田乙三也是表示赞同的。

既然当时第七三一部队尚不能保证关东军有足够的细菌武器，所以自从山田就任总司令一职时起，石井部队就遵照陆军省说要增大细菌武器出产的训令而大加扩充，当时它领到了新的实验设备，于是细菌武器的生产就增加了。山田到达满洲后不久，就于一九四四年八月去巡视第七三一部队，并直接检查了该部队的工作，这决不是偶然的。

问：究竟是什么时候收到陆军省关于增大细菌武器生产训令的呢？

答：陆军省关于增大细菌武器出产的训令是一九四四年五月，即在山田就任以前到达关东军司令部的，并且我觉得——虽然我不能断定说——陆军省的训令不仅是说，要保证关东军有充分细菌武器，而且要保证太平洋上作战的日军有充分细菌武器。

问：关东军司令部领导人员中有谁视察过第七三一部队，视察的目的何在？

答：关东军总司令山田和司令部军官宫田中佐视察过第七三一部队，视察目的已由我在前面供述过了……

问：一九四五年八月九日或十日总司令颁发的命令中，只是说到要消灭第七三一部队，抑或是还包括到有关该部队的其他问题呢？

答：一九四五年八月九日或十日总司令颁发的命令中，除了说要炸毁第七三一部队和第一○○部队外，还说到要把这两个部队的人员和贵重设备撤退到朝鲜南部去。根据这道命令，关东军中的测图部队也撤到深后方去了。

问：为什么第七三一部队和第一〇〇部队内的贵重设备正是迁运到朝鲜去了呢？

答：当时朝鲜南部是最安全的地方，况且驻朝鲜的部队是听关东军总司令指挥的，我们并未预料到朝鲜会被敌军占领。

问：究竟是责成关东军中哪些部队去消灭第七三一部队的呢？

答：当下令消灭第七三一部队时，驻在哈尔滨地区的是宇部少将指挥的混成旅，所以实行炸毁该部队的想必就是该混成旅的工兵队，但我不能断定这点，因为命令上没有明文规定要由哪个部队去负责消灭第七三一部队。

我的供词都记录得正确，记录用日语念给我听过，我证实这记录正确。

松村

负责审讯者：

内务部驻伯力边区办事处工作员科尔沙可夫上尉

翻译员：普拉琴科

证人松村知胜受审记录

一九四九年十二月七日　　伯力城

　　证人松村知胜曾被预告过，如有伪述之处，即应按俄罗斯苏维埃联邦社会主义共和国刑法第九五条治罪。

松村（签名）

　　审讯时经翻译员茨菲洛夫翻译。翻译员曾被预告过，如有故意误译之处，即应按俄罗斯苏维埃联邦社会主义共和国刑法第九五条治罪。

茨菲洛夫（签名）

　　问：请你确切说明一下，第七三一部队是在什么时候成立的。

　　答：第七三一部队成立的时间，我记不清楚。我只记得，第七三一部队是在一九三四至一九三六年间遵照日本天皇敕令成立的。

　　问：你从什么时候开始担任关东军司令部第一作战部部长呢？

　　答：我担任关东军司令部作战部部长是从一九四三年八月起。

　　问：你曾因职务关系参预过第七三一部队和第一〇〇部队中生产细菌武器的工作么？

　　答：我担任作战部部长职务时，曾与关东军第七三一和第一〇〇细菌部队的工作有过联系。这种联系具体是表现在凡第七三一部队长和第一〇〇部队长所呈关于研究和制造细菌武器各种问题的报告，都由我以作战部部长资格收受。这些报告照例是呈给关东军总司令的，但因此种报告系与这部或那部工作有关，所以副官处（秘书处）收到这些报告后，就分发到相当的部里去。

　　凡与作战部有关，即与实际运用细菌武器有关的报告，都送交给我。凡与使用细菌武器去作军事破坏活动有关的报告，都送交给侦探部部长。

我收到这种报告后，就视其重要程度如何来分别处置，或是由我自己负责解决，或是报告关东军参谋长或报告总司令（先前是梅津，尔后从一九四四年七月起则是山田）。

问：你在一九四九年十一月十六日的供词中，说关东军司令部收到过陆军省关于必须增加第七三一部队和第一〇〇部队内细菌武器生产的训令。请确切说明一下，究竟这训令是什么时候收到的。

答：此刻我记不清关东军司令部收到这一训令的确切日期。我只记得是在春季或夏季收到的，但我记不清楚究竟是在一九四四年，还是在一九四五年收到的。我记得，在接到这一训示后，好像是由梅津，又好像是由山田给第七三一部队下了一道命令，说要增加设备和扩大生产作为细菌武器使用的各种传染病病菌。至于究竟要把细菌生产量增大多少，我可不记得，但无论如何总是要大大增加。

问：关东军司令部作战部接到陆军省说要增加细菌武器生产的训令后，究竟采取了一些什么具体的措施呢？

答：此刻我记起，上面我所说的陆军省训令是在山田任总司令一职期间收到的。我记得，总司令山田接到陆军省训令后，就吩咐作战部去遵照执行。

于是我就代表山田下了一个命令给第七三一部队长，要他大大增加致命细菌的生产，同时我又代表参谋长告知关东军司令部第四部，要它保证第七三一部队以设备方面的必要材料。

问：为什么必须依照你所指的那个训令增加细菌武器呢？

答：陆军省训令上没有指明必须增加细菌武器生产的实在原因。当时在身任作战部部长的我个人看来，增加细菌生产是由于两个原因：

第一是由于太平洋区域战局恶化，遂使人推想到要动用细菌武器来反对美国、英国和其他国家。在此场合就得利用满洲细菌部队所生产出的细菌武器。

另一方面，是由于已经有了相当的准备，要在战争发生时使用细菌武器去反对苏联。

问：请你说说，当时关东军打算怎样使用细菌武器来反对苏联呢？

答：使用细菌武器反对苏联一举，是应遵照参谋本部命令实行的。在作战计划中，并没有包括对苏联使用细菌武器一项，因为致命细菌不过是要再实施已定作战计划时去使用的一种武器。但这些问题曾在司令部中有关系的各部内讨论过。例如，我个人在相当研究了这一问题后，就按作战部路线向司令部参谋长笠原行雄呈述过我关于对苏使用细菌武器的意见。我向他报告说，一旦与苏联发生军事行动时，就要借空军帮助使用细菌武器。

同时我还报告笠原说，在与苏联发生战争时，细菌武器就应当在沃罗希洛夫、伯力、海兰泡和赤塔一带，即在苏联后方地区使用。

传染各该地区一举应该是用飞机投掷细菌弹及散播细菌的方法去实现。为此目的，就应当动用关东军各空军联队的飞机。

问：但为要达到这一目的，岂不是要备置有特种飞机么？

答：不，普通飞机也可用来达到这个目的。抛掷细菌炸弹时可以用通常的轰炸机，散播细菌时可以用任何一种飞机，因为供散播细菌用的装置并不复杂，可以装设在任何飞机上面。

我已经说过，我曾把自己的这种想法告诉过参谋长笠原，他在大体上赞同了我的意见。所有这些措施都未曾在作战计划上载明，但我在研究这些问题时是根据战略计划上所拟定的一般作战情势出发的。

我向笠原作这个报告，是在已经接到陆军省关于增加细菌武器生产的训令之后。原来，在接到说要增加细菌武器生产的训令后，笠原曾委托我来研究在有必要时使用这种武器反对苏联的可能性问题。于是我就研究了这个问题，并向笠原作了一个相当的报告，而他——这点我已经说过了——也就赞同了我的意见。

问：究竟有哪些主要细菌武器曾被采纳作为关东军的武装呢？

答：到一九四五年时，被批准作为基本种类细菌武器的有细菌炸弹，用飞机散播细菌以及在地面上进行细菌破坏的方法。我想，这几种基本方法都是经日本参谋本部批准了的。

问：究竟有哪几种细菌武器是由总司令山田审核和批准过的呢？

答：山田在任总司令期间曾审核过，尔后又批准过在当时可算是尽善尽美的两种方式。我所指的就是投掷"石井式"细菌弹和从飞机上散播染有鼠疫的跳蚤。

问：究竟当时预定要怎样实际使用细菌武器呢？

答：据当时我这关东军司令部作战部部长所知道的消息，实际使用细菌武器一举，是要靠各该部队及其支队内那些专门干部去实现。换句话说，在有必要时，上述部队及其各个支队就应该抽调出相当数量的专门家，并将一些还在平时就已受过专门训练的兵士交给他们去指挥。这些兵士在平时已从日军各部队那里，征调到第七三一部队和第一〇〇部队附设的训练班里来，他们在那里除了受医务训练外，还受过一种专门训练，获得了细菌学方面必要的经验。被挑去住这种训练班的都是极忠实的兵士，不过我不知道挑选手续究竟怎样。他们在训练班毕业后，若是和平时期，就被派到细菌部队各支队中去工作，或是被派往当时日军部队和兵团中都设立有的防疫给水部队内去工作。若在作战时期，他们就应被利用去使用细菌武器。

至于第七三一部队和第一〇〇部队所培养出的这种干部究竟有多少，我却不知道。

问：在使用细菌武器方面有过什么样的规章和条例呢？

答：当时并没规定这种供广泛采用的条例。我想，只有过一些暂行的条例和规章，这是第七三一部队和第一〇〇部队内所编定，而在训练干部时采用的。至于此种规章究竟是由谁批准，我却不知道。因为此种事宜不是归我经管的。

问：一九四四至一九四五年间到北兴安省毗邻苏联地区去进行细菌侦察的那个第一〇〇部队别动班，是谁派遣的呢？

答：在一九四四年或一九四五年间，兽医处长高桥好像是向关东军总司令山田，又好像是向参谋长笠原行雄报告过第一〇〇部队别动班在北兴安省一带进行工作的情形，当他做这报告时有我在座。高桥报告说，第一〇〇部队人员正在侦察北兴安省某些地区，目的是要查明在各该地区内使用细菌武器去传染牲畜、牧场和蓄水池的可能性。我还记得，高桥在报告中提出了他关于实际使用细菌的意见。我记得，他曾表示主张在必要时应该传染海拉尔地区和呼伦池东南一带的牧场和蓄水池。

关东军司令部对第一〇〇部队所作军事破坏活动的领导，是由关东军司令部侦探部来实现的。

问：你曾作过关于使用"石井式"细菌弹问题的报告么？

答：作过，一九四四年秋季，大约是在十一月间，我奉参谋长命令作过关于"石井式"细菌弹效能的报告。

石井关于这个问题的书面报告是在山田尚未任总司令以前交到司令部来的。所以，当山田就职时，笠原就委托我作了一个口头报告。这个报告是在司令部内作的。报告时有山田、笠原、副参谋长池田以及宫田在座。山田根据我的报告，便把这种方式作为极有效的方式批准了。

问：请你说说北野关于使用鼠疫跳蚤问题在关东军司令部内所作的那个报告的内容。

答：我记不清这个报告究竟是在什么时候作的，或者是在一九四四年末，或者是在一九四五年初。当时北野向山田报告了在研究鼠疫跳蚤这种战斗武器的使用法方面所达到的最新成就。我不记得这报告的详细内容。报告时在座者有山田、笠原、医务处长梶冢、我、宫田、池田以及报告人北野。

北野报告完毕后，放映了表明用鼠疫跳蚤传染鼠疫的实验情形特制影片。但这影片我没有看，因为我因事被召到作战部去了。

问：司令部参谋官宫田中佐（竹田宫）与第七三一部队的工作有过什么关系呢？

答：宫田是作战部专门派去代表本部与第七三一部队发生联络的。此外，司令部有时还派遣过其他军官到第七三一部队和第一〇〇部队里去，目的是要熟悉这两个部队中的工作情形，并与它们维持联络。照例是经过这些人传达各种日常指示，并监督这些指示的执行情形。

问：你在一九四九年十一月十六日的供词中，说是你从田村将军口里听到第七三一部队内有个囚禁犯人的监狱。请确切说明一下，究竟你所说的这个田村曾在什么地方工作。

答：关于第七三一部队的监狱以及对这监狱内犯人进行实验等情，就是我的前任人，即前任作战部部长——他原先是大佐，以后升为将军——田村善友告诉我的。至于究竟是谁批准对活人来进行实验，那我不确切知道，不过我想，最先允准作这一实验的是总司令植田，或他的继任人梅津。在山田任总司令期间，这种实验也进行过，山田并没有取消先前允准进行此种实验的命令。

问：请你说说，关于捕获鼠类送往第七三一部队中去的命令是谁批准的呢？

答：一九四五年时，差不多所有关东军各个部队都干过捕获鼠类送往第七三一部队去的事情。显然，这件事情是经总司令山田批准了的，因为若不经他允准，各部队是不能去作这件事情的。

参谋长可以代表总司令下命令给各部队，但必须先经总司令允准。至于这次允准令究竟是怎样确定的，那我却记不得了。

第七三一部队确实需要领到老鼠来繁殖散布鼠疫菌的跳蚤。至于当时究竟捕获过多少鼠类送往第七三一部队里去，那我却不知道。

问：请你说说，为什么在一九四五年间又要再度任命石井为第七三一部队长呢？

答：这点我记不清楚。据我推测，石井复任为该部队长，是由于当时接到了陆军省说要增大细菌生产和加紧准备细菌战的训令。所以，石井这个富有经验的工作者也就重新被任为第七三一部队长了。

问：究竟梶冢与第七三一部队内研究和生产细菌武器的工作有过什么关系呢？

答：据我所知道的，在准备细菌武器方面，梶冢对于探求细菌战斗武器最有效使用法的科学研究工作，实现过一般的领导。

我已经说过，梶冢曾参加过那些讨论实际使用细菌武器问题的会议，所以他无条件地是很熟悉这一切工作情形的。凡是梶冢想要知道属于他的管辖范围，即与各种科学问题有关的消息，他都可能从作战部那里取得，但当时实际上却用不着这样做，因为此种问题通常是在有我参加的专门会议上解决的，梶冢也就根本不必亲自到作战部来探问此种消息。例如，当北野作关于使用鼠疫跳蚤的报告时，情形便是如此。

问：为什么必须销毁掉第七三一部队和第一○○部队呢？

答：关于销毁第七三一部队和第一○○部队的命令，是由山田总司令颁发的。我想，销毁这两个部队一举是由以下两个原因引起的：第一，这两个部队所有的设备都是秘密的，所以决不能让这些设备落在敌军手中。此外，该两部队内所进行的工作也是秘密的，所以当时必须极力设法隐蔽进行过此种工作的事实，换句话说，就是要消灭掉该两部队内为准备细菌战所进行的那种工作的痕迹，以及在活人身上进行过的实验的痕迹。

最后一个原因，就是由于苏军部队急速进攻，使得日军无法把这两个部队完全撤退到满洲腹地或其他什么地点去。

问：关东军未曾使用细菌武器来反对苏联的原因何在呢？

答：在我看来，在军事行动开始时未曾使用细菌武器来反对苏联的基本原因，是由于受到苏军方面急速的进攻。所以，虽然当时关东军为准备使用细菌武器所进行的工作业已加紧，虽然关东军本来能够实际使用细菌武器，可是这种武器终究没曾使用过。

问：你所列举的所有那些在一九四五年间采取的加紧准备细菌战办法，目的到底是要反对谁呢？

答：我已经说过，细菌武器主要是为了反对苏联。证实此点的有关东军司令部所施行的种种具体措施，例如关东军参谋长认准我关于实际动用细菌武器反对苏联的意见（这点我在上面已经说过），在毗邻苏联边境的北兴安省进行细菌侦察，高桥将军作过关于准备在发生军事行动时对苏联进行军事破坏活动的方法报告等。

凡此一切事实都证明出，这种准备工作的目的是要在战争发生时对付苏联。

关于本案实情我再没有什么话可以供述了。

我的话都记录得正确，记录用日语念给我听过。

松村

负责审讯者：

军事检察官巴真科近卫军中校法官

内务部驻伯力边区办事处工作员科尔沙可夫上尉

翻译员：茨菲洛夫

证人松村在与被告梶冢对质时的供词摘录

一九四九年十二月八日　　　伯力城

问：证人松村，请你说说关于第七三一部队长在有梶冢出席时向关东军总司令所作的那些报告，你知道一些什么情形。

答：一九四四年末，第七三一部队长北野在关东军总司令办公室内作过一次报告。北野在报告中说明了把染有鼠疫的跳蚤作为细菌武器使用的方法。在这次报告时出席的有关东军总司令山田、参谋长笠原行雄、副参谋长池田、医务处长梶冢、我、司令部参谋官宫田中佐（竹田宫）、报告人北野和他的一个随从军官，这人的姓名我不知道。

这是一次秘密会议。我记得，北野所作报告的书面文稿，在上述会议举行之后，就交给作战部去保存了。山田认准了北野所提出的把染有鼠疫的跳蚤当作细菌武器使用的方法。

……听过北野报告之后，全体出席人都去看北野带来的电影片。影片上放映的是使用细菌武器的情形。我没有看过这张影片，因为我刚一走到预备放映电影片的那个大厅门口时，就被召到作战部去了……

松村

负责审讯者：

军事检察官卡昌中校法官
内务部驻伯力边区办事处工作员巴普科夫中校
翻译员：布尔霍菲金诺夫

证人饭岛良雄受审记录

一九四九年十月二十日　　伯力城

　　我是苏联内务部驻伯力边区办事处工作员俾沙勒夫大尉，负责审讯过证人战俘前日军少佐饭岛良雄，他是日本人，一九一七年生于日本群马郡，势多县，荒砥村，农家出身，受过中等教育。

　　证人受过预告，如有伪述之处，即应按俄罗斯苏维埃联邦社会主义共和国刑法第九五条治罪。

饭岛（签名）

问：你愿意用哪国语言来供述呢？

答：我懂俄文，能念俄文，但我想用日本本国语来供述。

问：审讯时由翻译员聂哥洛新科·安那托里·尼古拉维奇负责翻译，你不反对么？

答：我不反对。

　　翻译员聂哥洛新科·安·尼曾被预告过，如有故意误译之处，即应按俄罗斯苏维埃联邦社会主义共和国刑法第九五条治罪。

聂哥洛新科（签名）

问：请你简略说说你在军队中服务的经过。

答：我于一九三八年四月二十日被召入伍当普通兵士，以前是务农。一九三八年九月到一九三九年三月住过仙台市后备军官学校，随后就在高崎城第十五步兵团担任见习军官。一九三九年十二月，我获得了少尉衔，同第一批军官被派到东京住"中野"学校。

"中野"学校是给日本军事团培养谍报工作领导干部的。"中野"学校内分三部：中文部、英文部和俄文部。我被编入俄文部，初次在那里开始学俄文，学得还不坏。除俄文外，我还学得了关于苏联地理、经济和政治情形的知识。这三部内有一门基本科目，就是关于外国侦探机关，主要是关于苏美英中四国侦探机关工作方法的专门功课。

学校讲师向我们学员举出一些例子来解释，究竟可以而且应当把什么人征募到反侦探机关中来进行间谍、军事破坏和宣传的工作，怎样结识那些已经拟定要征募进来的白卫分子和中国人。所以，"中野"学校所造就的都是些理论上有修养的间谍工作领导人。

一九四〇年十一月初，我在"中野"学校毕业后，就被派到哈尔滨日本军事团团长柳田少将那里去供职。我在哈尔滨日本军事团服务了三个月，然后，就被任为驻奈姑穆图村的三河区日本军事团副团长，一直当到一九四五年一月末为止，一九四五年二月，我被调到叫作"保护院"的集中营去担任主任。

我在"保护院"（意即"救济院"）这集中营里，工作过约七个月，直到被苏军俘获时，即直到一九四五年八月十五日为止。

"保护院"集中营又叫做"科学研究部"，系由哈尔滨军事团管辖，当时该团团长是由秋草少将担任。"保护院"集中营里可以容纳一百五十人，那里囚禁有由于各种原因落到满洲境内而被日本边防军和警察队拘留的苏联公民，"保护院"内所拘禁的尽是男子，他们在集中营副属农场上干过各种农务工作。营内规则极严，稍一犯规就要受到处罚，尤其是那些想要从营内脱逃的人。我得到哈尔滨日本军事团允许，经常把这种人发送到关东军第七三一部队里去。

问：请你说说，关东军第七三一部队究竟是个什么部队？

答：我在工作初期看见各种训令时，原以为这第七三一部队是关东军的一个惩戒营，后来我才知道第七三一部队是个实验所，那里对苏联人进行实验，借以检查各种细菌的效能。

问：你究竟是在什么时候，从什么人那里以及在什么情况下知道这点的呢？

答：大约在一九四五年四月中旬，当我在哈尔滨日本军事团内向副团长浅田大佐报告集中营内规则执行情形时，大佐要我遵行哈尔滨日本军事团和关东军司令部的指令，那指令上说，凡属违反营规的人，特别是那蓄意逃脱的人，都应该发送到驻扎在哈尔滨城外距"保护院"集中营十五到二十公里的平房驿的第七三一部队里去。我还记得很清楚，在那次谈话中，浅田大佐大致讲过，说这个部队内是在研究细菌效能，并提到该部队长一职是由石井中将担任，但我同这个人从来也没有见过面。

我同浅田大佐谈话后再经过了一个月的时候，又在哈尔滨日本军事团里听到医务科科长军医少尉前川说，第七三一部队在活人身上进行实验，其中有些活人就是我从"保护院"集中营送到第七三一部队里去的那些人。我从"保护院"集中营内几次总共送了约近四十个苏联公民去遭死，他们受过实验之后都死掉了。

问：这种详细情形是什么人告诉你的呢？

答：我一次也没到过第七三一部队那里，同该部队任何工作人员也没有接触过，甚至不知道他们的姓名。我同哈尔滨日本军事团人员也没有谈过这个问题，但我终究认定那些从"保护院"集中营送去的苏联公民都因受实验死掉了，因为我们送去的那些人一个也没有转回到"保护院"来。其次，因为派往第七三一部队去的那些人中没有一个人与集中营管理处或与同营犯人通过信，而从别的地方，例如从矿区地方，却常常有先前本营犯人因各种问题写信给我，例如请求把钱汇给他，或请求把他留在营内的东西寄给他。

问：把苏联公民从"保护院"集中营发送到第七三一部队去的手续怎样呢？

答：在"保护院"集中营内设有一个情报调查科，科长一职就是由我的帮办山岸研二担任的。该科对于每个破坏营规的人都写出相当的报告，随即由我盖上一个私章。然后我就亲自到哈尔滨日本军事团去把材料报告给团长秋草，只有经过日本军事团批准后，我的帮办山岸才亲自组织把犯营规的人发送到第七三一部队中去。

当发送苏联公民到第七三一部队去时，我一次也不在场。据山岸告诉我说，第七三一部队的工作人员乘该部队汽车到我处来领取犯规者，这些工作人员的姓名我全不知道，并且我也没有查问过，究竟第七三一部队里是些什么人到"保护院"来领取过犯人……

问：你还想用什么话来补充你的供词么？

答：我再没有什么话可以补充我的供词了。供词记录得正确，记录用俄语和日语念给我听过，特签字为凭。

饭岛

负责审讯者：

内务部驻伯力边区办事处工作员俾沙勒夫大尉

翻译员：聂哥洛新科

证人山岸研二受审记录

一九四九年十月二十一日　　　　伯力城

　　我是苏联内务部驻伯力边区办事处工作员俾沙勒夫大尉，负责审讯过证人战俘前日军中尉山岸研二，他是日本人，日本国籍，一九一六年生于新潟郡，善根村，东京外国语专校毕业，受过高等教育。

　　证人曾被预告，如有伪述之处，即应按俄罗斯苏维埃联邦社会主义共和国刑法第九五条治罪。

山岸（签名）

问：你愿意用哪国语言来供述呢？

答：我懂俄文，能读俄文书报，能用俄文写东西，但在我受审时请让翻译官列席，因为有些俄国字我记不得，所以我难于说明我的意思。

问：审讯时由翻译员聂哥洛新科·安那托里·尼古拉维奇担任翻译，你不反对么？

答：我不反对。

　　翻译员聂哥洛新科·安·尼曾被预告过，如有故意误译之处，即应按俄罗斯苏维埃联邦社会主义共和国刑法第九五条治罪。

聂哥洛新科（签名）

问：请简略说说你的劳作生活经过。

答：我的社会出身是农民；进东京专校之前，在家里帮助父母种地，同时又在中学念书。一九三五至一九三八年间，我在东京住外国语专校，毕过业。一九三八年，我被征入日军，并被派到满洲穆棱站第三十步兵联队去当兵，一直当到一九四一年。一九四二年九月初，我被调到哈尔滨日本军事团工作，在特别研究部里担任俄语翻译官。所谓特别研究部就是由日本军事团管辖的集中营"保护院"（意即"救济院"）。"保护院"集中营里禁锢有苏联人，大多数都是由于各种原因落到满洲境内了的苏联军人。

一九四四年初，我被任为"保护院"集中营副主任，同时主持情报调查科工作。情报调查科所负任务是收集关于苏联经济、政治和军事情形的情报，并检举那些蓄意逃走、破坏营规以及在犯人中间进行反日宣传的人。凡是怀有仇日情绪以及不愿服从营规的分子，都由我征得营主任饭岛同意后发遣到第七三一部队去，在一九四五年以内分批发遣到那里去的总共约有四十名苏联公民。

说到这里，我想指出，从"保护院"集中营内把犯人发送到第七三一部队去，是于一九四二年初开始实行的，那时我还不是该营领导人之一。

我所提到的第七三一部队是驻在哈尔滨城郊离"保护院"十五到二十公里远的平房驿。

我从来也没到过第七三一部队场所那里，只是一九四四年秋季，我坐车从该部队场所旁边经过了一次，但我什么也没有见到，因为该场所四面都搭有很高的围墙。离该队场所进口约二百公尺处，悬有一个告示牌子，告示字句我记不清楚，但意思是说非经关东军总司令特别允许不得入内。

我早在一九四二年间就听到哈尔滨日本军事团第二科内几个工作人（究竟是谁，我记不得了）说过，第七三一部队或所谓"石井部队"进行着培养致命细菌的工作，并用对活人进行实验的方法检查细菌效能，任何一个人的身体也经受不住这种实验，所以受过实验的人归根到底是要死去的。

过了些时，大概是一九四四年末，或一九四五年初，我在哈尔滨日本军事团听到负责人员（究竟是谁，此刻我记不得了）说，关东军司令部所属第七三一部队在生产致命细菌和制造毒气，以便毒害敌人军队。而当时日本的敌人，便是苏联。

问：当时送苏联公民到七三一部队去的手续怎样呢？

答：依照哈尔滨日本军事团团长秋草少将署名的书面指示，情报调查科工作员经我同意后，就根据手边伤害人格的材料编出相当的名单，再由集中营主任饭岛少佐盖上私章表示批准。然后饭岛就拿着这个名单去呈报军事团团长秋草，团长总是对我们的意见表示同意，所以他总是认准把我们所拟定的苏联公民发送到第七三一部队去消灭。

我记不得所有被发送到第七三一部队去消灭的那些人的姓名。不过我至今还记得有一个苏军兵士德姆琴科，他根本拒绝供出关于苏联的任何消息。经我允许对他采用了肉刑，审讯人拷打过他，把他脚手捆住，吊在屋梁上。但德姆琴科终于没有招供。那时我便决定将他消灭，所以就把他发送到第七三一部队里去了……

发遣苏联公民到第七三一部队去遭死的事情，是由宪兵盐田直接经管的，他预先用电话同第七三一部队宪兵商定运送时间。第七三一部队总是派自己的轿式汽车来运载犯人，轿车里不带行李时可容下二十个人。我遵照哈尔滨日本军事团指示，总是吩咐宪兵盐田留下犯人的东西，把他们发送到第七三一部队里去。至于留下的东西，则送往哈尔滨日本军事团第四科，第四科就把这些东西——特别是军服——留下来供军事团使用。

日本侦探穿着这种衣服潜入苏联境内，这点是由第四科工作人员告诉我的，但此刻我记不得究竟是谁告诉我的。凡是由我们发送到第七三一部队中去的犯人，都列成相当的名单，每张名单誊成两份，一份由第七三一部队工作员带走，另一份保存在"保护院"集中营内。

我没有向第七三一部队工作员索取过接收犯人的收据。当我在"保护院"集中营工作期间，从来就没有一个被派去了的犯人回到本营里来过。

这种情形更加使我确信我所听到的那种消息，即苏联公民在第七三一部队内受到致命细菌和毒气作用实验后都是死掉了的。

问：你还想用什么话来补充你的供词么？

答：我再没有什么话可以补充了。

我的供词记录得正确，用俄语和日语念给我听过，特签字为凭。

山岸

负责审讯者：

内务部驻伯力边区办事处工作员俾沙勒夫大尉

翻译员：聂哥洛新科

证人田村正受审记录摘录

一九四九年十月三十一日　　　伯力城

　　田村正，日本人，一九〇五年生于日本高知郡，高冈县，小川村，受过高等教育，前日军大佐，被俘前曾任关东军司令部干部部长。

　　……该部队的正式名称虽是"防疫给水部"，但这个名称只是一种掩饰，其实这部队按基本职能来说，是一个准备细菌战和大量生产细菌攻防武器的特种部队，关于这点，我视察第七三一部队时就已亲身认识到了。

　　问：请你详细说说这次视察的经过。

　　答：在没有讲到我视察第七三一部队的经过之前，我要补充供述说，当我于一九四四年十二月间或——确切些说——一九四五年一月初头就任关东军司令部干部部长一职的时候，我已初次明白确切听说过这个部队所负的任务。

　　……当时的关东军参谋长笠原中将曾对我说，我应当特别关照第七三一部队，因为这个部队——他公开地对我说——是在从事准备供攻防用的细菌武器，即准备进行细菌战。

　　固然，笠原将军当时并没有向我说明该部队准备细菌战是要反对苏联，但在我看来，这点原是不言而喻的，因为我分明知道整个关东军所负的任务是要准备进犯苏联。

　　我到任后不久，就同司令部第一部部长松村少将作过一次私人谈话，谈话时松村将军向我解释说，第七三一部队及其研究细菌武器战斗使用法的试验工作，是由他所主持的第一部指导的。

　　一九四五年五月末，石井四郎中将写来一封信给关东军总司令，请他赶快派遣必需数量的军官到第七三一部队去。

这封信件的文句，此刻我不记得了，但信上的基本意思是说，石井将军还需要补充一批军官，以便加速细菌战武器的生产。

因此，关东军总司令山田将军就于一九四五年六月初的时候吩咐我到第七三一部队去一趟，考察考察那里的干部以及整个部队的实际情形。

这是山田将军在哈尔滨飞机场上给我的委托，那时我原是同他一块飞到那里去参加混合士官教导队学生毕业典礼的。

当时石井将军也赶到这飞机场上来迎接我们。山田将军同他谈话时，就吩咐我到第七三一部队去一趟，我立刻就遵命偕同石井将军一起乘坐石井将军本人的汽车到部队里去了。

到达该部队之后，我详细考察了部队内所有干部的情形，视察了各个实验室及生产场所，于是我就亲身明白认识到，第七三一部队乃是一个准备和大量制造细菌战武器的大规模生产基地。

石井将军在同我谈话时公开向我声明，说本部队是在准备对苏的细菌战，说现有的成绩可以令人认定准备细菌武器这一任务已经完成，又说那里的生产能力已能用来大批生产细菌攻击武器。

石井将军对我说，他认为细菌武器是关东军手中异常厉害的武器，其效能已在实验室内及用活人实验方法检查过了。

石井将军公开对我说，在必要场合，该部队能够用巨量的细菌去进袭苏联诸城市，这些细菌在进攻或防御时，将主要是用投掷到苏军深后方的办法散布出去。

当我视察各实验室和大量培养致命细菌的各生产场所时，我便确信到，石井向我所说第七三一部队能够开始进行积极反苏细菌战等语，原是正确的。我老实说，这一致命武器生产的巨大规模真正使我惊奇，我所看到的一切，实在是出乎我的意料之外。

我在石井将军办公室内看见墙壁上挂有许多图表、设计表和图画，上面具体表明了用炸弹、手榴弹、炮弹等等来散布鼠疫、霍乱及其他传染病菌这种方法试验的效果，这些图表使我具体认识到细菌武器的巨大效能。

石井将军和三个军官（他们的姓名此刻我不记得）陪着我去视察过各实验室和生产场所。我不是细菌学专家，不能对我所见到一切作出精确的估计，但我至今还记得很清楚，当他们向我举出已培养出的传染病菌那种据我记得是很大的数目字时，我真是惊服万分。

在我视察生产场所时，他们把我引到内部一所房屋里去，这里有一些门上开着小窗的特式牢房，内中关得有一些戴着脚镣的活人，据石井亲口向我解释，这些人是用来实验致命病菌的传染作用的。

在这些受实验的人中，我看见有中国人和欧洲人，还有一个女人。据石井将军亲自向我说明，这个女人和这些欧洲人乃是俄国人，他们都是由日本驻满宪兵部和军事团送到部队里来的一些据日本讨伐机关决定应被消灭的犯人。

在我所看过的那些牢房内，我亲眼瞧见犯人们胡乱卧倒在地板上，形容极为痛苦难堪。

我视察这栋监狱房屋时，并没有走遍全部房屋，只看过其中几间牢房，在这几间牢房内，我记得大约关得有五十个人。视察完毕后，我还同石井商谈过干部问题。

我们商谈这个问题的结果，是认定部队内还缺少百分之十至十五的必需军官人员，但按一般人员配备说来，该部队已扩展到备战程度了。在讨论干部问题时，石井将军虽然强调指出必须首先配足该部队司令部的干部，但他讲到各支队时是把各支队与本队看成一样，认为它们也是同样重要的。

石井将军同我谈到该部队各支队的情形时，向我说明了他的意见，即认为当军事行动一旦迫近的时候，必须把各支队交归关东军各军团司令部和各战线司令部指挥，以便在必要时使各军团能使用细菌武器。

石井所说的这番意见后来果然实现了，据我记得，一九四五年八月就由关东军总司令下令把该部队各支队交归各军团直接指挥。

我同石井将军晤谈之后，就坐他的汽车同到哈尔滨，从该部队回来后第二天，我就到总司令随员们那里去了。

问：关于视察第七三一部队的结果，你报告过前关东军总司令山田将军么？

答：报告过。

问：你向山田将军报告过什么呢？

答：我谒见关东军总司令山田将军时，向他详细报告了我所得出的一切结论和感想。

首先我报告他说，第七三一部队已有充分作战准备，能够完成任务，即随时都能开始进行细菌战。同时，我向他报告说，石井将军坚决要求补派一批专家和办理供给事宜的军官到他部下去工作。

关于这点，我向山田将军陈述了我个人的意见，认为该部队所有的干部完全够用，所以在干部一般感到缺乏的情况下，可以不必补派军官人员到石井将军那里去，山田将军同意了我这种意见。

此外，我又向山田将军说明了我深以第七三一部队内装置丰富和设备精良为奇的感想。山田将军在听我作报告时所发出的那些驳词和问题，就使我相信到他的确极熟悉第七三一部队内的情况。

我在第七三一部队视察时，石井将军向我说，山田将军曾于一九四四年秋季亲身巡视过第七三一部队，并周详地认识了该部队的活动情况和布置情形。

除上述一切外，我还向山田将军报告了我在第七三一部队内听说石井将军及其属员在活人身上进行着的那些很有趣的实验，并向他叙述了我视察监狱楼房的经过以及我在那里所见到的一切。

山田将军表示很满意我的报导，此后不久，我们就一同返回长春了……

田村

负责审讯者：

内务部驻伯力边区办事处工作员彼契尔斯大尉

翻译员：铁姆琴科

文件证据

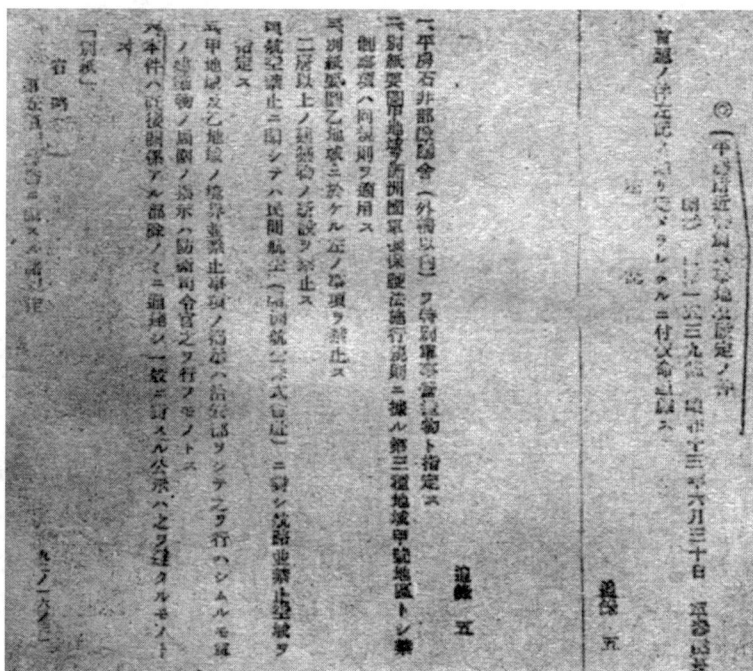

关东军司令部"关于在平房附近设立特别军事区域"的训令

档案第八六九号，第三一、第三二页　　　　　　　　　　　译自日文

"法令汇集增补"包中的文件

第三一页

关东军司令部第一部

第一五三九号训令

一九三八年六月三十日

关东军参谋长

关于在平房附近设立特别军事区域

　　兹奉命知照，本问题已作如下决定：

第三二页

　　一、平房石井部队房屋（围墙以内），均指定为特别军事建筑物。

　　二、依据"满洲国军机保护法施行规则"，附件要图上所标明甲号地段应认定为第三种区域甲号地段。上述规则禁止事项均适用于该地段。

　　三、在附件要图上所标明乙号地段内，禁止建造二层以上之新房屋。

　　四、对民用航空（满洲航空株式会社）指定有航空线及禁航地带。

　　五、甲号地段和乙号地段境界以及禁止事项由满洲国治安部宣布之，军事建筑物所在地区由防卫司令官宣布之。

　　六、本训令只通知直接有关各部队，不得作任何公布。

　　附件省略

　　　　　　　　　　　　　　　　　　译者：一等翻译员历史学硕士

　　　　　　　　　　　　　　　　　　颇得巴洛娃（签名）

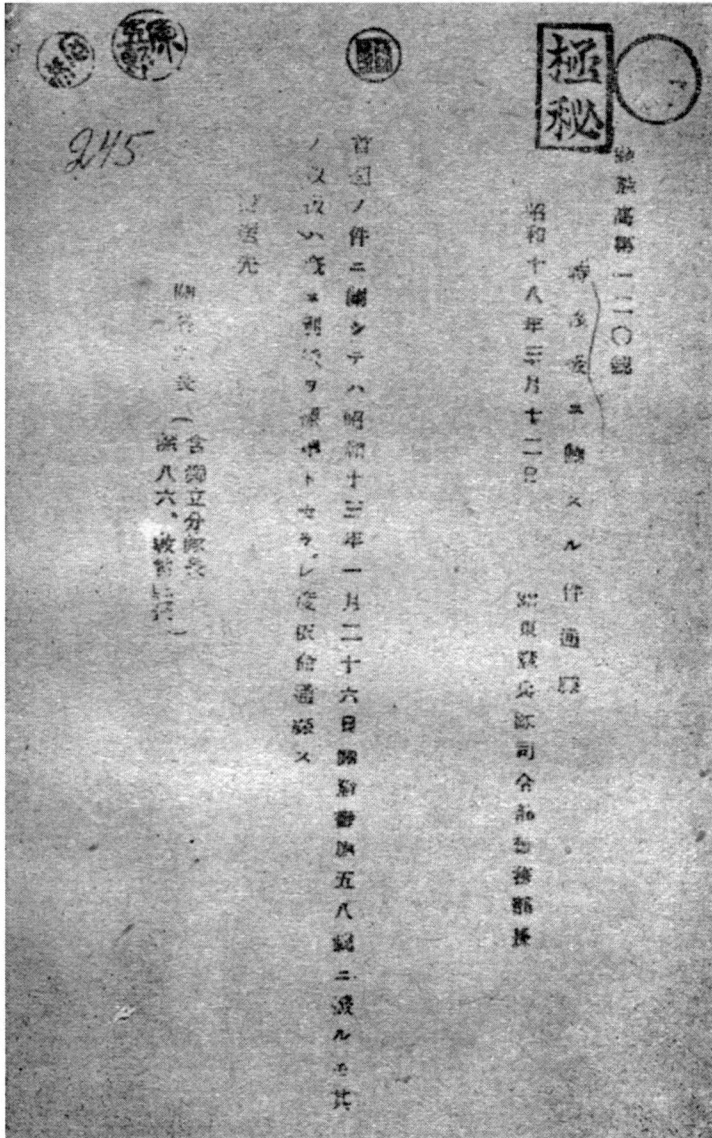

关东宪兵队司令部医务部长关于应按"特殊输送"手续发遣的犯人类别的通令

档案第八六四号，第二四五页

关东宪兵队司令部警务部长通令附件：应交"特殊输送"手续发遣的犯人类别一览表

档案第八六四四号，第二四六页

档案第八六四号，第二四五页、第二四六页

关东宪兵队司令部第一部一九四三年"各种通函"包中存件

此类文件均系有关组织问题、人员补充及训练问题等等

译自日文

极秘
··

副本

第二四五页

关东宪兵队司令部   知阅人：藤重（私章）

紧要案件部第一二〇号   原五郎（私章）

一九四三年三月十二日   石井（私章）

宪兵队司令部警务部长

关于"特殊输送"件通报

兹奉命通报，本问题虽应按一九三八年一月二十六日关东宪兵队司令部警务部第五十八号文件处置，但在选定应派犯人时望参照下面附件所定标准办理。

发送：关东宪兵队各队长（包括各个独立分队长，除开第八十六队长和教导队长）。

译者：一等翻译员历史学硕士

颇得巴洛娃（签名）

第二四六页

附件

类别	罪状性质	具备条件			
		履历	品格	我们的估计	其他
间谍（破坏分子）	依其罪行程度可以预料该犯被提交法庭审判时必处死刑或无期徒刑者			无被我方吸收和调派回去工作的价值者	
	曾以间谍或破坏分子资格屡次潜入满洲境内和直至被拘时止始终进行此种活动者		怀有亲苏或反日心理者	无被我方吸收和调派回去工作的价值者	
	依其罪行程度可以预料该犯被提交法庭审判时将被释放或经短期禁闭即可释放者	住所不定又无亲族的游民、鸦片中毒者	怀有亲苏或反日心理者、性格不逊者	并无悔悟表示而有重犯罪行的严重危险者	
	以前进行过此种活动者	当过游击队员或干过含有同等危险作用的活动者		无接受感化的希望者	
	与他种秘密活动有关者或因参加机密事项而其生存极不利于军队与国家者				
	与应受"特殊输送"的犯人同一思想者				罪情虽轻，但不宜将其释放者
思想犯（民族运动和共产运动犯）	依其罪行可以预料该犯被提交法庭审判时必处死刑或无期徒刑者				
	与他种秘密活动有关者或因参加机密事项而其生存极不利于军队与国家者				
备考	各宪兵队长依上述标准来确定怎样处理某一犯人时，应根据满洲国内部情况，周密考虑到这点对国政上、社会上、社会道德上将有何反映，把这一切估量清楚之后，便可向关东宪兵队司令官坚决申请援用"特殊输送"办法。				

译者：一等翻译员历史学硕士

颇得巴洛娃（签名）

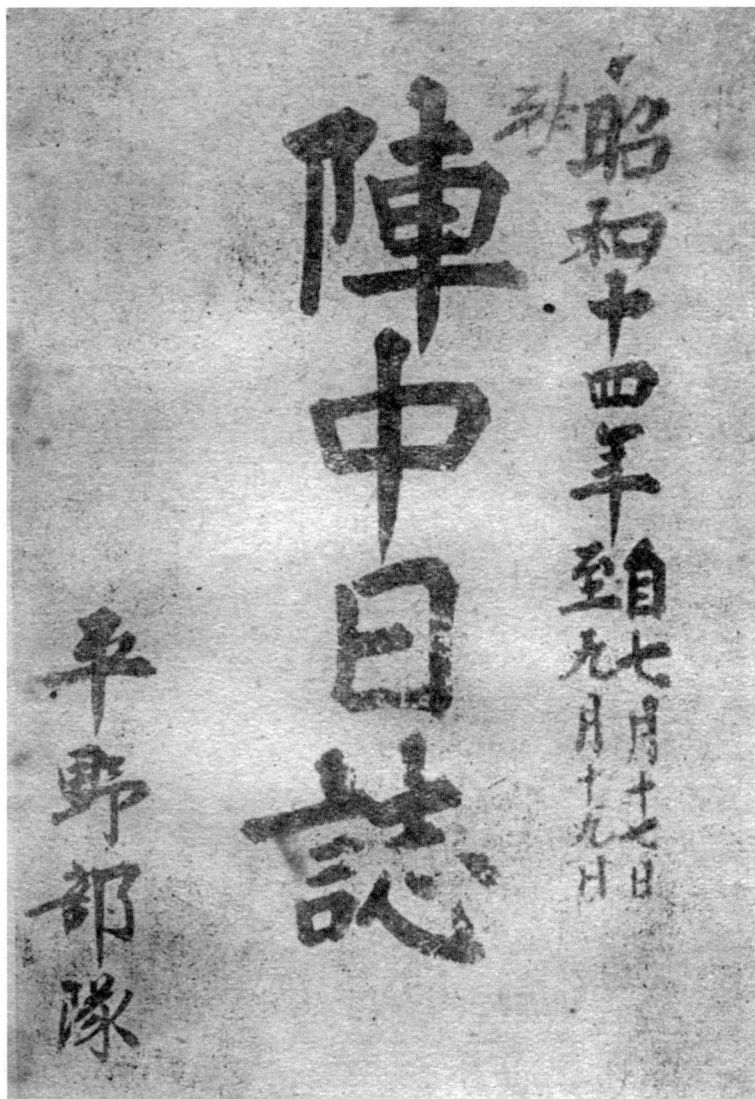

平野宪兵队一九三九年七月十七日至九月十九日间的《阵中日志》
（关于按"特殊输送"手续大批发遣犯人一事），日志封面

档案第八四五号

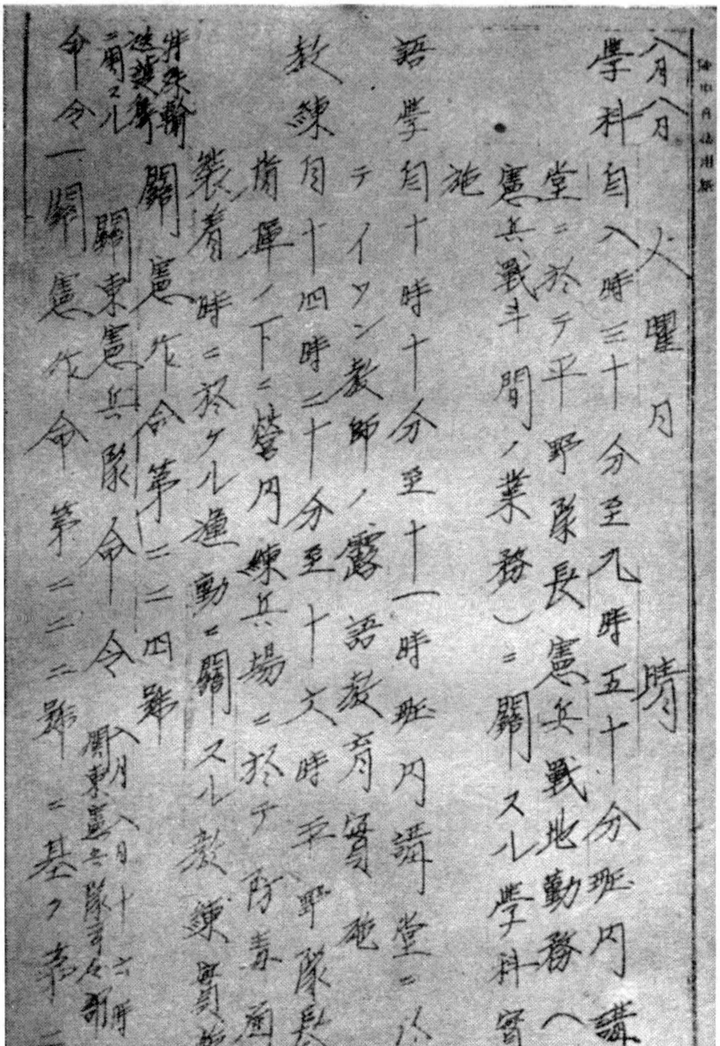

八月八日 火曜 晴
學科自八時三十分至九時五十分班内講
堂ニ於テ平野隊長憲兵戰地勤務（
憲兵戰斗間ノ業務）ニ關スル學科實
施
語學自十時十分至十一時班内講堂ニ於
テイワン教師ノ露語教育實施
教練自十四時二十分至十六時平野隊長
指揮ノ下ニ營内練兵場ニ於テ防毒面
裝着時ニ於ケル運動ニ關スル教練實
施
關憲作命第二二四號
關東憲兵隊命令
八月八日十六時 關東憲兵隊司令部
命令一 關憲作命第二二二號ニ基ク

关东宪兵队关于按“特殊输送”手续大批发遣犯人一事的作战命令
第二二四号，第一页

档案第八四五号，第四五页

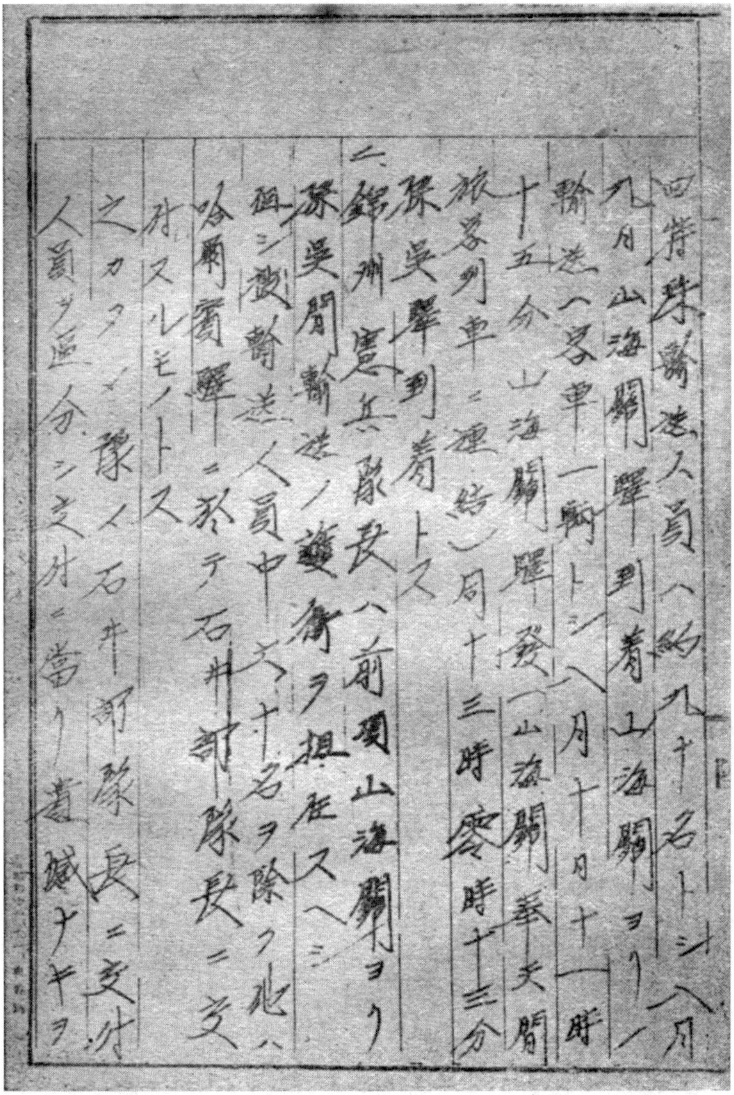

关东宪兵队关于按"特殊输送"手续大批发遣犯人一事的作战命令
第二二四号，第二页

档案第八四五号，第四五页（续）

关东宪兵队关于按"特殊输送"手续大批发遣犯人一事的作战命令
第二二四号，第三页

档案第八四五号，第四六页

关东宪兵队关于按"特殊输送"手续大批发遣犯人一事的作战命令
第二二四号，以及平野部队作战命令第一号

档案第八四五号，第四六页（续）

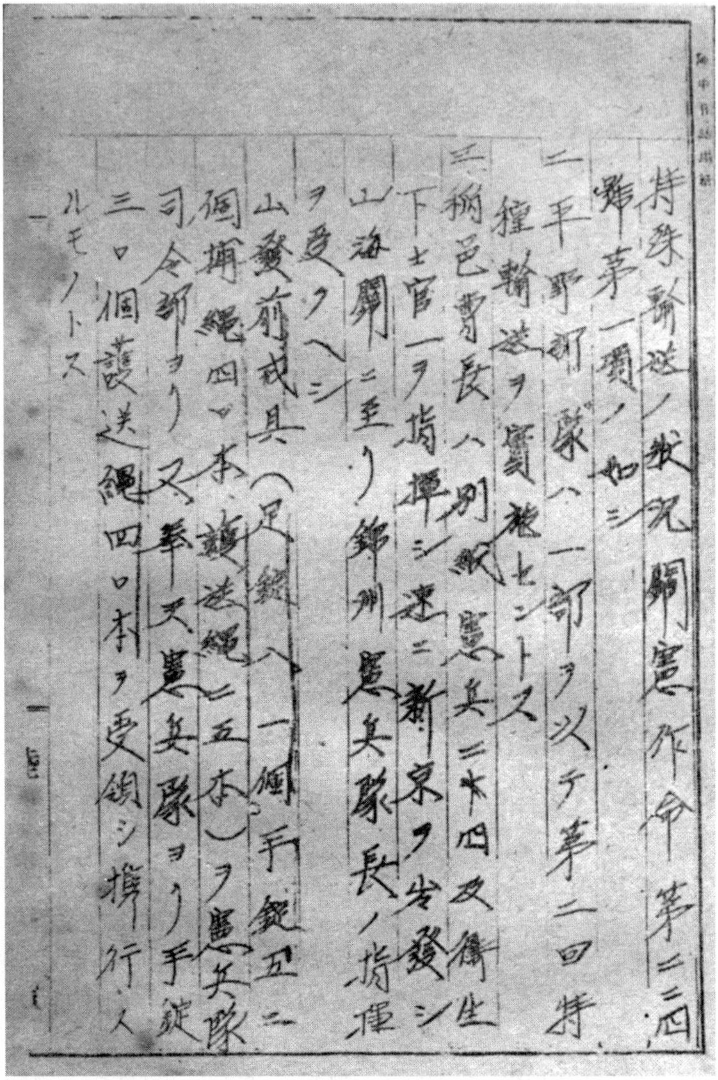
特殊輸送ノ状況關東憲作命第二二四
號第一項ノ如シ
二 平野部隊ハ一部ヲ以テ第二回特
殊輸送ヲ實施セントス
三 派遣長ハ別紙憲兵二十四及衛生
下士官一ヲ指揮シ速ニ新京ヲ出發シ
山海關ニ至リ錦州憲兵隊長ノ指揮
ヲ受クヘシ
山發前戒具（足錠一個手錠五二
個捕縄四〇本護送縄二五本）ヲ憲兵隊
司令部ヨリ又奉天憲兵隊ヨリ手錠
三〇個護送縄四〇本ヲ受領シ携行ス
ルモノトス

平野部队关于按“特殊输送”手续大批发遣犯人一事的作战命令第一号

档案第八四五号，第四七页

四、給与ハ職満等五表五割増渡切トシ憲
兵隊司令部ヨリ支給ス

六、其ノ他ノ事項ニ關シテハ關憲兵作命第
二二二號ニ據ルヘシ

平野訓隊長　平野大尉

別紙

憲兵曹長　　川口英光

同　　　　　平野喜一

同　　　　　萩原繁堆

同　　　　　宮沼幸平

同　　　　　餘川正之

同　　　　　野本好次

憲兵伍長　　雅口口満

平野部队关于按"特殊输送"手续大批发遣犯人一事的作战命令第一号

档案第八四五号，第四七页（续）

档案第八四五号，第四五至四七页

平野宪兵队一九三九年七月十七日至九月十九日《阵中日志》

译自日文

秘
·

第四五页

星期二晴

八月八日

（头前九行因与本案无关，译时从略。——译者注）

关于"特殊输送"时护卫事宜命令

关东宪兵队作战命令第二二四号

关东宪兵队命令

八月八日十六时

关东宪兵队司令部

（一）依据关东宪兵队作战命令第二二二号所派第二批"特殊输送"人员约九十名，于八月九日抵山海关站。到达山海关站后即派客车箱一辆输送，客车于八月十日十一时十五分由山海关站出发（客车箱挂在山海关沈阳线列车上）。十三日零时十三分抵达孙吴站。

（二）由山海关至孙吴站间沿途护卫前项人员之责，由锦州宪兵队长担任。

被输送人员中除留下六十名送达目的地外，其余诸人在到达哈尔滨站时即交付石井部队长。为此，须事先将应交付石井部队长的人员区分出来，以免在交付时发生延误。

第四六页

前项被输送人员应由承德宪兵队派出军官一名，平野部队派出下士官兵二十五名，关东宪兵队教导队派出卫生下士官一名负责护送。另由锦州宪兵队派翻译一名随往。

（三）承德宪兵队长派承德宪兵分队柴尾大尉，平野部队长派下士官兵二十五名（内有曹长一名），关东宪兵队教导队长派卫生下士官一名，所派诸人均须于八月九日内到达山海关，听候锦州宪兵队长指挥。

（四）哈尔滨宪兵队长须与石井部队长取得密切联系，保证在哈尔滨站及以后途中竭力防范外国侦探，并采取必要监督办法。

（五）平野部队及关东宪兵队教导队所派人员之路费，概由关东宪兵队司令部支给。

（六）其他事项即依据关东宪兵队作战命令第二二二号办理。

关东宪兵队司令官城仓少将

平野宪兵队作战命令第一号

命令

平野队命令

八月八日十七时

关东宪兵队教导队

（一）根据关东宪兵队作战命令第二二二号实施第二批"特殊输送"事宜应按关东宪兵队作战命令第二二四号第一项办理。

第四七页

（二）平野部队应派出一部分人员保证第二批"特种输送"。

（三）稻邑曹长率宪兵二十四名（名单见附件）及卫生下士官一名火速由新京出发，到达山海关后，听受锦州宪兵队长指挥。

出发前在关东宪兵队司令部领取刑具（脚镣八十一具，手铐五十二具，捕绳四十根，护送绳二十五根），并在沈阳宪兵队内领取手铐三十具，护送绳四十根，携带前往。

（四）路上给养按满洲暂行供给条例第五表另增一半，由关东宪兵队司令部支给。

（五）其他事项遵照关东宪兵队作战命令第二二二号办理。

平野部队长平野大尉

译者：一等翻译员历史学硕士

颇得巴洛娃（签名）

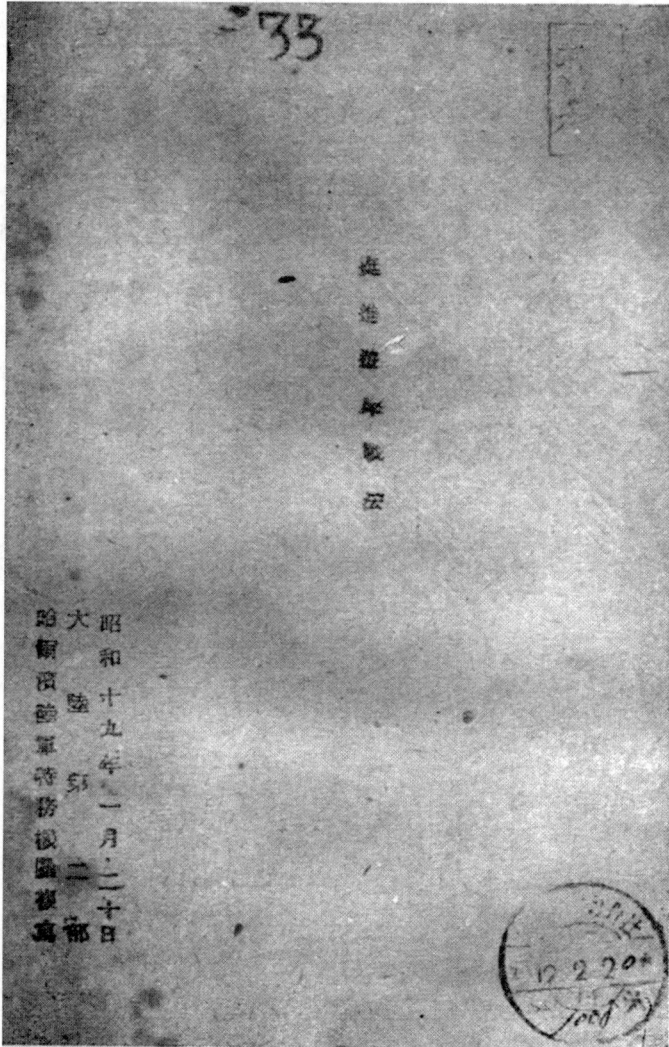

挺进军事破坏动作战术，封面

档案第一四〇号，第三三页

挺进军事破坏动作战术，第八十三条

档案第一四〇号，第四九页

档案第一四〇号，第三三页、第四九页

军事破坏活动战文件

牡丹江日本军事团所存关于横道河子白俄队的文件包中的文件

翻自日文

极秘

第三三页

印记："牡丹江日本军事团

帝国大本营陆军第二部

一九四四年二月二十日收到

一九四四年一月二十日

收件第一〇〇八号"

哈尔滨军事团复写

挺进军事破坏动作战术

第四九页

第三节

动作实行办法

第八十三条。确定秘密动作实行时机时，应估计到目标情况，接近目标条件以及动作结束后退走所需要的时间。此外必须利用敌人警戒最弱的地点。

在进行秘密攻击动作时可以使用钾素、细菌或使用带有钟表式爆炸具的炸药，作为歼灭敌方人员的手段。对于物质器材，则应视其种类如何来确定或用带有钟表式爆炸具的炸药爆炸，或纵火焚烧，或用他种破坏手段毁坏之。此外，还应与此种动作同时进行或专门巧妙进行带破坏性的宣传，以期扰乱敌方士气。动作完毕时，最好不要留下痕迹，免使敌方可能确定此种动作是由我方军事破坏队所实行的。如无法做到这点时，则必须在第一次动作中就力求达到最大的效果。

译者：一等翻译员历史学硕士

颇得巴洛娃（签名）

关东军作战命令甲字第三九八号其一

档案第八三〇号，第九二二页

関東軍作战命令甲字第三九八号其一，该命令第十七条
（第七三一部队各支队一览表）

档案第八三〇号，第九二五页

档案第八三〇号，第九二二页、第九二五页

一九四〇年作战命令包中的文件

关东宪兵队司令部存件之一

译自日文

极秘

第九二二页

关东军作战命令甲字第三九八号其一①

印记：

收到		
知阅人： 关东宪兵队司令官竹内		（私章）
总务部长 菊地		（私章）
课 长 本田		（私章）
主 事 金泽		（私章）
执 事		（私章缺）
警务部长 长友		（私章）
干 事 都筑		（私章）
总务部军官 古佐野		（私章）
医务部军官 卜井		（私章）

关东军命令

新京军司令部　　十二月二日十二时

（一）另纸所列各部队应从新编成并听受本司令管辖。

（第二至第十六各条略去未译——译者注）

第九二五页

（一七）着令关东军防疫给水部长将下列部队布置于下列地点：

牡丹江支队——海林。

林　口支队——林口。

---

① 下边盖有命令发送人私章"原"。——译者注

孙　吴支队——孙吴。

海拉尔支队——海拉尔。

关东军司令官梅津大将

第九二五页

译者所加的注释：

（一）在"关东军防疫给水部部长"诸字上头用铅笔批有如下几字："哈尔滨石井部队（加茂部队）。"

（二）在四个分队上面划了一横，用红铅笔写有"新编"二字。

（三）命令末另粘附有一纸条，上面用墨水写有如下字样："原已认为必须加强哈尔滨石井部队（关东军防疫给水部，另名加茂部队）作为一个特种部队，并使它在其他地方设立有支队。这次已在四处设立了支队（有三个宪兵被派去工作）。"

译者：一等翻译员历史学硕士

颇得巴洛娃（签名）

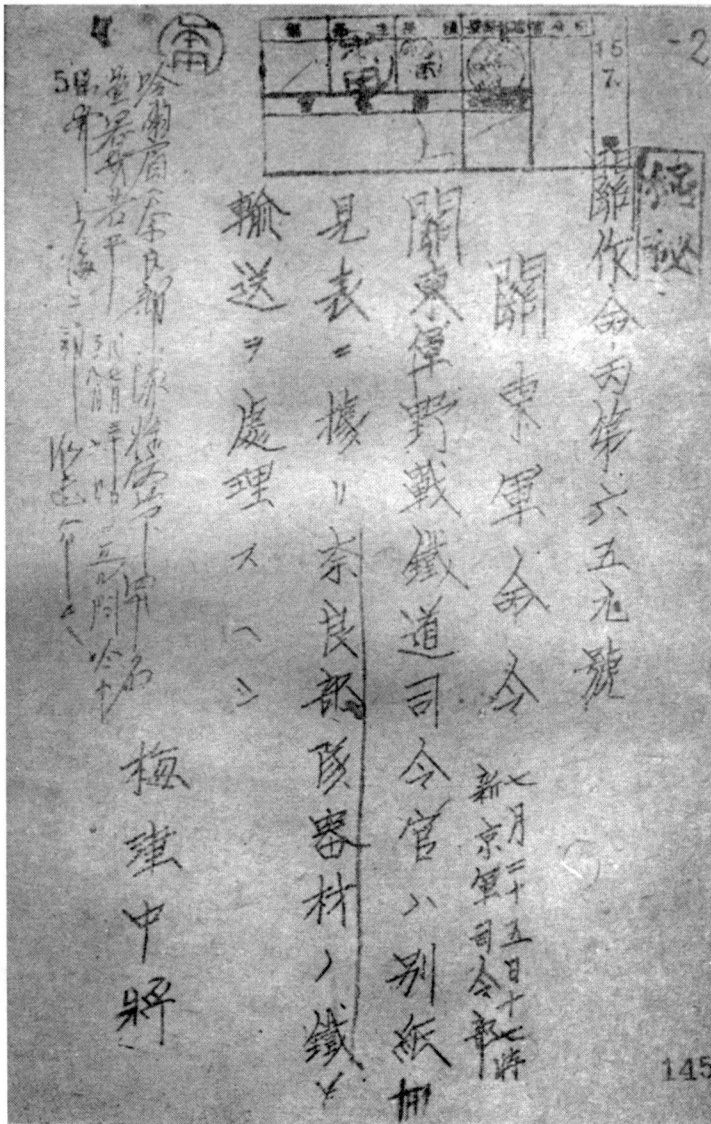

关东军作战命令丙字第六五九号

档案第八三〇号，第二五六页

关东军命令丙字第六五九号所应通报的各部队名单

档案第八三〇号，第二五六页（续）

档案第八三〇号，第二五六页

一九四〇年作战命令包中的文件

关东宪兵队司令部存件之一

译自日文

极秘

第二五六页

关东军作战命令丙字第六五九号①

印记：

一九四〇年七月收到		
知阅人：关东宪兵队司令官		（私章缺）
总务部长	菊地	（私章）
课 长	松浦	（私章）
主 事	本田	（私章）
执 事		（私章缺）
警务部长		（私章缺）
干 事	金泽	（私章）

关东军作战命令

新京军司令部　　七月二十五日十七时

着令关东军野战铁道司令官根据另纸所载一览表将奈良部队器材沿铁道输送。

关东军总司令梅津中将

通报：

加茂部队，第一、二、三独立警卫队，关东宪兵队司令部，关东军司令部各部，征华日军华北军司令部，征华日军总司令部。

---

① 下边盖有命令发送人私章"户田"。——译者注

命令左上方附有用红墨水写的字条（译文见下面），字条上角盖有关东宪兵队司令部工作员"本田"的私章。——译者注

字条内容译文：

"将哈尔滨奈良部队官兵四十名及所带器材于七月三十日至八月六日期间由哈尔滨运到上海一事的命令。"

译者：一等翻译员历史学硕士

颇得巴洛娃（签名）

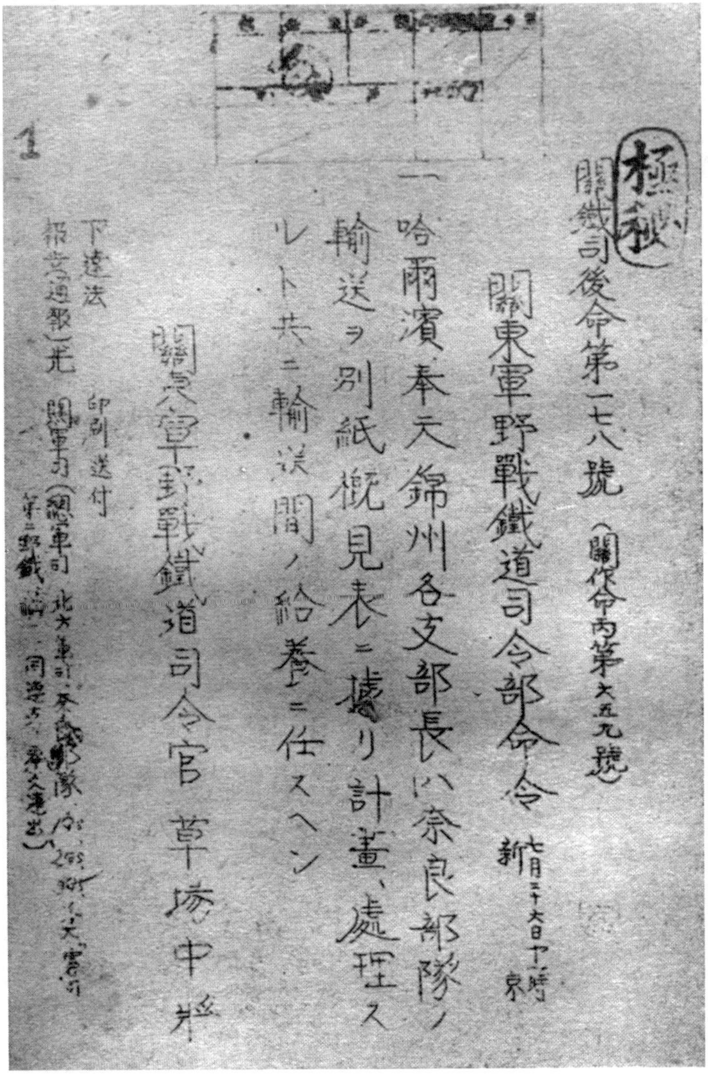

極秘

關鐵司後命第一七八號（關作命丙第六五九號）

關東軍野戰鐵道司令部命令　新京

一　哈爾濱、奉天、錦州各支部長ハ奈良部隊ノ輸送ヲ別紙概見表ニ據リ計畫、處理スルト共ニ輸送間ノ給養ニ任スヘシ

關東軍野戰鐵道司令官　草場中將

下達法　印刷送付

報告（通報）先

关东军野战铁道司令部命令第一七八号

档案第八三〇号，第二四五页

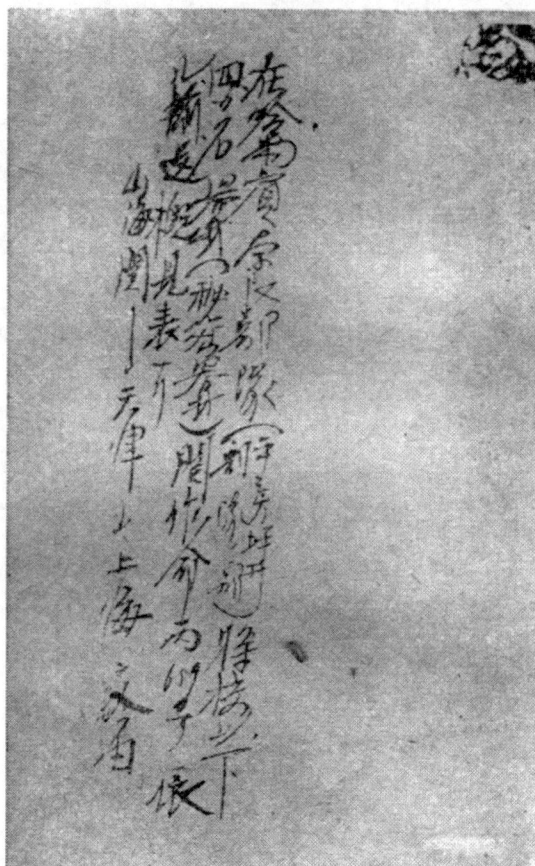

关东军野战铁道司令部命令第一七八号上粘附的字条

档案第八三〇号，第二四五页

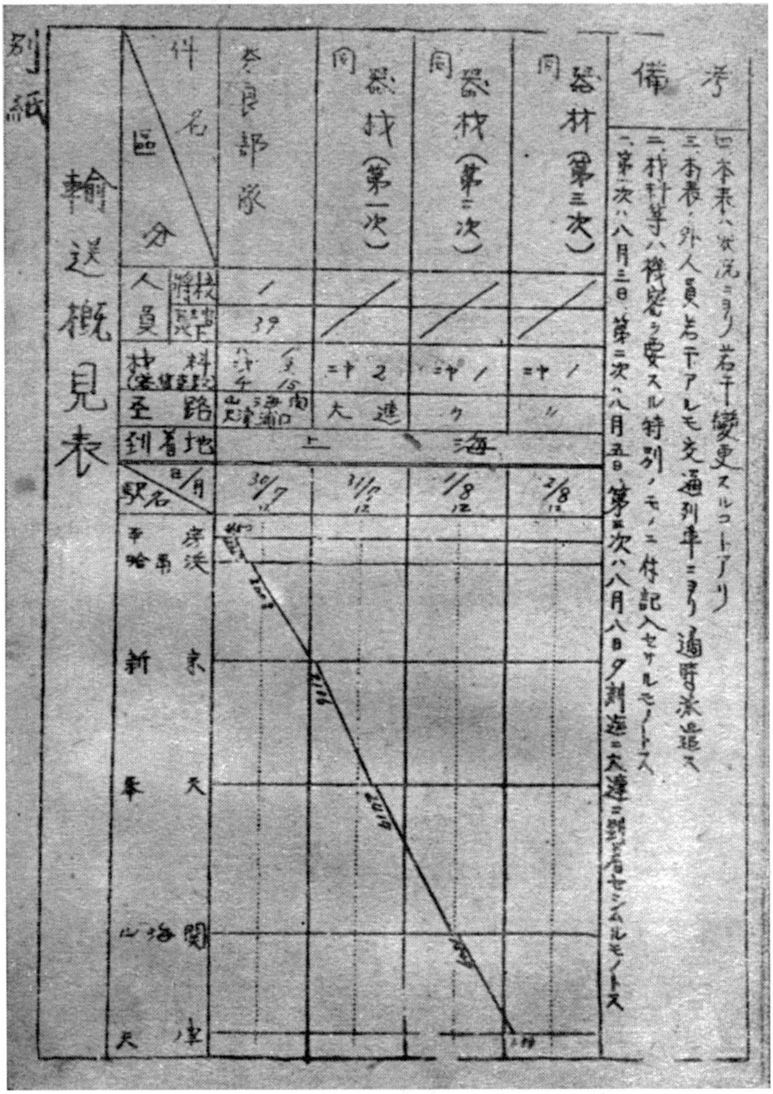

石井部队中一部分人员输送一览表

（关东军野战铁道司令部命令第一七八号上的附件）

档案第八三〇号，第二四六页

档案第八三〇号，第二四五页、第二四六页

一九四〇年作战命令包中文件

关东宪兵队司令部存件之一

译自日文
极秘

第二四五页

关东军野战铁道司令部后勤命令第一七八号（关东军作战命令丙字第六五九号）①

印记：

一九四〇年七月收到
知阅人：关东宪兵队司令官　　　（私章缺）
总务部长　　　　　　　（私章缺）
课　　长　　　　　　　（私章缺）
主　　事　本田　　　　（私章）
执　　事　　　　　　　（私章缺）
警务部长　　　　　　　（私章缺）
干　　事　　　　　　　（私章缺）

关东军野战铁道司令部命令

新京　　七月二十六日十一时

着令哈尔滨沈阳锦州各分部长根据附件所载输送一览表计划并实行输送奈良部队。沿途给养由各该分部供给。

关东军野战铁道司令官草场中将

下达法：印刷传送

报告关东军司令部

---

① 下边盖有命令发送人私章"佐藤"。——译者注

通报：

征华日军总司令部，华北日军司令部，奈良部队，第一、二、三独立警卫队，旅大卫戍军，关东宪兵队司令部，第二野战铁道部，海运管理局，海运管理局大连分局及其驻沈代办处。

命令上粘附有用红墨水写的字条（译文见下面）。——译者注

字条内容译文：

"依据关东军作战命令丙字第六五九号所拟定的输送一览表，所输送的是驻在哈尔滨的奈良部队（平房坪井部队之一部）校级以下官兵共四十名及其所携带的武器（秘密器材）；行程是山海关——天津——上海。"

第二四六页

附件

类别＼件名	奈良部队	器材同（第一批）	器材同（第二批）	器材同（第三批）	备 考
人员　军　官	1	—	—	—	1　2　3　4
人员　士官及兵士	39	—	—	—	
材料（客货车数）	"哈"—1 "尼"—3 "迪"—15	"尼"—2	"尼"—1	"尼"—1	
所经路程	山海关，天津，浦口	大连	大连	大连	
到达地点	上　海				
日／月　站名	30/7 12	31/7 12	1/8 12	2/8 12	
平　房	4.50				
哈尔滨	2362				
新　京		2608			
沈　阳			2106		
山海关			2417		
天　津				1507	
				1.39	

输送一览表

备考：
1. 本表可按情形斟酌变更。
2. 除本表所载人员外，还有若干人员将适时用火车运走。
3. 所运材料因系必须保守秘密的特种器材，故未注明名称。
4. 第一批应于八月三日，第二批—八月五日，第三批—八月八日晚到达大连。

译者：一等翻译员历史学硕士

颇得巴洛娃（签名）

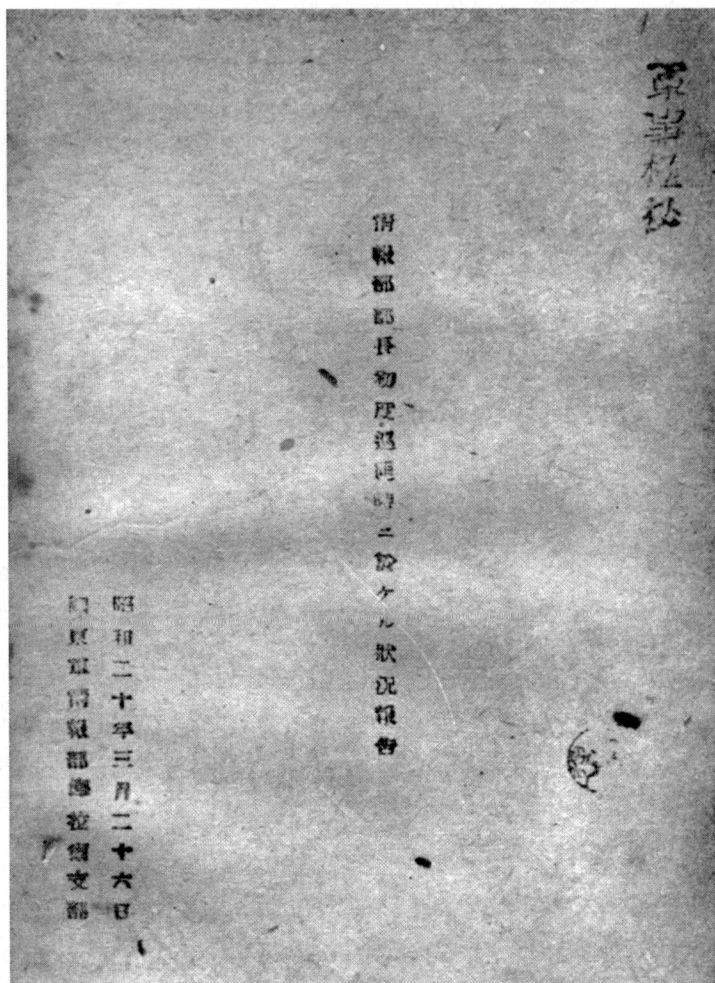

关于海拉尔日本军事团工作报告，海拉尔日本军事团团长
关于第一〇〇部队别动班情况的报导，封面

档案第一九号，第二页

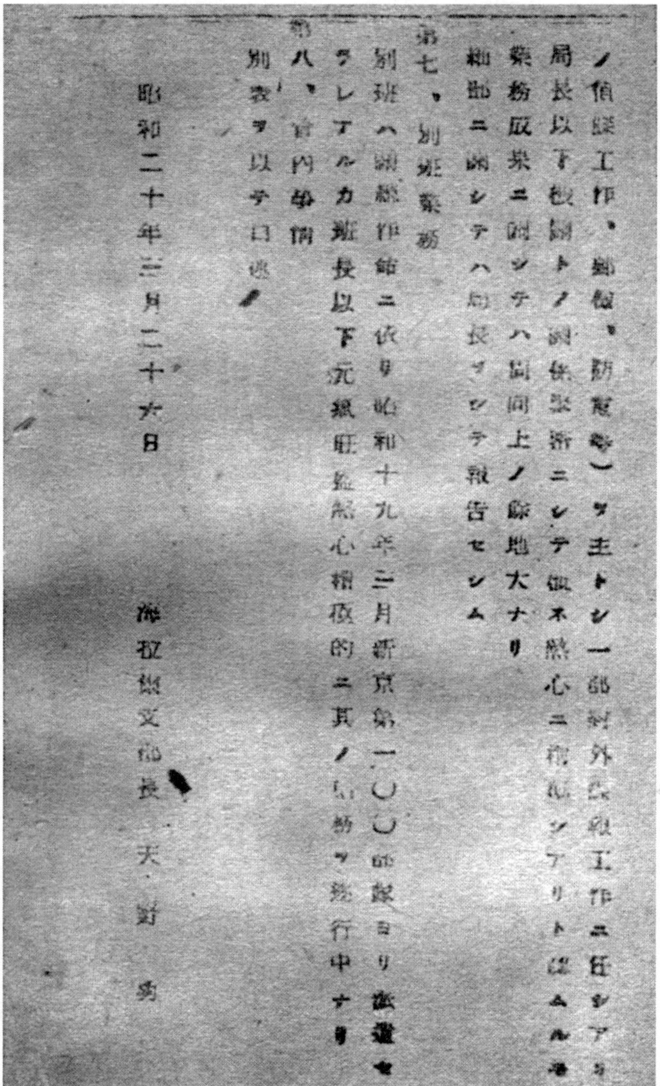
ノ偵諜工作、郵便、防諜等）ヲ主トシ一部対外諜報工作ニ任シアリ
局長以下総局トノ関係緊密ニシテ極ネ熱心ニ精励シアリト認ムルモ
業務成果ニ関シテハ向上ノ余地大ナリ
細部ニ関シテハ局長ヲシテ報告セシム
第七、別班業務
別班ハ関総作命ニ依リ昭和十九年三月新京第一〇〇部隊ヨリ派遣セ
ラレアルカ班長以下元気旺盛熱心積極的ニ其ノ任務ヲ遂行中ナリ
第八、官内勤務
別表ヲ以テ口述ス
昭和二十年三月二十六日　海拉爾支部長　天野勇

海拉尔日本军事团团长关于工作情形报告第七项（关于第一〇〇部队）

档案第一九号，第一〇页

档案第一九号，第二页、第十页

一九四五年间情形及工作状况报告包中的文件

满洲里站日本军事团存件之一

译自日文

军事极秘
* * * *

第二页

关东军侦探部海拉尔支部（即海拉尔日本军事团——译者注）

一九四五年三月二十六日 ①

临到关东军侦探部部长初度巡视时所编关于工作状况报告

（第一至第六条因与本案无关，译时从略。——译者注）

第一〇页

第七条　别动班工作

别动班系依据一九四四年三月关东军总司令作战命令由新京第一〇〇部队所派出，现时该别动班在班长率领下极为热心地积极执行其所负职任。

（第八条从略。——译者注）

海拉尔支部长天野勇　一九四五年三月二十六日

译者：一等翻译员历史学硕士

颇得巴洛娃（签名）

———————————

① 下边盖有本报告发送人私章"天野"。——译者注

在东京举行的远东国际军事法庭
一九四六年八月二十九日庭审速记节录

……

沙顿先生：其次，控诉方又提出第一七〇六号文件作为证据。这文件就是"调查日本战犯在南京所作罪行的总结报告书"。报告书是由南京地方法院检察长编造。

法庭主席：该文件已按普通手续接受。

法庭秘书：控诉方第一七〇六号文件将注明为第三二七号起诉文件。

（然后，控诉方第三二七号文件便被接受为一种证据）

沙顿先生：经法庭准许，现在我只宣读这文件中的一部分……

沙顿先生（宣读文件）：

"关于其他种种残忍行为的详情。

"敌方'多摩'部队把擒获的平民运到医学实验室去试验传染毒血清的效能。这个部队是最秘密的组织之一。该部队所杀害的人数是无法确切查明的。"

法庭主席：您不想再供给我们一些关于所谓在实验室内试验毒血清效能的证据么？

这要算是一种完全新奇的事情，我们至今还没听到过这点。难道你就只说到这里为止？

沙顿先生：此刻我们不想拿出关于本问题的补充证据……

证实节录正确者：

远东国际军事法庭上苏方秘书处主任

维诺格罗朵夫上校法官（签名）

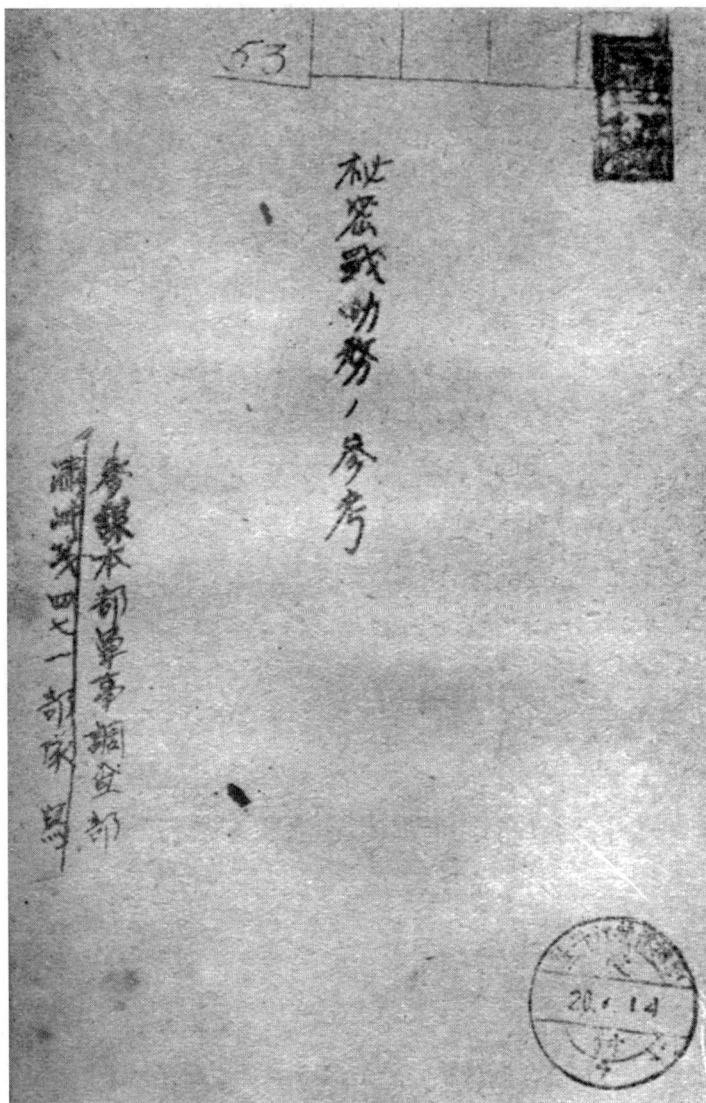

秘密战勤务指南，封面

档案第四八号，第九〇页

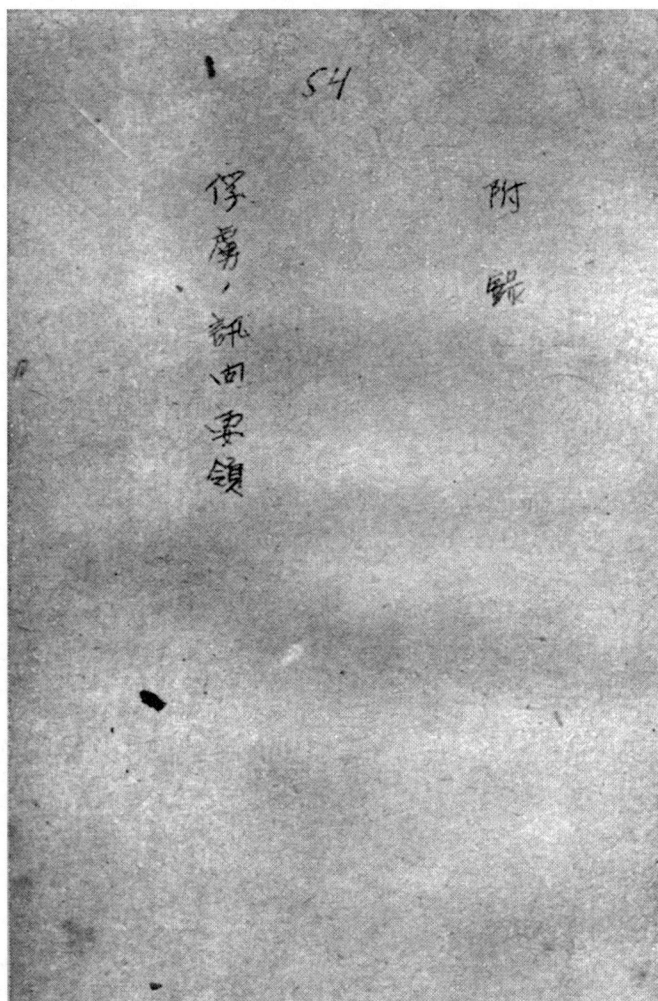

俘虏审讯大纲，副封面

档案第四八号，第一一二页

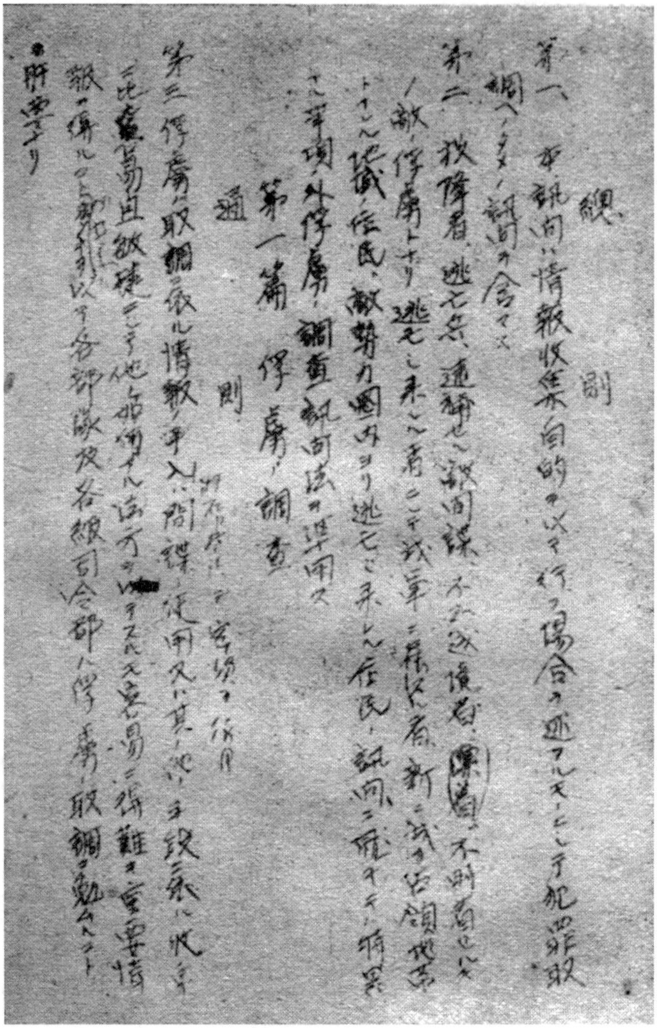
綱　則

第一　本訊問ハ情報収集ヲ目的トシテ行フ場合ヲ述ブルモノニシテ犯罪取調ヘノタメノ訊問ヲ含マズ

第二　投降者、逃亡兵、通謀セル敵間諜、不法越境者、[illegible]者、不明者並ニ我ノ敵ノ俘虜トナリ逃亡シ来レル者ニシテ我軍ニ帰順スル者、新ニ我ガ占領地帯トナレル地域ノ住民、敵勢力圏内ヨリ逃亡シ来レル住民ノ訊問ニ應スルモ将来ニ事項ノ外俘虜ノ調査訊問法ヲ準用ス

第一篇　俘虜ノ調査

通　則

第三　俘虜ノ取調ニ依ル情報ノ手入ハ間諜ノ使用又ハ其ノ他ノ手段ニ依ルニ比シ容易且敏捷ニシテ他ノ方法ニ依ル情報ノ入手ガ困難ナル[illegible]重要情報ヲ得ル[illegible]ヲ以テ各部隊及各級司令部ハ俘虜ノ取調ヲ勉ムベシ

※附録三ヨリ

俘虏审讯大纲第一条和第二条

档案第四八号，第一一三页

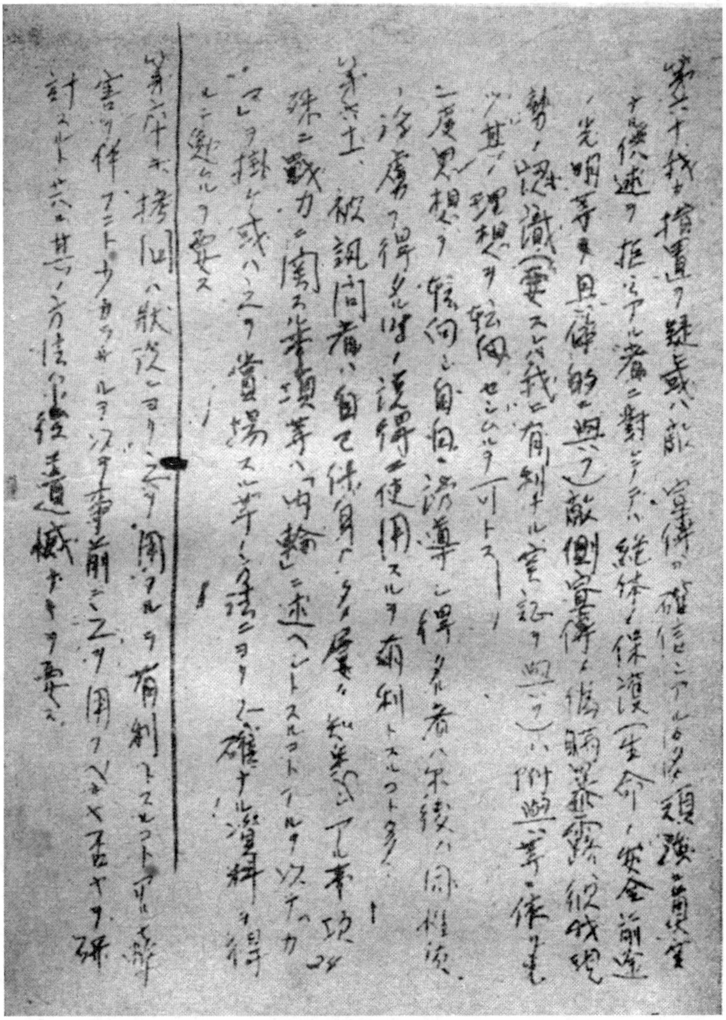

俘虏审讯大纲第六十二条

档案第四八号，第一二四页

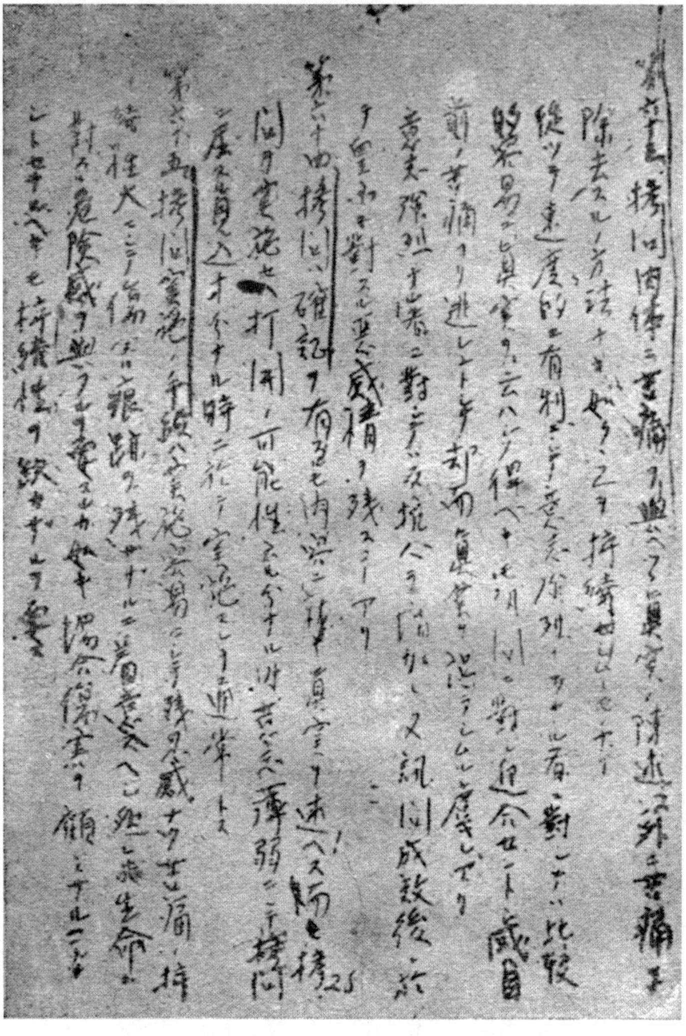
第六十三、捕虜ニ苦痛ヲ與ヘテ真実ノ陳述以外ニ苦痛ヲ
除去スル方法ナキコトヲ知ラシメ之ヲ持続セシムルモノナリ
従ッテ速度的ニ有利ニシテ意志強烈ナル者ニ対シテハ比較
的容易ニ真実ヲ云ハシメ得ベキモ訊問ニ対シ迎合セントスル目
前ノ苦痛ヨリ逃レントシテ却而真実ナラザル陳述ヲナスコトアリ
意志薄弱ナル者ニ対シテハ[illegible]訊問成功後ニ於
テ皇軍ニ対スル悪感情ヲ残スコトアリ
第六十四、拷問ハ確認ヲ有スルモ内容ニ就キ真実ヲ述ベズ時モ拷
問ヲ実施セバ打開ノ可能性[illegible]薄弱ニシテ拷問
ニ屈スル見込[illegible]時ニ於テ実施スルヲ通常トス
第六十五、拷問実施ノ手段ハ実施容易ニシテ捕虜ノ苦痛大ナルモ[illegible]持
続性大ニシテ後ニ痕跡ヲ残サザルニ着意スベシ然シ生命ニ
対スル危険感ヲ與フルガ如キ場合[illegible]
シムルコトナク持続性[illegible]

俘虏审讯大纲第六十三、第六十四、第六十五条

档案第四八号，第一二五页

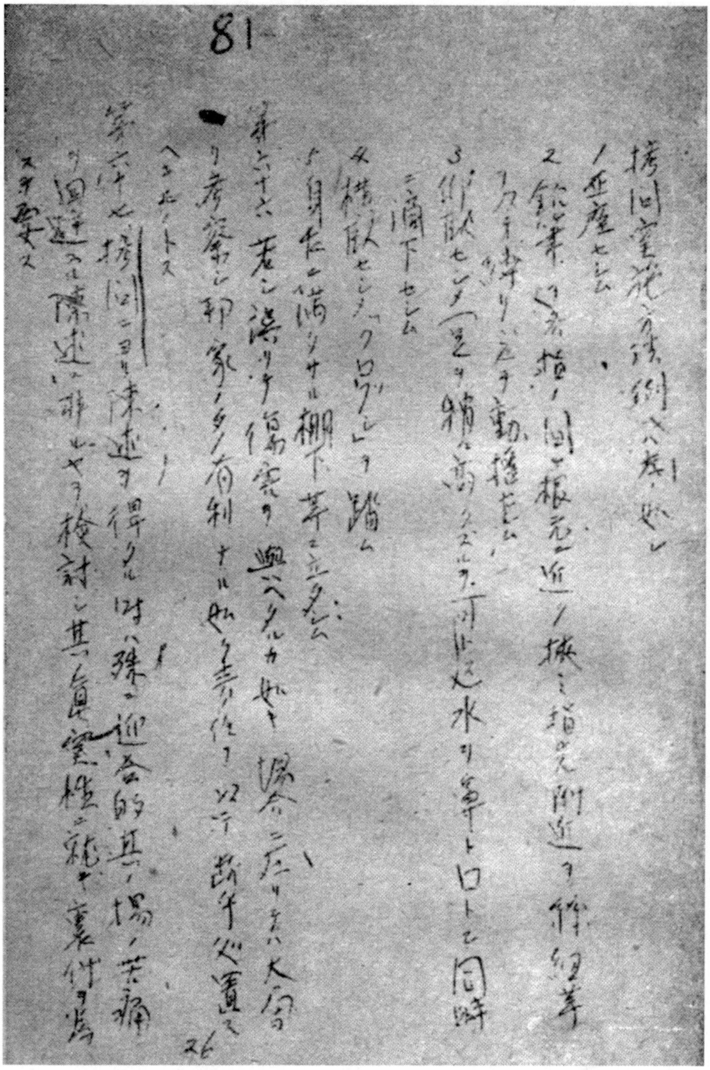

81

拷問実施ノ方法例ハ左ノ如シ

1 正座セシム

2 鉛筆ヲ指ノ間ノ根元ニ近ク挿ミ指先附近ヲ紐等ニテ縛リ之ヲ動揺セシム

3 仰臥セシメ(足ヲ頭ヨリ高クスルヲ可トス)水ヲ鼻ト口トニ同時ニ滴下セシム

4 横臥セシメ「クロブシ」ヲ踏ム

5 身長ニ満タサル棚下ニ立タシム

第六十六 若シ誤リテ傷害ヲ与ヘタルカ如キ場合ニ在リテハ大局ヨリ考察シ軍ノ多少ノ有利ナル如ク責任ヲ以テ断乎処置スヘキモノトス

第六十七 拷問ニ因リ陳述ヲ得タル時ハ殊ニ迎合的其ノ場ノ苦痛ヨリ逃ルル陳述ニ非ルヤヲ検討シ其ノ真実性ニ就キ裏付ヲ為スヲ要ス

26

拷打方法举例以及俘虏审讯大纲第六十六和第六十七条

档案第四八号，第一二五页（续）

俘虏审讯大纲第六十八和第六十九条

档案第四八号，第一二六页

档案第四八号，第九〇页、第一一二页、第一一三页、第一二四
页、第一二五页及第一二六页

"秘密工作员工作指南（第一部分）"包中的文件

牡丹江日本军事团存件之一

译自日文

极秘
‥

第九〇页

参谋本部军事调查部 　　　　　　　　　　印记："牡丹江日本军事团

满洲第四七一部队复写 　　　　　　　　　一九四五年六月十四日收到

　　　　　　　　　　　　　　　　　　　　　　　收件第九号"

秘密战勤务工作指南

第一一二页

附录

俘虏审讯大纲

第一一三页

总　则

　　第一条　本大纲上所定审讯系以收集情报为目的，但审讯罪犯一事不包
含在内。

　　第二条　对敌方受俘军人、投诚兵、被获敌方间谍、非法越境者、被迫
着陆敌机或破迫停泊我方海岸敌舰人员、先前系我方军人而在被敌方俘虏后
逃出者、新被我军占领区中居民以及从敌人势力范围内逃来的居民等，除特
殊问题外，均用预审及审讯俘虏方法实行审讯。

第一二四页

第六十二条　有时因情况需要利于采取拷打办法，但拷打常常能引起有害的后果，所以在拷打之前，必须周详考虑是否宜于这样去作。同时，拷打办法必须使用得不致造成对我们不利的后果。

第一二五页

第六十三条　拷打办法必须用得持续经久，务使该犯痛得难忍时，只好照实招供。

从速率方面来看，拷打办法是有利的，因为此种办法能比较容易地迫使那些意志薄弱的人供出实情，但同时拷打办法又含有一种危险，即受审者也许会为了免除苦痛，或力求迎合审讯人意旨而歪曲真情。

对于意志坚强的人，拷打办法可能增强其反抗意志，并使其在受讯后痛恨我帝国。

第六十四条　对于意志薄弱的人使用拷打办法，照例要在如下场合，即甚至分明已有证据而被讯问者仍不肯说出实情，同时又有完全根据断定此人受到拷打就会照实招供。

第六十五条　必须使拷打办法容易实施，务使受刑人所受痛苦不致引起怜悯心，使在拷打后不会留下任何伤害痕迹。但在必须使受审者焦虑到有丧失生命危险的场合，也可不去顾及被审讯者可能受到伤害，不过要作得不致失去继续审讯的可能性。

可以举出下列各种拷打办法：

（一）强使受审者挺直坐着，不能丝毫转动。

（二）在各手指间离手指根不远处，各放上一支铅笔，然后用细索把各手指头尖合缠起来，摇动这些手指。

（三）把受审者放得脸面朝天（双脚稍微垫高一些），然后把水同时灌到他的鼻子和口里去。

（四）把受审者侧倒在地板上，然后用脚去踩他的踝骨。

（五）把受审者放在一个很低的顶板下，使他站着时不能伸直腰杆。

第六十六条　当受审者偶然受伤时，务必估计到一般情况和邦国利益，亲自负起责任来断然处置之。

第六十七条　因使用拷打办法所获得的口供，必须加以检查，看这种口供是否系因力图避免痛苦和迎合审讯者意旨才说出的；在此种场合，需要有证实口供的某种证据。

第一二六页

第六十八条　在使用拷打办法之后，务必说服受过拷打的人，说对他施行拷刑是一种完全合理的手段，或者设法使他因受自尊心和名誉心等等所驱策，事后不致说出这件事情来。对于那些不可希望能做到这点的人，就要用上述那种对偶然受伤者采取的断然手段去处理。

第六十九条　实行拷打办法一事，除当事者外，其他任何人都不应当知道。决不能让其他俘虏知道。务须设法不使叫声让旁人听到。①

译者：一等翻译员历史学硕士

颇得巴洛娃（签名）

---

① 其余原文，译时从略。——译者注

被告和证人在法庭上的供词

庭审记录

一九四九年十二月二十五至三十日　　　伯力城

滨海军区军事法庭——

由少将法官契尔特科夫任审判长，上校法官伊里尼茨基和中校法官沃罗比耶夫任审判员，中校法官舍尔巴科夫任后备审判员，科尔金上尉和瓦拉弗科中尉任书记，经国家公诉方代表者三级国家司法顾问斯米尔诺夫以及被告方辩护人柏洛夫（替被告人山田辩护），山尼科夫（替被告人梶冢辩护），兹维列夫（替被告人高桥辩护），波罗维克（替被告人川岛辩护），波加切夫（替被告人佐藤辩护），鲁克杨杰夫（替被告人柄泽及尾上辩护），波尔霍维金诺夫（替被告人西俊英及平樱辩护），普罗珂坪科（替被告人三友、菊地及久留岛辩护）等律师参加——

在伯力城公开举行的庭审会上审理了山田乙三、梶冢隆二、高桥隆笃、川岛清、西俊英、柄泽十三夫、尾上正男、佐藤俊二、平樱全作、三友一男、菊地则光及久留岛祐司被控一案。

十二月二十五日午前十二点钟，审判长宣布庭审会开幕。

审判长宣布说，正待审理的是山田乙三、梶冢隆二、高桥隆笃、川岛清、西俊英、柄泽十三夫、尾上正男、佐藤俊二、平樱全作、三友一男、菊地则光及久留岛祐司因犯苏联最高苏维埃主席团一九四三年四月十九日法令第一条所定罪状被控一案。

书记报告说，所有在受审前被拘禁的诸被告，均已押解到庭候审。

审判长向各被传到庭的翻译员彼尔棉科夫、金、茨非洛夫，白科夫、奥柯洛得尼科夫等说明他们在庭审时的责任，然后又预告各位翻译员说，如有故意讹翻即应按苏俄刑法第九五条治罪，随即从各翻译员手中收取各自关于此点签押的字据。

审判长开始检点各被告是否均已在场候审，当时各个被告相继对审判长所发问题回答如下：

山田：山田乙三，一八八一年生在东京，将军，一九〇二年在士官学校毕业，一九一二年在陆军大学毕业，从一九〇三年起在日本军队中服务，最后的职务是日本关东军总司令。一九四五年被苏军俘获。

公诉书我已收到。

梶冢：梶冢隆二，一八八八年生在田尻町城，一九一四年在东京医科大学毕业，医生，军医中将，从一九一四年起在日本军队中服务，最后的职务是关东军医务处长。一九四五年九月被苏军俘获。

公诉书我已收到。

高桥：高桥隆笃，一八八八年生于秋田郡百合县本庄城，一九二八年在帝国大学农业系毕业，医生，兽医中将，从一九一五年起在日本军队中服务，最后的职务是关东军兽医处长。一九四五年九月一日被苏军俘获。

公诉书我已收到。

川岛：川岛清一八九三年生于千叶郡山武县莲沼村，曾在医科大学毕业，医生，军医少将，从一九一六年起在日本军队中服务，最后的职务是日本关东军第一战线司令部军医处长，一九四五年八月二十日被苏军俘获。

公诉书我已收到。

西：西俊英，一九〇四年生于鹿儿岛郡萨摩县樋胁村，曾在东京医科大学毕业，医生，军医中佐，从一九二七年起在日本军队中服务，最后的职务是关东军防疫给水部训练科科长并兼任该科驻孙吴城支队长。一九四五年九月被苏军俘获。

公诉书我已收到。

柄泽：柄泽十三夫，一九一一年生于长野郡小县丰里村，曾在东京医科大学毕业，医生，军医少佐，从一九三三年起在日本军队中服务，最后的职务是日本关东军第二军团军医处工作员。一九四五年九月一日被苏军俘获。

公诉书我已收到。

尾上：尾上正男，一九一〇年生于鹿儿岛郡出水县米津町城，曾在东京医科大学毕业，医生，军医少佐，从一九三二年起在日本军队中服务，最后的职务是日本关东军第七三一部队第六四三支队长。一九四五年八月十七日被苏军俘获。

公诉书我已收到。

佐藤：佐藤俊二，一八九六年生于爱知郡丰桥城，一九二三年在医科大学毕业，医生，军医少将，从一九二三年起在日本军队中服务，最后的职务是关东军第五军团军医处长。一九四五年八月间被苏军俘获。

公诉书我已收到。

平樱：平樱全作，一九一六年生于石川郡金泽城，在东京医科大学兽医系毕业，兽医，兽医中尉，从一九三九年起在日本军队中服务，最后的职务是日本关东军第一〇〇部队工作员。一九四五年九月间，被苏军俘获。

公诉书我已收到。

三友：三友一男，一九二四年生于埼玉郡秩父县原野村，曾在农业学校毕业，无专门知识，军曹，从一九四一年八月起在日本军队中服务，最后的职务是日本关东军第一〇〇部队工作员。一九四五年八月十五日被苏军俘获。

公诉书我已收到。

菊地：菊地则光，一九二二年生于爱媛郡，受过九年级教育，曾在农业学校毕业，从一九四三年起在日本军队中服务，上等兵，最后的职务是日本关东军第七三一部队第六四三支队卫生兵。一九四五年八月间，被苏军俘获。

公诉书我已收到。

久留岛：久留岛祐司，一九二三年生于香川郡小豆县苗羽村，受过八年级教育，没有受过专门教育，在日本军队中最后担任的职务是日本关东军第七三一部队第一六二支队卫生兵。一九四五年八月二十三日被苏军俘获。

公诉书我已收到。

审判长宣布法庭人员姓名，然后就讯问各当事方，问他们关于法庭人员人选及法庭书记人选有无反对意见，国家公诉人、辩护人及被告人声明说，他们关于法庭人员人选及法庭书记人选并没有什么反对意见。

审判长讯问诸辩护人和被告人，问他们关于国家公诉人人选有无反对意见。辩护人及被告人回答说他们关于国家公诉人人选并没有什么反对意见。

审判长讯问各当事方，问他们关于翻译员人选有无反对意见。国家公诉人、辩护人及被告人回答说他们关于翻译员人选并没有什么反对意见。

书记报告说，被传并且已经到庭的有下列证人：田村正，小关重雄、佐木幸助、濑越健一、仓原一悟、橘武夫、古都良雄、金泽一久、堀田镣一郎、三根生清泰、斋藤正辉、福住光由、桑原明、樱下清，畑木章，三品隆行等人。

审判长检点到庭证人是否确实，当时各证人对审判长所发问题回答如下：
田村：田村正，一九〇五年生，大佐，关东军司令部干部部长。
小关：小关重雄，一九二一年生，日本关东军第七三一部队中的雇员。
佐木：佐木幸助，一九二一年生，伍长，在日本军队中当过普通士兵。
濑越：濑越健一，一九二〇年生，中尉，药剂师。

仓原：仓原一悟，一九一五年生，军曹，哈尔滨宪兵队中的工作员。

橘武夫：橘武夫，一八九六年生，宪兵大佐，满洲国政府宪兵事宜顾问官。

古都：古都良雄，一九二四年生，第七三一部队孙吴支队训练班学生。

金泽：金泽一久，一九一七年生，军医大尉，第七三一部队第六七三支队第一部部长。

堀田：堀田镣一郎，一九二〇年生，军需少尉，第七三一部队海拉尔支队工作员。

三根生：三根生清泰，一九二二年生，第七三一部队第六四三支队中的雇员。

斋藤：斋藤正辉，一九一七年生，第七三一部队第六四三支队中的雇员。

福住：福住光由，一九二四年生，兽医少尉，第一〇〇部队中的医官。

桑原明：桑原明，一九二七年生，第一六〇部队中的雇员。

樱下：樱下清，一九二一年生，第一〇〇部队中的雇员。

畑木：畑木章，一九二四年生，第一〇〇部队中的雇员，后来在军队中当过普通兵士。

三品：三品隆行，一九〇三年生，大佐，第三十九师参谋长。

审判长向各证人解释他们在庭审时的责任，然后就预告各证人说，若拒绝供述或显系伪供即应按苏俄刑法第九二及第九五条治罪，当即从各证人手中收取各自关于此点的签押字据，随后就命令法庭守卫长把各个证人从法庭会场里引走。

审判长宣布说，被传到庭的有如下法庭医学检验人：苏联医学研究院大学士茹科夫－费勒什尼科夫、军医上校克拉斯诺夫、伯力医科大学细菌学系主任科萨列夫教授，同一学系助教里甫金娜、兽医中校亚历山大洛夫、微生物学家科兹洛福斯卡娅。

审判长讯问各当事方，问他们关于检验人人选有无反对意见。国家公诉人、辩护人及被告人回答说，他们关于检验人人选并没有什么反对意见。

审判长向各检验人说明他们在庭审时的责任，然后就预告各检验人说，若故意作出虚伪结论，即应按苏俄刑法第九五条治罪，随即从他们手中收取他们各自对此点签押的字据。

审判长讯问各当事方，问他们是否想要申请法庭再传一些证人和检验人或取得他种证据及文件。

国家公诉人和辩护人回答说，他们此刻并无此种申请，不过他们请求给他们保留在庭审进程中提出申请之权。

各被告回答说，他们没有任何申请。

审判长向各被告解释，说他们在庭审进程中有权向证人和检验人并向其他被告发问题，并可对问题实质发表意见。

在十三点钟时宣布休息十五分钟。

在十三点十五分时，庭审会又宣布继续进行。

法庭开始庭审。

审判长宣读公诉书和军事法庭预备会议决定。同时又把公诉书经过播音机用日语宣读一遍。

在十四点五十分时宣布休息十五分钟。

在十五点五分时审判会又宣布继续进行。

审判长：被告山田，你明白向你宣布的罪状么？

被告山田：明白。

问：你承认你确犯了向你宣布的罪状么？

答：承认。

审判长：被告梶冢，你明白向你宣布的罪状么？

被告梶冢：明白。

问：你承认你确犯了向你宣布的罪状么？

答：承认。

审判长：被告川岛，你明白向你宣布的罪状么？

被告川岛：明白。

问：你承认你确犯了向你宣布的罪状么？

答：承认。

审判长：被告西俊英，你明白向你宣布的罪状么？

被告西俊英：明白。

问：你承认你确犯了向你宣布的罪状么？

答：承认。

审判长：被告柄泽，你明白向你宣布的罪状么？

被告柄泽：明白。

问：你承认你确犯了向你宣布的罪状么？

答：承认。

审判长：被告尾上，你明白向你宣布的罪状么？

被告尾上：明白。

问：你承认你确犯了向你宣布的罪状么？

答：承认。

审判长：被告佐藤，你明白向你宣布的罪状么？

被告佐藤：明白。

问：你承认你确犯了向你宣布的罪状么？

答：承认。

审判长：被告高桥，你明白向你宣布的罪状么？

被告高桥：明白。

问：你承认你确犯了向你宣布的罪状么？

答：承认。

审判长：被告平樱，你明白向你宣布的罪状么？

被告平樱：明白。

问：你承认你确犯了向你宣布的罪状么？

答：承认。

审判长：被告三友，你明白向你宣布的罪状么？

被告三友：明白。

问：你承认你确犯了向你宣布的罪状么？

答：承认。

审判长：被告菊地，你明白向你宣布的罪状么？

被告菊地：明白。

问：你承认你确犯了向你宣布的罪状么？

答：承认。

审判长：被告久留岛，你明白向你宣布的罪状么？

被告久留岛：明白。

问：你承认你确犯了向你宣布的罪状么？

答：承认。

审判长：法庭要听听各当事方的意见，究竟在庭审时期他们认为应按什么程序来审理本案。

国家公诉人，你关于这个问题的意见怎样？

国家公诉人：根据苏俄刑事诉讼法第二八一条，我提议按如下程序进行庭审，按如下次序开始审问各被告：川岛清、柄泽十三夫、山田乙三、西俊英、梶冢隆二、佐藤俊二、平樱全作、三友一男、高桥隆笃、尾上正男、菊地则光、久留岛祐司。

往后的庭审按如下程序进行：先审问证人田村和古都，随后向检验人发问题，然后审问各个证人：橘武夫、仓原、堀田、濑越、佐木、小关、金泽、三根生、斋藤、桑原明、樱下、福住、畑木、三品。

然后听取检验人的结论并实行讯问他们。

审判长：各位辩护人，你们关于庭审程序问题的意见怎样？

辩护人柏洛夫：辩护人并不反对检察官所提出的庭审程序，而认为它是可以接受的。

检察官所提出的庭审程序当即译成日语宣布。

各被告方面没有提出过反对这种庭审程序的异议。

军事法庭就地商议后决定：庭审开始是按如下次序审讯各被告：川岛清、柄泽十三夫、山田乙三、西俊英、梶冢隆二、佐藤俊二、平樱全作、三友一男、高桥隆笃、尾上正男、菊地则光、久留岛祐司。

在审讯过各被告人后就审问证人田村和古都。

随后把法庭、国家公诉人、辩护人及被告各方面向检验委员会所提出的相当问题，交付检验委员会去解答，然后就审问各个证人：橘武夫、仓原、堀田、濑越、佐木、小关、金泽、三根生、斋藤、桑原明、樱下、福住、畑木、三品。

然后听取检验委员会的结论，并按既定程序实行讯问检验人。

法庭所通过的这一决定当即译成日语宣布。

在下午四点钟时，审判长宣布休息到下午七点钟。

十二月二十五日晚庭审讯记录

被告川岛受审经过

国家公诉人：你是什么时候在第七三一部队中服务的呢？

被告川岛：我在第七三一部队中服务，是从一九三九年四月起，至一九四三年三月止。

问：你担任过什么职务呢？

答：我遵照日本陆相命令在第七三一部队中担任过总务部部长，同时兼任过该部队第四部部长职务。

从一九四一年六月起，我就停止执行总务部长职务而担任第七三一部队第四部即所谓生产部部长。

在这一整段期间内，我遵照第七三一部队长的命令，陆续执行过第一及第三两部部长职务。

问：可见，你几乎是在该部队所有一切基本部内都服过务。你任过总务部部长，后来任过第一部即研究部部长、第三部部长，末了又在很长一个时期内任过第四部部长。是不是？

答：是，对的。

问：那就是说，你是一个很熟悉第七三一部队机构及工作情形的人。对不对？

问：第七三一部队是遵照谁的命令及在什么时候成立的呢？

答：第七三一部队是遵照日皇敕令在一九三六年间成立的。

问：这就是日皇颁布的那道密令吧？

答：是，正是如此。

问：请你向法庭说说，该部队在平房站使用的办公房舍及生产场所，究竟是在什么时候建筑的呢？

答：我记不清楚了，但我记得大概是在一九三六年间建筑的，那时颁布了关于成立第七三一部队的敕令，并指明了部队人员数额及要建造的房屋。

问：该部队中有哪几部是设在哈尔滨，而有哪几部又是设在平房站呢？

答：第三部即防疫给水部和医院，是设在哈尔滨的；而该部队的其余各部，包括第一、第二、第四等部在内，都是设在平房站的。

问：拨发了多少款项作为第七三一部队的费用呢？

答：我已记不清楚准确的数目，不过我知道第七三一部队在一九四〇年间收到的用费共为一千万日元。

问：这一千万日元总数中，究竟有多少款项是用在第七三一部队实验工作上呢？

答：这点我也记不清楚了，不过据我推测，约有五百万日元是花费到实验工作方面了的。

问：第七三一部队的人员数额是多少呢？

答：我只记得，据日皇敕令规定，该部队连同各支队人员总额约为三千人。

问：请你对法庭说说，第七三一部队干过什么事情，该部队所负的真实任务是什么？

答：第七三一部队主要是进行准备细菌战的科学研究工作。

问：你作出这样的结论，究竟是根据什么理由呢，究竟是根据第七三一部队工作中的哪些具体特征呢？

答：这样的结论，我是根据该部队人员成分，根据它所具有的那种设备及其实际工作性质作出的。

问：该部队所进行的工作，是否是秘密的呢？

答：是的，这种工作是秘密的。

问：第七三一部队是怎样守卫的呢？

答：第七三一部队在平房站的驻屯地，曾遵照总司令命令宣布为关东军特殊军事地区。在部队驻屯的地方及其附近，禁止旁外人居住和行走。只有部队中的人员才能在那里居住及行走；至于旁外的人，非经关东军总司令特别允准，不得进入该部队里去；禁止飞机经该部队驻屯地上空飞行。

问：请你向法庭说说第七三一部队的机构，并请你详细说明这点。

答：第七三一部队分为本部队司令部及几个支队。我先从部队司令部说起。司令部分为八部，即第一部、第二部、第三部、第四部、器材部、训练部、医疗部及总务部。

问：第一部担任的是什么事情呢？

答：第一部所负的职能，是进行准备细菌战的各项主要研究工作。

问：在所谓"实验室条件下"用活人进行实验一举，究竟是由哪一部担任的呢？

答：在实验室条件下用活人进行实验一举，是由第一部担任的。第七三一部队用来拘禁受实验者的监狱，也是归第一部管辖的。

问：第七三一部队的监狱是设在什么地方的呢？

答：这个监狱是设在基本房舍构成的四方体中间的。

问：就是说，这个监狱是设在部队房舍紧闭四方形圈子内部而使旁人无法看见的。是不是这样？

答：是的，是这样。

问：这个监狱是设在一座房屋内呢，还是设在几座房屋内呢？

答：是设在两座房屋内的。

问：第二部所担任的是什么事情呢？

答：第二部所担任的事情，是在野外条件下实验第一部所制造的致命细菌。

问：装有细菌的炸弹、自来水笔式或手杖式施放鼠疫跳蚤器及其他各种细菌器具，是由哪一部制造的呢？

答：是由第二部制造的。

问：第二部下面设有一些什么专门性的分部呢？

答：除了我已说过的那项由第二部担任的机能，即在野外条件下进行实验之外，该部下面还设立有一个分部，专门繁殖跳蚤，以供传染鼠疫之用。

问：第二部是由谁主持的呢？

答：在我接任时，第二部是由太田大佐主持的。

问：田中工程师参加过该分部繁殖跳蚤的工作么？

答：是的，他参加过。

问：安达站附近的打靶场，是归哪一部管辖的呢？

答：当我在该部队供职时，打靶场并没有专受什么一定部的直接管辖，不过这打靶场可说是隶属于第二部的。无论如何，在这打靶场上进行实验最多的，是本部队第二部及其工作人员。

问：在安达站附近打靶场上，是用什么人来进行实验细菌的呢？

答：在打靶场上所作的实验，照例是用活人来进行的。

问：第七三一部队自备有航空队么？

答：是的，自备有。

问：这个航空队内有过什么式的飞机呢？

答：据我所知，第七三一部队内有过重型轰炸机两架，轻型轰炸机一架或仿佛是两架，旧式轰炸机两架和他种旧式飞机数架，此外还有运输机多架。

问：第七三一部队的航空队及飞机场，是归哪一部管辖的呢？

答：归第二部管辖。

问：细菌炸弹用的瓷质外壳，是由哪一部制造的呢？

答：是由第三部制造的。

问：第七三一部队第四部所担任的是什么事情呢？

答：第四部所负的主要职务，是繁殖和培育细菌，此外它还制造痘苗和防疫血清。

问：你证实说第四部所负的基本任务是大批繁殖致命细菌以供细菌战之用么？

答：是的，正是如此。

问：第七三一部队各个支队布置在什么地方呢？

答：这些支队都是布置在靠近苏满边界的地方（让我从东往西指出这些地方）——首先是林口，其次便是海林站、孙吴城及海拉尔城。

问：为什么一切支队都设立在靠近苏联边界的地方呢？

答：在一旦开始对苏联进行细菌战的场合，这些支队就应成为据点，所以这些支队就布置在靠苏联边界很近的地方。

问：在德国反对苏联的战争开始之后，第七三一部队在工作方面领到过怎样的指示呢？

答：一九四一年夏季，第七三一部队长石井曾召集本队各部部长去开会，他在会议上通知我们，说收到了日军参谋总长的指示信，其内容约如下述：第七三一部队在准备细菌战方面，特别是在大批繁殖鼠疫跳蚤方面，已达到相常成绩。鼠疫跳蚤有巨大的战略意义，因此要在这方面加紧研究工作。同时部队长向我们训示，说目前部队工作中最大弱点之一，就是大批繁殖跳蚤的生产能力很低，因此必须集中全部注意力去大批繁殖跳蚤。

问：据石井说，这是参谋本部的直接指令吧？

答：是的，正是如此。

问：现在我们来考察各个专门问题。你任第四部部长一职的时间有多久？

答：共有两年。

问：那末，你是明白知道第四部的专门设备及生产能力的吧？

答：是的，我知道。

问：就各种基本传染病菌说来，第七三一部队第四部在一月之内能制造出多少细菌呢？

答：这是个相当难答的问题，但我应该说，在充分利用第四部所有生产能力及全部设备的条件下，该部在一个月之内可制造出：鼠疫细菌三百公斤或伤寒症细菌八百至九百公斤，炭疽热细菌五百至七百公斤，霍乱症细菌达一吨。

问：请你说说第四部所具有的生产设备。

答：第四部内有两套设备，这两套设备的生产能力是相同的。

问：这一套设备中用来蒸煮营养液的锅炉容量怎样。

答：八具锅炉的容量各为一吨。

问：既是说，第四部利用一套设备可同时制造出营养液八吨么？

答：是的，对呀。

问：第二套设备中的锅炉容量共为多少呢？

答：也是这样多的容量。

问：第一套设备中共有多少培养室，而第二套设备中又共有多少培养室呢？

答：第一套设备中有五个，第二套设备中有四个。

问：繁殖细菌所用的培养器，是由谁拟制出来的呢？

答：培养器是由石井将军发明的。

问：石井式培养器在第四部内共有多少具呢？

答：准确数目我记不清楚，但我知道此种培养器数量足够大批制造细菌之用。

问：你说到可能制造的致命细菌数量时，究竟是根据什么出发的呢？

答：是根据锅炉容量，其他各种设备生产能力以及培养器数目出发的。

问：究竟需要多少时间才可繁殖出某一种细菌，如伤寒症菌、霍乱菌、炭疽热菌及鼠疫菌呢？

答：繁殖鼠疫细菌和炭疽热细菌需要四十八小时，而繁殖霍乱菌、伤寒症菌及其他各种细菌则需要二十四小时。

问：在一个培养器内每次可繁殖出多少炭疽热细菌呢？

答：由五十至六十克。

问：在一个培养器内每次可繁殖出多少伤寒症细菌呢？

答：由四十至四十五克。

问：鼠疫细菌可繁殖出多少呢？

答：三十克。

问：霍乱细菌呢？

答：大概是五十克。

问：第四部制造的细菌是怎么保藏的呢？

答：若只要短期存放时，就把细菌保藏在冷藏室内。

问：你们把一批一批细菌寄发出去供应对中国居民进行细菌攻击战需要时，究竟是怎样包装此种细菌的呢？

答：先把细菌装到特制的瓶子内，每一瓶内可容五十克。然后把这种瓶子放在用金属制的盒子内，再把这种盒子装到内面放有冰块的特制大箱内，每一口大箱可容几个盒子。

问：请你把第七三一部队用以大批繁殖跳蚤的方法及专门设备说明一下。

答：为大批繁殖跳蚤起见，第二部建设有四处专门的房舍。这种房舍内经常保持着摄氏表零上三十度的温度。用来繁殖鼠疫跳蚤的，是些高三十公分宽五十公分的铁盒子。这种盒子内撒有一层米壳来保养跳蚤。当这种准备工作完结后，先把几个跳蚤放进盒子里去，并同时放进一个白田鼠供跳蚤滋养，白田鼠被紧紧系住，不能伤害跳蚤。盒子内经常保持着摄氏表零上三十度的温度。

问：每一培养器在一个生产周期内能繁殖出多少跳蚤呢？

答：准备数量我已记不清楚，但我记得大约是由十至十五克。

问：这种生产周期继续多久呢？

答：两三个月。

问：在专门繁殖寄生虫的那个分部内共有多少培养器呢？

答：准确数目我已记不清楚，但我能断定说有四千至四千五百不等。

问：那就是说，第七三一部队利用所有全部设备时，在一个生产周期内能繁殖出四十五公斤的跳蚤么？

答：是的，确实是如此。

问：这种跳蚤是预备在细菌战开始时干什么用的呢？

答：这种跳蚤是预备要染上鼠疫的。

问：亦即当作细菌武器去用么？

答：是的，对呀。

问：打算用什么方法把鼠疫跳蚤当作细菌武器来使用呢？

答：在我服务期间被认为最有效方法的是从飞机上撒放跳蚤。

问：在到中国远征时也是从飞机上撒放跳蚤的么？

答：是的，确实是这样。

问：这是些染有鼠疫的跳蚤么？

答：是的。当时利用鼠疫跳蚤在中国进行细菌攻击的目的，是要引起鼠疫流行病。

问：可见在德国对苏联战争开始时石井曾下令首先加紧繁殖跳蚤，这样了解是不是对呢？

答：对的。

问：究竟是怎样把鼠疫传染到跳蚤身上的呢？

答：先把鼠疫液撒到田鼠身上使其染上鼠疫，然后就用这种田鼠来传染跳蚤。

问：在你接任之前，第七三一部队第一部部长一职是由谁担任的呢？

答：是由北川大佐担任的。

问：你就是由他手中接任第一部职务的么？

答：是，对的。

问：在所谓实验室条件下用活人进行实验，就是第一部干的事情么？

答：是，对的。

问：被告，请你说说，第七三一部队究竟是从何处领到活人来进行实验的呢？

答：据我所知，该部队从哈尔滨宪兵署那里领过活人。

问：请你说说，关于第一部用活人进行实验一事，你知道一些什么？

答：拘禁在第七三一部队内部监狱中的犯人，都被利用来进行各种以准备细菌战为目的的研究工作。研究工作的性质是设法加强各种致命传染病细菌的毒害力，探求对活人使用此种细菌的方法。我没有亲自参加过这种实验，所以我不能说明详情细节。

问：这种实验是在什么地方进行的呢？

答：是在监狱内进行的。除了监狱之外，还有专门用活人进行实验的实验室。

问：监狱内同时能够拘禁多少人呢？

答：由二百人至三百人，但也可能拘禁四百人。

问：在一年期间送到该部队监狱里去的人数计有多少呢？

答：我不知道关于这点的统计材料和准确数字，但每年大约有四百至六百人。

问：当某一被拘禁的人染上某种细菌之后，部队附设的监狱内医疗过他没有呢？

答：医疗过。

问：而他痊愈后又有过什么遭遇呢？

答：在把他医疗好之后，通常是又用他去进行别种实验。

问：这样一直干到那人死时为止么？

答：是的，正是这样干法。

问：每一个落到第七三一部队监狱内的人都不免要死掉么？

答：是的，正是这样。在我所知道的这监狱存在的整个期间内，没有哪一个被拘禁的人是从那里活命出来了的。

问：受过这种残忍实验的人，是属于什么民族呢？

答：主要是中国内地人和满洲本地人以及少数俄国人。

问：在受实验的犯人中间有过女子没有呢？

答：有。

问：当你于一九四一年四月间视察监狱时，你在那里看见过女子么？

答：看见过。

问：这些女子是属于什么民族呢？

答：我想她们都是俄国人。

问：在被拘禁的女子中间有过带孩子的女子么？

答：这批女子中间有一个女子是带着一个婴儿的。

问：她是同婴儿一起被押到第七三一部队监狱的么？

答：我听说她是在监狱内生下孩子的。

问：这个女子也是没能活命出狱么？

答：当我在部队内服务时是这样的，所以这个女子的遭遇正是这样。

问：你还记得关东军军需处长古野将军及关东军副参谋长绫部将军视察第七三一部队的情形么？

答：我记得。

问：关东军司令部中这两位高级官佐视察过第七三一部队所有一切房舍以及部队内部监狱么？

答：是的，视察过。

问：第一部在用活人进行实验时多半是试验什么传染病菌呢？

答：主要是试验鼠疫。

问：除了在实验室条件下进行实验之外，第七三一部队还用活人进行过别种实验么？

答：是的，在野外条件下进行过。

问：这种实验是在什么地方进行的呢？

答：是在安达站附近特设的打靶场上进行的。

问：请你把你关于这种实验所知道的一切都一一说出吧。

答：在安达站附近实验装有鼠疫跳蚤的"石井式"瓷壳炸弹效能一举，是在我刚被调到第七三一部队来供职以后不久，即在一九四一年夏天进行的。

问：请你继续说下去。

答：用来进行实验的场所曾严加卫护，禁止行人通过。场所周围设置有特别的岗哨，专门守卫这个地方，不许任何一个旁外的人进到那里去。

在这种实验时用来进行实验的十五个人，从部队内部监狱运到之后，就被绑到实验场上专门栽入地里的柱子上。为使飞机容易发现目标，即易于找到打靶场起见，所以在打靶场上插有许多小旗并放起一簇乌烟。一架特备的飞机由平房站方面飞来了。飞机飞到打靶场上空时，投下了二十来枚炸弹，这些炸弹离地一百至二百公尺高的空中全都爆炸，于是装到炸弹内面的鼠疫跳蚤就落到了地面上。当时鼠疫跳蚤散满了整个打靶场。

掷下炸弹后又等候过相当长久的时间，让跳蚤能尽量散开而传染到受实验的一些人身上。随后对这些人施行过一种消毒手续，就用飞机把他们送到第七三一部队设在平房站的内部监狱去，在那里对他们加以监视，看他们是否染上了鼠疫。

关于此种实验的结果，我要说出如下一点：我从负责主持此种实验的领导人太田大佐口中知道，这次实验没有达到良好结果，因为当时温度太高，致使跳蚤所起的作用很低微。这就是我关于那次实验情形所能说明的一切。

问：关于举行这次实验的命令是由谁拟定的呢？

答：这一命令是第二部部长拟定的。我以总务部部长，即以部队秘书处主任资格看过这一命令，并把它呈交部队长去批准。部队长批准了这命令。

问：在打靶场那里实验得最多的是哪几种细菌呢？

答：是鼠疫细菌。

问：你现在还证实你在预审时供认说你们曾用细菌武器反对过中国的那些话么？

答：我证实我这些话。

问：请你说说你们屡次到中国去进行远征的情形。

答：我首先就要说明我在第七三一部队内服务的那个时期的情形。当时第七三一部队在一九四一年间有一次而在一九四二年又有一次派队伍到华中去过，在那里用致命细菌武器反对过中国军队。

问：请你继续讲下去。

答：我已说过，第一次远征是在一九四一年夏季举行的，第二部部长太田大佐有次通知我说，他要到华中去，并且他当即与我告别。过后不久，他回来时又对我说过，在华中洞庭湖附近的常德城一带，曾用飞机向中国人投放过鼠疫跳蚤。这样，据他所说，就算是举行了一次细菌攻击。

此后太田大佐向第七三一部队长石井做过一次报告，他做报告时有我在场。据他报告说，第七三一部队派出的远征队在常德一带用飞机投放过鼠疫跳蚤，结果发生了鼠疫流行病，有相当数量的人染上了鼠疫病，但究竟有多少人，我却不知道。

问：第七三一部队内有多少工作人员参加过这次远征呢？

答：约有四五十人。

问：在一九四一年举行这次远征时，是用什么办法把鼠疫传染到地面上的呢？

答：当时用的是从高飞的飞机上撒放鼠疫跳蚤的办法。

问：究竟是用的投掷细菌炸弹的办法，还是用的从飞机上撒放跳蚤的办法呢？

答：是用的撒放跳蚤的办法。

问：关于第七三一部队在一九四二年派遣远征队到中国去一层，请你把你所知道的情形一一说出来。

答：在一九四二年六月间，第七三一部队长石井中将召集部队全体指挥人员会议，当时他向我们宣布，说很快就要派遣远征队到华中去，以期探究使用细菌武器的最好方法。这个远征队是遵照日军参谋本部所下命令组织起来而派走的，其主要任务是要研究所谓地面传染方法，即在地面上施放细菌的方法。随后关东军总司令就下令责成专门派遣一个远征队到华中去。

根据这一命令，第七三一部队长石井中将又召集本部队全体指挥人员会议，当时他向我们说明应怎样具体举行这次远征，并责成第二部部长村上中佐去拟定进行这次远征的计划。这个远征队的人数规定为一百至三百人。决定要采用的细菌，是鼠疫菌、霍乱菌及副伤寒症菌三种。

从六月底到七月初的期间，该远征队分成好几个小队乘坐飞机和火车抵达驻屯在南京的"荣"字部队。

这个远征队的细菌攻击动作，应与日军在华中浙赣一带的动作同时举行。动作期间原定于七月末。但因日军在浙赣一带采取的战略退却式的动作稍微迟了一点，所以这次细菌袭击动作是在八月底举行的。第七三一部队派往华中的这个远征队是以"荣"字部队为基地，并在那里建立了一些据点。

这次细菌攻击动作，是要在玉山、金华及浦江一带举行的。在这一动作完毕后，我才知道当时是用撒放方法对中国人施行了鼠疫、霍乱及副伤寒症细菌攻击。鼠疫细菌是用跳蚤散布的，而其余的细菌，则是直接将其放到蓄水池、水井、河流等等中去的方法散布的。我知道这次细菌攻击动作是完全按照计划进行而完全成功了的，但关于这次动作的详细结果，我是不知道的；我从石井中将口中知道，这次动作是成功了的。

问：在准备一九四二年的远征时，第四部执行过什么任务呢？

答：当时第四部所执行的任务，是供给第七三一部队派出的远征队以各种细菌；此种细菌培制有一百三十公斤，随即用飞机运到华中去了。

问：请你具体说说，第四部究竟是培制了一些什么细菌呢？

答：我们只培制了副伤寒症和炭疽热两种细菌。

问：你亲自读过梅津将军在一九四二年间责成派遣远征队到中国内地去的命令么？

答：是的，我读过。

问：关于一九四〇年派遣远征队到中国内地去一事，你知道些什么？

答：石井中将曾拿一份中国医学杂志给我看，杂志上面记述着一九四〇年间宁波一带发生鼠疫流行病的原因。他把这份杂志给我看过之后又对我说，第七三一部队派出的这个远征队在宁波一带从飞机上撒放过鼠疫跳蚤，结果是在那里引起了鼠疫流行病。

问：石井那次与你谈话时怎么估量过一九四〇年远征的结果呢？

答：他认为此次远征是有成效的。

国家公诉人：我请法庭允许我拿出包含有地图的第二十卷文件。

（国家公诉人拿出第二十卷文件，接着便把注有标号的地图交给被告川岛过目。）

交给你看的是中国地图，你在这些地图上面标明了你们举行过细菌攻击的那些地点。你证实说你们正是在中国这些地区内对中国居民施行过细菌攻击么？

被告川岛：是的，我证实这点。

问：这就是由你画上有相当记号的那些地图吧？

答：正是。

问：你证实说正是在这些地区内对中国举行过细菌攻击么？

答：我证实这点。

问：准备细菌战一举究竟由于什么原因不是在日本而是在满洲进行的呢？

答：因为满洲是与苏联接壤的地区，所以在战争一旦开始时从那里最容易最方便使用细菌武器。

除此而外，满洲又是最方便于进行细菌战武器试验的地方。

问：究竟为什么在满洲最"方便"进行此种试验呢？

答：满洲之所以是很方便的地方，是因为那里充分具备有受实验的材料。

问：什么是"受实验的材料"呢？就是那些被送到第七三一部队里去进行实验的活人么？

答：正是如此。

问：在第七三一部队内给那些遭受实验灾殃的活人规定过什么符号式的名称呢？

答：他们被称呼为"木头"。

问：这些人是按照他们的姓名被拘禁在该部队内部监狱里的么？

答：不是，他们都带有牌号。

问：所有这些人都必得死掉么？

答：正是如此。

问：你既是细菌专家，想必知道散布致命传染病菌作为作战武器是不免要造成惨酷灾祸的吧？

答：是的，我曾了解到这点。

问：你曾了解散布鼠疫及他种传染病菌所引起的惨酷灾祸可能殃及各中立国么？

答：是的，我曾了解到这点。

问：你既是一位医生，想必是曾了解到用活人进行实验一举根本不合人道吧？

答：是的，我曾了解到这点。

问：你曾有一个时期任过专用活人进行实验的第一部部长，尔后又担任过大量制造传染病细菌的第四部即生产部部长么？

答：是的，正是如此。

问：你承认自己在这方面的罪过么？

答：我承认。

国家公诉人：我再没有什么问题要问了。

辩护人波罗维克：如所周知，你是从一九一六年起就在日本军队中服务的。请你确切说明一下，在军队内服务原是你们家里世代因袭的传统么？你的父亲干过什么，他也是一个军人么？

被告川岛：我的父亲是经营农业的。

问：你在预审时及在这里军事法庭审判会上供述时，都曾说那个尔后命名为第七三一部队的细菌部队，是早在一九三六年间成立的。我请你略为说明一下这一期间内你在日本军队中担任的是什么职务。

答：当时我是在东京近卫师军医处内供职。

问：你担任的是什么职务呢？

答：我担任的是军医处副处长一职。

问：你在预审期间及在此地供述时，都说日皇在一九四〇年颁发的敕令上规定要增加第七三一部队人员数额并扩充其工作规模。我请你说说，你在一九四〇年间担任的是什么职务。

答：当时我担任第三十八师军医处长。

问：那末，据你所说，当第七三一部队开始成立以及大大扩充工作规模的时候，你还不知道有该部队存在。我这样来了解你的话，是否正确呢？

答：完全正确。

十二月二十六日早庭审讯记录

被告柄泽受审经过

国家公诉人：被告柄泽，请你说说，你在第七三一部队中服务是从何时起至何时止，以及你在那里担任的是什么职务呢？

被告柄泽：我在第七三一部队中服务是从一九三九年十二月起，至一九四四年八月止，主要是在第四部即生产部担任职务，起初是当该部普通工作员，后来担负生产工作长职务，及至生产分部长铃木少佐离去后（这是在一九四二年末或一九四三年初的事，我记不清楚了），我就代替他担任生产分部长职务了。

问：那末，你是在第七三一部队里一共服务过五年之久，对么？

答：对，大约有五年。

问：所以，你是很熟悉第七三一部队编制及生产部工作情形的吧？

答：是的，我很熟悉第七三一部队第四部的工作情形。由于我在七三一部队中供职很久，所以我同时也大致知道该部队其他各部所负任务和职能。

问：第七三一部队担负过一些什么任务呢？

答：第七三一部队所负的基本任务，就是积极准备细菌战争。

问：该部队内经常用活人进行实验，是何目的呢？

答：这样作的目的是要研究各种细菌及其在细菌战中的应用，即研究各种细菌的效力、繁殖和应用细菌的方法，大批制造细菌的方法，以及保存这些细菌的方式。

问：你并且证实说第七三一部队在中国进行过细菌攻击么？

答：是的，我证实这点。

问：你证实你先前说明第七三一部队第四部是个大批出产细菌战武器的制造厂的那些供词么？

答：是的，我证实这点。我已经说过，第七三一部队第一部是从事于研究细菌战方面的种种问题，第二部是从事于研究在野外条件下使用细菌武器的效能问题，第四部是从事于大批生产致命细菌及其保管事宜。

问：在实验室条件下用活人来作实验，是由哪一部负责进行的呢？

答：是由第一部负责进行的。

问：用活人来作实验，究竟是单只在监狱内进行过，或者是也在别处进行过呢？

答：这种实验是用两种方式进行过的。既在监狱内进行过，又在打靶场上进行过。

问：在打靶场上用活人来作实验，是由第七三一部队中哪一部进行的呢？

答：是由第二部进行的。

问：我请你说明一下第七三一部队所有的生产设备及其生产能力和生产细菌的方法。

答：当时我担任的是第四部生产分部长职务，因此我要首先说说这一分部所有的生产设备。

这一分部内用以大批生产细菌的设备，是由两个系统构成的。我先从第一个系统说起。这种设备首先是一些专门制造供繁殖细菌用的营养液的大锅炉。这种大锅炉共有四具，每一具的容量均约为一吨。先把营养液放到"石井式"的特种培养器内，而后再把培养器放到特种消毒器里面；这种消毒器共有十四具，每一消毒器内可放置大约三十个培养器。所以，在尽量放满的条件下，十四具消毒器内可同时放置四百二十个培养器。为了使培养器散热起见，设备有两个冷藏室。在营养液凝固之后，则进行栽种细菌苗。这种细菌繁殖之后，就将其取下来。专门设备有两个房间来进行此事。

问：在一个月内培养过多少细菌？

答：在充分利用第四部的生产能力及在良好条件下，理论上在一个月内可培养出鼠疫细菌达三百公斤，但实际上为此总共只用过五百个培养器，这五百个培养器在一个生产周内可能培养出十公斤鼠疫病菌，因为每一个培养器出产量是二十克。

问：在充分利用全部设备的条件下可能培养出多少伤寒症细菌呢？

答：每月平均由八百到九百公斤。

问：炭疽热病菌呢？

答：大约六百公斤。

问：霍乱病菌呢？

答：约为一吨。

问：副伤寒症细菌呢？

答：与伤寒症细菌出产量相等。

问：赤痢细菌呢？

答：与上同。

问：那就是说，在第四部所有一切大锅炉内一次可制出八吨营养液，对不对？

答：是，对的。第一个系统内为四吨，第二个系统内也能制出四吨。

问：第七三一部队各支队是驻屯在什么地方呢？

答：第七三一部队各支队是驻屯在海拉尔、孙吴以及离牡丹江城很近的林口站和海林站。

问：这些支队是驻屯在靠近苏联边界的地方么？

答：是的，正是如此。

问：你亲自到这些支队里去过么？

答：我到过每一支队里一次。

问：你是负着什么任务到这些支队里去的呢？

答：我到各支队里去是要查明那里有没有安置生产设备的地方。

问：即是为要在每一支队内大批培养各种细菌么？

答：毫无疑义，部队长正是打算要这样作的。

问：你说的是北野将军么？

答：是的。

问：为什么当时必须派你到各支队去视察呢？

答：在我这次出巡之前，部队长北野将军向我说明了出巡的目的。第一个目的是要扩增部队大批制造细菌的生产能力，第二个任务，是由于当时对美国已开始战争，为应付美国航空队方面的轰炸起见，必须预先把部队的生产设备分散于各地，以备甚至受到敌机空袭时也不致停止继续生产。

问：请你说说，第七三一部队是否进行过考查美国人对于传染病的抵抗能力呢？

答：我记得这是一九四三年初的事。当时我在沈阳军医院内养病，部队中一位姓凑的科学工作员前来看我，他对我谈到他自己的工作情形，并说他住在沈阳是要研究美国战俘对于传染病的抵抗能力大小问题。

凑是第七三一部队专门派到盟军战俘集中营里来考查盎格罗撒克逊人对于传染病的抵抗能力的。

问：为此而实行检验过美国战俘血液的性能么？

答：正是如此。

问：科学工作员打多在一九四三年间干过什么事情呢？

答：他到内蒙古去过，在那里检验过蒙古人的血液，也是为了研究蒙古人对于传染病的抵抗能力问题。

问：你亲自到场视察过用活人进行实验的情形么？

答：我两度参加过在安达站附近打靶场野外条件下用细菌传染活人的试验。第一次是在一九四三年末用炭疽热细菌进行试验。在这次试验时使用过十个受实验的活人。他们被押到打靶场上时，就被绑到彼此相隔五公尺的柱子上，然后就用一枚放到离他们五十公尺远地方的破片弹施放细菌来传染他们。这个炸弹是用电流来爆炸的。这次实验的结果，是一部分受实验者遭到了传染。对他们采用过种种办法后，就把他们送回第七三一部队中去。后来我从报告中知道，那些用作实验对象而染上了炭疽热细菌的活人，都死掉了。

第二次试验是在一九四四年春季举行的。这次是试验鼠疫细菌使用法。传染办法就是经过呼吸气管来传染。这次处置受实验活人的手段，也是与实验炭疽热细菌时一样。

问：是绑到柱子上么？

答：是的，正是如此。在离这些受实验者十公尺远的地方，放置有一个盛满鼠疫细菌液的铁桶。这个铁桶爆裂了。但据我所知，在这次实验后查明，传染没有成功，病菌没有通过呼吸气管。

问：培养跳蚤的事情，是由第七三一部队里哪一部进行的呢？

答：第二部。

问：是否设立有专门培养跳蚤的分部呢？

答：这种工作是由第二部第三分部进行的。

问：第二部第三分部部长是由谁担任的呢？

答：这分部部长是由科学工作员田中少佐担任的。

问：部队长石井四郎的长兄所担任的是什么职务呢？

答：他是管理第一部直属监狱的。

问：请你把你关于第七三一部队历次派远征队到中国内地去动作的情形所知道的一切都说明一下。

答：据我所知，第七三一部队曾有两次，即在一九四〇年和一九四二年间，派遣远征队到中国内地去动作过。

第一次远征是在一九四〇年举行的。这是在下半年的事。我的直属上司即生产分部长铃木少佐，曾吩咐我们制造伤寒症细菌七十公斤和霍乱症细菌五十公斤。我从铃木少佐口中知道，这批细菌是为供给由石井将军率领到中国内地去的特殊远征队而制造的。

我以第四部生产分部一个小队长资格，担任过保证这个远征队以必要数量细菌的工作。同时我还知道该远征队随身带去了五公斤的鼠疫跳蚤。

我记得，石井将军率领的那个远征队开到了华中汉口一带，在那里把鼠疫跳蚤和各种细菌当作武器去实际使用过。

因为这次实验是在敌军领土内进行的，所以实验结果未能确切查明。

但当时为了搜集关于此次动作效果的情报，特留下了一个由野崎少佐带领的专门小队，结果野崎少佐弄到了几份记载有关于宁波一带瘟疫流行消息的报纸。

问：这报纸上记载有什么消息呢？

答：据我记得，这报纸上写过，在宁波一带发生此次瘟疫之前，有数架日本飞机在上空飞过时掷下过某种东西。

问：你亲自看见过这段新闻么？

答：是的，我亲自看见过。

第二次远征是举行于一九四二年间，约在一九四二年年中，我的直属上司铃木少佐曾吩咐我备制一批副伤寒症和炭疽热细菌，究竟当时把副伤寒症细菌和炭疽热细菌分别备制过多少，我已记不清楚了，但我记得总共为一百三十公斤。我们所备制的各种细菌分批用飞机和火车运到第七三一部队远征队基地所在地的南京城去了。

问：远征队的这个基地是设在南京"荣"字部队内么？

答：是的。我知道"荣"字部队替这个远征队备制过一些细菌，但究竟当时备制了多少以及当时备制的是些什么细菌，我都已记不清楚了。此外，我还知道，这个部队从自己的卫生人员中间分出几个人去协助过远征队。

问：你叙说派到中国内地去的各次远征队时，为什么不说及一九四一年举行的那次远征呢？

答：关于这点，在法庭昨天的晚庭上已经查明了。在一九四二年举行的这次动作中只使用过鼠疫跳蚤，而我们对于此事既没有直接关系，所以未曾对我们说及这点。

问：请你说说，一九四二年派到中国内地去的远征队，是由谁率领的呢？

答：这个远征队，是由部队长石井将军率领的。

问：在这次远征时期，石井将军亲自到中国内地去过么？

答：是的，他去过。

问：除他而外，当时部队领导人员中还有谁到中国内地去过呢？

答：据我知道，参加过这次远征的还有碇常重中佐、科学工作员田中以及其他等人。

问：关于石井开始用活人进行实验一层，你知道一些什么？这种实验是从什么时候开始进行的呢？

答：我不清楚知道，但据我想，这种实验是在所谓沈阳事件发生后就立刻开始进行的。

问：石井本人关于此事对你说过什么没有呢？

答：我很清楚记得，当我在一九三九年加入这个部队时，有人向我说过这点。

问：请你说说，当你在第七三一部队中服务时期，关东军中哪些高级官佐到该部队里去过？

答：到该部队去过的有关东军前任总司令官梅津将军，有从前是中将而后来升为大将的木村参谋长，有宫田中佐即竹田宫，有日本关东军前任医务处长军医中将梶冢等人。

问：请你说说，你亲眼看见过那些受实验的活人被押到部队里的情形么？

答：我曾执行过部队值日官职务，所以我曾两次看见过押送人来的情形。

问：被拘禁到第七三一部队监狱去的那些人们中间，是否有人生还到外面去过呢？

答：据我所知，没有人生还到外面去过的。

问：那就是说，所有被监禁的人都死掉了么？

答：是的，正是如此。

问：当受实验的人死掉之后，又把他们的尸体送到什么地方去呢？

答：送到部队所设的焚尸炉里去。

问：请你说说，为什么每次在打靶场上用活人进行实验时总有担任第四部工作员职务的你在场呢？究竟你是由于担负有什么职责而必得去呢？

答：因为在野外条件下使用的一切细菌都是由我那个分部生产出来的，所以我主持过运送这些细菌到打靶场去的事情。除此而外，我还乐于看看这些细菌的效能究竟怎样。

审判员伊里尼茨基：在该部队内用活人进行实验，究竟是为了什么目的呢？

答：进行这种实验的目的，是要探究最有效力的细菌武器并增强其致命性能。

审判长：被告柄泽，你在十二月六日受审时曾经供称，说在满洲建立第七三一部队一举乃是日本军阀准备对苏联进行细菌战的具体表现。你证实你自己这段供词么？

被告柄泽：我证实这点。

辩护人鲁克杨杰夫：被告柄泽，请你说清楚，你究竟是在何时以及怎样到日本军队去服务的呢？

被告柄泽：我于一九三一年间进东京医科大学是以陆军省官费生资格被录取的，因此我是靠领陆军省津贴费学习的。这就责成我在该校毕业后必须以军医资格去负军役。

问：请你确切说明一下，为什么第七三一部队长正是委派你到各支队去调查进行大规模制造细菌所需要的条件呢？

答：我已经说过，我很早就已担任着制造细菌的工作，所以部队长认为我对于这一工作很有经验，最适合于执行此种使命。

问：你现在怎样估计你在第七三一部队内担任的那种制造杀人武器的工作呢？

答：从负有治病救人使命的医生观点来说，我认为这是一件很恶劣的事情。

被告山田受审经过

审判长：被告山田，你在日本军队中服务期间担任过一些什么职务呢？

被告山田：我从一九四四年七月到一九四五年八月担任过关东军总司令一职。

问：在这时以前，你担任过一些什么职务呢？

答：在一九〇三年间，我被升为日军少尉，而在一九三〇年间，我被升为少将。

问：当时你担任的是什么职务呢？

答：我被升为少将以后第一年间是担任骑兵学校教务部部长。

问：尔后你担任的是什么职务呢？

答：尔后我任过骑兵第四旅旅长。

问：此后又担任什么职务呢？

答：此后我任过陆军交通学校校长一年。然后又担任过参谋本部第三处处长职务一年，随后又担任过参谋本部总务处处长职务一年零一个月。从一九三五年十二月至一九三七年三月间，我任士官学校校长，而从一九三七年三月至同年十二月间，我任过驻牡丹江城（满洲）的第十二师师长。从一九三八年一月至同年十二月间任第三军团司令官，当时该军驻在牡丹江城。从一九三八年十二月至一九三九年十月间，我在华中任日本派遣军司令官，该军司令部当时设在南京。从一九三九年十月至一九四四年七月间，我任日本陆军训练总监。在此时期内，我还兼任过最高军事参议院委员职务，而从一九四三年起又任日本防务司令官。我说错日期了，让我改正一下：从一九四一年八月至同年底，我任日本防务司令官，尔后，即从一九四四年七月起，我任关东军司令官。

国家公诉人：在你接任前是由谁担任关东军总司令的呢？

被告山田：是由梅津将军担任的。

问：被告山田，请你说说，关东军内有过哪些细菌部队？

答：关东军内有过两个细菌部队，第七三一部队和第一〇〇部队，这两个部队都是直接受关东军总司令节制的。

问：那末，当梅津将军任关东军总司令时，细菌部队是受他节制的，而自从你在一九四四年七月接任关东军总司令一职时起，细菌部队就直接受你节制了。是不是这样呢？

答：正是这样。

问：不在第七三一部队服务的旁外人员，例如关东军的参谋官佐，究竟要得到谁的允准才能到这个部队的驻扎地点去呢？

答：为此需要有我的书面允准。

问：你是在什么时候初次听到关东军医务处长梶冢将军和关东军兽医处长高桥将军的报告的呢？

答：约在一九四四年七月末。这是他们在我到任后初次作的报告。

问：梶冢将军和高桥将军在他们的报告中，对你说过第七三一部队和第一〇〇部队内的秘密工作么？

答：是的，他们两人都说过。

问：你现今可不可以回忆一下梶冢将军第一次报告的内容呢？

答：梶冢将军对我报告了关东军司令部医务处所进行的工作，就中他也向我报告说第七三一部队在进行准备细菌战的事宜。例如，他曾向我报告，说在第七三一部队内进行着研究细菌武器和制造细菌武器的工作。

问：请你说说，你在一九四四年八月间巡视过第七三一部队么？

答：是的，巡视过。我到达该部队之后，视察过该部队全部场所，而特别使我发生深刻印象的是该部队的产品，即用飞机投放的细菌炸弹，以及超过一切预料的细菌武器制造规模。在第七三一部队场所近旁有一处飞机场，我记得当时飞机场上停着有轻型轰炸机数架，因此当时我就作出了一个结论，认为该部队所进行的准备细菌战工作是处在极高水准上。

问：当你视察该部队的营舍时，当地人员曾把该部队内所繁殖的跳蚤摆出给你看过么？

答：是的，我看见过这种跳蚤，而且我记得当时那里所培养的这种跳蚤为数极多。

问：随同你在该部队驻扎地点视察的官佐，曾向你报告过该部队所繁殖的这些跳蚤的用途么？

答：是的，他们曾向我报告，说这些跳蚤是专供传染鼠疫细菌用的。

问：你在巡视石井部队时看见过石井式细菌炸弹模型么？

答：是的，看见过。

问：这种炸弹是预备供什么用的呢？

答：这种炸弹是预备供散布鼠疫跳蚤用的。这种炸弹在必要的高空爆裂后，染有鼠疫的跳蚤就散落下来传染地面。

问：这种炸弹是在何处实验的呢？

答：这类实验是在安达站附近的打靶场上进行的。

问：当你巡视第七三一部队时，北野将军向你报告过该部队各支队的工作情形么？

答：是的，报告过。北野将军曾通知我，说第七三一部队所有各支队也在制造供进行细菌战用的武器。

问：关东军干部部长田村大佐曾在一九四五年六月间遵照你的指示去视察过第七三一部队么？

答：是的，他在一九四五年六月间巡视过第七三一部队。

问：田村大佐向谁报告过他这次巡视的结果呢？

答：田村大佐向我做过报告。

问：可见，你根据你所收到的各次情报以及你亲身巡视第七三一部队的结果，原是知悉第七三一部队和第一〇〇部队研究及大批制造细菌武器的种种工作情形的，是不是这样呢？

答：是的，我知道这两个部队在进行研究和使用细菌武器的工作。

问：在一九四九年十一月三日的预审时，你曾供称，说驻扎在满洲境内的第七三一部队主要是为准备对苏蒙中三国进行细菌战而成立的。你证实这段供词么？

答：是的，我证实。

问：请你说说，细菌武器，是预备用去单只反对苏联的么？

答：不，不只是反对苏联。同时还认定可能使用细菌武器，去反对任何其他敌国和敌军。

问：你所说的究竟是哪些"其他敌国"呢？

答：具体说来，就是反对美英两国。曾认定也要用细菌武器反对它们。

问：从这一观点上看来，驻屯在满洲的第七三一部队原是准备对好几个国家进行细菌战的中心。是不是这样呢？

答：是的。

问：从一九四四年七月时起，是由谁指导第七三一部队进行准备细菌战及制造细菌武器的活动的呢？

答：是由我即关东军总司令指导的。

问：在指导第七二一部队及第一〇〇部队活动方面，关东军司令部作战部究竟是起的什么作用呢？

答：是在准备细菌战方面对这两个细菌部队施行战略作战上的指导。

问：作战部和侦探部中的某些参谋官佐，例如宫田中佐，究竟是为着什么目的常到第七三一部队去呢？

答：在实现对于该部队准备细菌战工作进行的战略作战指导时，必需经常知悉该部队工作情形，为此目的，即为了要熟悉情形，就时常派遣过作战部和侦探部的官佐到那里去。

问：可见，受你管辖的关东军司令部作战部原是经常监督过第七三一部队制造细菌武器的工作，并规定过在作战方面使用这种武器的具体方法的，是不是这样呢？

答：是的，正是这样。

问：请你说说，当你阅览前任总司令梅津将军移交下来的文件时，你在他那个保险柜内没有发现过"石井式"细菌炸弹的图样么？

答：这只是关于"石井式"细菌炸弹的一篇报告书，上面附有这种炸弹的图样。当时我是从作战部长那里收到这些文件的，尔后我就把这些文件保藏在自己的柜子里。我阅览过这些文件。

问：你巡视第七三一部队时亲眼看见的"石井式"细菌炸弹模型，是否与附在报告书上的那个图样相符呢？

答：是的，完全相符。我记不清楚了，但附在报告书上的炸弹图样，与我在该部队内所看见过的那种炸弹模型，是完全一样的。

问：请你讲讲北野将军在一九四四年秋季向你作的那次报告的内容。

答：我记得这是在一九四四年十月间的事。第七三一部队长北野少将当时向我报告了试验和研究用飞机撒放办法把鼠疫跳蚤当作细菌武器使用的结果。在作报告时放映过说明这点的影片。

问：当北野少将这次做报告时，有谁在场呢？

答：当时在场的有关东军参谋长笠原中将、作战部长松村大佐及参谋官宫田中佐。

问：你在一九四九年十二月一日曾经供称，说北野少将在作报告时陈述了以用鼠疫跳蚤进行细菌战为目的的一切实验和研究工作，你证实你这段供词么？

答：我证实这点。

问：第七三一部队内所制造的那种细菌武器效力，是用什么方式来检验的呢？

答：采用过各种方式，其中有一种就是用活人及牲畜来检验细菌武器的方式。

问：你曾知道细菌武器是用对活人作实验的方式来检验的么？

答：是的，我曾知道这点。

问：田村大佐视察第七三一部队以后回来时，曾向你报告说该部队监狱内拘禁有一批预备用来进行实验的人么？

答：是的，他曾报告过这层。

问：宪兵队是直接受关东军总司令节制的么？

答：是的，宪兵队是直接受我节制的。

问：日本驻满洲各地的军事团是受关东军总司令节制的么？

答：是的，是受关东军总司令节制的。

问：你知道第七三一部队用以进行实验的活人正是从宪兵队及日本军事团那里领到的么？

答：在预审时拿出各种文件给我看过之后，我才知道第七三一部队原是从宪兵队和日本军事团那里领到大批活人去进行实验的。从前我个人以为送到第七三一部队去的都是些已被判处死刑的犯人，所以我当时得出了结论，认为这些人都是由满洲国法庭判处了死刑的。

问：那末，你是想说，在尚未拿出文件给你看之前，你曾认为被送到第七三一部队去杀害的那些人乃是由法庭判处了死刑的犯人，对不对？

答：对，我想说我当时正是这样了解的。

国家公诉人：我请求法庭把一九四三年三月十二日文件摄照本拿出来给被告山田看一下。此项文件保存在案卷第二十一卷，第九〇至九二页上。①

（当即拿出该项文件给被告山田过目）

被告山田，交给你看的是关东宪兵队一九四三年三月十二日命令的摄照副本。请你仔细看看这项文件。被告山田，交给你看的这项文件岂不是证明当时把活人押到第七三一部队去杀害是未经任何调查及审判的么？

被告山田：是的。

国家公诉人：我请求法庭把关东宪兵队关于用"特殊输送"办法遣送九十人去杀害的第二二四号命令的副本宣读一遍。这项文件保存在案卷第十七卷内，第三五至三八页上。②

审判长：现在就宣读关东宪兵队作战命令第二二四号。同时这一文件将用日语翻译。各被告可用给他们预备的收音机收听。

国家公诉人：被告山田，请你说说，这道命令是由关东军总司令属下的

---

① 见本书第一三三至一三四页。

② 见本书第一四二至一四三页。

宪兵队颁发的么？

被告山田：这是在我接任关东军总司令以前由当时关东宪兵队司令官城仓少将颁发的命令。

问：我了解这点。但当你已接任关东军总司令职务时，你是否取消了把活人送往石井部队去的这种办法呢？

答：没有，我没有取消这一命令，但我曾认为这命令是个暂时性的，往后就会失效的命令。

问：你曾认为这是一个暂时性的命令。现在你看过刚才拿出来给你看的这个文件后，是否已确信在一九四三年时经常由关东宪兵队送人到石井部队去消灭么？

答：是的。

问：关东宪兵队当时是受那在你以前任关东军总司令的梅津将军节制么？

答：是的。

问：田村大佐在一九四五年间向你报告他遵照你的命令巡视第七三一部队的经过时，是否向你说过在第七三一部队内部监狱中拘禁有大批预备用来进行实验的活人呢？

答：是的，田村大佐向我报告过这点。

问：当北野少将向你报告研究细菌武器的情形时，他是否对你说过第七三一部队内用活人进行实验的事实呢？

答：是的，他对我报告过这点；可是这次报告究竟是在什么时候做的，我已记不清楚了。他当时向我作的是关于试验用飞机撒放鼠疫跳蚤的工作结果的通知，而并不是一个详细的报告。

问：无论如何，从田村报告中可以分明看出第七三一部队内的实验是用活人进行的么？

答：是的。

问：可见，此地所谈到而当梅津将军任关东军总司令时在第七三一部队内所进行的那种残暴实验，是在你担任总司令时也进行过的，是不是？

答：是的。

问：请你说说，包括关东军在内的日本军队中究竟采取过哪些使用细菌武器的基本方法呢？

答：据我计算是采取过三种方法：首先是用炸弹投掷的方法，第二是从飞机上直接撒放的方法，最后是在地面上撒放的方法。

问：关东军内研究细菌战方法的工作是如何进行的呢？

答：为研究细菌武器使用的方法起见，在关东军司令部属下成立有专门委员会，其中人员是参谋长、作战部长、相当部队的部队长以及个别参谋官佐。当委员会把问题肯定解决时，就把解决结果报告给总司令。

问：当关东军总司令批准某种使用方法或某种武器时，他对于这层是否还要向上级做报告或通知呢？

答：没有以关东军总司令名义做过这类报告，但关东军司令部关于此类问题是向日军参谋本部作过通知的。

问：关东军司令部，是否收到过日本陆军省关于扩增制造细菌武器的指令呢？

答：是的，收到过这样的指令，据我记得是在一九四五年三月间收到的。

问：军医中将石井究竟是因为什么缘故而又在一九四五年三月间重新被委任为第七三一部队长呢？

答：这一委任乃是陆军省和参谋本部所定计划的具体化。

问：你收到陆军省指令后，是否吩咐过作战部长松村大佐设法保证制造细菌并为第七三一部队补充必需数量的专门家官佐呢？

答：是的。但关于增派人员一层，我是吩咐干部部部长田村大佐去办理的。

问：你在一九四九年十二月六日受审时曾经供称，说用细菌武器反对苏联一举是预备用飞机传染苏联各个特别重要地区及经过军事破坏办法来进行的。你证实你这段供词么？

答：是的，我证实。

国家公诉人：我请求法庭把案内证人前关东军作战部长、前日本陆军少将松村的供词宣读一下。这段供词是载在案卷第三卷第九八页上的。

审判长：军事法庭就席商议后决定如下：宣读松村在十二月七日预审时所说出的供词。（案卷第三卷，第九八页 ①）

国家公诉人：松村曾供述说在你任关东军总司令官时期批准过将来进行细菌战争的两种基本方法，即利用装有鼠疫跳蚤的"石井式"细菌炸弹的方法和用飞机撒放鼠疫跳蚤的方法，你证实他这段供词么？

被告山田：我证实。

问：当时你个人认为经你批准的进行细菌战的各种方法中哪一种方法最有效呢？

答：当时我认为使用细菌武器的最有效方法是用飞机投掷炸弹的方法以及从飞机上撒放鼠疫跳蚤的方法。

问：你记得关东军兽医处长高桥中将关于第一〇〇部队在北兴安省进行细菌侦察情形的报告么？

答：是的，我记得。

问：松村在预审时曾经供称，说高桥在这次报告中阐明了自己关于实际使用细菌的意见，就中还说明了他认为在必要时应该把细菌投到三河区和呼伦池东南一带水泊内的主张，你证实他这段供词么？

答：是的，我证实。

问：在靠近苏联地区内进行细菌侦察，是何目的呢？

答：是为了准备应付可能的战争。

问：你从一九三九年十月至一九四四年七月间当过日本陆军训练总监么？

答：是，对的。

国家公诉人：说到这里，我请求法庭把一九四四年一月间陆军训练总监部在日本公布的那个关于破坏队阵中教范宣读一段。该文件保存在案卷第二十二卷内，第二一页。

---

① 见本书第一〇三至一一五页。

审判长：宣读参谋本部和陆军训练总监部于一九四四年一月间颁布的军事破坏队阵中教范。（案卷第二十二卷，第二一页）

国家公诉人：被告山田，请你说说，该文件是由受你管辖的陆军训练总监部拟定的么？是不是？

被告山田：是的，这个教范是陆军训练总监部协同参谋本部拟定的。

问：这个文件岂不是证明你在一九四四年一月间，即在你受任为关东军总司令以前，已经知道有人在使用细菌武器进行军事破坏么？

答：是的，正是如此。

问：你是在什么时候签署命令要消灭第七三一部队和第一〇〇部队的呢？

答：约在一九四五年八月九、十两日。

问：可见只是因为苏军部队举行急速进攻，才使第一〇〇部队和第七三一部队没能继续活动吧？

答：是的，正是这样。

辩护人柏洛夫：你什么时候知道这两个部队是于一九三五至一九三六年内遵照日皇密令成立的呢？

被告山田：关于此事发生的准确日期，我是从证人与被告人供词中知道的。

问：你曾能以关东军总司令资格停止第七三一部队和第一〇〇队的工作并解散这两个部队么？

答：关东军总司令是无权停止这两个部队的工作和将其解散的。

问：你现在怎样估计你已承认自己确实犯过并因你确实犯过而被提交法庭审判的那些罪行呢？

答：我应该回答说，我认为我所作的一切都是坏事，让我更正确一点说，都是很坏的事。

问：我是你的辩护人，可以认为你这样回答是意味着你对你所犯的那些罪过表示翻悟么？

答：是的，我希望人家这样来了解我的回答。

十二月二十六日晚庭审讯记录

被告西俊英受审经过

国家公诉人：被告西俊英，请你说说，你从何时起至何时止在第七三一部队中服务，担任的是什么职务？

被告西俊英：从一九四三年一月至一九四四年七月，我任第七三一部队孙吴支队队长。从一九四四年七月至一九四五年七月，我任第七三一部队训练部部长。

问：第七三一部队干的是什么事情，该部队所负的任务是什么呢？

答：第七三一部队所进行的大部分工作，都是为了准备细菌战。

问：第七三一部队中有哪几部是从事准备细菌战的呢？

答：准备细菌战的事情，是由第一、第二、第四等部进行的。

问：第七三一部队曾使用过一些什么细菌呢？

答：被采纳作为武器使用的有鼠疫、炭疽热及坏疽症三种细菌。

问：这几种细菌中哪一种是被认为效力最大的呢？

答：鼠疫细菌。

问：该部队采取过怎样使用此种细菌武器的方法呢？

答：第一种方法是从飞机上撒放细菌，第二种方法是投掷装有细菌的瓷壳炸弹。

问：曾使用过鼠疫细菌去传染人么？

答：是的，在中国境内使用过。

问：你到该部队去服务时候是由石井将军当部队长么？

答：不是，当时担任部队长职务的是北野少将。

问：后来北野少将就由石井将军所代替了，是不是呢？

答：是的。

问：当石井将军到部队来接任部队长职务时，他带来了关于发展细菌战武器的什么指示呢？

答：石井中将接任之后，几乎每天都对我们说要在鼠疫方面加紧工作。

问：正是说要在鼠疫方面加紧工作么？

答：是说要在鼠疫及繁殖跳蚤方面加紧工作。在石井到来以后，由于在部队面前提出了加紧大量繁殖跳蚤的任务，所以成立了专门训练班来研究大量繁殖此种寄生虫的问题。

问：这种训练班中有从各个支队派来的人员受训练么？

答：从每一支队中派来受训的有五个人，即总共为二十人。

问：请你对法庭说说太田大佐所制造的果子糖。

答：那并不是什么果子糖，而是通常的巧克力，这种巧克力内面包上细菌后就用纸封起来。这种巧克力应该是圆形的。

问：太田大佐拿这种巧克力的样子给你看过么？

答：他把他所制造的巧克力拿出十来块给我看过。

问：这种巧克力内面放的是什么细菌呢？

答：太田大佐曾说过，每块巧克力内放的都是炭疽热细菌。这种巧克力是预备供进行军事破坏工作用的。

问：请你说说，关于第七三一部队实际使用细菌战武器的情形，你知道一些什么事实呢？

答：我曾听说在一九四〇年间使用细菌武器去反对过中国。一九四〇年八月或九月间，我到过北京防疫给水部司令部，在那里我听到了关于在华中宁波一带使用过细菌的消息。

问：你是从谁人方面以及在什么情况下听到这点的呢？

答：当我留在北京防疫给水部司令部的时候，那里收到了由南京防疫给水部司令部交来的一个文件。我从这个文件中知道了在宁波一带使用细菌的消息。后来，北京防疫给水部部长吉村中佐又通知我，说在中国境内使用的鼠疫细菌是从石井部队那里运来的。在一九四○年九月或十月间，我的友人濑户少佐由南京来到北京时通知我，说他是刚才从华中那里进行过动作后回来的。所以，我是根据三个来源知悉在华中一带使用过鼠疫跳蚤一事的：第一个来源是濑户少佐的通知，第二个来源是吉村的通知，第三个来源是从南京司令部寄到北京司令部的一个文件。

问：请你说说，你在第七三一部队内亲自看见过一些什么有关于在中国内地进行远征的情形。

答：我看见过一部说明第七三一部队所派远征队于一九四○年间在华中一带动作情形的纪实影片。起初在银幕上映演的，是装有染上鼠疫跳蚤的器皿怎样安置到机身下面去。随后映演的，是撒放器怎样安置到飞机翅膀上去。接着就是一段解释，说明这一器皿内盛有鼠疫细菌。然后就表明有四五个人坐上飞机，但究竟这几个人是谁，我却不知道。接着飞机就飞向空中，随后又是一段解释，说明飞机向敌人方面飞行。然后那架飞机就飞到了敌军上空。随后几副镜头是表示飞机动作，中国军队移动及中国村庄情景的。接着就出现有一股烟气脱离飞机翅膀向下坠去。随后就有一段解释，说明这股烟气乃是撒放到敌军头上的鼠疫跳蚤。然后飞机就飞回机场。银幕上出现了"作战完毕"几字。随后就是飞机降落，消毒人员来到飞机跟前，接着就是表明飞机消毒的情形。随后有数人下机：首先下机的是石井中将，跟随在他后面的是碇常重少佐，其余的人我不认识。随后出现了"战果"二字，映出一份中文报纸以及从这份报纸上译成日文的一段消息。解释文上说道，在宁波一带忽然间发生了强烈的鼠疫流行病。最后一副镜头，是表明中国卫生队身穿白大衫在发生鼠疫的地区消毒情形。我正是从这部影片上清清楚楚地知道了在宁波一带使用细菌武器的经过。

问：你对于使用细菌武器一层，还知道一些什么别的消息么？

答：我还知道石井部队在哈勒欣河事件发生时使用过细菌武器。

一九四四年七月间，我被从孙吴支队调到平房站去担任第七三一部队训练部长一职。当时把工作移交我的是前任训练部部长园田中佐。当天园田中佐就到日本去了。我把他的保险柜打开时发现了一个文件，上面说明在诺门罕事件即哈勒欣河事件发生时使用过细菌武器。

保险柜内藏有当时摄制的照片底，参加此次战役的敢死队名单及碇常重少佐下的命令。现今还记得，敢死队内有官佐两名。曹伍长及士兵约二十名。在这张名单下面有用鲜血签的一些姓名。

问：首先签名的是谁呢？

答：是敢死队长碇常重。随后还有碇常重下的详细命令数则，其中说明应怎样乘上汽车，怎样利用火油桶，接着还有一些说明应如何归队的指示。

我从这两个文件中明白知道，由二三十人组成的这个敢死队用细菌传染了一条河，我想那就是哈勒欣河。

次日，我就把这两个文件拿去交给了碇常重少佐。当我把这两个文件交给碇常重时，我曾问过这次动作结果怎样。碇常重默然把文件收下了。

进行过这次动作的事实是不容置辩的，但这次动作结果究竟怎样，我却一点也不知道。

问：关于该部队内进行冻伤实验的情形，你知道一些什么呢？

答：我从科学工作员吉村口中听到说，在严寒天气下，即在冷到零下二十度时，常把部队监狱里拘禁的人赶到外面去，然后就把他们的手脱光，用人造冷风使手冻伤。随后就用小棍敲打冻伤了的手，直到被敲打的手发出与木板声音相似的声音时为止。除此而外，我还阅览过吉村关于实验情形的报告。关于这点也摄制有电影片。

影片上首先表明把四五个带脚镣的人赶到露天去，他们身穿棉衣，两手光着。随后就用一架巨大的扇风器用人工方法加速冰冻过程。然后又用小棍敲打冻僵的手，以便检查它们是否已经完全冰冻。接着就表明如何把手已冰冻的人送进房屋去。吉村曾对我说，此种研究是为了将来对苏战争而进行的。

问：请你把你关于在安达站附近打靶场上进行实验情形所知道的一切都说出来。

答：安达站离哈尔滨一四六公里，该部队打靶场设在安达站附近。在这个打靶场上由第二部在野外条件下进行过各种实验。

我遵照第七三一部队长的命令，特于一九四五年一月间到安达站去过。我在那里亲眼看见过在第二部部长碇常重及科学工作员二木两人指导下进行传染坏疽症细菌实验的情形。当时用十名犯人来进行过这种实验。这些人都被绑到木柱上，面朝木柱，这些木柱彼此相隔五至十公尺不等。各犯人头部用铁帽盖起，身体用铁板盖起。

除了臀部是光着之外，其余全身都是盖着的。在约有一百公尺远的地方，用电流把一颗破片弹炸裂去实行传染。所有这十个人光着的部分都受了伤。当这次实验完结后，就把所有这十个人都装到一辆特备汽车上送回平房站附近的监狱去。以后我曾向碇常重和科学工作员二木问及实验结果怎样。他们回答说，这十个人都受了伤，并因染上坏疽症而死掉了。

问：你在前面说过石井中将接任部队长一职后就开始召集该部队官佐会议么？

答：石井来到部队后每月召集过这种座谈会。

石井有次曾在本队各部部长及几名官佐面前声称，说将来一旦要使用细菌武器时，鼠疫跳蚤就是最好而效力最大的一种细菌武器。他说司令部及各支队必得竭力实行大批生产鼠疫跳蚤。此后就开始实行训练二十来人繁殖鼠疫跳蚤，关于这点我已经说过了。

因此之故，该部队司令部内由田中主持的那个分部里的工作人员数量就扩增了。除此而外，司令部设计部又拟定了扩增石井部队名额的方案。

石井有次曾说，在一九四五年六月至九月间就会发生最后的决战，因为那时美军必将派大量陆战队到日本境内来动作，同时他又说，我们必得极周密准备对美国及对苏联作战。

问：我现在从案卷第十卷第一五七页上把你的一段供词摘引给你听。你

在转述石井的话时，曾供述如下："各条战线上的战况恶化……我们到一九四
五年春末或夏季时就会要使用最后极端手段，包括细菌武器在内，以资争得
有利于日本的转变。"

你现在证实这段供词么？

答：我证实。

问：第七三一部队孙吴支队是在什么情况下取消的呢，关于消灭该支队
的命令是由谁颁发的呢？

答：在一九四五年八月九日开始了战争。当天深夜时分，我收到了司令
部拍来的密电。当时毫无疑义，这一密电是部队长拍来的，但是我未弄清密
码。我把没弄清密码的电报放下，就带队出发到孙吴一带的阵地去。我命令
五六个人——其中包括井上少尉——留在队内，等到支队营舍焚烧后再到阵
地去。

问：可见，关于消灭支队的命令原来是由你颁发的？

答：是的，对的。

问：后来的情形又是怎样呢？

答：我发给了支队内每一工作员一瓶氰化钾，并对他们说，你们若被苏
军俘获时，就把这氰化钾饮下去。然后我就前往阵地去了。这是由于下列的
情况：我们根本没有想到日本会投降，所以我们就决意退到山林里去，实行
集体自杀。

问：但你们并没有实行集体自杀么？

答：日本已宣布投降了，所以我们接到了师长命令后就有秩序地投降了。

问：请你说说，你的部属中间有人自杀了么？

答：有一个人自杀了。

问：你承认你是日军第七三一秘密细菌部队中一名积极而重要的工作人
员么？

答：是的。

辩护人波尔霍维金诺夫：被告西俊英，请你说说，你是自愿入伍还是被

征入伍的呢？

被告西俊英：我是自愿入伍的。

问：你是在什么情况下被编入第七三一部队，以及被编入该部队第六七三支队去服务的呢？

答：在一九四三年一月间，我收到了日本陆相关于任命我担任孙吴支队长的命令。在一九四四年七月间，我又遵照陆相的命令被任命为训练部部长，而从一九四五年七月起，我又兼任孙吴支队长的职务。

问：你现在已经觉悟到你在第七三一部队以及在该部队第六七三支队内所执行的那种工作的终极目的是罪大恶极，并且你现今对于你所作的恶事表示悔悟么？

答：我认为用那些关在第七三一部队监狱内的活人进行实验，是一种惨无人道的事情。同时我还了解，我在支队内所繁殖的老鼠和跳蚤也造成了很大的祸害。

被告梶冢受审经过

审判长：被告梶冢，你在日本军队中担任过什么职务呢？

被告梶冢：我在一九一五年间升为日本军队中尉医官。此后我在第一号军医院供职，接着又在东京军医大学担任教授，并担任陆军省军医署卫生科科长。一九三七年间，我任日本驻华军队军医处长，同年间又升为少将医官，并且同年间又被任为第二军团军医处长。一九三八年间，我任日本驻朝鲜军队军医处长。从一九三九年十二月起至日本投降时止，我任关东军司令部医务处处长。

问：你获有什么学位呢？

答：获有医学博士学位。

问：是在哪一年获得这一学位的呢？

答：是在一九二四年。

问：是因进行何种科学创作获得这一学位的呢？

答：是因进行研究副伤寒症的科学创作。

问：你的专门医学知识是什么？

答：我是细菌专家。

问：你在细菌学方面进行过科学工作么？

答：是的，进行过。

问：除上面已指出的那部科学著作而外，你在研究细菌学方面还有什么科学著作呢？

答：我写了一部研究鼠疫问题的著作。

问：你在陆军省军医署卫生科供职时，担任的是什么职务呢？

答：当时我担任的是该署的卫生科长职务。该署内共有两科，而我就是两科中一科（卫生科）的科长。

问：你的最后一种军级，是什么时候获得的呢？

答：我的最后一种军级，即中将衔，是在一九四〇年八月间获得的。

十二月二十七日早庭审讯记录

被告梶冢继续受审经过

国家公诉人：被告梶冢，请你说说，第七三一部队是在何时以及由谁设立的呢？

被告梶冢：第七三一部队是于一九三五年末或一九三六年初（确切时间我已记不清楚），遵照日皇敕令成立的。

问：根据这一敕令颁布的那个命令的草案，在军医署内是由谁批准的呢？

答：这是用日皇名义做的。

问：我知道是用谁的名义做的，但我现在向你发问的是究竟这草案上有谁花过押。这草案是由你签字批准的么？

答：这命令草案应该是经我签字批准的。

问：你证实你在一九四九年十二月二十三及二十四两日所供述的那些话么？

答：是的，我证实。

问：现在我们来审查该部队人员补充问题。你参加过用细菌学熟练专家干部补充该部队的事情么？

答：是的，我参加过这件事情。

问：请你说说，你在东京第一号医院里供过职么？

答：是的，我在那里供过职。

问：你是在什么地方同后来担任第七三一部队长的石井四郎相认识的呢？

答：我是在东京第一号军医院内初次认识石井四郎的。

问：是在与石井共同供职时认识的么？

答：是的。

问：最先担任第七三一部队长职务的是谁呢？

答：是石井四郎。

问：就是那个刚从外国考察归来就加紧主张日本必须积极准备细菌战的石井四郎么？

答：是的，对的。

问：你赞同过石井四郎这种主张么？

答：是的，我赞同过他认为必须进行此种研究工作的意见。

问：你赞助过委任石井四郎为部队长的办法么？

答：是的，赞助过。

问：我要顺便问你一下，你按专长来说原是细菌专家么？

答：是的。

问：你关于石井四郎个人的行为知道一些什么，并请你说说，你知道日本陆军省和日本参谋本部高级官员中有哪些人赞同并拥护过关于准备细菌战的观点呢？

答：石井四郎从欧洲考察归来后，曾于一九三一年在东京军医学院任教授。当时他就开始鼓吹说各强大国家都在进行准备细菌战的工作，日本若不进行此种准备，那它在将来战争时就必会遇到严重的困难，我曾听说，石井常在日本陆军省和参谋本部高级官员中间发表言论，说从战略作战的观点来看，细菌武器乃是一种很有利的进攻武器。

问：究竟参谋本部和陆军省高级官员中有谁拥护和赞同过石井的观点呢？

答：据我所知，最积极拥护他这种意见的，是后来担任陆军省军务局局长的永田中将。

问：参谋本部战略署第一科长铃木大佐拥护过他这种意见么？

答：至于说到铃木大佐，那我知道他是赞成石井所持观点的。关于永田中将最为积极拥护过石井意见这点，有如下事实可以证明：在平房站实验所石井本人办公室内，安放有用石膏塑制的永田中将半身像。石井非常感谢他，所以才把他的半身塑像保藏在本人近旁。

问：我现在来把你亲自参加组织第七三一部队工作的经过总括一下。

你以日本陆军省军医署卫生科长资格直接参加过组织及编制第七三一部队一举，无论如何你是赞同并拥护过委任石井四郎为该部队长一举的，对不对？

答：对。

问：你知道日皇关于扩充和改编第七三一部队的第二道秘密敕令么？

答：我被调到关东军去供职后才知道此事。

问：请你把日皇裕仁颁发而第七三一部队作为根据实行了改编的那道秘密敕令的内容说明一下。

答：该部队在成立后初期是称呼为"防疫部"，而在改编后则已是称呼为"防疫给水部"了。

起初的防疫部人员名额不到一千人，而在改编为防疫给水部后则已增至二千人了。

此外，该部队在改编以后又开始分成为几个部：总务部、第一部、第二部及其他等部。

这就是在改编时所发生的各种主要变更。

问：遵照日皇第二道敕令成立的那些部中，主管给水事宜的是哪一部呢？

答：是第三部。

问：由此可见，在所有八个部中，只有一部是经管给水问题的。对么？

答：是的，对，只有第三部是经管给水事宜的，其余各部都与给水一事毫不相干。

问：第三部设置在什么地方呢？

答：设置在哈尔滨城内。

问：其余各部设置在什么地方呢？

答：设置在平房站。

问：各该部所进行的工作都是异常秘密的么？

答：是的。

问：确实是只有关东军总司令才能发给到各该部去的通行证么？

答：是的。

问：第七三一部队的各个支队设置在什么地方呢？

答：设置在林口、海林、孙吴及海拉尔。

国家公诉人：我请求军事法庭把关东军司令官一九四〇年十二月二日所下第三九八号其一作战命令拿出来给被告人看看，并将其宣读一遍，这道命令是说要在林口、海林、孙吴及海拉尔等地成立防疫给水部支队。（案卷第十五卷，第三页）

审判长：军事法庭决定，把关东军司令官一九四〇年十二月二日命令宣读一遍。①

国家公诉人：被告梶冢，你曾知道关东军司令官所颁发的这道命令呢？

被告梶冢：是的，我曾知道这道命令。

问：为什么第七三一号部队所属各支队都是设置在靠近苏联边界的地方呢？

答：这样作的基本原因，是要把各该支队分布于第一线陆军部队驻屯地区。

问：你接任关东军医务处长一职后，就开始巡视你所管辖的那些机关并考察它们的工作情形么？

答：是，对的。

问：你考察过第七三一部队工作情形么？

答：是的，我考察过。

问：你在考察你所管辖的那些机关活动及工作情形之前，是领到过总司令梅津将军的相当指示么？

---

① 见本书第一五〇至一五一页。

答：是的。

问：梅津将军向你说过一些关于第七三一部队的事情么？

答：当我动身到第七三一部队去巡视之前，我向总司令梅津将军报告说我要前去巡视，当时他对我说，第七三一部队从事准备细菌战工作的。

问：你是在什么时候初次巡视第七三一部队的呢？

答：是在我刚接任医务处长一职后不久，即在一九四〇年三月间。

问：当时的部队长是谁？

答：是石井四郎，那时他还是大佐。

问：关于第七三一部队的活动一层，石井四郎对你说了一些什么话？

答：石井把该部队活动情形作过一个概括说明，主要是说到遵照关东军正式操典进行的那种工作。

问：石井四郎什么时候对你说过该部队"秘密中的秘密"呢？

答：我记得是在一九四一年初。

问：第七三一部队长石井大佐对你谈论的该部队"秘密中的秘密"究竟是什么呢？

答："秘密中的秘密"，就是在准备细菌战方面进行的研究及他种工作，以及这种工作的结果和用活人进行的实验。

问：石井四郎关于这点向你说过一些什么呢？

答：石井对我说过，有各种进行细菌战的方法，而这些方法就是：第一，军事破坏的方法；第二，使用炮弹；第三，使用飞机炸弹。

石井四郎往下对我说，炮弹和飞机炸弹通常是用金属制的，但是若把这种炮弹和飞机炸弹装上细菌的话，那末在金属爆裂时因大量火药爆炸引起很高热度，就会使细菌失去生机。所以石井部队决定采用瓷制炸弹，并在这方面进行研究工作。

他曾对我说，若是采用从飞机上撒放细菌的办法，那就要从很高的空中撒放，而这是不能产生良好效果的，所以为要使细菌不致失掉生机，就必须从不很高的空中撒放。

石井接着又说，若是把细菌单纯地撒放，那末细菌从高空撒下时就会失掉生机。要把细菌装到某种外壳内撒放才行，而这种外壳就是跳蚤。因此就决定使用传染上鼠疫细菌的跳蚤。

再则，据石井所说的话看来，用传染病媒介物去传染饮水及食物，乃是使用细菌武器的一种有效方法。

问：石井曾认为何种传染病媒介物是最适合将来细菌战目的的呢？

答：他在当时就已认为鼠疫跳蚤最为适合。

问：请你把这点对法庭详细说说。

答：石井在当时说过，鼠疫流行病在自然条件下是容易发生的，但要用人工办法来造成流行病却就不很容易了。他在分析这方面的原因时说道，单只具有传染病媒介物还不足以促成流行病，为此还要明白知道人的生理条件和生理特点。他说，只有在研究人的生理特点条件下，才能知道用人工办法引起流行病的条件。

问：就是说，这种研究生理特性的工作，是要用活人作实验的办法来进行的吧？

答：是的，对。

问：这种用活人作的实验究竟是在什么地方进行的呢，石井将军关于这种实验对你说过一些什么呢？

答：他只对我说过，进行这种实验时用的是中国人，并说这种实验是既在部队内即实验室条件下进行，又在野外条件下进行的，此外他关于这个问题再没有向我说过什么话了。

问：据石井所说，这就是该部队"秘密中的秘密"么？

答：是的。

问：你会知道使用细菌武器对付中国人的事实么？

答：我是在一九四四年初从北野少将口中知道这点的。

问：北野对你说过什么，以及当时有谁在场？

答：他是在关东军司令部里，即在我的办公室里说及此事的。当时没有任何其他人在场。他当时对我说，石井部队内派出了由几个人组成的远征队，该远征队带着必需数量的器材到上海以南地区去动作，从空中撒放了鼠疫跳蚤。同时他还说这次实验所得的结果是很不错的。关于在中国使用细菌武器一层，他只对我说过这些话。

问：可见，他曾对你说，在中国使用过鼠疫跳蚤即染上鼠疫的跳蚤这种细菌武器，是不是？

答：是的，他曾如此说过。他说这种方法可以用来散播鼠疫。

问：可见，北野将军当时向你报告了实际使用那些曾由石井初次通知你说是最有效细菌武器的鼠疫跳蚤，这是对的吧？

答：是的，对。

问：可见，你曾知道，第七三一部队起初在实验室条件下及在打靶场条件下所进行的那种实验，后来已大规模扩展成为反对中国和平居民的细菌攻击了。是不是？

答：是的，对。

问：现在我要问的问题，就是当时你自己究竟怎样估量过这种反对中国居民的细菌攻击呢？

我要指出你在一九四九年十月三十日所供述而记载在案卷第八卷第一〇五页上的一段话。当时你说过：

> 我证实说，第七三一部队确实曾使用细菌武器反对过中国军队和中国内地和平居民。毫无疑义，这种武器在中国人看来是一种进攻的手段，而在日本人看来则是一种实验的手段。

请你解释一下，你说这种武器在日本人看来是一种实验手段，究竟是何所指呢？

答：我这样估计，是说当时这种武器的效力还未完全查明，所以当时所进行的是判明此种效力的试验。

问：你的职业是医生么？

答：是的。

问：虽然你按职业来说是一个医生，即从事人道职业的分子，而你当时毕竟认为使用数千万鼠疫跳蚤对付中国和平居民只是一种试验办法么？

答：固然，这是一种试验办法，但这是一种惨无人道的试验。

问：关于在安达站打靶场上用活人进行实验一事，北野将军对你说过一些什么呢？

答：他对我说过，在第七三一部队设于安达站附近的打靶场上，利用放置在一定距离的特种炸弹进行着把细菌传染到人及动物身上的试验，在进行这种试验之后，人及动物都传染上了炭疽热。可见，这种传染人及动物的试验，是经过炸弹来进行的。

问：作为传染炭疽热对象用来进行实验的那些人，是属于什么民族呢？

答：北野并没有直接对我说明这些人是属于什么民族，但既然石井曾经告诉我说受实验者是中国人，所以当时我就以为在此场合也是用的中国人。

问：我要指出你在一九四九年十一月十五日受审时所供述的一段话。（案卷第八卷，第一三九页）当时你关于这种实验曾供述如下：

> 据北野说，这种实验是用动物和中国人来进行的。在进行这种实验时，用的是装上炭疽热细菌的特种炸弹。炸弹是在地面上炸的，而在炸弹爆裂之后，炭疽热细菌就传染到动物和人身上去。

你证实你所供述的这段话么？

答：是的，我证实。

问：你曾供述说你担任关东军医务处长职务时指导过第七三一部队内的科学研究工作，你现在还证实你这段供词么？

答：是的，我证实。

国家公诉人：我请求法庭把被告梶冢和证人松村——即任过关东军司令

部作战部长的前日本陆军少将松村——对质审讯记录宣读一下。这次对质审讯记录载入案卷第八卷内第二六五至二六七页上。

审判长：军事法庭决定要宣读关东军司令部前任作战部长证人松村和被告梶冢对质审讯记录。

（审判长当即宣读松村和梶冢两人对质审讯记录。同时这段记录又用日语宣读。）

被告梶冢，请你走到播音机近旁来。

国家公诉人：你证实你在对质时所供述的这段话么？

被告梶冢：是的，我证实。

问：当你指导第七三一部队在研究各种细菌特性方面的科学考察工作时，你曾知道所有这一切实验都是在活人身上进行的么？

答：是的，我曾知道。

问：你知道有科学工作员吉村这个人么？

答：是的，我知道。

问：请你向法庭说说，吉村在第七三一部队作过什么事情。

答：我最初知道吉村在第七三一部队担任科学工作员一事，原是在一九四〇年三月间，即是当我初次到该部队去巡视的时候。当我视察该部队实验室时，我就在那里认识了科学工作员吉村。

在这里，即在实验室内，我知道了吉村是在进行研究冻伤的工作，他当时所研究的是冻伤发生的原因问题，换句话说，就是研究冻伤病理学。

后来我看过这吉村所写的一部科学著作。这部著作内容归结于认定医治冻伤的最有效方法是将冻结的四肢放到三十七度的热水里。由此我就知道吉村是从事冻伤研究工作的。

问：吉村在研究冻伤病理学方面所进行的这种工作，正是属于你所主持的关东军医务处管辖范围，并且正是该处因准备关东军冬季作战而特别重视的。是不是这样呢？

答：是的，这种工作是我们很重视的。

问：你曾熟悉吉村所进行的这种实验么？

答：是的，对。

问：并且你还看过他那些书面报告么？

答：是的。

问：你指导过第七三一部队研究流血热症以及伤寒症、鼠疫和霍乱细菌方面的实验工作么？

答：是的。

问：你曾知道所有这一切实验都是在活人身上进行的么？

答：是的，关于这点曾有人经常向我作过报告。

问：可见，你曾知道第七三一部队是在大规模用活人来作实验的么？

答：是的。

问：关于第七三一部队内进行实际研究细菌武器的秘密工作一层，你曾向关东军司令官山田将军报告过？

答：是的，我曾说过有这样的事情。

国家公诉人（向法庭说）：请允准我关于这点向被告山田发一个问题。

审判长：被告山田，请你走到播音机近旁来。

国家公诉人：被告山田，请你说说关于第七三一部队内积极进行研究及实际使用细菌武器的工作一层，你最初是从什么人口中知道的呢？

被告山田：是从关东军司令部医务处长梶冢口中知道的。

问：就是现在与你并立着的这位梶冢么？

答：是的。

国家公诉人：我再没有什么问题要问被告山田了。

审判长：被告山田，请你坐下。被告梶冢，请你走到播音机近旁来。

国家公诉人：被告梶冢，请你说说，第七三一部队中的军人穿的是什么服装呢？是通常军医制服呢，还是普通军服呢？

被告梶冢：第七三一部队中的军医人员是没有佩带自己所属那个兵种标号的。

问：为什么要这样做呢？

答：是为要保守第七三一部队工作方面的秘密。

国家公诉人：说到这里，我要请求法庭把案卷第二一卷第三至四页上的关东军司令部一九三八年六月三十日所颁发的一五三九号指令宣读一下。这是关于要在平房站附近设立特别军事区的指令。

审判长：军事法庭决定，宣读关东军司令部一九三八年六月三十日颁发的一五三九号指令。被告梶冢，请你坐下。

（审判长宣读关东军司令部一九三八年六月三十日所下"在平房附近设立特别军事区"的一五三九号指令。[①] 该文件同时又用日语宣读。）

被告梶冢，请你到播音机近旁来。国家公诉人，请你继续审问吧。

国家公诉人：被告梶冢，你证实说平房站的特别军事区曾是特别严格守卫、严守秘密的军事区么？

被告梶冢：我证实这点。

问：你曾知道第七三一部队第四部内所有设备的生产能力么？

答：我曾知道该部拥有颇大的生产能力，但没有料到此种能力有如像其他被告供词中所说的这样巨大。

问：你知道"石井式"培养器的构造么？

答：我知道。

问：你既是细菌专家，想必明白知道过用"石井式"培养器繁殖细菌过程的种种特点就决定这种细菌不能用来制造痘苗，而只能用来大批制造供细菌战用的各种细菌吧？

答：是的，我明白知道过这点。

问：可见，你曾知道石井部队第四部是在进行大批繁殖各种细菌以供细菌战之用的工作，是不是？

答：是。

问：你曾供述说你十分详细知道过第七三一部队内是用活人进行实验致

---

① 见本书第一三〇页。

命细菌的，现在你证实你这段供词么？

答：我证实。

问：你承认说你曾指导过第七三一部队研究"孙吴"疟疾、脱皮伤寒症、鼠疫、霍乱等病菌的实验工作么？

答：我承认。

问：其次，你承认说你曾详细知道第七三一部队科学实验工作员吉村所进行的那些实验，即关于冻伤的实验么？

答：我承认。

问：你承认说这种实验依其本身特性正应首先受到关东军医务处方面的重视么？

答：我承认。

问：最后，你承认说你曾知道第七三一部队用鼠疫跳蚤对中国居民进行的各次攻击么？

答：我承认。

国家公诉人：我再没有什么问题要问被告梶冢了。

辩护人山尼科夫：在一九三六年间，即在第七三一部队成立时，你曾知道该部队的真正工作方针是准备细菌战争么？

被告梶冢：我曾知道该部队将在这方面从事研究工作，但我当时以为该部队主要是担任防疫勤务。

问：请你说说，关于第七三一部队进行准备细菌战工作的首批消息，你是从什么人方面以及在什么时候收到的呢？

答：关于该部队内进行此种研究工作一层，我是在初次巡视该部队以前从关东军总司令口中确实知道的。

问：你曾具体知道第七三一部队中哪一部分工作是归关东军司令部作战部管辖的呢？

答：是的，我知道过这点。

问：当你在一九四〇年三月间到第七三一部队去巡视时，是不是该部队内所有各部都受你检查过，如果不是，那又是为什么呢？

答：当我在一九四〇年三月间到第七三一部队去巡视时，关东军司令部发给我的那个书面许可证上写有一条限制，内容是说并非所有一切地点都可让我去看，例如，当时不让我去看的有第七第八或第六第八号房舍，不过现在我已说不上究竟是哪一号房屋了。其余的一切房舍，我都可去视察，所以当我抵达该部队时，我就被带引去看过部队内所有一切房舍，唯独没有把我带引到这两所房舍去过。于是我就明白了，部队内的秘密房舍是禁止我去视察的。

问：石井少将向你通知的那些关于第七三一部队工作情形的消息，究竟是由于职务关系通知你的呢，还是用私人谈话方式通知你的呢？

答：这是以私人谈话方式作的。

问：你在回答审判长所提问题时，曾说你获有学位和写有科学著作。你认为你以医生和专家所写的著作是与你赞同那主张细菌战者观点的态度相容的么？

答：我曾从防疫勤务必要的观点上赞同过石井的意见和主张，但我认为该部队后来的全部工作都是罪恶工作，而因为我自己曾与这种工作有关并参加过此种工作，所以我认为我也同样犯过罪恶行为，并且现在表示悔悟。

被告佐藤受审经过

国家公诉人：被告佐藤，你是什么时候接任"波"字第八六〇四部队长一职，以及担任过多久时间呢？

被告佐藤：我担任驻屯广州"波"字第八六〇四部队长一职，是从一九四〇年十二月起，至一九四三年二月止。

问：后来你从广州"波"字第八六〇四部队被调走去担任的是什么职务呢？

答：后来我被调到南京去担任"荣"字第一六四四部队长职务了。

问：你担任南京"荣"字第一六四四部队长职务有多久呢？

答：整整一年，即到一九四四年二月为止。

问："波"字第八六〇四及"荣"字第一六四四这两个部队，是什么时候成立的呢？

答：是在一九三九年间成立的。

问：南京"荣"字第一六四四部队共有几个支队呢？

答：有十二个支队。

南：请你指出南京"荣"字第一六四四部队及其各个支队人员数额。

答：总共约有一千五百人。

问：石井四郎与南京"荣"字第一六四四部队有过什么关系呢？

答：在该部队初一成立时，石井担任过部队长。

问：你曾知道石井四郎是最努力探究细菌战武器的人么？

答：是的，我曾知道这点。

问：在石井离开后主持"荣"字第一六四四部队的是谁呢？

答：接任南京"荣"字第一六四四部队长的是太田大佐，他先前也在石井部队中服过务。

问：小野寺中佐担任的是什么职务呢？

答：他担任的是"荣"字第一六四四部队总务部长职务。

问：现在我们就要谈到由你主持的"荣"字第一六四四部队所拥有的设备，请你把"荣"字第一六四四部队内供大批培养细菌用的设备说明一下。

答：供大批制造细菌用的设备中，我认为必须指出有宽长各五公尺高二公尺半的一间孵育室，口径一公尺半长为二公尺半的两个筒形消毒器，以及"石井式"培养器约二百具。

问：南京"荣"字第一六四四部队内有科哈式锅炉么？

答："荣"字第一六四四部队内有科哈式锅炉五十具。此外还有十具别种锅炉。其中有一部分是安置在司令部，同时各支队内也安置有锅炉。

问：部队内所有的设备能制造出多少细菌呢？

答：在利用全部设备时，每一生产周能制造出细菌十公斤。

问：你在一九四九年十二月九日预审时所供述而保存在案案卷第十四卷第三〇二页上的一段话，即受你指挥的南京"荣"字第一六四四部队并不只是进行过防疫给水事宜，而且还进行过研究大量制造细菌武器的工作，你现时证实你这段供词么？（这段供词用日语宣读。）

答：是的，我证实我这段供词。

问：南京"荣"字第一六四四部队进行过繁殖跳蚤的工作么？

答：是的，进行过。

问：我请你说说，繁殖跳蚤的工作究竟是怎样进行的。

答：繁殖跳蚤的工作是在我尚未到"荣"字第一六四四部队供职以前就已在进行的，为此曾备置有大约一百个汽油桶。

问：被告佐藤，请你说出你关于"荣"字第一六四四部队曾帮助第七三一部队对中国居民进行细菌攻击一事所知道的一切。

答：当我在"荣"字第一六四四部队供职时，我曾亲自听到太田大佐及小野寺中佐说，一九四〇年在宁波一带，一九四一年在常德一带，一九四二年在浙赣一带动作时，均使用过细菌武器。并且当时所使用的，都是从飞机上撒放的鼠疫跳蚤。

在浙赣一带动作时，"荣"字第一六四四部队中有一部分人员帮助进行过这次动作。此外，当时又从第七三一部队那里派来了很多军人。我不知道这次动作具体经过的情形，但我知道"荣"字第一六四四部队司令部帮助进行过这次动作，例如在繁殖跳蚤方面。

问：换句话说，"荣"字第一六四四部队供给过石井部队远征队相当数量的跳蚤，以便用来传染鼠疫。对不对？

答：对。

问：第七三一部队远征队到达南京时是驻扎在什么地方呢？

答：是驻扎在南京"荣"字第一六四四部队营舍内。

问：那末，在石井部队远征队到达华中时，"荣"字第一六四四部队曾是该远征队的基地么？对不对？

答：对。

问：请你说说，当你任"荣"字第一六四四部队长时，主管培养鼠疫细菌及繁殖跳蚤工作的是谁呢？

答：是村田大尉。

问：为此目的而在该部队细菌部内成立有专门负责培养跳蚤及繁殖鼠疫细菌的分部或科么？

答：是的，曾这样作过。

问：请你说说，你从南京"荣"字第一六四四部队内调走后是担任什么职务呢？

答：我被调去担任第五军团军医处长职务了。

问：驻屯在第五军团部署地区内的究竟是第七三一部队内哪一个支队呢？

答：驻屯在第五军团部署地区内的有两个支队：一个是驻在海林站，另一个是驻在林口。

问：被告尾上是哪一支队的队长呢？

答：他是驻海林站第六四三支队的队长。

问：你曾根据被告尾上请求下令协助该支队捕获老鼠以供繁殖跳蚤之用么？

答：这不是命令，而是对各部队长官的一种请求，因为军团军医处长无权号令本军团内各个部队。

问：那末，你是关于此事写过一封专信给各部队长官么？

答：是的。

问：请你说说，你究竟是在什么情况下写这封信给各部队长官的。

答：当我收到了尾上少佐请求经常供给他一些老鼠的申请书时，我就写了一封信给各个部队，请他们不要把捕获的老鼠打死，而要送交尾上少佐去支配。我还想说明一句，就是在那封信上不便直接吩咐各部队去捕获老鼠，所以在信上只是责成各部队不要把捕获的老鼠打死，而要将其送交第六四三支队。

问：你既是细菌专家，并且又当过南京"荣"字第一六四四部队队长，大概明白知道这些老鼠是第七三一部队用去繁殖跳蚤的吧？

答：虽然尾上少佐没有对我说过这点，但我能猜想到这点。

问：南京一带共有几个细菌部队呢？

答：如果指细菌部队而言，那末除了"荣"字第一六四四部队之外，别的部队是没有的。

问：你知道南京"荣"字第一六四四部队当时负有"多摩"部队的暗号么？

答：我知道。

问：被告佐藤，请你说说，受你指挥的南京"荣"字第一六四四部队，曾用活人进行过何种实验？

答：该部队未曾用活人进行实验。

国家公诉人：因被告人否认这点，我对他不再发问题，但我要向法庭提出申请。我请求法庭宣读远东国际军事法庭一九四六年八月二十九日在东京审讯的记录。国际军事法庭在东京举行这次审讯时，宣读过南京市地方检察厅报告书，该检察厅调查过日军在南京一带的残暴行为，就中也调查过"多摩"部队或"荣"字第一六四四部队的罪恶行为。结果所查明的残暴行为也与石井部队所干出的那种行为完全一样。从远东国际军事法庭在东京审讯记录中摘出的这一文件，载在案卷第二十二卷第三六页上。我请求法庭把这一文件宣读一下。

审判长：军事法庭决定，宣读摘自上述远东国际军事法庭在东京审讯记录的文件。

（审判长宣读摘自远东国际军事法庭审讯记录中的文件。[①] 同时这一文件又用日语宣读。）

辩护人波加切夫：被告佐藤，请你说说，你是由什么社会等级出身的呢？

---

① 见本书第一六五页。

答：由贵族出身。

问：你有什么医学专长？

答：我是病理学专家。

问：你有什么学位，什么时候获得以及因什么科学著作而获得的呢？

答：一九三一年间，我因著作《葡萄糖凝结实验》一书而获得医学博士学位。

问：你对于细菌学有过专门研究么？

答：没有。

问：你是什么时候以及因什么功劳获得勋章的呢？

答：我因参加满洲事件获得了一枚四等"旭日"勋章，因参加中国事件获得了一枚"金鸡"勋章和一枚三等"旭日"勋章。

问：你在一九四一年以后时期内获到过什么奖章没有呢？

答：没有获到过任何奖章。

被告平樱受审经过

国家公诉人：被告平樱，你是从什么时候起以及身任何职在关东军第一〇〇部队中服务的呢？

被告平樱：我从一九四二年七月起在第一〇〇部队担任工作员。

问：你是在第一〇〇部队哪一分部内担任工作员呢？

答：从一九四二年至一九四三年十二月间我在第二部第一分部内供职，此后我在新成立的第六分部内供职，而从一九四四年四月至日本投降时止，我在海拉尔一带参加该部队远征队工作。

问：请你对法庭详细说说，你从一九四二年起在其中服务的第一〇〇部队是个什么部队呢？

答：第一〇〇部队正式称呼为关东军马匹防疫部队，而实际上该部队是进行准备细菌战工作的。

问：该部队司令部设在什么地方呢？

答：该部队司令部设在长春以南约十公里远的孟家屯。

问：第一〇〇部队是受谁直接管辖的呢？

答：该部队直接受关东军司令部管辖。

问：指导第一〇〇部队工作的是谁？

答：是前关东军司令部兽医处长高桥中将。

问：第一〇〇部队是否设立有支队呢？

答：第一〇〇部队在大连城设立有一个支队，此外它在大连和海拉尔两地设立有马匹防疫支队，但海拉尔支队后来被调到克山城去了。

问：这个部队及其支队是由什么人编成的呢？

答：在该部队的人员中间有化学专家、细菌专家、植物学专家及兽医专家。

问：请你说说，你关于第一〇〇部队机构和工作情形知道一些什么？

答：该部队人员数目约达六百至八百人，其人数有时发生过变动，所以我说大约是这样多的人员。设立有部队司令部，此外还有总务部、第一部、第二部、第三部及第四部。总务部又分为若干分部，例如有设计分部及研究分部，此外还管辖有一处种植场或实验场。第一部主要是担任研究关东军各部队所属马匹，以及关东军各部队所拥有动物的血液，目的是要确定鼻疽、痛疽、传染性贫血等病症。

第一部内成立有若干分部，但究竟有多少分部，我已记不清楚了。

第二部在起初时期，即在一九四三年前，是分成五个分部，后来又增到了六个分部，主要是进行准备细菌战的研究工作。第一分部是细菌分部，第二分部是病理学分部，第三分部管理用来实验的动物，第四分部是有机化学分部，第五分部是植物学分部并同时研究植物病理学问题，第六分部是专门研究准备细菌战问题的。

第三分部拥有预备受实验的马匹及他种动物。

担任各分部部长职务的都是细菌专家、植物学专家、有机化学专家或病理学专家，其中有些是在役军官，有些是受雇科学工作员。一九四三年十二月间，前关东军兽医处长高桥中将巡视过该部队之后，第一〇〇部队第二部内又成立了第六分部，专负准备细菌战事宜。我要补充说一句，第二部第五分部乃是负责探求用细菌毒害或传染植物的方法的。这就是我所能说明的一切。

问：第二部曾采用过什么基本传染病菌作为进行细菌战武器呢？

答：据我所知，当时采用的是鼻疽、羊痘、牛瘟及炭疽热等病菌。

问：第二部内有多少人从事大批繁殖供细菌战使用的细菌呢？

答：据我所知，在我被调到海拉尔一带去以前，第一分部内约有二十人曾在科学工作员西田和实验员山口两人指导下，进行过长期研究炭疽热及鼻疽的工作。此外还有一批人由高秋大尉领导研究并大批制造过牛瘟和羊痘两种细菌，而有人员四十至六十名的第六分部也是在这方面进行工作的。

问：你在预审时曾供述说该部队内专门进行准备细菌战的第二部计有官佐二十名，科学工作员三十名及技术人员五十名，你证实你这段供词么？

答：当时我说过，这是第二部所有的人员。

问：就是说，你是证实自己这段供词么？

答：是的，我证实这点。

问：请你较为详细地说说第二部第六分部成立的经过和职能。第六分部究竟是负有什么特殊职能呢？

答：我记得第六分部是在一九四三年底成立的。我已经说过，前关东军兽医处长高桥中将，曾由山口中佐和高濑科学工作员陪着视察过第二部实验室。他们长久商议过一些问题，当高桥处长离去后过了一星期时，就下了成立第二部一个新分部即第六分部的命令。原先属于第一分部的职能以及其他各分部的一部分职能和人员转交给新成立的第六分部了。并且还把从前归第一分部支配的一切地下室都交给新成立的第六分部了。同时还开始来建设几处新房舍以供新成立的第六分部使用，这种建设工程在一九四四年间，即当我到海拉尔去时，还在继续进行。

问：第一○○部队内用活人进行过实验么？

答：一九四四年间，我从海拉尔回到部队去做工作报告。这是在九月间的事。当我抵达部队而走入部队营舍时，我遇见了科学工作员松井。他手里拿着盛有某种菜食的器皿。当我问他把菜食拿到何处去时，他回答说是拿到禁闭室去用活人进行实验的，但究竟这是什么实验，他却没有对我讲过。

问：关于第一○○部队为了细菌战目的在实际应用某些细菌方面所进行的种种实验，你知道些什么呢？请你说说，你曾亲自参加过哪次远征队的工作么？

答：一九四二年夏季，大概是七、八月间，我参加过夏季演习。现在我就要说说这次演习。

参加这次夏季演习的一队人是由村本少佐带领的。除他之外，这队人中间还有好几名科学工作员、官佐及技术人员，总共约达三十人。

全部必要的器材都预先运到了长春，发送器材一事是由金田少尉主持的。

实验工作是在北兴安省三河区靠近苏联边界的结尔布勒河岸上野外条件下进行的。这种实验的目的，是研究在战争爆发时使用各种细菌的可能。

问：究竟是使用过什么细菌呢？

答：当时用鼻疽细菌传染了河流和湖泊，并且用炭疽热细菌传染了地面。

问：究竟是传染了哪条河流呢？

答：离苏联边界不远的结尔布勒河。当时染上细菌的地方约有一个公里长。施放细菌是经过一定距离即大约一百公尺来进行的。施放细菌的工作，是由满田和井田清两位科学工作员乘坐橡皮舟去进行的。究竟他们怎么施放过细菌，那我却不知道。

问：被告平樱，顺便请你说说，这就是流入苏联边界上额尔古讷河的那条结尔布勒河么？

答：是的，这是对的。结尔布勒河水是流入沿苏满边界经过的那条河里的。

问：正是在这结尔布勒河里施放了鼻疽细菌么？

答：是的，对。

问：现在我请你说说你所参加过的往下一次远征，我指的是一九四四年间举行的那次远征。

答：一九四四年四月间，第二部部长雄坂中佐叫我去见他。我们二人走进部队长若松将军的办公室后，他们就向我宣布一道命令，命令上指出说，我应参加远征队出发动作。参加远征队的人员名额本来规定为七人，由浅尾大尉带领着去，但是这队内有一个人因病不能去，所以就指定我来代替他。当时他们曾预告我说，这次远征动作带有秘密性质，并说是到北兴安省去的。他们叫我看过两张文件，然后就对我说道，详细指令将由浅尾大尉临时颁发给我，他抵达目的地时，就会给出详细指示和说明。

在一张文件即命令上写道，这远征队的任务是要考查北兴安省各地区并查清这些地区内所有的牲畜总量。那里的牲畜是在牧场上不羁放养的，而我们的任务就是要查明这批牲畜的数量、牧场、蓄水池、道路及牲畜病症。

这道命令是极秘密的，上面注有"军密"二字。命令上写道，根据关东军总司令颁发的作战命令（现时我已记不清该命令的号码，但我记得上面注有"丙"字），在战争——当然是指的对苏战争——一旦发生时，北兴安省境内所有的大量牲畜都应撤迁到大兴安岭以东地区，而在这点作不到时，就应把牲畜消灭掉。

我接到这命令之后，就独自一人跑到海拉尔去听候浅尾大尉指挥，在该远征队内担任工作员一直到一九四四年九月止。

在九月间收到了一封密码电报，这封电报内容是饬令浅尾大尉把该队所进行的工作做第一次报告。为了要去做这个报告，我就同浅尾大尉一起前往第一〇〇部队，浅尾大尉在那里向第一〇〇部队长若松将军做了这个报告。当他做报告时，我并没有在场。当时浅尾大尉又接到了调他到东京去工作（大概是调到兽医学校去工作）的命令，于是他回到海拉尔后就立刻起程到东京去了。在他离去之后，我就被任命为这个特殊考察队的队长。下一年间，即在一九四五年三月间，我又为了要做第二次报告而前往长春，到那里后我就向第一〇〇部队长若松将军做了一个把该队工作所有一切结果都综括说明的报告。当我做报告时，曾有雄坂中佐和科学工作员井田二人在场。我这次做的是书面报告，并且附有各种地图和图案。接着部队长若松少将和雄坂中佐两人便把我带到关东军司令部去，叫我向兽医处长高桥中将做报告，于是我就在高桥中将办公室内做了这个报告。我做了这次报告以后不久就回到海拉尔去，当我起程回去时，部队长若松少将吩咐我在海拉尔收买牲畜。牲畜应经过满洲国政府机关收买。我应到农业畜牧公司海拉尔分部去领牲畜。部队中有一位姓林的职员从长春带来了八万日元的款子，于是我们就收买了五百只羊以及九十至一百头左右的马牛。当时我从部队长若松少将口中知道，这些牲畜是预备供军事破坏工作用的，即是要把这批牲畜染上细菌，然后用它们去散布牲畜病症。

问：究竟是要用什么细菌去传染这批牲畜呢？

答：关于要用什么细菌传染这批牲畜一层，我没有听说过，但据我推测是用炭疽热、鼻疽及牛瘟三种细菌。

当时收买的一批牲畜被送到了海拉尔城西北八十公里的地方，在那里一直养到日本投降时为止。我在一九四五年三月间向部队长若松少将做报告时，曾通知他说北兴安省有牲畜约达一百五十万头。当时他对我说，一旦战争发生时，这批牲畜就应该用飞机染上细菌，至于应担任执行此种工作的特殊军事破坏部队，则应以第一〇〇部队为基础编成，或是由关东军司令部用另外一些人员编成。

问：被告平樱，据你所说，你自从一九四四年三月起，就参加过一个侦察队的工作，这个侦察队在与苏联交界的地区内进行过细菌侦察，以便在同苏联开始战争时进行积极的细菌动作。我把你的话了解得正确么？

答：是的，正确。

十二月二十七日晚庭审讯记录

被告平樱继续受审经过

国家公诉人：关于第一○○部队远征队在一九四五年三月到南岗河一带动作一举，你知道些什么呢？

被告平樱：该远征队到南岗河一带动作，是一九四五年三月间的事。原先领导这次远征的是雄坂中佐，后来他由山口少佐代替了。

该远征队中有二十余名科学工作员。当该队抵达海拉尔后，我就把它送到位置在海拉尔以南二十公里的目的地怀乐镇（译音）去。

问：请你向法庭说说，这次出发远征的目的是什么？

答：山口少佐从这次远征归来后通知我说，这次远征演习目的是要检查在冬季条件下用鼠疫传染牛马而以痘疮传染羊群的条件和可能性，试验方法是把细菌放到雪上和草中。

问：你证实你在一九四九年十一月二十三日受审时供述的话么？当时你供述说："以前我已经说过，这种实验的目的是要在各种条件下检查细菌生命力的保存情形，以便在进行细菌破坏工作时利用所获得的成果。"（案卷第十七卷，第一一六页）（这段供词同时用日语宣读）

国家公诉人：你现时证实你这段供词么？

被告平樱：是的，我证实这点。

问：被告平樱，请你说说，关于你在靠近苏联地区所进行的细菌实验结果，你向高桥中将报告过几次？

答：报告过两次。

问：关于在开始细菌战时要用什么方法进行传染牲畜一事，当时高桥中将向你说过什么话没有呢？

答：我于三月间听到若松少将说过，细菌战要用从飞机上传染牲畜的办法来进行。

问：你向高桥中将报告的内容是什么？

答：我向高桥中将报告时，有第一〇〇部队长在场，我所报告的是考查所得的结果，即关于河流、蓄水池状况及其位置，道路经过的地方，牧场分布情形以及牲畜移动的可能性。

问：你这次向高桥中将报告时，谈到需要有多少细菌来传染这些地区么？

答：是的，曾谈到过这点。准确数字我已记不清楚了，但我记得当时说的数量是以公斤计算。

问：你是遵照谁的命令从北兴安省居民那里收买牲畜的呢？

答：牲畜是我遵照第一〇〇部队长若松的命令收买的，但不是从居民那里而是从一家农业公司那里收买的。

问：在战争一旦爆发时应怎样处理这批牲畜呢？收买这批牲畜是预备干什么用的呢？

答：我从若松少将口中知道，这批牲畜是预备供进行细菌破坏工作用的。在战争爆发时应将这批牲畜染上细菌而放到敌军后方去传染牲畜。

问：让我把你的供词总结一下。你亲自参加过第一〇〇部队所举行的两次远征动作：一次是到三河区去动作，另一次是到北兴安省去动作，是不是？

答：是的，参加过。

问：这两次远征的基本目的，都是准备对苏联进行细菌战。对不对？

答：对的。

问：你曾在第一〇〇部队第六分部服务么？

答：对的。

问：第六分部的基本任务是准备对苏联进行细菌战的么？

答：对的。

问：就中也探究并大批制造细菌来供进行细菌战之用么？这也是对的么？

答：是的，对。

国家公诉人：我再没有问题要问被告了。

辩护人波尔霍维金诺夫：被告平樱，请你说说，把你编入第一〇〇部队一事是由谁发起的呢？

答：我当时是在日本本岛担任兽医工作，我不知这件事究竟是由谁所发起，但我到第一〇〇部队去工作是由师长下令或由陆相下令派去的。

问：请你说说，你是被征入伍还是自愿入伍的呢？

答：我是被征入伍的。

问：现在你对于你自己在第一〇〇部队内所进行的活动以及主张进行细菌战的全部思想都一概痛斥么？

答：是的，我十分痛斥这点。

被告三友受审经过

国家公诉人：被告三友，你是什么时候进到第一〇〇部队里去服务的呢？

被告三友：我是在一九四一年四月间进第一〇〇部队的。

问：你曾在第一〇〇部队哪一部内服务呢？

答：我曾在第二部内服务。

问：你曾在第二部哪些分部内服务呢？

答：起初我是在第二部第一分部内服务。而当第六分部成立之后，我就在该分部内服务。

问：你是从什么时候开始在第六分部内服务的呢？

答：是在一九四三年四月以后。

问：请你说说，第一〇〇部队第二部第六分部所干的是什么事情。

答：第二部第六分部的主要任务是研究细菌战和军事破坏的方法，以及大批制造细菌。这种研究工作是为了准备反对苏联的细菌战而进行的。

问：所研究的主要是什么细菌呢？

答：是鼻疽、炭疽热、牛瘟、羊痘。

问：可见，第六分部不仅探究过供进行细菌战用的传染病菌，而且大规模繁殖过各种细菌。是不是？

答：是的，对。

问：你在第六分部内服务时担任的是什么工作呢？

答：我担任的主要职务是繁殖鼻疽细菌，同时还参加过用活人进行实验的工作。

问：你参加过第一〇〇部队所举行的某次远征动作没有呢？

答：我于一九四二年七、八两月间在第一分部内服务时，参加过一次到结尔布勒河一带去动作的远征队。

问：谁去进行过这次远征呢？

答：领导这次远征的是村本少佐，此外还有官佐及科学工作员数名，技术人员三名，总共有二十余人。

问：被告平樱也参加过这次远征么？

答：是的，他也参加过。

问：这次远征的目的是什么呢？

答：这次远征的目的是研究能否使用鼻疽及炭疽热细菌来对苏联进行军事破坏工作。在这次远征时，曾用鼻疽细菌传染过结尔布勒河里的水，并用炭疽热细菌传染过死水泊。

问：现在我们就要讲到用活人进行实验的问题。请你说说，第一〇〇部队内用活人进行过什么实验呢？

答：我在第一〇〇部队服务期间，参加过一次用人来进行的实验。

问：我问的是另一点，我是问在第一〇〇部队内用活人进行过实验没有？

答：是的，进行过。

问：这类实验是由谁负责进行的呢？

答：用人进行实验一事是由四个人负责进行的：指导一切工作的是科学工作员井田，参加工作的有中岛中尉，实验员松井以及我。

问：第一〇〇部队内用来进行实验的人，是被拘禁在什么地方的呢？

答：这种人是被拘禁在部队守卫处的禁闭室内的。

问：这一禁闭室是直接归谁管辖的呢？

答：这一禁闭室是归本部队总务部长管辖的。

问：请你说说，你关于第一〇〇部队内用活人进行实验一事所知道的一切。

答：用活人来作实验，是在一九四四年八、九两月间进行的。进行这种实验的办法是用一种使受实验者觉察不到的方式发给他们一剂催眠药或毒药去吃。受实验的都是俄国人和中国内地人，共计七八名。实验时所用的药品有朝鲜"朝颜"、海乐英及蓖麻青，这类毒品都是渗进到食物内去。

在两个星期内，曾把这种渗上毒品的食物给每一个受实验的人吃过五六次。菜汤里面主要是渗的"朝鲜"朝颜，米饭里面大概是渗的海乐英，烟里面渗的是海乐英和"巴克塔尔"。受实验的人，在吃了渗上朝鲜"朝颜"的菜汤后经过三十分钟或一小时，就一连睡眠五小时之久。

所有受实验的人们受了实验后经过两个星期，就软弱得再不能使用了。

问：那时又怎样处置他们呢？

答：为了保持秘密，所有这些受实验的活人都被害死了。

问：用什么办法害死的呢？

答：有一个俄国人是由我们遵照科学工作员松井命令用注射十分之一克氰化钾的办法害死的。

问：究竟是谁把他害死的呢？

答：氰化钾是我给他注射的。

问：你把这个被你害死的俄国人的尸体怎样处置了呢？

答：我在本部队牲畜掩埋所那里把这具尸体剖开了。

问：你把尸体剖开后又加以怎么处置了呢？

答：我把这尸体埋下去了。

问：在什么地方掘的坑子呢？

答：在部队后面的牲畜掩埋所那里。

问：即是在掩埋死牲畜的地方么？

答：是在同一地方，不过是埋在另外一个坑子里。（旁听席上显现惊动，发出愤慨声）

问：请你说说，你究竟是用什么方法把这人杀死的，你是怎样把他杀死的呢？

答：为了要给这个受实验者注射氰化钾，我曾遵照松井指示设法使他泻起肚来，而这就成了注射氰化钾的借口。

问：可见，你原是欺骗了这个人么？你口里对他说是要给他打药针来给他治病，实际上却给他注射了氰化钾，对不对？

答：对的。

问：你仅只杀死过这一个人呢，还是杀死过别的人呢？

答：有一个受实验的中国人吃进了由我渗上毒药的米饭，也是在不省人事状态中度过几小时后就死掉了。

问：渗进米饭里去的是什么毒药呢？

答：是一克海乐英。

问：你曾知道你是把一剂致命毒药渗进到米饭里去么？

答：我曾知道这点。

问：可见，这原是你完全有意进行的杀害么？

答：对的。

问：被你杀害的这人的尸体埋到了什么地方呢？

答：同那个俄国人埋在一个地方。

问：即埋在死牲畜掩埋所那里么？

答：是的。

问：你还知道有其他杀害受实验者的情事么？

答：我还知道有两个受实验的俄国人和一个受实验的中国人是被宪兵队在前面说过的那个地方枪毙了的。

问：就是说，这三个人是径直在死牲畜掩埋所那里被枪毙的么？

答：是的。

问：宪兵为什么把他们枪毙了呢？

答：我想是为了保守秘密。

问：可见，凡是被送到第一○○部队去受实验的人都必得杀害掉，是不是？

答：正是这样。

国家公诉人：我再没有问题要问被告三友了。

辩护人普罗珂坪科：究竟是什么原因驱使你自愿加入该部队的呢？

被告三友：我原想去看看满洲。正在那时，我的几个朋友要到第一○○部队去服务，我就同他们一块前往了。

问：你刚才回答检察官的问题时，说你曾用活人进行过实验。你究竟是为了什么目的干这种事，你究竟为什么要进行这种实验呢？你在进行这种实验时有过什么私人利益计较没有呢？

答：我个人并没有过什么私人利益计较。

问：你现在怎样估量你当时的行为呢？

答：我很悔悟我参加过这种用活人进行残忍实验的工作，并且我很悔悟我参加过反对苏联的细菌破坏工作，以及参加过准备对苏联进行细菌战的工作。

被告高桥受审经过

国家公诉人：被告高桥，请你说说，你是从何时起至何时止在关东军内服务，以及你担任过一些什么职务呢？

被告高桥：我在关东军内服务是从一九四一年三月起，至一九四五年八月止，即直至我被苏军俘获时止，我所担任的职务是关东军司令部兽医处长。

问：你的军级是兽医中将么？

答：是的。

问：关东军第一〇〇部队是什么时候成立的呢？

答：关东军马匹防疫部是在一九三五年底或一九三六年初成立的。

问：总而言之，当你到关东军中服务时，该部已在工作么？

答：是的，对。

问：请你对法庭说说，第一〇〇部队在一九四一年间所担负的是些什么任务。

答：当我于一九四一年三月间到任时，该部所负任务是制造主要供保养马匹用的痘苗和血清，同时还要研究各种传染病症。

一九四一年九月间，该部队已接到指示要准备进行细菌战和细菌军事破坏工作，研究这种问题和探究种种手段。

问：首先是预定要对哪一国进行细菌战呢？

答：主要是对苏联。

问：当时究竟是决定要在第一〇〇部队内培养一些什么细菌作为细菌战武器呢？

答：首先是鼻疽和炭疽热细菌，其次是赤锈菌和斑驳病细菌，此外就是牛瘟及羊痘细菌。

问：当时你认为什么传染病媒介物最适合进行细菌战争呢？

答：炭疽热、牛瘟及羊痘细菌。

问：担任第一〇〇部队长的是谁呢？

答：是兽医少将若松。

问：究竟是谁在一九四一年九月间命令第一〇〇部队长若松将军开始制造你刚才对法庭说过的那些细菌作为细菌战武器的呢？

答：是我即兽医处长高桥。命令是以关东军总司令名义颁发的，直接指令是我下的。

问：当时担任关东军总司令的是谁呢？

答：是梅津大将。

问：可见，关于积极准备细菌战的命令原是由梅津将军颁发的么？

答：是的。

问：你就把梅津将军这道命令传给了第一〇〇部队么？

答：是的，我所担负的是指导执行的责任，而命令按操典规定是应由总司令亲自颁发的。

问：被告，请你说说，制造细菌武器的工作是由该部队内哪一部主持的呢？

答：是由第二部内第六分部主持的。

问：第一〇〇部队设立有支队么？

答：是，设立有。

问：这是怎样一些支队呢？

答：在拉古站设有一个支队，在大连市内设有一个不大的分部。

问：一九四一年间在各军团内成立有马匹防疫部或防疫处么？

答：是的，成立有这样的机关。

问：请你说说，这种马匹防疫部是设立在什么地方呢？

答：设立在东安、东宁、克山、鸡宁等城内。

问：谁是设立此种部队的发起者呢？

答：是参谋本部。

问：是参谋本部中的哪一部呢？

答：是第一战略部。

问：请你说说，究竟对这些部队提出过一些什么任务？

答：当关东军开始细菌战争时，这一战争就应该由这些部队来进行。

问：就是说，它们本来应该成为第一〇〇部队进行细菌战的据点么？

答：是的，对。

问：被告高桥，请你说说，各个防疫队所需要的干部是由谁负责培养的呢？

答：这种干部是由第一○○部队负责培养的。

问：可见，第一○○部队不仅是研究和制造细菌战武器的中心，并且还是培养这种战争所用干部的中心，对不对？

答：是的，对。

问：我请你说明一下，第一○○部队内研究细菌战手段的目的只是要在动物中间散布瘟疫呢，还是同时也研究过传染植物的方法呢？

答：关于传染植物一层，当时只进行过传染病媒介物的研究，但因为我不是本问题中的专家，所以我不能详细说明这点？

问：进行过研究斑驳症或小麦锈症菌的工作么？

答：起初进行过研究锈菌的工作，但后来因为培养和繁殖媒介物一举没有成功，于是我们就来研究斑驳症。

问：可见，你们为了细菌战目的，是放弃了锈菌而实行研究斑驳症细菌么？

答：是的，对。

问：请你说说，关于第一○○部队准备细菌战的情形，你曾向关东军总司令梅津将军作过报告么？

答：作过。

问：我请你把你关于此事向梅津将军作的各次报告一一说出来。

答：第一○○部队直接从事研究细菌战问题的工作，是从一九四三年十二月开始的。当时有各种专门家被派到该部队第六分部去，他们就在鼻疽、炭疽热、斑驳症、牛瘟及羊痘等方面开始了研究工作。因为当时日本曾对美英两国作战，所以保证设备一举极感困难，而该部队就把自己的力量用到研究和繁殖传染病媒介物工作上去了。

问：你第一次向梅津将军报告第一○○部队在开展制造细菌武器方面的准备程度时，你就中也向他提出过制造各种细菌的一定数目字么？

答：是的，提出了过。

问：梅津将军认准了你所提出的这种数目字么？

答：认准了。

问：你向梅津将军做报告时，曾提议制造一些什么细菌作为进行细菌战的最有效武器呢？

答：鼻疽菌、炭疽热菌、牛瘟菌、羊痘菌及斑驳症菌。

问：关于第一〇〇部队所能制造的各种细菌具体数量，你向梅津将军报告过么？

答：是的，我报告过这层。

问：请你指出这种数目字。

答：我当时报告说，第一〇〇部队在一年内能制造的细菌数量是：炭疽热细菌——一千公斤，鼻疽细菌——五百公斤，锈菌——一百公斤。这是我当时所报告的数目字，而这在具有充足设备的条件下是可能办到的。后来，即从一九四三年十二月起，设备已开始运来而安置在第二部第六分部内，但这一计划未能完成，于是我在一九四四年三月底就向总司令做了一个报告，说只制造出了炭疽热菌二百公斤，鼻疽细菌一百公斤，锈菌二三十公斤。

问：你曾认为第一〇〇部队所制造的细菌数量足够供进行细菌战之用么？

答：没有，我并未认为是足够的。

问：总而言之，在一九四一年后，因你坚持而采取过各种办法实行大批扩增细菌产量以供进行细菌战之用么？

答：是的。

问：第一〇〇部队在一九四四年间派遣远征队到北兴安省去动作一举是由谁主动的呢？

答：是由关东军第二侦探部军事破坏分部主动的。

问：你也参加过此事么？

答：是的，我遵照总司令命令参加过。

问：是根据什么文件派遣这批人员到北兴安省去的呢？

答：是根据关东军总司令所颁发的作战命令。

问：当时关东军总司令是谁？

答：是梅津将军。

问：被派往北兴安省去动作的这批人员负有什么任务呢？

答：这批人员所负的任务是要考查河流、蓄水池、牧场、牲畜数量以及畜群季节迁移条件。

问：进行这次侦察的终极目的是什么？

答：梅津将军曾对我说，在一旦对苏战争开始而日军退到大兴安岭一带进行防御战的时候，第一○○部队就应把北兴安省境内所有的牲畜一概染上流行病，并尽可能将其消灭掉，以使敌军不能享用这些牲畜。至于说到马匹一层，那末因为马匹能够迅速移动，所以决定将其赶到兴安岭以东地区去。

问：换句话说，这次到北兴安省一带去进行侦察的目的，也是准备对苏联进行细菌战争。对不对？

答：是的，对。

问：你听取过平樱关于他所率领的那个侦察队在北兴安省一带动作结果的报告么？

答：是的，听取过。

问：一共听取过几次呢？

答：在一九四四年九月间听取过一次，在一九四五年三月间又听取过一次。

问：平樱向你报告的是些什么事项呢？

答：现在我已记不清楚他的报告内容，但我证实平樱在今天所供述出的话。他在一九四五年三月所做的报告，是附录有图表及地图的详细报告书。

问：他第二次做报告时，曾说明过究竟用什么细菌最宜传染属于北兴安省当地居民的牲畜么？

答：传染一举应该从飞机上用炭疽热菌和牛瘟菌来实现。

问：请你说说，一九四二年夏派遣侦察队到三河区去的目的是什么？

答：这是为准备在将来日本对苏战争爆发时进行军事破坏而举行的演习。

问：在这次侦察时进行过一些什么具体动作呢？

答：当时在蓄水池及河流内撒放过鼻疽细菌，而在地面上则撒放过炭疽热细菌，后来又检查过究竟细菌能保持多久。

问：被告高桥，请你说说，当山田将军接任了关东军总司令职务后，你曾向山田将军报告过第一〇〇部队的工作情形么？

答：是的，报告过。

问：关于第一〇〇部队在准备细菌战方面进行秘密工作一层，你向新任总司令报告过么？

答：是的，报告过。

问：请你说说，关于第一〇〇部队工作详情，你向山田将军报告过多少次？

答：我第一次做报告是在一九四四年七月底，第二次是在一九四四年十一月，第三次是在一九四五年二月间。

问：请你说说你第一次向山田将军报告的内容。

答：我在第一次报告时，是用口述向山田总司令报告了兽医处工作情形。我说明了关东军兽医处工作情形之后，就简略叙述了第一〇〇部队的工作情形。关于第一〇〇部队中的秘密工作一层，我对山田将军说过，遵照前任总司令梅津将军命令，第一〇〇部队内制造着炭疽热、鼻疽、斑驳症、牛瘟及羊痘等细菌。同时我还报告了这各种细菌所制造的数量。

问：你第二次向山田将军报告的内容是什么？

答：我在一九四四年十一月间报告时，向关东军总司令说明了我先前从前任总司令梅津将军收到的那道由军事破坏分部长笹井大佐签署的命令。命令内容是说一旦日军退到大兴安岭一线时，第一〇〇部队就应实行传染该地所有的牲畜。同时我又通知他说，第一〇〇部队派出的平樱中尉小队正在该地区内进行侦查工作。

问：请你说说你在一九四五年二月间第三次向山田将军报告的内容。

答：我当时只通知过山田总司令说第一〇〇部队正在继续执行自己的

任务。

问：山田将军如何看待你向他所做的那次报告呢？

答：他听取过我的报告后总是说道："继续照旧干下去吧。"

问：从这里岂不是可以看出，梅津将军对此颁发的那些指令，在山田将军接任后也仍旧发生效力么？

答：是的，可以得出这样的结论。

问：被告高桥，你听见了被告三友关于第一〇〇部队内用活人进行实验的供词么？

答：是的，我听见了。

问：你应该对这种实验负责么？

答：是的，我应该对这种实验负责，但当时我不曾知道这种实验，因为这是未经我允准进行的，可是我终究承认自己应该对这种实验负很大的责任。

问：被告高桥，现在我们把你的供词总结一下。关于正是你指导了第一〇〇部队在积极准备细菌战方面的工作一层，你是否承认呢？

答：是的，我承认。

问：第一〇〇部队在你指导下所进行的这种积极准备细菌战的工作首先是预备去反对苏联的，对不对？

答：是的，对。

国家公诉人：我再没有什么问题要问被告高桥了。

辩护人兹维列夫：被告高桥，请你说说，你在东京大学求学时期为什么要领取陆军省津贴费呢？

被告高桥：在考入大学之前，我曾处在困苦的物质状况中。我不得不替弟弟缴纳学费，因而我自己后来被迫要领取津贴费。

问：请你说说，领取陆军省发给的津贴费一举，是不是使你在毕业后务必要到军队内去服务呢？

答：是的，务必要这样去作。

问：请你说说，你到英国去进行过科学考察，你住在英国时是否研究过与细菌学关联的问题呢？

答：我留居英国时研究的是维他命。

问：你说你不曾知道第一〇〇部队用活人进行实验的话，究应如何解释呢？

答：每当开始某种新的实验时，都必须得到陆军省的命令。只有得到陆军省的命令后才能进行此事，但此种命令并没有颁发过。当下级向关东军司令部申请此种准许时，准许令并不是由我即兽医处长颁发，而是由关东军总司令颁发的，但关东军总司令并未收到过此种申请书。刚才我从另一名被告受审时听到说进行过各种实验，但从前我是不知道这点的。

问：你在十月二十三日受审时曾说，你个人是反对细菌战主张的。我想知道一点，就是你究竟在何地何时发表过自己的这种意见呢？

答：在接到任命我到关东军去服务的命令之后，我从未发表过这种意见，可是当我在兽医学校时，我曾反对过这种主张，但因为我不是细菌学专家，所以人们未曾理会过我的意见。

问：你现在怎样估量自己在准备细菌战方面的活动呢？

答：我认为这是很不人道的事，所以我因我参预过此事而表示翻悔。我特别表示翻悔的，是因为日本青年在我指导下作过这种恶事。

检验人茹科夫－费勒什尼科夫：被告高桥，你曾知道鼻疽和炭疽热细菌不只能危害动物而且也能危害人么？

答：是的，我曾知道这点。

十二月二十八日早庭审讯记录

被告尾上受审经过

国家公诉人：被告尾上，你从何时起至何时止在第七三一部队服务，以及担任过一些什么职务呢？

被告尾上：从一九四三年九月起至日本投降止，我担任过第七三一部队牡丹江支队长。

问：这个支队是被称呼为第六四三支队么？

答：是的。

问：你接任这个职务以前是在什么地方服务呢？

答：在此以前，我是在驻屯虎林城的第十一师防疫给水部内供职。

问：你有什么专长呢？

答：我是细菌学家。

问：你受过什么教育呢？

答：我曾在专门高级学校毕业。

问：从一九三五年起至一九三六年止，你在东京军医学校受过专门训练么？

答：是的，受过。

问：一九三三至一九三四年间，你也在这所学校内学习过么？

答：学习过。

问：你在这所学校内学习时，学得了细菌学方面的专门知识么？

答：正是如此。

问：可见，你是受过细菌学专门训练的么？

答：正是如此。

问：第七三一部队第六四三支队有过一些什么部呢？

答：该支队有过如下各部：总务部、第一部、第二部、供给部及训练部。

问：大批培养寄生虫和繁殖鼠类的工作是在该支队哪一部内进行的呢？

答：跳蚤是在由第一部长中村兼管的专门培养跳蚤的分部内繁殖的，而繁殖鼠类的工作是在由供给部长神尾兼管的那一部内进行的。

问：第七三一部队长北野少将在一九四三年底曾给你的支队规定过一些什么任务呢？

答：北野少将在一九四三年底给我们支队所规定的任务是归结为如下各点：在牡丹江一带加紧防疫勤务，大批繁殖田鼠、白鼠及其他各种鼠类，同时还要扩增供大批制造细菌用的设备，但后一任务我们没有完成。

问：柄泽少佐到你们那里去是负有什么任务呢？

答：柄泽少佐到我们支队去，是为要调查可否在支队内设置蒸汽培养锅炉，以及调查设置这种锅炉的条件。

问：后来你们收到了蒸煮营养液用的锅炉么？

答：是的，收到了。

问：这是四具锅炉么？

答：我记得有六具。

问：每一具锅炉的容量有多大呢？

答：这是口径为一公尺半而长达二公尺半的一种锅炉。

问：就是说，这种锅炉是很大的么？

答：正是如此。

问：可见，大批制造细菌一举是放在实际基础上了么？

答：因为设备还未备置好，所以当时还没有实际基础。

问：我问的是另一点，即蒸煮营养液用的锅炉是给你们运到了么？

（被告柄泽闭口不言）

是或不是？这六具锅炉是给你们运到了么？

答：是的，我们收到了这些锅炉。

问：可以把这看作是大批制造细菌的实际行动么？

答：是的，可以看作这样。

问：现在请你说说，当时给你们运到的只是锅炉呢，或者此外还有蛋白消化素、液汁、盐以及其他各种为制造营养液来繁殖细菌所必需的原素呢？

答：我们收到了这些东西，但准确数量我已记不清楚了。

问：被告尾上，我想提醒你的记忆力，而来宣读你在一九四九年十月二十七日说出的如下一段供词：

> 必得指出，在一九四五年初，我遵照军医少将北野指令从器材部方面领到了三车箱（每车箱载重量为二十五吨）的蛋白消化素、液汁、肉精及煮盐等物资，存放在本支队内。

（这段供词用日语宣读）

这段供词符合实情么？你证实这段供词么？

答：我证实这点，有过这回事。

问：可见，在你们的支队内曾聚集有七十五吨各种资材来供制造营养液即供繁殖细菌之用，对不对？

答：对的。

问：前此不久的时候，该部队领到过六具容量很大的锅炉。对不对？

答：对的。

问：就是说，在将六具锅炉装置好而利用这批器材的条件下，第七三一部队可能实行大规模制造细菌。这也对么？

答：对的。

问：在石井中将第二次接任部队长一职后，你那个支队的工作方面有过什么改变呢？具体点说，石井中将给你那个支队规定了一些什么任务呢？

答：起初他并没有对这支队规定过任何任务，但他在四、五月间却已给我们规定了大批繁殖跳蚤的任务。

问：请你较为详细地说说这点。

答：关于繁殖跳蚤的命令，我是大约在一九四五年四月或五月收到的。我记得这样的指令曾分发给第七三一部队所有各支队。我已说过，这一命令是我在四月或五月间收到的，但我未能立即着手执行这一命令，因为我由于各种情况的关系，未能选人到第七三一部队司令部去学习这件事情，而只是在六月间责令立即派人去学习的密电到达后，我才执行了这命令而派了本支队的两人去学习。

我已记不清楚，他们在训练班里究竟受过多少时间的训练，我只记得是半月至一个月之久。当他们学习回来之后，我们就开始进行大批繁殖跳蚤的准备工作。除此而外，又曾派送过三人到训练班去，随后又派过五六人的一个小队由一名准尉带领到第七三一部队去，他们从那里领来了必需数量的跳蚤，以便用来在本支队内实行繁殖。这大约是在七月间的事。我还想起了一点，就是在我们进行大批繁殖跳蚤工作的初期，我们采用了六至十个空汽油桶来进行这件事情。

后来，为执行我们所奉到的命令起见，我们从牡丹江城的仓库内领到了大约二百个从前装汽油的空桶来繁殖跳蚤。至于这批汽油桶是否全数被实际用去大批繁殖过跳蚤，我已记不清楚了，因此现时我不能说明这点。

接着就开始了对苏联的战争，我从我那些属员报告中知道，一九四五年八月九日送了大约二十至二十五克跳蚤到第七三一部队司令部去，而所有其余的跳蚤，则在该部队于八月十三日出发到爱河站前线阵地去的时候由我们消灭了。

问：你曾供述说你收到过一封责成你们尽量加紧大批繁殖跳蚤的密电。你证实这段供词么？

答：是的，我证实这点。

问：奉到这封电报时你就首先从你那个支队里派去了两个人——即伍长矢吹和雇员铃木——到造就大批繁殖跳蚤的专门人材训练班去学习么？

答：是的，我证实我这段供词。我在预审时曾说出过这段供词，并说我派去的是伍长矢吹和雇员铃木，但后来我想了想之后，却又觉得我当时所派去的不是铃木，而是另一个人。

问：根据你从第七三一部队那里收到的指令，繁殖跳蚤一事要用二百个孵育器来进行，对不对？

答：指令上只说到领取这二百个桶子，而没有说到过别的事情。

问：你所主持的支队领到了二百个桶子么？

答：领到了。

问：繁殖跳蚤一事是在这种桶子里进行的么？这件事情是用什么方法来作的呢？

答：我记得是用如下方法进行的，先把切得很碎的干草放到桶底上，然后把一只或两只老鼠放进桶里将其固定住，接着便把跳蚤放到老鼠身上。

问：你既是细菌专家，当然是曾知道跳蚤能染上什么病菌的吧？

答：是的，我曾知道这点。

问：究竟是什么病菌呢？

答：是鼠疫。

问：就是说，你所主持的那个支队以及第七三一部队所属其他各支队繁殖的跳蚤，都是预备用来传染鼠疫的么？

答：是的，正是这样。

问：好的，请你向法庭说说，神尾少尉在你那里担任的是什么职务？

答：神尾少尉是本支队的供给部长，但由于支队里干部不够，所以他兼任过老鼠捕获队队长职务，并同时进行过繁殖白老鼠的工作。

该队起初是由十人组成的。他们的任务是到各个部队及居民那里去领取捕获的老鼠，将其送到支队来，然后再由支队送到第七三一部队的库房去。

除此而外，由神尾少尉带领的一队人又在牡丹江城内进行过大批捕获老鼠的工作。该队内原先约有十个至十四个或十五个人，后来在一九四五年间已增到三十人，那时大批捕获老鼠的工作就加紧起来了。此外还有五个人的一个小队开始来繁殖白田鼠，而另一个也是由五个人组成的小队则繁殖白家鼠。我记不清楚这是在哪一月进行的。但当时支队内的白家鼠和白田鼠很少，因而就从哈尔滨第七三一部队供给部那里领到白家鼠和白田鼠各五百只来开始大批繁殖。支队内接着就开始了这种繁殖工作。

问：被告尾上，你部下的士兵从事捕获田鼠时穿的是军服还是便衣呢？

答：他们穿的是工作服。

问：即穿的是便衣么？

答：正是如此。

此后就开始大批繁殖白田鼠和白家鼠，并将其送往第七三一部队司令部去。我记得每月送往司令部去的有一百至一百五十只田鼠，以及一百五十至二百只家鼠。

问：灰色田鼠和家鼠送去过多少呢？

答：一个月内总共送去过老鼠达二百只。

问：影山中尉在你那里担任过什么职务呢？

答：我记得影山是于一九四五年三月间到达支队的，他被委任为支队办公厅长并兼任第一部部长。他到达支队后对我说过，牡丹江支队在捕获鼠类方面很有成绩，同时请求我指定他去领导这件事情。

问：你曾指定他去领导过这件事情么？

答：我并没曾指定他一人去领导这一工作，他是同神尾少尉一起去领导这一工作的。

问：在影山中尉到达第七三一部队支队后就增加了捕鼠人员么？

答：是的，增加了。

问：增到了多少人呢？

答：大约增到了三十人。

问：你知道海拉尔支队内同时保藏有多少鼠类么？

答：知道，大约有一万三千只老鼠。

问：现在我请你说说你同第七三一部队总务部办公厅长高桥谈话的内容。

答：我与第七三一部队总务部办公厅长高桥少佐谈话的日期，我已记不清楚了，但我记得这次谈话的内容，是他关于用活人进行实验以及第七三一部队内研究鼠疫和繁殖跳蚤工作等的通知。他告诉我说，用活人作实验是在特设的打靶场上进行的，方法是从飞机在离地一百至一千公尺高的飞机上投掷细菌炸弹。

此外，在第七三一部队内还有过另一个高桥，他对我说过部队内进行研究鼠疫的情形。这个高桥也是一个少佐。

问：你那个支队奉到过要大批繁殖寄生虫的任务么？

答：正是如此。

问：你曾知道第七三一部队开办有专门培养大批繁殖跳蚤的专家训练班么？

答：是的，我曾知道这点。

问：你曾了解到这种以数十公斤计算来繁殖的寄生虫并不是为科学探究所必需，以及此种规模是超过了任何科学研究范围么？

答：是的。

问：你既是一位细菌专家，当然是曾了解到这种跳蚤只能传染上鼠疫的么？

答：正是如此。

问：你既是细菌专家，大概是会了解到这千百万以至无数万染上鼠疫的寄生虫引起鼠疫流行病时该会给人类造成何等厉害的灾祸吧？

答：是的，我知道过这点。

问：就是说，当你在自己主持的第六四三支队内繁殖这些跳蚤时，你是了解到你所做的是回什么事的么？

答：正是如此。

国家公诉人：我再没有什么问题要问被告了。

辩护人鲁克杨杰夫：请你确切说明一下，你在该支队内服务时总共捕获过多少只老鼠。

答：我记得大约有七千只。

问：请你确切说明一下，你把七十五吨预备制造营养液的原料耗费到哪里去了。

答：这批原料没有耗费过，而是被消灭掉了。

问：请你确切说明一下，你所主持的支队内培养跳蚤的时间是多少。

答：我记得是半个月或一个月。

辩护人波加切夫：被告尾上，你记得你曾请求第五军团军医处颁发关于捕捉鼠类的指令么？

被告尾上：我在预审庭上对质审讯时已经供述说过，关于捕捉鼠类一事，我未请求过。

被告西俊英：我是前第七三一部队孙吴支队长西俊英，我请前任牡丹江支队长尾上说说石井责成消灭牡丹江支队的那道命令的内容，如果被告人尾上还记得此种内容的话。

被告尾上：一九四五年八月九日晚上，田中中佐亲自打电话来叫我去接，当时他通知我说，有命令叫我听便动作。至于这一命令往下的内容究竟怎样，我已记不清楚了，因为当时我把听筒交给伍长矢吹了；从他后来向我报告时所说的话中，我知道那封密电是要我们把跳蚤送到第七三一部队去，其余的东西则要一概消灭。

被告菊地受审经过

国家公诉人：被告菊地你是从什么时候起在第七三一部队第六四三支队里供职的呢？

被告菊地：我在海林站附近供职是从一九四三年四月起，至日本投降时止。

问：当时你担任的是什么职务呢？

答：我担任的是该支队的实验员。

问：当时你进行过什么工作呢？

答：我进行过培养细菌的工作，包括培养伤寒症细菌的工作在内。

问：你还培养过什么别的细菌么？

答：培养过副伤寒病菌和寒热症病菌。

问：你在一九四九年十二月五日供述而载于案卷第十三卷第二八五页上的一段话，是说：

　　我们得到指示，说这是为的我们在必要时能够迅速制造一批营养液，以便有可能急速培养和长期保存细菌。（当即将这段供词用日语宣读。）你证实你这段供词么？

答：是的，我证实这点。

问：在你供职的那个支队里进行过大批繁殖鼠类的工作么？

答：是的，进行过这种工作。

问：这一支队内繁殖过跳蚤么？

答：是的，在第一分部地下室内进行过繁殖跳蚤的工作。

问：大批繁殖跳蚤的工作是由谁来进行的呢？

答：我记得进行这一工作的人，是曹长须田，以及爱智、一等兵西山、伍长冲山和铃木。

问：简言之，在这个分部内曾有该部队内这五名工作员专门进行工作，对不对？

答：是的，正是如此。

问：第六四三支队内所繁殖的跳蚤和鼠类是送往何处去的呢？

答：是送到第七三一部队去的。

问：被告菊地，该支队把这种鼠类和跳蚤送往第七三一部队去是干什么用的呢？关于这层你知道一些什么呢？

答：起初我不知道究竟把繁殖的跳蚤和捕获的鼠类送去是干什么用的，但尔后我心里逐渐发生出关于这究竟是干什么用的问题，后来我才知道，送这些家鼠和田鼠到第七三一部队去，是要用以进行细菌研究工作的。

问：是为了何种最终目的呢？

答：是为了准备细菌战争。

问：当你在第七三一部队第三部内所设卫生人员训练班受训时，你听到过该部士兵关于第七三一部队活动的什么议论么？

答：是的。我曾听说第七三一部队繁殖的细菌是预备供作战用的。

问：关于第七三一部队需要有田鼠和家鼠去准备细菌战争一层，在你们的支队内有人谈论过么？

答：正是如此。

问：如果说第七三一部队所属第八四三支队协助过该部队准备细菌战争的工作，那是否正确呢？

答：是的。

问：你知道关东军准备战争是反对哪一方的么？

答：是的，我知道。

问：究竟是反对哪一方，即反对哪一国呢？

答：反对苏联。

问：被告菊地，何以知道这点呢？

答：虽然没人直接对我们说过我们要侵犯苏联，但从全部准备工作上可以看出这点，并且在操演时所讲的也是反苏联的战争。

问：就是说，在操演时曾对你们说过，关东军是准备对苏作战的。是不是这样？

答：正是如此。

问：被告菊地，现在我向你提出最后一个问题。你在第六四三支队供职过，而该支队积极协助过第七三一部队准备细菌战的工作，你承认你自己应该对此担负的责任么？

答：是的，我承认。

辩护人普罗珂坪科：被告菊地，请你说说，究竟曾有几个如你一样的细菌"研究家"同你一块进行过工作呢？

被告菊地：士兵五六名，雇员四人。

问：你现时即在一九四九年间又怎样估量你在第七三一部队内进行的工作呢？

答：我已了解到，我犯了危害人类的罪恶。

被告久留岛受审经过

国家公诉人：被告久留岛，你是从什么时候开始在关东军第七三一部队内供职的呢？

被告久留岛：是从一九四四年十月开始的。

问：你担任的是什么职务呢？

答：在一九四四年十月至十一月间举行演习时，我充当过卫兵。

问：即在第七三一部队举行演习时么？

答：是的。

问：你在进入第七三一部队前曾经受过什么训练么？

答：是的，我曾在第一六二支队内学期六个月的卫生人员训练班受过训练。

问：你在这学期六个月的训练班受训时研究过什么呢？

答：我研究了培育细菌的方法。

问：当时特别注重的是培育哪几种细菌呢？

答：是急性伤寒菌、副伤寒菌、霍乱菌及结核病菌。

问：你在这训练班内受过白刃战进行方法的训练么？

答：白刃战进行方法，我们是在驻屯哈尔滨附近的第九七团内学习的。

问：请你简短说说，白刃战进行方法究竟是怎么教给你们的。

答：我已记不起教习指导人的姓名，但我记得他是准尉级，他说苏军士兵身材很高，因此要练习高刺方法。

问：当时你根据这样练习白刃战进行方法的事实，就已明白是在教练你们去同俄国士兵打仗什么？

答：是的，当然是明白的。

问：当你到达第七三一部队时，长官预告过你什么没有呢？

答：西俊英少佐曾告诉我们说必须保守工作秘密，以防敌方侦探察知。

问：你在训练班毕业后被调到何处去了呢？

答：被调到第七三一部队去了。

问：在训练班毕业后，你到第七三一部队内作过什么事情呢？

答：我在演习时担任过守卫。

问：请你说说这次演习的情形。

答：进行这次演习的方法，是把装有跳蚤的炸弹从飞机上掷下来。演习的内容只是这点。

问：这次演习是在何处举行的呢？

答：我不能准确说明距离，但我记得是在大约离第七三一部队三公里远的吴屯一带。

问：在举行演习时检查过跳蚤在演习地点分布的情形么？

答：是的，检查过。

问：请你说说，这是用什么特别手续来做的呢？

答：在举行演习的地方布置有许多大木箱，各木箱彼此相隔约二公尺，我已记不清木箱数目，但大约是有一千个。

问：是布置在约有多大的地面上呢？

答：我不能确切说明面积大小，但我想是约有二平方公里。这种箱子里面放有一层粘纸，在炸弹爆裂时散放出去的那些跳蚤就落到这些箱子内的纸上，然后就来检查跳蚤数目。

问：你亲自数过落到这种箱子底上的跳蚤么？

答：是的，我数过。

问：你知道这种实验究竟是为了什么目的进行的么？

答：是的，我知道。

问：请你说说这点。

答：虽然这些跳蚤没有染上细菌，但我曾知道这是为准备染上细菌战来干的，而当细菌战开始时，就会从飞机上投掷这种染上鼠疫细菌的跳蚤。

问：装有跳蚤的细菌炸弹，是在离地多少公尺的高空爆炸的呢？

答：大概是在一百公尺的高空。

问：你在第一六二支队供职时参加过培养细菌的工作么？

答：是的，我参加过培养细菌的工作。

问：请你说说，你随同你们那个支队里一队人员去捕过鼠么？

答：是的，我去过。

问：去过一次还是去过多次呢？

答：去过两次。

问：你每次出发时捕过几天的鼠呢？

答：一星期。

问：你亲自捕获过多少只鼠呢？

答：我一共捕到了二三百只。

问：后来是把这些捕来的鼠类经常保存在第一六二支队内呢，还是发送到别的地方去呢？

答：捕来的鼠类是送往第七三一部队去的。

问：你知道每次从你们支队里发送过多少只老鼠么？

答：确实数目我不知道，但我知道每次都是大批送到第七三一部队去的。

问：被告久留岛，请你说明一下，当你捕捉鼠类、培养细菌、在打靶场上检查落到粘纸上的跳蚤数目时，你曾了解到你这样作就是帮助准备细菌战争么？

答：我曾知道这点。

辩护人普罗珂坪科：被告久留岛，我请你说说，你承认自己具体犯了什么罪呢？

被告久留岛：第一点就是我曾隶属于第七三一部队第一六二支队；第二点就是我参加过一次演习，其最终目的是在于要去大批杀害人。这就是我所承认的全部罪状。

证人田村受审经过

审判长：证人田村，你受过预告，如果你说出假口供时，你就应该受处罚，所以你应把你所知道而与本案件有关的一切事实都告诉法庭，你应始终说实话。证人田村，请你说说，你是在何时被苏军俘获的呢？

证人田村：在一九四五年九月一日。

问：当时你住在何处以及你所担任的是什么职务呢？

答：当时我住在长春市（满洲），担任关东军司令部干部部长职务。

问：当时你带有什么军级呢？

答：大佐。

国家公诉人：证人田村，关于第七三一部队的目的与任务一层，你从关东军参谋长泰彦中将方面得到过什么通知呢？

证人田村：泰彦中将曾通知我说，关东军第七三一部队虽然正式叫做防疫给水部，但该部队主要任务是准备对苏联进行细菌战。他曾屡次嘱咐我说，在分配干部方面要特别注意这个部队。

问：你是在什么时候、在什么情况下以及受谁人委托去巡视第七三一部队的呢？

答：关于巡视第七三一部队的指令，是前关东军总司令山田将军于一九四五年六月间在哈尔滨飞机上发给我的。

问：山田将军究竟是因为什么缘故发给了你这一指令，为什么要去巡视

第七三一部队呢？

答：在一九四五年五月间，第七三一部队长石井寄交关东军司令部由总司令查收的文书，石井在这一文书上请求给予第七三一部队为加紧工作所需的各种条件。同时石井又请示增派军医到第七三一部队去并扩充该部队员额。此后我就等候机会，以便与石井本人会见而详细去考查这个问题。在总司令到齐齐哈尔去参加训练班学生毕业典礼时，我就获得了这一机会。我们到达哈尔滨时就遇到了石井将军。

问：请你说说，你是怎样进行视察第七三一部队的呢，你亲自在该部队内看见了一些什么呢？

答：我抵达石井部队后，就视察了一切生产房舍，即该部队的各个实验室和拘禁犯人的监狱。在视察生产部的生产房舍时，我看到了用来大批制造细菌武器的生产设备。此外我还看见那里培养有预备用来繁殖跳蚤的鼠类。我在该部队的营房内看见有细菌炮弹和细菌飞机炸弹模型。除此而外，我在石井办公室内，阅览了一些说明细菌武器效力的图表及图样。同时我还视察过该部队内部监狱，看见过一部分囚室。我在那里看到了四五十名被囚禁的人，他们都是中国内地人和俄国人。在这批被囚禁的人中间，我看见了一名女子。

问：被囚禁者所处的环境怎样，他们在这种囚室内分布得怎样，每一间囚室内拘禁多少人，这种囚室内情形怎样呢？如果你还记得，那就请你说说。

答：我从走廊内经过囚室门上的小眺望窗，看见一部分被囚禁者带有脚镣。有一些人在走动，大部分人则躺在地上。究竟每一间囚室内有多少人，我已记不清楚了。

问：关于第七三一部队内部监狱囚室内所拘禁的人是预备用来干什么一层，石井将军向你说了一些什么话呢？

答：石井将军向我说过，这些被拘禁的人都是预备用来实验各种细菌效力的。我曾看见受实验的犯人们中间有两三个人形容非常难堪。

问：证人田村，请你说说，预备用来进行实验的人是由什么机关送到第七三一部队去的呢？

答：我从石井口中知道，这些人都是由宪兵机关和日本军事团送去的一些被拘留和当作应处死刑的罪犯看待的人。

问：证人田村，我请你说说，当你巡视第七三一部队时，石井关于该部队所负任务以及该部队执行战斗指令的准备程度一层，曾向你报告了一些什么。

答：当时石井向我说过，各种细菌的效力已在实验室条件下以及在野外条件下用活人举行的实验中检验过了，细菌武器乃是关东军手中的一种最雄强的武器。他通知我说，第七三一部队已有充分的作战准备，所以它在必要时，即一旦战争开始时，就能用大量致命细菌去直接攻击敌军，并且该部队能用飞机对敌军后方的城市进行细菌战动作。

问：证人田村，请你说说，你巡视了第七三一部队之后，关于该部队活动的规模及其对于积极进行细菌战的准备程度，你个人得到了一种什么印象呢？

答：在视察了第七三一部队所有一切房舍及该部队内的设备之后，我对该部队的工作规模极感惊奇；这种规模超过了我的一切预料。我在该部队内所看见的工作情形及生产设备，使我深信石井所说该部队有充分作战准备等语是正确的。

问：关于你巡视第七三一部队所得的结果，你向谁做过报告呢？

答：我向山田总司令做过报告。

问：我请你说说你向山田报告的内容。

答：我曾向山田报告说，在各个生产房舍内都设置有生产设备并进行着大批制造细菌的工作，进行着培养鼠类来繁殖跳蚤以及制造细菌炮弹飞机炸弹等工作。我向山田总司令报告过我在监狱内所看到的情形，说我在视察过的那部分囚室内看见有四五十名被囚禁的人，他们都是中国内地人和俄国人，其中有一名俄国女子。我曾通知山田将军说，我所见到的这些被拘禁的人都带有脚镣，并且据部队长石井将军所说，他们都是被用来实验作为细菌武器的致命细菌效力的。

问：关于第七三一部队对于进行细菌战的准备程度一层，你是否向山田将军报告过呢？

答：是的，报告过。

问：你向他报告了什么呢？

答：我向山田总司令报告说过，我从石井将军口中知道，第七三一部队对于进行细菌战一举已有充分准备。同时我还向山田将军报告说过，在视察了第七三一部队的生产房舍和监狱之后，我深信石井所说该部队有充分作战准备等语是正确的。

十二月二十八日晚庭审讯记录

证人古都受审经过

审判长：证人古都，你被预告过，如有伪供之处，即应受刑事处分。你在法庭上应该只说实话。

证人古都：当然的。

问：证人古都，请你说说，你是在什么时候被苏军俘获的呢?

答：是在一九四五年八月十七日。

问：当时你是在什么地方呢?

答：当时我是在横道河子站。

问：当时你担任的是什么职务呢?

答：当时我是在第六四三支队当卫生兵，在研究传染病媒介物的一队人中间工作。

国家公诉人：证人古都，请你说说，你是在什么情况下以及什么时候初到第七三一部队去服务的呢?

证人古都：我是在一九四一年七月间到第七三一部队去服务的。我是日本鸟取郡人。在我加入该部队之前，我曾经过一个雇佣机关找事做，结果是被雇去到关东军中服务。先把我们送到了马关城，然后在马关城把我编入了调到第七三一部队去工作的一批人中间。

问：你是在第七三一部队内哪一部工作以及工作了多久呢?

答：我从一九四一年七月起至一九四五年二月止在第一部第一分部内

工作。

问：关于整个第七三一部队所进行的活动，你有什么话想说呢？

答：第七三一部队在外表上虽然是防疫给水部，但它实际上是准备进行细菌军事破坏工作的。

问：当你开始在该部队内进行工作时，人家预告过你一些什么呢？

答：当时军医大尉山下向我预告说，凡关于我在第七三一部队内工作时所能知道的一切，我都应严守军事秘密，无论我在什么时候以及任何另一个地方工作时，我都不能说出第七三一部队中的秘密工作情形。

问：你参加过第七三一部队所举行的某次远征动作么？

答：是的，我于一九四二年间参加过到华中去动作的远征队。

问：请你说说，远征队所负的任务是什么，你个人在远征队时作过一些什么事情？

答：到华中去动作的远征队所负的最主要任务，是要在玉山城一带对中国军队及和平居民进行细菌军事破坏工作。

一九四二年七月间，第七三一部队所派由一百二十名官佐及雇员编成的一个队伍，乘火车从哈尔滨开走。我们首先开到了日本驻华中远征军防疫给水司令部驻屯的南京市，当时有该司令部中一部分官佐和兵士加入了我们的队伍。结果我们那个远征队人员名额就增到了一百五六十人。

问：你是说你们到达了南京么？

答：是的，到达了南京。

问：那里有南京"荣"字第一六四四部队中一批军人加入了你们的远征队么？

答：是的。

问：可见，南京"荣"字第一六四四部队是协助过石井部队派往中国去动作的远征队么？

答：正是如此。

问：第七三一部队所派出的远征队是由谁率领的呢？

答：第七三一部队所派出的远征队是由石井少将率领。

问：这远征队在华中进行过一些什么事情呢？

答：我所参加的这个远征队当时进行的工作，就是用伤寒菌和副伤寒菌传染蓄水池、水井、建筑物的办法进行的细菌攻击。第七三一部队发出了由该部队第四部大批制造的上述各种细菌，以供远征队使用。这些细菌装到了原供盛蛋白消化素用的空玻璃瓶子内。然后把这种玻璃瓶子装在箱子内，上面写着"给水"字样。然后便把这种箱子用一架飞机送到南京去了。

问：你们怎样处置了这些箱子内所装的东西呢？

答：当这批箱子运到南京时，我们便把一部分装在玻璃瓶内的细菌放到了通常用来盛饮水的轻铁瓶中，而把其余一部分留在玻璃瓶内。然后我们又把这些轻铁瓶和玻璃瓶一起装到箱子内，用飞机送到预定要进行细菌攻击的地方去。这次攻击是用如下办法举行的：把轻铁瓶和玻璃瓶掷入水井、沼泽及村民住房里去。有一部分原供盛蛋白消化素用的空玻璃瓶，则用来以特制液汁繁殖细菌。这种液汁的成分，我已记不清楚了。

问：在举行这次军事破坏性的攻击时，你个人干的是什么事情呢？

答：我参加过把盛有细菌的瓶子投到水井、沼泽及和平居民住房里去的工作。

当时在该地设立有中国战俘集中营两处，其中被囚人数总共为三千人。预备了三千个特制烧饼；烧饼是由远征队队员参加做成的。做好之后经过相当时间，就用药针把细菌注射到烧饼里去。

问：究竟是谁用药针传染这些烧饼的呢？

答：第一部第一分部中所有参加这次远征的人员都干过这件事情。

问：你自己也参加过这件事情么？

答：是的，参加过。

问：这三千个烧饼是用什么细菌传染的呢？

答：是用伤寒菌和副伤寒菌传染的。

问：往后又怎样处置了这三千个烧饼呢？

答：在把烧饼传染细菌之后，就将其送到集中营去，在那里由懂得中国话的翻译官春日把这些烧饼分发给了中国战俘。

我知道这些烧饼确实发给过中国战俘，例如我曾看见摄照在一张照片上的中国人手中拿有一个烧饼。

问：就是说，你们把染有副伤寒菌的烧饼发给中国战俘时，曾把此事当作慈善事业摄照下来么？

答：是的。

问：你们把染有病菌的烧饼发给中国战俘吃了之后，又怎样处置了他们呢？

答：把他们全体都从集中营里放走了，目的是要引起伤寒和副伤寒流行病。

问：请你说说你们遵照石井命令制造的那种饼干是怎样的。

答：这是两种形式即蛋形和长扁形的饼干。这饼干是用白面做成的，也如烧饼一样染有细菌，预先对日军兵士说明这是什么饼干之后，就把饼干发给了他们，而他们就把这批总共约有三四百块的饼干掷到院墙下面、树木下面以及行人休息地点，仿佛是他们偶然忘掉了的。

问：这也是一种进行细菌军事破坏工作的方法么？

答：是的。

问：关于石井部队这次所派远征队工作的结果，你知道一些什么呢？

答：事后我在第七三一部队总部那里从一位姓键的科学工作员口中知道，当时使用的是伤寒和副伤寒两种细菌，而以副伤寒菌效力为最大。

问：就是说，这次远征结果是引起了瘟疫并造成了一些瘟疫发源地点么？

答：正是。

问：你参加过用活人进行的实验么？

答：是的，这是一九四三年末的事。当时为了检验病菌的效力，曾用五十名中国内地人和满洲本地人来当作进行实验的材料。首先给这五十人注射了防病的药水，并且是分别注射的，即给一部分犯人注射了一次，而给另一部分犯人注射了两次。除此而外，给各人注射的防病药水多寡不一，并且这五十人中有一部分人根本没有打过防病药针。

所以，这五十人是被分成了五类。然后就强迫所有这些人喝进了染有伤寒菌的水，接着就来观察这种传染病媒介物在各种场合所引起的结果怎样：即检验在是否被注射过防病药水的人身上，在被注射过若干次以及注射过多少药水的人身上所起的作用怎样。

问：这次实验的结果如何呢？

答：这些人中的一大部分都染上了伤寒症，究竟有百分之几的人生了伤寒病，我已记不清楚了，但其中有十二人或十三人总是因病死掉了。

问：用活人进行的这种检查传染病菌效果的罪恶实验，曾进行过许多次么？

答：我个人知道还有一次进行这种传染的事实，这是一九四四年底或一九四五年初的事，当时用类似的方法进行过传染。

问：你参加过用伤寒症细菌传染瓜果的实验么？

答：是的，参加过。

问：请你说说这种实验。

答：我已记不清楚，究竟是在哪一年——不知是在一九四三年还是一九四四年间——进行过传染瓜果的实验；当时用来受传染的是西瓜和甜瓜；当时正是瓜熟的时期。在一部分西瓜和甜瓜上注进细菌而使其受到传染，把另一部分留下来不加以传染。

用药针把伤寒病菌注进这批瓜果后，就来检查细菌密度，为此就把这批瓜果送到实验室里去检验注射到瓜果内的细菌发育得怎样。在检查时若查明有大量细菌，就拿这些瓜果分给五六个中国内地人和满洲本地人吃下去。

问：这些受苦的人吃了此种瓜果后，就怎么样了呢？

答：都受到传染了。

问：就是说，凡是吃过染有伤寒症细菌的瓜果的人，都生病了吧？

答：是的。

问：请你说说，关于在安达站附近打靶场上进行的实验一层，你知道一些什么情形么？

答：知道。

问：请你把你所知道的情形向法庭说说。

答：在安达站打靶场上作的实验，是一九四四年秋冬两季进行的。当时所实验的是伤寒症细菌、鼠疫细菌及炭疽热细菌。

问：监狱是归部队内哪一部管辖的呢？

答：归第一部管辖。

问：被拘禁在这监狱内的尽是男子呢，还是也有女子呢？

答：也有女子。

问：用那些拘禁在石井部队监狱内的女子来进行过什么特别的实验么？

答：我没有参加过这种实验，但我知道会给她们传染上梅毒，目的是要研究预防这种病症的方法。

问：可见，被拘禁在第七三一部队监狱内的女子是被传染上了花柳病么？

答：是的。

问：请你说说，第七三一部队内曾进行过冻伤的实验么？

答：是的，我看见过这种实验。

问：这种实验是在哪一个科学工作员指导下进行的呢？

答：是在科学工作员吉村指导下进行的。

问：请你说说用活人进行冻伤实验的情形。

答：部队内用活人试验冻伤一事，是每年在最冷的那些月份，即在十一月、十二月、一月及二月间进行的。进行这种实验的手续如下：在晚上十一点钟时，把受实验的人们赶到寒冷的露天里，迫使他们把手放到冷水桶内去。然后又叫他们把手拖出来，在寒冷的露天里带着浸湿的手长久站立。或者是采用如下的办法：把穿着衣服而光着脚的人赶到外面去，迫使他们在夜间最冷时在露天里站立。

在受实验的人已被冻伤之后，就把他们赶进房屋里去，先叫他们把脚伸到大约零上五度的水里，然后再把水的温度逐渐提高。治疗冻伤的办法就是这样来探求的。把这种人赶到房屋里去以后进行实验的情形，我没有亲眼看见过，我只是在担任值日官时看见过把人赶到寒冷露天里去使他们受冻伤的情形，而关于在房屋内叫人把手放到水里进行实验的事实，我是从亲眼见过这点的人那里知道的。

问：此外还用活人进行过一些什么别的实验么？

答：我知道科学工作员吉村曾进行过把脓肿瓦斯使用到人身上的实验。我看到过监狱内有被利用来试验过这种脓肿瓦斯效力的人。但进行这种实验时所用的手续究竟怎样，我却不知道。

问：这些受过实验的人们情形怎样呢？他们身上呈现了一些什么病症现象呢？

答：我只看到过手足上生了大脓疮的那些人，旁的事情我一点也不知道。

审判长：根据法庭规定的庭审程序，法庭要开始讨论一下，究竟应把本案方面的哪些问题提交法庭医学检验委员会去解答。

国家公诉人，你有什么问题要提交法庭医学检验委员会？

国家公诉人：根据苏俄刑事诉讼法第六三条，国家公诉方向检验委员会提出如下的几个问题：

（一）日本关东军第七三一部队和第一〇〇部队及日本驻华远征军"荣"字第一六四四部队所进行的实验与生产工作究竟是为了什么目的？

（二）这些部队有过怎样的生产能力来保证日本军队以细菌武器呢？

（三）第七三一部队、第一〇〇部队及"荣"字第一六四四部队所制造的细菌武器在使用时能造成一些什么恶果呢？

我把这几个问题用书面形式提交给法庭。

审判长：翻译员，请将国家公诉人提交检验委员会解答的各项问题译成日语。

（翻译员用日语翻译）

辩护人方面有问题要向法庭医学检验委员会提出么？

辩护人柏洛夫：我们所辩护的各被告在预审时看过法庭医学检验委员会结论后，完全同意了这个结论。他们并没有发生过任何疑问或问题，所以辩护人方面此刻并没有什么补充问题要向法庭医学检验委员会提出。

审判长：各被告方面有什么问题要向法医医学检验员提出么？

翻译员：被告都说他们没有什么问题。

审判长：除了已提出前面三个问题之外，法庭要提出第四个问题来请检验员解答：即第七三一部队于一九四〇年、一九四一年及一九四二年对华中地区举行的各次细菌攻击所造成的危险程度怎样。

军事法庭决定，把上面宣布的四个问题提交检验委员会解答。

翻译员，请你把第四个问题译成日语。

（翻译员把第四个问题译成日语）

法庭医学检验员们，现在法庭提交给你们四个问题请你们解答。请你们去准备做出解答这些问题的结论。

证人橘武夫受审经过

审判长：证人橘武夫，你已被预告过，如有伪供之处，即应受处分。你对法庭只应说实话。你是在什么时候被苏军俘获的呢？

证人橘武夫：是在一九四五年八月十五日。

问：你当时担任的是什么职务呢？

答：担任满洲国政府顾问职务。

问：你当时带的是什么军级呢？

答：宪兵大佐。

（旁听席上表示惊动）

国家公诉人：请你说出你担任佳木斯市宪兵局长一职的时期。

证人橘武夫：从一九三九年起，至一九四一年止。

问：关于运送被拘禁者到第七三一部队去一事，你知道一些什么呢？

答：我在一九四〇年担任过佳木斯市宪兵局长。当时我初次知道了有第七三一部队存在及其所进行工作的性质。当时我已知道第七三一部队名义上叫做关东军防疫给水部，实际上却进行着准备细菌战的工作，其所采用的一种办法就是用活人来进行实验。当时我已知道，该部队是在准备大批消灭敌军有生力量并准备进行细菌战。

当我任佳木斯市宪兵局长时，我们常把那些因有某种犯罪嫌疑而被宪兵机关拘捕的犯人挑选一部分送到第七三一部队去受实验。我们遵照宪兵队司令部指示把这种人加以相当预审后，不经庭审，不把他们的案件交给法庭，就径直把他们送交第七三一部队去。这是带有特殊性质的办法，所以此种手续就叫作"特殊输送"。

遭受此种"特殊输送"的，是如下几类犯人：首先是被控为替外国当间谍罪或有与外国侦探机关相勾通的嫌疑者，以及所谓红胡子，即中国游击队员；其次是反日分子以及不可救药的刑事累犯。我们曾把这种人用"特殊输送"办法送到第七三一部队去。在我担任佳木斯市宪兵局长职务的期间内，我所主持的宪兵局送到第七三一部队去的人不下六名，他们以后都没有转回来过，因为他们受过实验后都死在那里了。

问：你是不是在实行发送的时候就已经知道你们送到第七三一部队去的那些人定会受到传染流行病的痛楚实验呢？

答：我曾知道，这种人是送到第七三一部队去用作实验材料试验细菌效能的。

国家公诉人：我请求法庭把先前已在法庭上宣读过的那个文件交给证人橘武夫过目。我是请求法庭把关东宪兵队司令部一九四三年三月十二日关于"特殊输送"一事颁发的通告日文原本第一页交给证人橘武夫过目。此外，我还请求法庭将这一通告上的附件，即将标题为"思想犯（民族运动和共产运动犯）"的第二栏，交给证人橘武夫过目。

（翻译员把该文件摄照本交给证人橘武夫观看）

证人橘武夫，你看见过这一文件么？

证人橘武夫：是的，我从前看见过这一文件。

问：这一文件调整过"特殊输送"的程序么？

答：是的。

问：并且也确定过各种应受"特殊输送"的人么？

答：是的。

问：换句话说，这一文件确定过应被输送到第七三一部队去杀害者的程序，是不是呢？

答：是的。

问：在保存于案卷第九二页内的这一文件上，可看到如下字样："思想犯（民族运动犯和共产运动犯）"，以及"罪状虽轻，但不宜将其释放者"等语。

（当即用日语宣读这段引句）

国家公诉人：我交给你看的这一文件，你承认是调整过"特殊输送"程序的正式文件么？

证人橘武夫：是的，我承认这点。

问：你知道宪兵队内那些参加过确定什么人应受"特殊输送"一事的工作员么？

答：是的，我能指出他们的姓名。

问：请你说吧。

答：刚才交给我看过的这一文件，是于一九四三年间拟定的。当时我在关东宪兵总局担任工作员职务。当时我是在关东宪兵总局刑事科供职，从关东军司令部发来的指令上责成我们拟定这样一个文件。一九四三年三月间我到沈阳城去视察过那里的宪兵队。当我出差时期，在我所主持的刑事部内工作的辻本信少佐编订了这一文件。我回职后看见过这一文件，现在我可证实它确实是这样。

问：当时规定过有办理"特殊输送"手续的实际办法没有呢？宪兵队关于此事颁订过什么文件呢？

答：刚才交给我看过的这一文件，曾印成多份分发给满洲各地宪兵局。

凡应受"特殊输送"的犯人，都是被拘禁在各地宪兵局直属的拘留所内。然后就把对犯人审讯的摘录和宪兵局申请允准将该犯人交付"特殊输送"的请示文送交宪兵总局。此事在那里审核之后，就命令那提出申请的宪兵局把这种人用"特殊输送"名义送到第七三一部队去。当地方宪兵局把这种文件呈交宪兵总局时，则这种文件就先由秘书处转交刑事部，再由刑事部转交我所主持的反侦探科。本科职员辻本信审查过这种文件而作出了决定之后，就把此种决定交给我看，而经我花押批准之后就转呈给刑事部长。刑事部长收到关东宪兵队司令官批示之后，就以宪兵队司令官的名义下令把这一文件发送到原先呈提该文件的那个宪兵局去办理。

问：你在关东宪兵队司令部供职期间曾批准过把人经过"特殊输送"手续押到第七三一部队中去么？

答：我审理过这种案件，研究过这种案件。我记得由我主持发遣过一百余人。

问：宪兵队送人到第七三一部队去杀害，是经关东军司令官批准后进行的么？

答：当然是这样，关东宪兵队是遵照关东军司令官的指令来进行此事的。宪兵队通常是把罪犯案件交给法庭或军法处去审判的，但在此种场合却由特别命令代替了法律，不经审判就把人送走。

问：关于根据你的部下辻本信所拟定的指示，应经过"特殊输送"押到第七三一部队去遭杀害者是从事民族解放运动的人士这点，你可证明么？

答：经过这种输送的人，是各种各类的犯人，其中也有参加民族解放运动的人，但他们都是共产党员或民族主义者。

（旁听席上发出愤慨吼声）

问：证人橘武夫，请你说说，当时究竟是怎样把人送往第七三一部队去的，对于输送、押解、守卫、保守秘密等方面规定有什么手续。

答：我已经说过，首先是由地方宪兵局向宪兵总局提出请示允准"特殊输送"的申请文。为此曾拟定一种备考书而将其写成三份，一份保存在地方宪兵局内，两份呈寄宪兵总局。在得到宪兵总局正式批准"特殊输送"之后，从那里送同一份备考书，而把犯人仍旧关在宪兵局拘留所内。后来，当收到第七三一部队要求送去当作实验材料，即送去应受"特殊输送"的犯人时，就把犯人连同一份备考书送到哈尔滨去，而在哈尔滨火车站上把犯人转交给宪兵人员。这些犯人是由宪兵负责押送的。

问：押送这种犯人是把他们锁上脚镣呢，还是把他们捆绑着呢？

答：没有锁过脚镣。

国家公诉人：既然证人橘武夫这样回答，我就要请求法庭把关东宪兵队一九三九年八月八日颁发的那个已经宣读过的第二二四号作战命令第二部分宣读一下。此项文件对于我向证人发的问题有直接关系，所以我请求法庭把此项文件宣读一下。

审判长：军事法庭决定宣读此项文件，同时还用日语加以宣读。

（各被告戴上听筒）

审判长宣读了上项文件俄文译本。同时这项文件又用日语加以宣读并交给证人橘武夫过目。[①]

国家公诉人：证人橘武夫，现时当你看过文件原本之后，也许你要证实说在"特殊输送"时曾使用过手铐脚镣及绳索吧？

证人橘武夫：我根本不知道有过这一文件。也许这里是由于特别原因使用过镣铐，但我在任时是未曾使用过镣铐的。

问：看样你是想说，你们曾经把人送去遭受杀害，其他各宪兵局是使用过镣铐，而唯独你所管辖的宪兵局却从未使用过这种镣铐。你莫非想说这话么？

（旁听席上发出愤慨喧声）

（证人橘武夫默不作声）

国家公诉人：你怎么回答这个问题呢？

证人橘武夫：在我任佳木斯宪兵局长时，手铐是使用过的，但脚镣却没

---

① 见本书第一四三至一四四页。

有使用过。

（旁听席上发出喧嚷声）

证人仓原受审经过

审判长：证人仓原，你签过了说你只应讲实话而如有伪供时即应受处分的字据么？

证人仓原：是的。

问：证人仓原，你是怎样来到苏联的呢？

答：我在一九四五年八月被苏军俘获后，就于一九四五年九月十二日经过五站被送到苏联。

问：你被俘以前是在何地服务呢？

答：在哈尔滨宪兵局。

问：当时你担任的是什么职务呢？

答：我担任的是宪兵局特务部内一个分部长职务。

问：你有过什么军级呢？

答：宪兵军曹。

国家公诉人：证人仓原，请你说说，你是什么时候被派到第七三一部队去的，在该部队内服务过多久以及担任过什么职务？

证人仓原：从一九四〇年三月起我在第七三一部队直属宪兵队内当过一年宪兵。我的职务是要灵活侍奉该部队的工作人员。

问：此外你还担负过什么职务呢？

答：除此而外，从哈尔滨押送犯人到第七三一部队去，也是由我负责作的。这种犯人在该部队内是称呼为"木头"而用来进行实验的。

问：就是说，那些经过"特殊输送"办法送到第七三一部队去受实验的人，是由你从哈尔滨押送到该部队中去的么？

答：是的。

问：请你说说押送这种人到第七三一部队中去的手续。

答：先由宪兵局用电话通知我们，叫我们去取人。这种通知都是由田坂曹长转达的。

在第七三一部队宪兵组内服务的，除我之外还有两人，即总共有我们三个人。

由田坂曹长发给我们指示后，我们就乘坐特备的押送汽车到哈尔滨火车站去，到那里后，我们就走进火车站宪兵所去，当即在火车站宪兵长面前从其他各地——如林口、佳木斯等——宪兵人员手中领取预定送往第七三一部队中去的人。

问：押送囚犯到第七三一部队中去，是在什么时候进行的呢？

答：多半是在夜间。我们把这种犯人领到手后，就把他们装到押送汽车上，运到平房站第七三一部队的驻屯地去。到达驻屯地后，我们就停留在大门外面，派一个人到守卫所去通知岗兵，再由岗兵用电话通知内部监狱值日官，然后这值日官就派一个人来把这些犯人押到监狱里去。

问：当时的狱长是谁？

答：是雇员石井，即部队长石井将军的长兄。

问：你亲自到第七三一部队监狱里去过么？

答：是的，我到监狱里去过两次。

问：请你说说这监狱里面的情形。

答：第一次我到这监狱里去是在一九四〇年三月间。这时我还刚才到第七三一部队中服务。我在到达该部队后，听说部队设有一所内部监狱，当时我就想去看看这个监狱，于是就请求本组首长宪兵队长田坂曹长准许我到监狱里去看看。他就去请求狱长雇员石井的允准，石井表示了同意，结果我们三人——田坂、石井和我——就视察了这个监狱。首先我们走到了第七三一部队主要房舍近旁，这房屋是个四方形，中间位置有一个从外面看不见的监狱。监狱占了左右两栋房屋。我第一次去看时只到过左边那栋房屋。我们走进这房屋之后，通过了一条走廊；左面是看守室，右面是楼梯，再经过一个房间后便是一些囚室。

问：在视察监狱房舍时，你曾向囚室内面探望过么？

答：我没到囚室内面去过，但我经过眺望窗向里面看过。

问：监狱内拘禁的是什么民族的人呢？

答：这主要是中国内地人，但这中间也有俄国人，而在中国内地人中间还有五个女子。

问：可见，石井部队监狱内曾拘禁过女子么？

答：正是。我忘记说明我有次曾从哈尔滨火车站押送过一个女子。同时我又忘记说明这监狱房舍是两层楼房。

问：你亲自看见过用活人进行实验么？

答：是的，看见过。我初次看见用活人进行实验是在一九四〇年十二月间。这种实验是由第一部职员吉村科学工作员指明给我看的。这种实验是在监狱附设实验室中进行的。

当我走进监狱附设实验室时，我看到一条长凳上坐着有五个受实验的中国人，其中有两个人已完全脱掉了手指，他们的手掌是乌黑的，而其余三个人的手上则露出骨头。虽然他们还有手指，但剩下的只是指骨。吉村对我说，他们这种情形是由于受过实验冻伤的结果。

问：你知道那些落到了部队监狱内的人们命运怎样么？

答：人们一被押进这监狱去之后，就从来没有送回去过。

问：你在石井部队服务时期听到过有从该部队内部监狱里释放一个人的事实么？

答：我从未听到过这样的事实。

问：就是说，所有一切被押进该监狱的人，不管是男子或女子，都是不免要死掉的么？

答：正是。

十二月二十九日早庭审讯记录

证人堀田受审经过

审判长：证人堀田，你签过了说你只应讲实话而如有伪供时即应受刑事处分的字据么？

证人堀田：是的。

问：你是什么时候被苏军俘获的呢？

答：一九四五年八月二十日，

问：当时你在什么地方呢？

答：当时我在海拉尔城，在防疫给水部海拉尔支队供职。

问：你在那里担任的是什么职务呢？

答：军需职务。

问：你当时是在役军人么？

答：是的。

问：你带有什么军级呢？

答：当时我是军需勤务实习官。

国家公诉人：证人堀田，请你说说，你是在第七三一部队军需部内服务的么？

答：是的。

问：你是什么时候到第七三一部队的呢？

答：我是一九四四年十一月二十九日到达第七三一部队的，经过一个星期后就开始执行我所负的职务。我在第七三一部队内供职一直到一九四五年八月止。

问：你到达第七三一部队时首先去见的是什么人呢？

答：我首先去见的是第七三一部队长军医少将北野。这是一九四四年十一月三十日的事。

问：你到达第七三一部队后曾与什么人谈过话么？

答：是的。同该部队训练部长西俊英中佐谈过话。

问：西俊英中佐同你谈论过什么呢？

答：我于一九四四年十一月三十日见过部队长，接着又见过训练部长军医中佐西俊英。当时我奉到指令要在部队训练部内受七天的训练。在这一星期内，西俊英中佐指导我们研究了内部勤务规章及关于第七三一部队的内部勤务教范。

问：西俊英中佐向你说过该部队工作性质么？

答：是的，他告诉我说，第七三一部队在进行研究细菌的工作，并说凡是有关于第七三一部队工作情形的一切，都必须严守秘密。

问：请你确切说明一下，你在第七三一部队军需部供职期间是不是到过该部队那些房舍和支队呢？

答：我在第七三一部队军需部供职时期，曾到过该部队第一部、第三部及安达站附近的打靶场。至于说到各个支队，那末我于一九四五年二、三两月间到过设立在孙吴、林口及牡丹江等地的支队那里。当时我与军需官佐藤少佐一块去检验过军需供给情形，而到一九四五年八月我便被调任为海拉尔支队军需官了。除此而外，我还到过位置在哈尔滨附近南屯一带的医务部和第三部。此外，到仓库去领货时，我到第七三一部队运输分部去过两次。

问：你知道第七三一部队设在安达站附近的打靶场是干什么用的么？

答：这处打靶场是用来进行准备细菌战的实验工作的。

问：细菌实验工作是用什么人来进行的呢？

答：我知道，进行这种实验时利用过第七三一部队内部监狱里所拘禁的犯人。

问：这监狱位置在什么地方呢？

答：这监狱位置在第七三一部队四方形三层主要房舍中间。监狱房舍是两栋二层楼房，房舍号码是七号和八号。

问：第七三一部队用来进行实验的活人，究竟是从哪里押送来的呢？

答：据我所知，这种人是由各地日本军事团及宪兵机关那里送来的，此外还从中国战俘中送人到监狱里去过。

问：你视察过第七三一部队的仓库么？

答：请你说明究竟你所指的是什么仓库？

问：我所问的是该部队设在安达站附近的仓库。

答：我已记不清日期，但我记得这是一九四五年夏天的事；我与军需员富冢一起到过安达站附近的打靶场，当时我们应在那里检查军需供给工作情形。

我们检点了那里现存的一切材料、货物及器材。

在视察一处库房时，我发现了一些铁板，于是我就向雇员富冢问到这种铁板是干什么用的。他回答说，这种铁板虽非军需品，但存放在仓库内，是预备在用人进行实验时使用，使用的办法是将铁板盖到受实验者胸前和背后，免使他们受伤。

此后，雇员富冢曾拿出一捆棉被给我看，并请我把这捆棉被在可能范围内当作不能使用的废物一笔勾销。这捆棉被总共约有八十条，上面显露出许多凝结的血团。这些棉被已破得不成样子。当我问到为什么这样时，他回答说，这些棉被也是在用活人进行实验时用来掩盖受实验者躯体的。

问：你在这些棉被上亲眼看见过受实验者所流而已凝结了的血团么？

答：是的。

问：请你说说，部队长石井四郎是什么时候到达第七三一部队的呢？

答：一九四五年三月间。

问：石井到任之后，该部队工作方面发生过什么变更么？

答：该部队工作方面从石井将军回任第七三一部队长职务时起所发生的变更，我不能确切说明。然而我知道他到达部队后曾时常向我们说过摆在第七三一部队面前的各项重要任务。他说，一九四五年六月至九月间就要发动对苏战争，对于这一据他所说是具有决定意义的战争必须加紧准备。此外，我还知道，后来繁殖鼠类的工作确实是加紧了。

问：你曾作过什么有关可能增殖鼠类数量的统计么？

答：是的，我作过。

问：这种统计是遵照谁的指令进行的呢？

答：是遵照部队长石井的指令。军需分部部长佐藤少佐曾命令我计算一下，为要在九月以前培养出三百万个鼠类，究竟需要有多少饲料和营养素。

问：可见，石井将军曾打算要在一九四五年九月以前把部队内的田鼠和家鼠数量增加到三百万只。对么？

答：对，他拟定了这样一个计划。

问：关于耗费于第七三一部队工作方面及人员给养方面的款项，你知道一些什么呢？

答：我曾从军需分部部长佐藤少佐及军需官中村方面听说过，第七三一部队一九四五年预算中的支出项共为一千万日元。此外我还知道，这一千万日元中有三百万是用去供养第七三一部队人员的，而其余七百万则是用去制造细菌和进行研究工作的。从后一数目中又分出二三十万日元去供各支队消费。

问：可见，用于准备细菌战的款项，即用于实验和大批繁殖细菌的款项，是在该部队的预算中占着主要地位。对么？

答：对。

问：请你说说，在第七三一部队内曾用活人进行过不是直接与细菌学有关的实验么？

答：同我一起在部队训练部受训的有一位军医官目黑，当时我们两人同住在一个房间内。有一次他手中拿着一个文件回到房间里来，这文件就是关于实验冻伤的报告。他同时还拿出一些照片来给我看过，照片摄照的是两三个受过冻伤实验的人，其中有一张照片上摄照的是一个身穿皮袄头戴皮帽而坐在类似水桶的一个器皿旁边的人。摄照在另一张照片上的是一个中国人，他光着脚躺在床上。他的一只脚是好的，另一只脚是冻伤了的。好像是要用这两只脚来比较一下，以便查明实验冻伤的效果。

问：可见，第七三一部队中除了用活人进行细菌实验之外还用活人进行过冻伤实验么？

答：是的，正是这样。

问：请你说说，监狱内所拘禁的那些预备进行实验的人，是驯服顺从挨受这种实验的呢，还是也有过被拘禁者表示反抗的情事呢？

答：一九四五年夏天，目黑曾请我到他那个实验室内去作客。我耽搁了一些时候，后来当我走到他那里时，忽然看到他非常惊慌并有点气愤的样子。当我问他为什么这样气愤时，他就解释说监狱内的犯人进行过抵抗。我经过第三层楼房走进到监狱里去，当时我是第一次到监狱里去观察。

房顶上有两个人手持步枪，从上面看守监狱。监狱门口站立有四五个人，也是手持步枪。所有这两个人以及四五个人的小队，都是特务队人员。但当我走到那里的时候，监狱内已是平安无事了。

过两三天后，目黑告诉我说，有一个受实验的人大闹过一顿，用带门环打了实验员一下。

问：以后又怎么处置了这个被拘禁的人呢？

答：这个被拘禁的人打了实验他的那个工作员之后，就从囚室内钻出来沿着走廊跑去，他抢去了钥匙，开开了好几间囚室。有一部分被拘禁的人钻出来了，但这只是一些勇敢分子，并且这些勇敢分子都被枪毙了。

问：就是说，所有对实验员进行过反抗的人都被枪毙了，对么？

答：是的，对。

证人濑越受审经过

审判长：证人濑越，你已签过了说你只应向法庭讲实话而如有伪供之处即应受处分的字据么？

证人濑越：是的。

问：你是什么时候被苏军俘获的呢？

答：一九四五年八月二十二日。

问：当时你是在什么地方供职呢？

答：我当时是在第七三一部队海拉尔支队内供职。

问：你是怎么到这个支队里去的呢？

答：是奉令调派到那里去的。

问：你当时带有什么军级呢？

答：少尉。

国家公诉人：证人濑越，请你说说，你在第七三一部队器材部第四分部内担任过一个时期的实验员职务么？

证人濑越：是的，我担任过器材部第四分部的实验员职务。

问：该分部担任的是什么工作呢？

答：第四分部担任的工作是制造滤器，以及细菌炸弹所用泥质壳和瓷瓶子。

问：你看见过制造细菌炸弹所用泥质壳的情形么？

答：是的，看见过。我担任过研究用来制造此种弹壳的泥土成分的工作。

问：请你说明这种炸弹样式及其制造手续吧。

答：为制造炸弹起见，先弄来一些泥土，将其碾成土粉，渗上水，然后将其制成具有必要密度的泥浆，把这种泥浆灌进到特制的石膏模型内去，这模型是炮弹样式的。因为石膏能吸收水分，于是这泥浆外层就干硬起来。以后把石膏模型取下来，并把里面剩下的泥汁倒出来，就得到炮弹壳样式的陶器。然后把制好的炸弹壳，放到特备的炉里去烘干。这种炸弹长达七八十公分，口径为二十公分，下面有一个螺旋孔，弹壳里面是空的，螺旋孔是预备安放雷管的。这种弹壳外面刻上有一些曲线槽沟，炸弹顶端有一些安放调剂降落器的设备。在弹壳里面那些槽沟里放上炸药，炸弹就是借此爆裂的。这种从飞机上投掷的炸弹，应在离地面相当高的空中爆裂。

问：炸弹里面装的是什么呢？

答：分部长铃木少佐曾对我说，这种炸弹壳里面放的是装有鼠疫跳蚤的瓷瓶子。

问：为什么此种炸弹结构能在炸弹爆裂时保存鼠疫跳蚤并使其免遭过高热度的伤害呢？

答：铃木少佐曾对我说，这种炸弹壳是陶制品并且很薄，只要放上很少炸药就行，所以爆炸力不大，结果使跳蚤能免于死亡，因为无论爆炸力、空气抵抗力及热度都不能对跳蚤发生什么实际影响。

证人佐木受审经过

审判长：证人佐木，你已签过了关于若有伪供即应受处分的字据么？

证人佐木：正是。

问：你向法庭供述时只应说实话。你是什么时候被苏军俘获的呢？

答：一九四五年八月十五日。

问：你当时在什么地方服务呢？

答：在千岛群岛中的乌留岛上服务。

问：你在第七三一部队内供职过么？

答：是的。

问：你在那里担任的是什么职务呢？

答：我在第四部柄泽那一分部内担任过发货员职务。

问：你有什么军级呢？

答：我没有什么军级。

问：你在第七三一部队服务期间是一个在役军人么？

答：我在一九四二年间服满了军役期限，随后我就投入第七三一部队去当雇员。

国家公诉人：证人佐木，请你说说，柄泽十三夫少佐所主持的那个分部是从事于什么工作呢？

证人佐木：该分部是从事于大批制造细菌的工作。

问：你的职务所包括的是什么事情呢？

答：我在柄泽少佐分部内担任的职务是发货员，而我所发出的是供大批制造细菌用的物资。

问：液汁、蛋白消化素都是由你负责发给的么？

答：是的，是由我发给的，但我是在仓库主任指导下发给的。

问：你从柄泽分部方面收到过现成细菌体么？

答：是的，收到过。

问：关于第七三一部队实际使用细菌一层，你知道一些什么呢？

答：有次早晨点名时，柄泽少佐宣布说已收到了上面的指令要大规模制造细菌，并说我们应当卓有成效地完成这一任务。

此外他又说道，我们分部中有十五人应由分部长带领到中国内地去动作。

问：你们发送过细菌到中国去么？

答：发送过。

问：你们究竟是从哪里领得这些细菌，怎么实行包装，以后又把这些细菌送到哪里去了呢？

答：我已记不清楚这究竟是什么时候的事。仓库主任松岛曾宣布说，应把仓库内所存放的盛有传染素的瓶子装到箱子内。我们就将其装好而送往飞机场去了。

问：究竟是些盛有什么东西的瓶子呢？

答：是些装满了细菌的瓶子。

问：你们是怎样把这些瓶子装到箱里去的呢？

答：我们先用矿蜡把瓶口封上，再用胶纸包起来，又把这层胶纸用特种线捆起来，以后就把这一切都装到铅制的箱子内去。

问：每口箱子内能盛几个这样的瓶子呢？

答：十五个至十六个。

问：你们把这些装有细菌的箱子送到哪里去了呢？

答：我们用汽车把这些箱子送到了离部队主要房舍一公里远的飞机场去了。

问：你们到飞机场去过几次呢？

答：我已记不清楚，仿佛是去过三次。

问：你们用以运送箱子到飞机场去的汽车载重量是多少吨呢？

答：这点我已记不清楚了。

问：也许你还记得另一点，即运送到飞机场去的箱子大约是有多少吧？

答：这点我也记不清楚了。

问：总而言之，你们总共到飞机场去过三次，对么？

答：是的，对。我记得我们是到飞机场去过三次。

证人小关受审经过

审判长：证人小关，你曾对法庭签字为证，说如有伪供时即应受到处分。你向法庭供述时只应说实话。

证人小关：正是。

问：你在第七三一部队内工作过多久时间呢？

答：我在第七三一部队内工作是从一九三九年五月起，至一九四二年四月止。

问：你在该部队内担任的是什么职务，你当时执行的是什么工作呢？

答：我于一九三九年五月间进入第七三一部队成立的青年训练班受训，毕业后就在第四部内当工作员。

国家公诉人：证人小关，那末，你主要是在第七三一部队第四部内工作么？

证人小关：对的。

问：该部第七三一部队第四部所从事的是什么工作呢？

答：该部所从事的工作是大规模生产细菌。

问：你既然是该部队第四部的工作员，那当然是知道生产手续的吧？

答：是的。

问：请你说说培养细菌的生产手续。

答：培养细菌所用的是液汁或蛋白消化素及肉汤，把这些东西放到特设的锅炉内做成营养液，用以培养细菌，然后就把这种营养液倒进石井培养器内去，这培养器是放置在特设的高气压消毒器内的。

然后又把这营养液放到特备的冷器内弄冷，接着就把培养器送到特备的房舍内去进行栽种细菌苗。随后，细菌经过自动传送器进入特制的孵育器内，那里面保持有一定的温度，例如在繁殖鼠疫细菌时，温度为零上三十五度。

问：这种孵育器是什么样式的呢？

答：这是一种柜子，四周都是由金属板保护着，里面安置有保持经常温度和相当润湿程度的设备。

问：制好的细菌是怎样取出来的呢？

答：培养器从孵育器内经过自动传送器转入另一个柜子里去。为了取出细菌，备置有一种特种器具，即小匙子，用这种匙子把细菌取出来放到瓶子里。

问：关于第七三一部队第四部的职员柄泽十三夫少佐这人，你知道一些什么呢？

答：我是在一九四〇年一月间初次认识柄泽少佐的，当时他在第七三一部队青年训练班任教官。

问：柄泽少佐在第七三一部队内担任过什么工作呢？

答：我在一九四〇年五月间被调到生产分部去时，该分部内设有两个从事大批生产细菌工作的小组。柄泽少佐当时是这两个小组中一个小组的组长。从一九四二年起，柄泽少佐任该分部内一个科的科长，以后就代替铃木少佐来担任分部长。

问：就是说，他在最后时期所主持的就是第四部内那个从事大批生产细菌的分部，对么？

答：对。

问：川岛将军担任的是什么职务呢？

答：第四部部长职务。

证人斋藤受审经过

审判长：证人斋藤，你曾对法庭签字为证，说如有伪供时，即应受处分。你向法庭供述时只应说实话。

证人斋藤：正是。

问：你在日军内服务过么？

答：是的，服过。

问：你在最后一个时期担任的是什么职务呢？

答：我在最后一个时期担任的是第七三一部队第六四三支队办公厅工作员职务。

问：你有过军级么？

答：我没有什么军级，我是一个雇员。

问：你在该部队内供职多久？

答：从一九四二年三月起。

问：到什么时候止？

答：到日本投降时为止。

问：你是怎么到第七三一部队去供职的呢？

答：我初到该部队时是当汽车夫，以后我被指定当该部队的工作员，即当办公厅工作员。

国家公诉人：证人斋藤，请你说说，牡丹江支队内专门大批繁殖跳蚤的那个分部，是什么时候成立的呢？

证人斋藤：担任繁殖跳蚤工作的那个分部，是在一九四五年六月十三日成立的。

问：为什么你把这个分部成立的日期记得这样清楚呢？

答：原来我从一九四五年五月三十一日至六月十三日没留在部队内，当时我因公事到外边去了。我在六月十三日那天回来时，细读了关于成立该分部的命令，所以这个日期我记得很确切。

问：担任大批繁殖跳蚤的那个分部是由谁下令成立的呢？

答：该分部是遵照第六四三支队长尾上少佐命令成立的。

问：请你看看被告席位上，他就是坐在那里的那个尾上少佐么？

答：是的，就是他。

问：该分部带的是什么号码？

答：第三号。

问：第三分部部长是谁？

答：是山田正军曹。

问：是由谁直接进行繁殖跳蚤的呢？

答：这工作是由两个人进行的：这两个人就是冲崎和铃木，他们在第七三一部队内受过专门训练。

问：他们受这种专门训练的时间共有多久呢？

答：我已记不清楚，好像是十天，又好像是两星期。

问：可见，第七三一部队内是成立有特别训练班，专供各支队人员来研究大批繁殖跳蚤的方法，对么？

答：是的，对。

问：你在牡丹江支队第三分部内工作的时候，你的职务内所包括的是一些什么事务呢？

答：我在第三分部工作时是当办公厅工作员，而我的职务是计算为繁殖跳蚤所必需的鼠类数量，以及计算繁殖出的跳蚤数量。

问：证人斋藤，请你说说，你知道繁殖跳蚤工作进行的情形么？

答：是的，我常到繁殖跳蚤的地下室去过，因而我亲眼看见过繁殖跳蚤的地方所有的设备。为此所用的是容量各为十八立脱尔 ① 的一些铁桶，其中放上田鼠。

问：第三分部把繁殖出的跳蚤发送到何处去了呢？

答：第一次，即在一九四五年七月二十四日至二十五日是把这种跳蚤发送到哈尔滨第七三一部队去了的；第二次，即于同年八月四日或五日，也由雇员铃木送到了第七三一部队。

问：可见，你们那个支队所繁殖出的跳蚤都是发送到平房站第七三一部队去了的，对么？

答：对。

问：现在我要请你说说，每次同时使用过多少个铁桶来繁殖跳蚤呢？

答：第三分部内共预备有二百个汽油桶来当作培养器使用。第一次使用了六十个铁桶，但这次没有成功。第二次使用了一百二十个培养器，第三次使用了三十个。

问：第六四三支队是从哪里取得鼠类的呢？

答：在一九四五年六、七两月间，第六四三支队内几乎全体下级人员都被动员去捕获田鼠了。

问：该支队内捕鼠的工作是怎么进行的呢？

答：捕鼠的工作在牡丹江本城内进行得最有成效。虽然该支队是位置在城外，但常常专门派遣士兵到牡丹江城内去捕鼠。我曾亲眼看见过在牡丹江城内进行捕鼠的士兵。

问：这是些穿着军服去捕鼠的士兵么？

答：他们全都换上了便衣免使别人知道他们是军人。

---

① 立脱尔即容量单位 Litre（升）的音译。——编校者注

问：捕来的鼠类是全都留在第六四三支队内呢，还是其中有一部分发送到别处去过呢？

答：相当部分的鼠类是留在第六四三支队第三分部使用的，而大部分则是发送到第七三一部队中去的。

问：你是亲眼看见过发送鼠类到第七三一部队去的呢，还是听见旁人说的呢？

答：我亲眼看见过这点。我看见过常有特备汽车专为这件事情从第六四三支队营舍开往海拉尔车站去。

问：第七三一部队牡丹江支队房舍，是在何时和遵照谁的命令焚毁的呢？

答：是于一九四五年八月十三日遵照支队长尾上少佐命令焚毁的。

证人桑原明受审经过

审判长：关于你受到过预告说如有伪供时即应受处分一层，你已签字为证。你向法庭供述时应说实话。

证人桑原明：正是。

问：你在日军内服务过吧？

答：服务过。

问：你是以什么资格服务的呢？

答：是以马匹防疫部队中的雇员资格。

问：你在该部队内服务过多久呢？

答：从一九四四年一月十九日起，至战争结束时止。

问：你担任的是什么职务呢？

答：技术工作员。

问：你执行过什么工作呢？

答：我执行过检验血液的工作，并从事过病理学的研究。

国家公诉人：你是在何处服务的呢？

证人桑明原：在第一〇〇部队第二六三〇支队内。

问：请你对法庭说说，关于用鼻疽菌传染马匹一事，你知道一些什么。

答：这是一九四五年八月二十日的事。当时我到本支队马棚那边去过，看到马棚近旁有本支队六名工作员。这是部队工作员洼田、池田、矢田、木村、石井及长谷川。马棚内关着有当时由部队畜养的六十匹马。我刚走到那批工作员跟前时，他们立刻就预告我说，他们是在那里用鼻疽进行传染这些马匹，传染的办法是把鼻疽菌渗到燕麦里面。当时我就回到支队实验室去。当我回到了实验室时，我看见那里有一些从前盛鼻疽菌的空玻璃管；后来我问过科学工作员木村，究竟他们是否用这种细菌传染过马匹。他证实了这点，说他们是用鼻疽传染了马匹。

问：后来又怎样处置了这些马匹呢？

答：那一批人进行传染之后，就把栏杆捣毁而把马匹放到四方八面去了。所有的马匹都四散跑到附近各村庄里去了。

问：染上鼻疽的马匹该要成为引起鼻疽流行病的原因么？

答：是的。

问：这种情形是在一九四五年八月二十日发生的么？

答：是的。

问：即是在日军投降令已经颁布之后么？

答：是的。

问：用来传染马匹的鼻疽细菌是在何处培育的呢？

答：为此所用的鼻疽细菌，是在第二六三〇支队细菌分部内培育的。

证人畑木受审经过

审判长：证人畑木，关于你受到过预告说如有伪供时即应受处分一层，你已向法庭签字为证。你向法庭供述时只应说实话。

你在日本军队内服务时担任的是什么职务呢？

证人畑木：起初一个时期，我是在长春城内第一〇〇部队内服务，后来又在驻屯公主岭城的一个部队内服务。

问：你是普通兵士么？

答：是的，普通兵士。

问：你在最后一个时期担任的是什么职务呢？

答：我当过射手。

问：而你在第一〇〇部队内担任的又是什么职务呢？

答：我在第一〇〇部队内当过雇员。

国家公诉人：你在该部队内执行过什么工作呢？

证人畑木：我执行过研究细菌的工作。

问：以什么人的资格呢？

答：以技术工作员资格。

问：请你说说，关于用活人进行实验一事，你知道一些什么？

答：是的，知道一些。

问：预备用来进行实验的人是被拘禁在什么地方的呢？

答：是被拘禁在第一〇〇部队守卫所附设的禁闭室内。

问：你亲自看见过这种人么？

答：我给他们送饭去吃时曾亲眼看到过他们。

问：当你到禁闭室去时，那里拘禁有多少人呢？

答：四个人。

问：他们是哪国人呢？

答：有两个是中国人，还有两个是俄国人。

问：你知道当时进行过什么实验么？

答：知道。

问：请你说说这点。

答：当我从实验室里拿饭去给这些犯人吃时，科学工作员松井给了我一种白色药水，要我带交给他们。这乃是毒药。

问：你怎么处置了这种白色药水呢？

答：我只是把它带到那里去了。

问：你把它交给了那些犯人么？

答：没有，我并没亲自交给他们，而是由宪兵水野交给他们的。

问：吃下了宪兵水野所发毒药饭的那些人的命运，你是知道的吧？

答：我知道他们经过两三天后就都死掉了。

问：你们把他们的尸体埋到什么地方了呢？

答：我们把这几具尸体埋到了部队后面的牲畜掩埋所那里。

问：其他受实验的人们的命运怎样，你是知道的吧？

答：是的，我知道。

问：请你说说这点。

答：我知道宪兵水野用手枪打死了一个俄国人。

问：请你详细说说这件事。

答：当我在实验室时，有人打来了电话。我奉命带着铁锹到牲畜掩埋所去。在那里离开道路大约一百公尺远的地方，有一个俄国人跪在地上，当时宪兵水野就向着那人脑后打了一枪把他击毙了。

问：你们把这个由宪兵水野杀害的俄国人的尸体，埋到什么地方了呢？

答：预先在牲畜掩埋所那里挖了一个坑子，而他就是在这个坑子近旁被枪毙了的。

问：你就亲手埋下了他的尸体么？

答：尸体被抛到了坑子内，我就用土把这尸体盖上了。

问：第七三一部队在安达站附近打靶场上举行传染牲畜的演习时，是否有你参加呢？

答：是的，有我参加。

问：请你说说，你在这次演习时看见过一些什么？

答：当我正在进行气象观察时，有一架飞机飞到打靶场上空投掷了一种黄色东西，随后这飞机就飞走了。当时我自己没在打靶场上，所以我不知详细情形。

问：在演习时传染牲畜是用飞机进行的么？

答：是的，对呀。

问：证人畑木，最后还有一个问题要请你回答。你曾说过，你在第一〇〇部队内工作是由一个姓三友的人指导进行，对么？

答：对的。

问：请你先朝被告人席上看看，然后告诉法庭，被告人中间是否有领导你在该部队内工作的那个三友呢？

答：是的，坐在那里的正是那个三友。

证人三品受审经过

审判长：证人三品，关于如有伪供时即应受处分一层，你已向法庭签过字据。你向法庭供述时只应说实话。

证人三品：是的。

问：证人三品，请你说说，你在日本驻满军内服务过多久？

答：我在满洲服务过四次。

问：你在日本驻满军队内服务时是担任的什么职务呢？

答：第一次我是在一个独立警备队内担任连长。这是满洲事件发生时的事。第二次是于一九三四至一九三五年间在关东军司令部作战部担任工作员。第三次是于一九三七至一九四一年间担任关东军司令部工作员。末了，我最后一次在满洲服务已是第二次世界大战时期的事。当时我担任的是三十九师参谋长职务。我是于一九四五年四月二十五日接任此职的。

问：你最后一个时期带的是什么军级呢？

答：大佐。

国家公诉人：你在十三军团司令部内供职多久，以及担任的是什么职务呢？

证人三品：我从一九四一年至一九四三年间在十三军团内服务，当时我担任的是十三军团司令部侦探科长职务。

问：当时十三军团驻屯在什么地方呢？

答：当时该军团司令部设在上海。

问：十三军团举行的所谓浙赣动作究竟是什么一回事？关于开始进行这次动作的命令是什么时候收到的呢？

答：浙赣动作是于一九四二年间举行的，此次动作是遵照日本驻华派遣军总司令泰彦将军命令举行的。这命令是于一九四二年三月间颁发的。

问：浙赣动作经过情形怎样呢？

答：据总司令颁发的命令规定，这次动作的目的是要消灭中国方面的兵力，即要消灭重庆派以及其他各方面集中在沿浙赣铁路干线，经过金华、龙游、衢县、玉山（确实与否，我不能担保）一带的兵力。

问：参加浙赣动作的有哪些日本军团呢？

答：参加这次动作的有十三军团几乎全部，加上其司令部设在汉口的十一军团中某些部队。除此而外，还用一些特殊部队来补助过这次动作。

问：关于配给十三军团部队的那些特种细菌部队，你知道一些什么呢？

答：配给十三军团的那个特种细菌部队，是由南京"荣"字部队人员组成的。

问：十一军团和十三军团是在什么时候开始退却的呢？

答：十三军团是在一九四二年八月间开始退却的，十一军团也是在那个时候开始退却的。这两个军团同时开始退到自己的原有阵地上去。

问：请你说说，石井少将是在什么时候到达战斗动作地区的呢？

答：石井少将是于八月二十四日或二十五日到达战斗动作地区的。

问：石井少将到达时，在十三军团司令部内召集过什么会议没有呢？

答：当石井少将到达之后，十三军团司令部召集过一次秘密会议，到会者除了石井四郎之外，还有十三军团长、该军团参谋长及该军团作战科科长参加。

问：石井少将乘飞机到十三军团驻屯地去时，是他单独一个人去的呢，还是偕同一批随员去的呢？

答：我记得，当时同石井少将一块乘飞机来的有两位或三位军医。

问：在这次会议之后，石井少将是停留在十三军团司令部内了呢，还是从那里离开了呢？

答：石井少将当天吃过午饭后就乘飞机到南京去了，而随同他一块来到该军团司令部的两个或三个官佐则停留在那里了。

问：关于日军在举行浙赣动作时使用鼠疫细菌一事，请你把你所知道的各节一一说出。

答：我已经说过，十三军团是于八月二十日遵照日本驻华派遣军总司令命令开始退却的。该军团司令部于八月三十一日由衢县撤退了，而随同石井将军一起来到的那两个或三个官佐则仍然留在衢县。因为我当时是在十三军团司令部内任职，所以我知道这几个留下的官佐曾与先头部队的防疫队一起在战线上撒播过鼠疫细菌。以后我还要说明我何以知道这点。该军团司令部由衢县撤到了金华，在那里停留了大约两星期后，就于九月十八至十九日开到上海去了。

我曾收到一个由前方作战部队缴获的文件。这是中国军队的一个文件，我是在九月间收到这文件的。这文件是我方一个部队占据一个番号不明的华军师司令部所在地点时缴获到手的。这文件内容大致如下。

据我记得，这文件上所注明日期是九月初。这是中国一个军司令部用无线电报发给该师师长的命令。这命令上说日军在浙赣区动作的军队实行退却时曾在衢县一带用鼠疫细菌传染过地面，并说必须特别注意到这点，要采用防备办法等。这命令是用油印机印的，命令上特别着重指出了日军动作的残暴性质。

问：关于你收到有华军方面指明说日军在浙赣动作时使用过细菌武器的文件一层，你是不是报告过十三军团司令官呢？

答：是的，我报告过十三军团司令官和参谋长。

问：他们看了你的报告后有过什么表示呢？

答：他们看过我的通报后，就签了一个字证明他们已看过这文件，此外再没有作过任何表示。

问：华军文件上所说的那个地方，究竟是由谁在那里进行过鼠疫细菌传染工作呢？

答：我没有亲眼看见这次动作，但石井将军与十三军团司令官在八月二十四或二十五日开过会议这一事实，石井把第七三一部队三名官佐留在十三军团内这一事实，以及南京"荣"字部队专门派过一批防疫人员到十三军团去服务这一事实，都使我有根据来作出结论说，这次动作是由南京部队人员在石井少将一般指导下而在他所留下的那几名官佐直接指导下进行的。

国家公诉人：我对于证人再没有什么问题要问了。

审判长：除了已被审问过的证人之外，被传到庭的还有金泽、三根生、樱下清、福住等证人。现在因为这些证人由于被传到庭的各种情节均已在庭审过程中充分圆满查明，以致再无审问他们之必要，所以军事法庭根据苏俄刑事诉讼法第三九四条决定，对上述各证人不加审讯。

法庭随即转而听取检验委员会所作出的结论。检验委员会书面结论将同时用日语经过播音机读给各被告听。

法庭请苏联医学院大学士茹科夫－费勒什尼科夫宣读检验委员会书面结论。

检验员茹科夫－费勒什尼科夫宣读检验委员会结论，该结论随即纳入于庭审记录中。①

审判长：国家公诉人同志，你对检验人没有什么问题要问么？

国家公诉人：国家公诉方对检验人没有什么问题要问。

审判长：各位辩护人，你们对检验人有问题要问么？

辩护人波罗维克：辩护方对检验人没有什么问题要问。

审判长：翻译员，请你向各被告解释说，各当事方，即国家公诉方和辩

①　见本书第三二二至三二九页。

护方，都没有向检验人提出过新的问题。

（翻译员用日语传达审判长所作的解释）

各位被告，你们有什么补充问题要向检验人提出么？

翻译员：有。

审判长：被告中间有谁要发问题呢？

翻译员：被告佐藤俊二要发问题。

审判长：被告佐藤，请你走近播音机旁来。请你向法庭说明，究竟你有什么补充问题要向检验人提出。

被告佐藤：关于"荣"字第一六四四部队的生产能力一层，我请求加上一个修正。应该说明当时所制造的十公斤细菌不是鼠疫细菌——因为鼠疫细菌是很快就失掉生机的——而是容易保存的细菌，如伤寒症菌、副伤寒症菌等等。

审判长：检验员茹科夫－费勒什尼科夫，你对被告佐藤的声明有什么意见呢？

检验员茹科夫－费勒什尼科夫：检验委员会将审查这个问题，然后把自己的意见补充报告给法庭。

审判长：被告佐藤，检验委员会将审查你的声明，审查的结果将向你宣布。被告佐藤，请你坐下。别的被告没有问题要提出么？

翻译员：被告柄泽有一个问题要提出。

审判长：被告柄泽，请你走近播音机旁来。请你向法庭说明，究竟你有什么补充问题要向检验委员会提出。

被告柄泽：我也是想关于第七三一部队生产能力问题对检验委员会结论加进一个修正。结论上有个地方说该部队每月通常生产细菌达三百公斤，但这并不是通常的生产量。只是在最好条件下，即在利用该部队全部生产能力的条件下，才能做到这点。实际上通常只是出产过这数量三分之一，并未出产过三百公斤的细菌。

审判长：检验员，请你们注意到这一声明。

检验员茹科夫－费勒什尼科夫：被告柄泽没有充分了解译文。结论上所说的是："被告柄泽在预审时供述，说这种生产能力可能达到每月出产细菌三百公斤。"

被告柄泽：如若这意思是说可能达到那个数量，那我是同意的，我不过是没有听清楚罢了。

审判长：结论上所说的正是这种意思。

被告柄泽：那我就没有什么问题要问了。

审判长：被告柄泽，请你坐下。再没有什么问题了么？

翻译员：没有什么问题了。

审判长：法庭请问各当事方，究竟他们是否对庭审有什么补充？

国家公诉人：国家公诉方根据苏俄刑事诉讼法第三〇三条，特请法庭把几种保存在案卷内的文件宣读一下。局部说来，国家公诉方请法庭宣读证人山岸的供词（案卷第二卷，第一七四页）及证人饭岛的供词（案卷第六卷，第二四二页）。

此外，我还请求法庭宣读关东军作战命令丙字第六五九号。（案卷第十五卷，第三五页）同时我还请求法庭宣读关东军野战铁道司令部第一七六号命令。（案卷第十五卷，第三七页）

此外，我还请求法庭宣读所谓满洲国中央国防委员会会议速记录中的一段摘录。（案卷第二十二卷，第三页）

此外，国家公诉方还请求法庭宣读日本帝国大本营陆军处第二部一九四四年一月二十日颁定的"军事破坏动作战术"第三章中一段有重要证据意义的条文。（案卷第二十二卷，第二十四页）末了，我请求法庭证实如下一件事实，即在日本帝国大本营所颁布的关于采用军事破坏队的指令（案卷第二十二卷，第二八至二九页）上提到过自来水笔式的细菌"手枪施放器"。

我关于补充庭审一层向法庭提出的申请不过如此。

（检察官所提出的申请当即译成了日语）

审判长：军事法庭决定，宣读证人饭岛在一九四九年十月二十日受审时所说出的供词。各被告可同时经过收音机按日语收听该证人的供词。

（该证人供词同时用日语宣读）①

宣读山岸研二一九四九年十月二十一日的供词。各被告也可经过收音机按日语收听这一供词。

（当即用日语宣读供词）②

宣读关东军丙字第六五九号作战命令。

（该命令也同时用日语宣读）③

宣读关东军野战铁道司令部于一九四〇年七月二十六日颁发的作战命令。

国家公诉人：我请求法庭在宣读该项命令时宣读附录在该命令上的一段注释，其中说输送概览表内包含有如下的路程表格：平房—哈尔滨—新京—奉天—山海关—天津—上海。

审判长：命令和附录用日语宣读。④

继而宣读"军事破坏动作战术"。

该项文件也用日语宣读。⑤

法庭根据国家公诉人申请而证实说，在案卷第二十二卷第二八至二九页上有日本帝国大本营陆军处第二部于一九四四年一月二十日拟定的关于运用军事破坏队的指令。该指令上提到过"自来水笔式的手枪施放器"。

国家公诉人同志，你再没有什么别的申请么？

国家公诉人：再没有。

审判长：辩护方没有什么意见要提出来补充庭审么？

辩护人波罗维克：辩护方没有什么意见要提出来补充庭审。

审判长：各位被告，你们关于补充庭审一层有什么申请没有？

翻译员：被告问道，这点究应怎样来了解，这里所讲的究竟是什么申请？

---

① 见本书第一一七至一二〇页。
② 见本书第一二一至一二四页。
③ 见本书第一五四至一五五页。
④ 见本书第一五九至一六一页。
⑤ 见本书第一四七页。

审判长：他们是否要想请求宣读什么文件，是否要想补充自己的解释，是否要想请求宣读那些未经法庭审问但其供词已为各被告所知道的证人们的供词。

（翻译员用日语翻译审判长所作的解释）

被告山田：我有一项补充。

审判长：被告山田，请你走近播音机旁边来吧。你有什么申请呢？

被告山田：我想把我在这里庭审会上及在预审时所听到的一切总结一下。

审判长：翻译员，请你告诉被告山田说，这点他可在以后让他作最后陈述时去说明，而现时谈到的问题是究竟有没有什么关于补充庭审的申请，如宣读供词等等。

（翻译员向被告山田解释审判长所说的话）

被告山田：我明白了。

审判长：被告山田，请你坐下。

法庭医学检验委员会委员们，我请你们把你们关于被告佐藤所提申请的意见说明一下。

检验员茹科夫 – 费勒什尼科夫：我们已经审察过了被告佐藤所提出的申请。结论上所写的是"根据被告佐藤所供各节"，而不是"据被告佐藤供称"。

审判长：请把法庭医学检验委员会所作的解释翻成日语。

（翻译员把检验员所作的解释译成日语）

被告佐藤，你了解检验委员会所作的说明么？

被告佐藤：若是把你们结论上所说的十公斤"鼠疫细菌"几字勾去，那我是没有异议的。这里应该了解为十公斤细菌，而不是十公斤鼠疫细菌。

审判长：被告佐藤，法庭将估计到你的声明并加以审察。请你坐下吧。

检验委员会结论

法庭医学检验委员会研究了军事法庭在审讯前日本陆军军人山田乙三、梶冢隆二、高桥隆笃、川岛清、佐藤俊二、柄泽十三夫、西俊英、尾上正男、平樱全作及其他等人因准备和使用细菌武器被控犯刑事罪一案时所决定的诸问题后得出的结论。

结论

我们下列诸人：苏联医学科学院大学士茹科夫－费勒什尼科夫、军医上校克拉斯诺夫、伯力医学研究院微生物学系主任科萨列夫教授、伯力医学研究院微生物学系助教里甫金那、兽医中校亚历山大洛夫和寄生物学家科兹洛福斯卡娅，根据军事法庭一九四九年十二月二十八日决定，并亲身出席过法庭和考察过本案预审材料，兹关于上项决定中所指出诸问题作出如下的结论：

第一个问题：日本关东军第七三一部队和第一〇〇部队及日本驻华远征军"荣"字第一六四四部队所进行的实验与生产工作究竟是为了什么目的？

回答：第七三一部队、第一〇〇部队以及第一六四四部队内所进行的实验与生产工作，按其专门性质和特别内容说来，乃是为要探求和制造细菌武器以及研究使用此种武器的方法。

这个结论所根据的实际材料如下：

（一）第七三一部队、第一〇〇部队及第一六四四部队进行工作，是以专为进行侵略战目的利用传染病细菌在人和动植物中间迅速繁殖散播的性能为基础的。各该部队所进行的研究工作的全部方针所含的特性，都是与人道科学的任务不能相容，并且是与此种任务根本相反的。

本来，医科微生物学的一切努力都是为要造成一种条件来使微生物不致传染，使微生物的脓性和毒性减弱下去，但上述各日军部队却极力从事于加强微生物传染病症的作用。

传染病学数百年来都会致力于研究和拟定怎样杜绝和预防传染病的方法，而这些部队所拟定的却是怎样用人工造成和散播此种传染病的方法。

卫生事业是要清除各种助长病症的因素，而这些部队却从事于研究、繁殖和散布千百万传播鼠疫的跳蚤。

农艺学和兽医学花费大量劳动来保证农作物的收成提高和保证牲畜能繁殖起来，而这些部队却设法消灭已播种的裸麦和小麦以及牛羊马匹等，甚至抱定任务要用炭疽热菌来强烈地传染土壤，以求把田土变成难于被人耕种的荒漠。

（二）各该部队内曾研究各种微生物传染病症的效能，以便选择出供细菌战用的最有效的微生物。

在进行此种研究过程中，广泛地拿活人来作惨无人道的实验，这些人就是被关在那个专门为此目的建造的监狱内的囚犯，而监狱长便是一个"科学工作员"。

（三）各该部队内曾不断研究和制定种种加强培养大量传染病微生物的方法。随后就在实际制造细菌武器的过程中用这种方法去大量繁殖微生物。

这种细菌体是绝对不能用来制造痘苗的。例如，使用专门构造的石井四郎式培养器——正如各被告所供——就难于保证消毒，而若用此种仪器去生产痘苗，消毒是绝对必要的。各该部队内细菌制造工作所含的其他种种特征，也确凿证实此种生产工作是专为保证细菌战需要而进行的。这种特征中最重要的一个特征，就是该种生产工作的完成阶段。生产周期完结时总是孵育出一些毒性微生物，这些微生物并不像例如在生产痘苗过程中那样被杀死，而是使其活着保存起来，以便用人工法去大量传染人群。

（四）第七三一部队为养育跳蚤以及尔后使其染上鼠疫而进行的研究工作和生产工作，按其巨大规模和本身性质说来，都是根本与任何科学医术无干的，其唯一目的是专门制造细菌武器去大批残杀人命。

科学上本已知道鼠疫细菌具有在跳蚤机体内长期生存甚至繁殖起来的自然适应能力这一生物学现象。各该部队却竟利用这种现象来达成其侵略目的。据庭审材料证实，第七三一部队和第一六四四部队之使用跳蚤，乃是根据于细菌战思想家石井四郎的"理论"，其内容是说跳蚤在此场合可能保护鼠疫菌的安全，使其免受外界因素的影响。按这一理论说来，细菌寄生在跳蚤机体内，就算是得到了一种活的保护壳。染有鼠疫的跳蚤为寻求食料而袭击人体时，只要把人咬一下，就可使人受到传染。所以跳蚤就被用来保存细菌，传播细菌，并直接传染人。

检验委员会指明，第七三一部队内由石井四郎领导制定了种种方法，目的是要大量繁殖跳蚤，然后使其染上鼠疫，以便用去达到军事目的。

（五）第七三一部队与第一〇〇部队内在探求构制细菌飞机弹、细菌炮弹、从飞机上散播细菌和跳蚤的装置方面，以及在研究传染蓄水池、食品、粮秣、土壤的方法方面的工作，同样充分显然地说明了各该部队所进行的试验工作的目的。

（六）第一〇〇部队内研究过传染牲畜和农作物的最有效方法。为此目的，该部队曾利用了炭疽热和鼻疽微生物以及其他动植物病症媒介物。在该部队内进行过用炭疽热菌来传染土壤的实验，目的是要把土壤变成为不能供人耕种的漠地。

（七）以上各项内所说的一切研究工作结果，都一一在打靶场上加以实验，目的是要确定某种细菌武器或其使用方法的效能。在进行这种实验的过程中，也如像在实验室条件下一样，是用活人来作为"实验对象"的。既然在打靶场条件下使用此种武器已达到过罪恶目的，即达到过用强制手段传染人和杀害人的目的，所以当时也就认为在战斗环境下试验细菌武器效能是很适宜的。所以当时就这样试验过装有鼠疫或炭疽热微生物的炸弹，考查过装有鼠疫跳蚤的炸弹的效能。凡是经过打靶场实验后认为有效的各种细菌武器，都拿到战斗环境中去试验过。

由此可见，各该部队内生产和实验工作的目的，是要研究和制造细菌武器，以及研究为了进行侵略战争而使用此种武器的方法。

第二个问题：这些部队有过怎样的生产能力来保证日军以细菌武器呢？

回答：各该部队内有过很大的生产能力来保证日军以细菌武器。

这个结论是根据于以下种种实际材料：

（一）为了大量培养传染病微生物，第七三一部队内有过培制细菌的强大专门技术设备，这种设备使该部队能在短期间内培养出大量传布鼠疫、霍乱、伤寒、炭疽热等等传染病的微生物。

根据被告柄泽所供关于第七三一部队设备中培养微生物的主要部门即制造营养液的锅炉的生产能力这点，检验委员会确定出，该部队内所有的此种设备及其他设备在总共不过几天的一个普通生产周期内至少能培养出三万万亿具有中等繁殖力的微生物。检验委员会着重指出说，若估计到这短促的培养期限及这种"生产品"的最终用途，应认为此种微生物数量是非常巨大的。在制造营养液的各锅炉充分动用以及生产尽量加强的情形下，该部队内在一个周期内可能培养出四万万亿以至更多的微生物。（视病菌种类如何而定）

各该部队工作人员在培养出供制造细菌武器用的大量细菌胶状体之后，就用公斤来计算此种胶状体量，并且这还只是指直接从凝固营养液上面取来的乳浆状浓细菌体的重量而言。例如，被告柄泽在预审中断定第七三一部队的生产能力时供称，说当时可以使这种能力做到在一个月内培养出三百公斤鼠疫菌。另一被告川岛也供认说，该部队"……每月能培制百公斤鼠疫菌"。这两个被告在庭审时也确证了这种数目字，同时还供称该部队每月能培养出八百至九百公斤炭疽热菌和一千公斤霍乱菌。在分析该部队每月生产率时，查明了该全套装置体系能使一定期间内的生产速度大大提高。此种生产体系特征，无疑义是与第七三一部队工作的军事特性有联系的。因此之故，第七三一部队的器械设备及其数量能使该部队同时实现几个生产周，所以该部队的每月生产率就能培养出若干万万亿甚至只具有中等繁殖力的细菌。

"荣"字第一六四四部队的生产率要稍微小一些。从被告佐藤供词中可以看出，该部队在一个生产周期内至少能培养出十公斤鼠疫菌。第一〇〇部队也拥有繁殖动植物传染病细菌的相当强大设备。

（二）第七三一部队培养跳蚤的生产能力是由那里所有用以繁殖跳蚤的四千五百具"养蚤室"（孵育器）来决定的。此种孵育器能在短期间内孵育出几十公斤跳蚤，这就等于若干千万跳蚤，然后就使这些跳蚤染上鼠疫，以备用作细菌武器。

第七三一部队的实际"生产率"是在每三四个月内生产出四十五公斤跳蚤。必须指出，平均每四十五公斤跳蚤就等于约一亿四千五百万个跳蚤。可是该部队的生产潜能还要大得多，因为该部队长官石井四郎在一九四五年间曾计划在同一期间内把鼠疫跳蚤产量提高到六十公斤，尔后更提高到约二百公斤。第一六四四部队也拥有繁殖跳蚤的颇大能力。该两部队都设有支队网，支队内有几百工作人员专门搜捕用以供养跳蚤和繁殖此种寄生虫的鼠类。

（三）各该部队内能够利用打靶场、飞机场和飞机来检查已制出的细菌武器的效能，并能花费巨款来作试验工作之用。

关东军司令部赋予了各该部队以极大的可能，让其对那些拘禁在第七三一部队监狱内的成千成百的"受试验者"进行残忍万分的"实验"。在该监狱内及打靶场上用强迫传染及其他种种手段害死的约有三千人。

由此可见，第七三一部队、第一〇〇部队和第一六四四部队在制造和试验细菌武器方面的能力异常巨大，各该部队具有这种能力为的是要保证日军有最充分的细菌武器。

第三个问题：第七三一部队于一九四〇年、一九四一年和一九四二年间对华中地区举行的各次细菌攻击所造成的危险程度怎样？

回答：第七三一部队于一九四〇年、一九四一年和一九四二年间对华中地区举行的攻击的危险程度极大，这种祸害程度一方面是决定于当时所使用的那些细菌即危险传染病菌的选择标准，另一方面是决定于举行细菌攻击时传播此种细菌的动作性质。

这个结论是根据于以下的种种实际材料：

石井四郎所主持的第七三一部队在多年内进行的细菌战准备工作既已超出纯粹试验工作的范围，结果就使实际使用细菌武器一举成为可能了。于是第七三一部队就实际装备过几届派到中国几个区域内去使用细菌武器的战斗远征队。

一九四〇年间，由石井四郎亲身率领了第七三一部队内一个装备有大量伤寒菌、霍乱菌及大量鼠疫跳蚤的战斗远征队到中国宁波一带去。由于用飞机散布法使用染有鼠疫的跳蚤的结果，在宁波一带发生过鼠疫流行症。该远征队在组织上和行动上的技术特征，就决定了当时受到普遍传染者的广阔范围。若估计到战时条件及与此有关的民众迁徙情形，就必得承认说，该远征队的活动特别是在散布鼠疫方面不仅对于中国宁波城内的居民，而且对于宁波附近许多区域的居民都是极端危险的。

一九四一年间在常德一带也有这样一个远征队行动过，当时从飞机上用鼠疫跳蚤传染过这个地区。这次远征队的危险性是与前次远征队的危险性同样巨大的。

一九四二年间，第七三一部队又派过一次战斗远征队到华中去，该远征队也是由石井四郎率领并有第一六四四部队协助，这次远征队的主要目的是在地面上实行传染，以便给那些进攻的华军造成一种染疫地带。当时所采用的方法，是拿伤寒菌和副伤寒菌来传染水井和食品，同时还散播过鼠疫跳蚤。检验委员会分析这次远征队动作的特点时着重指出说，该远征队所造成的危险——特别对于中国和平居民说来——也是极大的。当日军退却之际，曾把公用水井、住宅都加以传染，并将染有伤寒菌和副伤寒菌的食品散留在各处。用这种方法来使用细菌武器，首先受到传染的当然是和平居民，然后就是定与当地居民相接触的那些进攻的华军部队。

由此可见，第七三一部队当时所举行的各次攻击的危险程度是极大的，这一方面是因为当时在居民和军队迁移条件下广泛散布特别危险的病菌，另一方面是因为使用此种武器时采用过各种不同的方法。

第四个问题：第七三一部队、第一〇〇部队及"荣"字第一六四四部队所制造的细菌武器在使用时能造成一些什么恶果呢？

回答：第七三一部队、第一〇〇部队及"荣"字第一六四四部队所制造的细菌武器在使用时可能引起一种既威胁着军队，也威胁着包括妇女老幼在内的和平居民生命的流行症。此种流行症之范围大小，除其他因素而外，将由遭受攻击地方的卫生情况和医药设备的水准如何来决定。

这一结论是根据于以下的种种实际材料：

为鼠疫和霍乱一类传染病症所具有的传染特性，就是散布迅速，散布范围广阔，病状沉重，受传染各城市和乡村居民死亡率很大。又如牛瘟以及在相当条件下采用的炭疽热一类很危险的兽疫症，也具有同样迅速传播的特性。为造成经济损害起见，各该部队除了制造供消灭家畜用的细菌武器而外，还拟定过消灭庄稼的方法。在自然流行病历史上，有过许多造成奇灾惨祸的流行病的例子，而这些流行病正是由于像各该日军部队选定作为细菌武器的这种传染病媒介物所引起的。

必须着重指出，各该部队所使用过的某些病菌在自然环境内的一定条件下，可能形成多少强固的传染病策源地，这种传染病策源地现在本来已经被科学成就所消除或受到了限制，但各被告却曾力图重新造成此种策源地。

由此可见，日军第七三一号、第一〇〇号及第一六四四号细菌部队在制造细菌武器时，原是打算到使用此种武器的结果就会引起奇灾大祸性的传染病而使大批人命归于死灭。如果这种计谋一旦实现，那末对于各中立国也会造成一种威胁，因为这是由于传染病本身的天性以及散播此种传染病的动作方式所必然产生的结果。

苏联医学科学院大学士茹科夫－费勒什尼科夫

军医上校克拉斯诺夫

伯力医科大学微生物学系主任科萨列夫教授

伯力医科大学微生物学系助教里甫金娜

兽医中校亚历山大洛夫

寄生物学家科兹洛夫斯卡娅

一九四九年十二月二十九日

国家公诉人的演词

十二月二十九日晚庭记录

审判长：本案庭审宣告结束。法庭现在就来听取各方面的意见。

国家公诉人演词以及各被告辩护人的发言，将用日语广播出去。

各被告可以听这些演词的日语广播。

现在由国家公诉人、三级国家法律顾问斯米尔诺夫同志讲话。

国家公诉人演词写入记录上。

演词同时用日语广播。

国家公诉人、三级国家法律顾问斯米尔诺夫的演词

（一）本审判案的意义

审判员同志们，军事法庭委员同志们！

诸位在这几天以内极周详审讯过的这一案件的意义，远不只是查明此地被告席上诸犯的个人罪状，及确定他们所负责任的程度而已。

不庸争辩的，是有一条反和平反人类的极恶大罪的链条，把前日本关东军总司令山田将军和那些执行日本军阀凶恶计谋的人，即日本关东军各特种秘密部队中的细菌学家们结连在一起的。

但是，在庭审过程中已经查明，这根链条并不在此地被告席上就告中断。

细菌战系由万恶日本帝国主义所策划和准备起来，它乃是反对爱好和平各国人民的总侵略阴谋中的一部分。

帝国主义的日本在多年以内，都曾是远东方面侵略势力的主要策源地。

在东京举行而于一九四八年结束的日本主要战犯案国际审判中，业已十分明确地查明：日本曾在许多年内准备进犯苏联。该国际军事法庭判决书上写道：

> 本法庭认为，日本在这一时期中（即自一九二八年起），始终都在拟定和策划反苏的侵略战争；这侵略战争乃是日本国策的主要成分之一，其目的就是要侵占苏联的远东领土。

日本帝国主义者受到那班与国内封建军阀上层集团结成一片的日本巨大垄断联合组织，即所谓"财阀"们的教唆指使，预先就把苏联远东地区以至"直到乌拉尔止的西伯利亚"划进了所谓"大东亚共荣圈"。

但是，在日本参谋本部办公室内，在帝国总体战研究院实验所内，或在日本帝国主义者那鼎鼎大名的"研究会"，即所谓"国策研究会"各专门委员会内，"策划"反苏的侵略举动是一回事，而在实践中来实现这种侵略举动，却是另一回事。

日军参谋本部曾多次拟定和重新拟定过反苏侵略战争的计划，但这些计划之所以一再延缓实现，决不是由于日本将军们爱好和平，也决不是由于那些为了多贪图一厘利润而不惜干出任何罪行的日本财阀，怀有什么人道主义思想。

在苏联远东地区，和平之所以能够支持下去，这只是由于英明的斯大林政策，由于几届斯大林五年计划胜利完成，以及由于布尔什维克党和苏维埃政府始终一贯地关怀着巩固苏联武装力量的结果。

帝国主义日本并未停止过准备反苏的侵略战争。

一九三一年间，日本侵入满洲并将其占领，是意味着日本侵略势力发展到了一个新的阶段。对日本帝国主义者说来，武力占领满洲一举本身并不是目的，而是一种准备占领新领土和实现新侵略行动的手段。满洲曾是日本帝国主义者用以进犯苏联和侵入中国内地的最重要进攻基地。

正因为如此，所以他们自从占领满洲而在满洲建立了自己统治地位的时候起，就开始把满洲准备起来，使之成为侵犯我们祖国的进攻基地。

当时就在满洲集中了日本帝国主义的主要突击兵力，即关东军。日本工业所出产的最新军用技术都运往满洲。被占领的满洲境内密布了飞机场网和战略交通道路网。此外，法庭知道，当时正是在满洲境内展开了日军准备细菌战的秘密部队，即日本帝国主义势力的秘密武器。

一九三六年间，帝国主义日本与希特勒德国所结成的反和平的罪恶阴谋联盟已经最终确定了，当时它与德国缔结了军事政治同盟，即所谓"反共产国际公约"。

此后不久，法西斯意大利也加入了这一公约。

据东京国际法庭判定，当时这一盟约首先是为了反对苏联的。"反共产国际公约——日本主要战犯案判决书上载道——是此后若干年内日本政策的基础。日本与德国缔结的这一军事同盟曾在日本反苏政策中起过重大的作用。"

当时，日本当权集团自以为他们那种为要攘夺苏联滨海区，占领苏联远东区，并奴役伟大中国人民的罪恶计谋很快就能实现了。

日本关东军在数量上迅速增大起来，并用最新的军用技术加以装备。于是满洲就变成了反苏战争的军火库。

一九三七年间，日本军阀挑起了所谓"芦沟桥事件"后，随即侵入中国内部。

这次侵略行动，如像以前各次侵略行动一样，也是不宣而战的。直到一九四二年间，当时日本对中国进行的这一流血战争虽已使千百万人遭到牺牲，但日本官方材料上仍然把它叫作"中国事件"，也像日方把占领满洲一举叫做"满洲事件"一样。

一九三八年间，日本军阀在哈桑湖一带对苏联举行进犯。哈桑湖南山地区的战斗动作继续了十天之久。在这十天的短促激烈战斗中，所有参加作战的日军精干部队都被苏军迎头击破了。那次武力试验结果显然对日本军阀不利，所以日本军阀仓皇退却，并公然把他们所发动的这次遭到了失败的侵略战争叫作"张鼓峰事件"。

一九三九年间，关东军遵照日军参谋本部命令在哈勒欣河一带发动了战争来反对蒙古人民共和国和苏联。战斗开始于一九三九年五月，一直继续到九月止。参加作战的是关东军的精锐兵团，并有大量空军、炮队和坦克部队协助。这次斗争结果，苏蒙武装力量歼灭了该日军的大部。哈勒欣河一带的战争，也如哈桑湖一带的战争一样是帝国主义日本遭到了失败。

可见，日本帝国主义者两次发动过反苏侵略战争，结果是两次都在野战中被击溃，而亲身尝到了苏军强大的歼灭打击力量。

虽然如此，但日本帝国主义者还是没有停止准备罪恶侵略举动来反对苏联及其他爱好和平国家，以图建立"大东亚"国家，即建立日本殖民帝国，而使其中各战败国人民处于必遭贫困灭亡的奴隶地位。

日本帝国主义者和希特勒食人生番一起，妄想建立世界统治。为了达到这个目的，他们准备使用最残忍惨酷大批消灭人命的手段。他们妄想在人类文明的废墟上奠定自己的霸权。在希特勒德国和帝国主义日本所缔结的同盟这样一个反和平反人类的万恶阴谋中，细菌战原是一种根据预定计划要把世界上一部分人口消灭，而把另一部分人口完全征服的手段。

帝国主义日本的主子们把反动资产阶级科学界的腐败分子找来实现他们这种恶毒的计划。

众所周知，细菌武器也如化学武器及原子武器一样是进行侵略战争的工具，并且是异常残酷和极惨无人道的工具，因为受此种武器杀害的，将主要是和平居民，即妇女、儿童和老年人。

正因为如此，所以全体进步人类在指斥任何侵略战争的时候，特别激烈地指斥细菌战、化学战和原子战，并要求禁止使用这种根本是违反起码人道观念的战争工具。

正因为如此，所以苏联和大多数其他文明国家曾担保说自己在战争中决不使用化学武器和细菌武器，为此而签署和批准了一九二五年六月十七日"关于禁止在战争中使用窒息瓦斯、毒气及细菌武器"的日内瓦议定书。

苏联从建国之日起就终始不渝和贯彻到底地为持久的民主和平而奋斗。苏联是保卫和平的真正支柱和宣扬社会主义人道思想的喉舌，它始终引导世界民主势力行进，坚决反对使用大批消灭人命的残忍手段。正因为如此，所以不管英美联盟中那些挑拨新战争的人们怎样拼命捣乱，苏联迄今已经数年来一贯力求在联合国机构内，达到无条件地禁止使用原子武器。

这次审判案已经查明，日本军阀曾经十分积极地准备过细菌战，极力探求过最有效的细菌战武器及其使用方法。

日本帝国主义在准备细菌战时，建立了制造细菌武器的强大设备。日本军阀们也像希特勒党徒一样，把本应服务于人类进步的最新技术用去达成其残忍杀害人命的目的。

在法庭医学检验委员会结论中特别说道："必须着重指出，各该部队所使用过的某些病菌在自然环境内的一定条件下，可能形成多少强固的传染病策源地，这种传染病策源地现在本来已被科学成就所消除或受到了限制，但各被告却曾力图用人工法重新造成此种策源地。"

那班恶魔——其中一部分坐在本案被告席上——就曾这样竭力想使人类回复到疫疬流行的时代去，回复到霍乱和鼠疫蔓延的时代去，回复到中世纪最黑暗的时代去。

不免令人注意的，是日本帝国主义者所使用的这种大批杀人手段完全与希特勒德国战犯如出一辙。同样不免令人注意的，是日本战犯所作的暴行与希特勒德国战犯一样亵渎科学尊严和践踏科学所持的人道主义原则。

当苏军与希特勒德军单独搏战，摧破敌人抵抗而向西方锐进的时候，沿途遇到过特莱布林克地方烟雾弥漫的废墟、迈丹尼克地方的毒气狱、奥斯威兹姆地方的焚尸炉，这都是由罪大恶极的德国法西斯分子所建立的万恶杀人工业。

在这些杀人营特设的"医务所"中，法西斯的实验医生们曾对许多无法自卫的牺牲者进行致命病菌和毒药效能的试验，把活人赶到寒水里慢慢冻伤，迫使他们在气压试验室内受尽折磨死去。在波兹南细菌学研究院实验室内，希特勒匪帮的细菌学家培养过散布鼠疫的细菌，并准备使用细菌武器来毒杀千百万和平居民，因为细菌战的目标首先是要害死和平居民，使他们受到奇重的苦痛，在敌人后方引起瘟疫。

当时唯一赖有苏联武装力量所给予希特勒分子的歼灭打击，才使人类避免了希特勒恶魔准备造成的细菌战惨祸。迨至希特勒军事机构已被粉碎之后，苏联军队忠实执行自己所负的盟友义务，用神速打击歼灭了万恶日本帝国主义的主要突击兵力——关东军，因而也就再度使全人类免除了细菌战的惨祸。

在距哈尔滨二十公里的地方，有过一个很大的军用市镇，其各建筑物已经炸坏和烧毁了。在预审和庭审过程中业已查明，那里曾驻扎有关东军的一个特种细菌部队——第七三一部队或"石井部队"。这个部队曾在多年内有系统地准备过细菌战，从选择各种致命病菌，在成千无法自卫的牺牲者身上试验此种病菌效能以及研究培养各种细菌的办法起，直到大量制造进行大规模细菌战所必需的一切武器止。

我们知道，本案被告，前关东军总司令山田将军，曾认为石井部队已有充分作战准备，足以贯彻任何一种任务。我们同样知道，石井部队的这种"作战准备"究竟是意味着什么。

据山田供称，日军参谋本部曾批准过使用细菌作战的三种主要方法，即由战斗机散播细菌，从飞机上投掷特种细菌弹，以及按施行细菌破坏法在地面上传染居民点、蓄水池和牧场等等。

细菌武器的根本特性就是它的作用范围并不局限于前线，并不局限于敌方武装力量，甚至不局限于某一遭到侵犯的国家的境土内。日本帝国主义者所要发动的细菌战，不仅会使被侵犯国人民遭受无穷的灾难，并且会使各中立国人民遭到此种灾难。这点原已包括在日本战犯们的恶毒计划内，因为在他们看来，各中立国也不免要成为他们施行新侵略的对象。

可见，帝国主义日本当权集团在妄图建立世界统治，妄想建立一个由日本来领导的"大东亚国家"时，本来已经准备要使用这人类的死敌，即使用最危险不过的、无影无形的毒菌来反对人类。为了实现这种万恶的向外扩张的侵略目的，曾在特种孵育室内养育了无数万的跳蚤，将其染上鼠疫之后，或装在特种炸弹内，或由飞机直接散布，以便传播传染病。为了实现这种万恶的目的，曾装置有强大的专门设备，单是第七三一部队第四部在一个"生产"周期内，就培养出几十公斤细菌，即若干万万亿的微生物，以资用去传染各蓄水池和牧场，以及投到城市和乡村中去毒死成千成万的和平居民。

为了实现这种万恶的目的，竟使许多中国爱国分子和苏联人苦痛万分无可幸免地死去，他们被戴上脚镣，在日本恶魔实验家手内无法自卫，遂一一惨死于石井部队内部监狱里面。

为了实现这种万恶的目的，致使许多中国妇女和儿童在石井部队远征中国内地时因染上霍乱和鼠疫被害死了。

（二）日本帝国主义者组织特种部队来准备和进行细菌战

在法庭审判中，已详尽查明了在满洲建立日军特种秘密细菌部队的历史，并已充分判明了各该细菌部队的组织系统、任务和实际生产能力。

细菌战的准备，是日军占领满洲后不久就开始了的。

最初，日本军阀建立了一个不大的细菌实验所，所长为日本军事细菌学家石井四郎，这人前此已在军医学院研究过细菌武器，他在日本军界素以激烈主张细菌战见称。据被告梶冢供述，石井从最初开始这一罪恶活动时起，就获得有日本参谋本部战略部方面的支援。石井所进行的一切研究都是严加隐讳的。因为单是石井的名字就足以暴露该实验所的活动方向，所以他改名为东乡，他的机关便称为"东乡部队"。

据被告柄泽所供，还在那个时候，石井就已在活人身上从事罪恶的实验，直接用被日军俘去的中国游击队员来试验病菌效能。

一九三六年间，由日军参谋本部呈请并由天皇裕仁敕令设立了几个强大的细菌基地，以期实现上述阴谋和从事先前已由石井在实验室中开始进行过的罪恶实验。于是在满洲建立了两个巨大细菌部队交由关东军指挥，其任务就是要大批生产细菌战武器，以便保证日军能进行大规模的细菌战。

各该细菌部队在几年之内曾几次改换名称。当然，日军统帅部不能让它们用自己本来的名称，不然就不仅会引起全世界人的公愤，而且也会引起本国人民的公愤。所以这两个杀人的细菌工厂，始终都用通常医务机关或兽医机关名义来加以掩饰。例如，名叫"东乡部队"的石井实验所，便在"关东军防疫给水部"这样一个灰色名称下扩展成了准备细菌战的庞大研究院。

有个时期，该部队叫做"加茂"部队。尔后它获得了军队的番号，便称为"满洲第七三一部队"。第二个细菌部队起初名为"关东军兽疫预防部"，以后改名为"第一〇〇部队"。

这两个部队都设有很多支队。日军统帅部按一定计划把这些支队分布在与日本反苏战争计划上所定主要打击方向相适应的最重要战略地区。证实这点的，有本案中所拥有的日本关东军总司令梅津将军一九四〇年十二月二日发布的甲字第三九八号其一命令，内容是说要在海林、林口、孙吴及海拉尔等地新设立第七三一部队四个支队。

然而，日本军阀虽是把各该秘密细菌部队各主要支队集中在军事计划上所定反苏主要打击方面，但他们——这点在庭审过程中已充分查明——准备细菌战并不仅是为要反对苏联。

从一九四〇年起，石井部队曾几次向中国军队举行过细菌攻击。在进行这几次攻击时，试验过各种使用细菌武器的方式，其中包括有用飞机散播鼠疫跳蚤，直接从空中施放细菌，以及按军事破坏法传染蓄水池、食品和居民点等。

日本曾经有系统地准备过用以反对蒙古人民共和国的细菌战。

被告山田在庭审时供认，日军曾蓄意对其他国家人民，其中也包括当时处于与日作战状态中的美英两国军民，举行致命细菌的攻击。

证实这点的还有法庭上收到的其他材料。一九四五年四月，石井将军接到日军参谋本部责成加紧准备细菌武器的密令之后，就在第七三一部队高级军官会议上公然宣称，说向英美两国进行细菌战是决不可免的。

石井在分析南洋战区情况时指出，细菌战将于一九四五年间开始。当时他声称：

> 为要达到有利于日本的战局转变，我们必得使用最后的手段，包括细菌武器在内。

早在一九四三年间，第七三一部队科学工作员凑曾被派往战俘营里去，以便就地检验美国兵士血液及其抗疫性。

从一九四五年春起，石井部队准备细菌战的全部工作都是在极大规模地制造细菌武器，这种规模无疑是表明预定开始细菌攻击的期限已经很近了。

唯一由于苏联武装力量粉碎了关东军的结果，才使日本帝国主义者失去了用细菌武器去反对各盟国人民的可能。

关东军各该秘密细菌部队的罪恶活动，不仅有法庭上受审各被告和受讯各证人的供词来证明，并且还有第七三一部队和第一〇〇部队机构本身，及其特种技术设备和工作规模等加以证明。

在这方面特别显著的例证，就是第七三一部队。

第七三一部队乃是一个包含有约三千科学技术人员的强大军用细菌联合制造厂。

所谓给水和防疫，都不过是掩盖石井部队活动实质的幌子。

石井部队中主管防疫与给水事宜的，只有那个为了掩饰世人耳目而故意设在哈尔滨城内显著地方的第三部，但在距哈尔滨二十公里处的偏僻车站平房一带，却建筑有一个大军用市镇，其中有强大的专门技术和完善的仪器设备，这个市镇内的全部活动，都是专门为要探求和制造秘密细菌武器。

公诉方已向法庭提示过关东军参谋长关于在平房站一带建立一个特别军事区的通令。（第一五三九号，一九三八年六月三十日）

第七三一部队的全部活动均严守秘密，甚至连飞机也不能在平房站附近上空飞行，因为那里——据上述通令第一条所说——布置有石井部队内那些"具有特别军事意义"的建筑物。通令第四条上规定了飞机的特别航行线，以及禁止飞行的区域。

石井部队驻扎地四周，筑有很高的土墙和铁刺网，以便与外界隔离。该部队主要建筑物是一个四方的大寨子，它掩蔽着院内的监狱，监狱内则用活人来进行罪恶的试验。有一条特别的地下交通壕从监狱通到那由警务囚车送来必遭惨死者的地方。

附近各村庄居民，都经宪兵严密检查过。

该部队工作员只有带着公务通行证才能进入本部队区域。局外人——甚至日军高级军官——也只有携带关东军总司令签署的特许证时，才能进入这个地区。为了不致引起附近居民怀疑和猜测到第七三一部队活动的真象起见，该部队军官们都不佩带部队内固有的医务人员识别章，而只穿着普通军服。

在庭审过程中已经详细查明了第七三一部队的活动情形。深藏在平房站附近军用市镇城墙内面而与外界完全隔离的该部队各部，都是与"给水"和"防疫"事宜毫不相干的。

第一部，即研究部是从事于发明细菌战武器。为了这个目的，在各专门实验室内进行过各种研究和试验并培养过日本细菌学家们认为是在战争中使用时最有效的细菌。

第一部管辖有一个秘密监狱，监狱内关着有受实验的人，并且进行过骇人听闻的实验，关于这种实验情形，我往后就要说到。

第二部，即试验部，是从事于实际检验研究部研究所得的结果。为进行这种工作，试验部拥有一个设在安达站附近的试验打靶场和一个特别航空队。

试验部内专门研究把细菌传播到敌方去的细菌弹。那里曾发明和试验过陶器弹和特种细菌炮弹，以及用以从飞机上带下致命物的特种降落伞。该部队人员从事制造各种自来水笔式和手杖式的特种喷射器，以供传送毒菌或散播瘟疫跳蚤之用。看来，当时这种研究并不是没有成就的，因为日本帝国大本营陆军处第二部在一九四四年拟定的军事破坏队武器一览表草案上，已载明了这种自来水笔式喷射器为每排四支和连部三支。

为从事军事破坏起见，石井部队制造过含有炭疽热菌的巧克力糖。

第二部管辖有一个特别分部，其中极大量地培养过用去传播鼠疫的跳蚤。关于这点，我往后还要更详细讲到。

第四部，即"生产"部，乃是一个真正的细菌制造厂，它的生产力竟能培养出极大量的细菌。凡第一研究部和第二试验部工作所得的结果，都由该部来具体实现。凡选定作为细菌战用的传染病菌，经过试验并在试验过程中证明有效时，就在这里大量地实行培养。

审判长同志们，诸位从以前该部领导人，即被告川岛和柄泽两人供词中业已听到：第七三一部队曾拥有一切必要设备，能在几天以内制造出三十公斤鼠疫微生物和相当数量的他种病菌。

第四部在一个月之内能生产出约三百公斤鼠疫菌、六百公斤炭疽热菌和一千公斤霍乱菌。

单是这种骇人听闻的数目字已足证明，第七三一部队所负的任务就是要大批制造供侵略战用的细菌武器。

法庭医学检验委员会结论完全证实了这种说法。检验委员会指出说，"第七三一部队第四部中的设备，能够生产极大量活的传染病微生物……该设备在一个生产周期内至少能够培养出三万万亿微生物"。

该设备机构及其数量使第七三一部队能够同时实现几个生产周期，所以甚至中等速度繁殖力的微生物细菌也是每月可能制造出许多万万亿。

所有这些巨大数量的传染病微生物，包括有传染鼠疫、霍乱、伤寒等等的微生物在内——检验委员会结论上继续说——都是用去制造细菌武器，以便大批歼灭人类的。

庭审材料证实，石井部队内细菌学家们所最注意的，是对炭疽热、霍乱，特别是鼠疫传染病媒介物作罪大恶极的试验。

由于对活人进行过多次惨无人道的实验，以及在远征中国内地时向和平居民举行过细菌攻击的结果，该部队长石井就采定了如下两种散播鼠疫的重要方法：第一，从飞机上投掷装有传染鼠疫跳蚤的陶器弹；第二，用特种装置从飞机上散播鼠疫跳蚤。

规定了大量培养能传染鼠疫的跳蚤的办法。石井认为规定此种办法是该部队的特别功绩。跳蚤被装在一种特别的孵育器内，靠吮吸关在那里的鼠类血液而繁殖起来。

据川岛供称，在一个所谓"生产周期"内，从每个孵育器内可以取得约十克跳蚤，即大约有三万个跳蚤。

据川岛口供证实以及本案其他材料判明，单是该部队第二部中由某工程师田中主持的一个特别分部内，就有四千五百具这样的孵育器。这也就是说，单是石井部队本队——各支队除外——在一个"生产周期"内，最低限度可以培养出四十五公斤跳蚤。

从法庭医学检验委员会结论中可以看出，这个数目就相当于"好几千万"传染致命鼠疫的跳蚤。

被告山田在受审时供称，他巡视过石井部队后所得到的特别深刻的印象，就是那里有生产细菌的强大设备，以及其中养育有——据山田本人说——"极大量"活跳蚤的特别箱子，这些跳蚤受到传染后就用去传染鼠疫。

当这个前关东军总司令攀登到高台上去瞭望该部队第一号打靶场和飞机场的时候，他很感兴趣并很满意地听过当时陪送他的那些军官所作的报告，说染有瘟疫的跳蚤是在另一个特别打靶场上用飞机散布法来从事试验的，试验结果证明，这种跳蚤是很有效的细菌战武器。

　　该部队内细菌研究工作的巨大规模及其制造细菌武器的强大生产能力——山田在供词结语中说——竟使我极端惊异。

　　山田说他只是亲身巡视石井部队之后才知道该部队在准备细菌战方面拥有"强大生产能力"，并深感惊异，然而山田所说的这番话未必能使我们相信。

　　从山田本人供词中可以看出，他刚被任命为关东军总司令后，就在前任关东军总司令而现今已由国际军事法庭判决的日本主要战犯梅津将军私人保险柜内，发现了与其他极秘文件一并保存的装鼠疫跳蚤用的"石井式"细菌弹图案和说明书。这种炸弹是经梅津将军批准了的，山田也同意了他的这位前任人的意见。在巡视石井部队时，山田亲自看过这种炸弹模型。

　　早在前关东军医务处长被告梶冢向山田详细作过关于第七三一部队研究和准备细菌武器这秘密工作的报告之后，山田本来就应当完全明白石井部队在制造残杀人类的武器方面的"强大能力"了。

　　可是，这里已确凿查明，山田亲身巡视第七三一部队后，他便完全同意了石井老早就在发挥的用鼠疫跳蚤来进行细菌战的罪恶计划。

　　山田本人也不否认这点，他供称："从飞机上用特种装置散布染有鼠疫的跳蚤，以及从空中施放特种跳蚤炸弹的方法，是在我任职期间就已经最终改进好了的。"

　　一九四四年八月继石井之后任第七三一部队长的北野将军，向山田专门报告过在安达站附近打靶场上试验鼠疫跳蚤的结果。

　　据前关东军司令部作战部长松村将军供称，一九四四年末，由山田召集，就在他这关东军总司令办公室内举行了一次司令部高级军官会议，讨论在战争发生时使用鼠疫跳蚤的问题。这次会议的出席人，有山田，有关东军参谋长笠原行雄，副参谋长池田将军，作战部参谋，即天皇裕仁堂兄竹田宫及关东军司令部作战部长松村。北野将军做过关于把鼠疫跳蚤作为细菌武器使用的各种方法的详细报告。

从山田供词中可以看出，关于为实现细菌战目的使用染有鼠疫跳蚤的问题，并且是经关东军司令部一个特别委员会审查过的。

一九四五年三月间，石井又被任为第七三一部队长，并奉到日本陆军省关于加强细菌战准备的训令，于是他回到满洲后就特别注意于大量培养跳蚤和繁殖鼠类。

石井在他所召集的该部队第一次军官会议上就已宣称，在细菌战中可能用以收到最大成效的正是"田中分部所制造的武器"，即传布鼠疫的跳蚤。当时就给该部队各支队发出过密电，要他们竭力培养跳蚤。

第七三一部队内为各支队工作员开办过特别训练班来研究培养跳蚤的方法。此后各支队就开始加紧培养这种寄生虫，然后就送到石井部队里去。

因为跳蚤在孵育器内要靠吮吸鼠类血液来繁殖，所以该部各支队都奉到命令要加紧捕鼠。法庭从证人森田供词中知道，单是在第七三一部队驻海拉尔的一个支队内，一九四五年夏季同时就养育过约一万三千只鼠类。

据前任该部队军需官证人堀田供称，一九四五年间，石井曾打算要用约三百万只老鼠来繁殖跳蚤，因此堀田负责筹算过采办必要数量的饲料。

毫无疑义，石井所有这一切行动都是得到日军参谋本部嘉许和批准的。

早在一九四一年间，由于实施"关特演"计划和准备反苏战争的关系，石井已根据日军参谋本部直接命令向该部队工作人员提出任务，要极大规模地加紧培养跳蚤的工作。

被告川岛关于这点供称：

> 石井转告我们说，参谋本部对本部队工作成果极为称赞，并指示我们要特别注意改进并继续研究细菌作战武器。石井将军作过这番通知后，就号召我们更加紧工作，以便提高部队内繁殖跳蚤的生产率，更加扩大跳蚤产量。
>
> 同时石井又指出说，本部队在最顺利情况下，每三四个月内已能繁殖六十公斤跳蚤，但现在必须扩大跳蚤产量，以求在同一期间能生

产出二百公斤。石井将军向我们解释道，所有上述扩大细菌武器生产的办法都是必需的，因为国际情况已发生变化，即德国对苏战争已经开始，以及因为关东军中已在实施着"关特演"计划。

第七三一部队及其各支队中在一九四五年初实行展开的准备细菌战的狂热工作，即增加病菌生产量，大批积蓄传染鼠疫的活跳蚤和养育供养跳蚤并使其受传染的鼠类这一工作，也是遵照日军参谋本部和日本陆军省直接指令进行的。这点已经由被告山田、梶冢、西俊英、尾上以及证人松村及其他人等的供词所充分证实了。

我之所以如此详细地讲到第七三一部队大量培养传染鼠疫跳蚤的卑恶工作，是因为从那些已由诸位审察过的证据中可以看出，这种细菌武器在日本侵略者所准备的细菌战中占有一个极重要的地位。

石井部队和日军在其他细菌部队的全部活动，都确凿证明了日本帝国主义者曾抱有一种反和平反人类的真正骇人听闻的阴谋，即预定要使用细菌战致命武器的阴谋。

只有恶意讥嘲，才能把专门造就使用细菌战致命武器去歼灭无法自卫居民和使许多地区成为焦土的那种匪徒干部的一部，称为所谓"教育训练部"。

诸位在庭审时已经听到一个曾在第七三一部队内受过训练的杀人犯古都良雄的供词，此人在石井部队远征中国内地时，曾亲手把他事先放上伤寒菌的三千个馒头发给饥饿的中国战俘吃了。

石井部队内训练过直接进行细菌破坏工作和参加细菌攻击的人，即训练过一些仔仔细细、刻薄寡情和为所欲为地杀害人命的专家。

日军主要秘密细菌部队，即石井将军部队的情形就是如此。

第一〇〇部队的机构大体上也是如此。该部队内所有各部的号数虽有所不同，但该部队所进行工作的实质却并不因此而有所改变。这个部队里也进行过探求最有效细菌武器的工作；这里也试验过各种细菌的性能；这里也大量生产过在实验后被认为是有效的细菌武器；末了，这里也大批培养过善于使用细菌武器的干部。

第一〇〇部队与那个全部活动都是为了消灭人命的石井部队不同的地方，就是前者同时还研究过传染动植物的手段，并在这方面准备过细菌战武器。然而，除此以外——这点已在庭审过程中被证实——第一〇〇部队也如第七三一部队一样，用活人进行过实验。第一〇〇部队内所准备的如鼻疽和炭疽热这类流行兽疫病，对于遭受细菌攻击区域的居民乃是一种莫大的危险。

日军第三个秘密细菌部队——其活动情形已由法庭查究过了——就是南京"荣"字第一六四四部队。"荣"字第一六四四部队也如日军其他秘密细菌部队一样，多次改换过名称，有个时候曾叫作"多摩"部队。

据交给法庭查览过的各种材料证实，南京部队也拥有过为进行细菌战目的大批培养细菌的强大设备。

南京部队有个时期也由石井主持过，而这也就预决了该部队活动的方向，因为从本案材料可以看出，石井所进行的全部工作都是为了准备细菌战。后来，南京部队是由被告佐藤主持的。

关于南京部队在活人身上进行惨无人道的实验一事，我往后就要讲到。

现在已经充分证明，"荣"字第一六四四部队曾经帮助过石井部队向中国军队进行毒菌攻击。

可见，南京部队也和石井部队一样是个秘密细菌部队，不过在生产能力方面要比石井部队稍弱一些。

至于说到第七三一部队，那末法庭上所收集和查究过的一切证据，都证明它是日本帝国主义者在大陆上建立的一个主要秘密细菌中心，它曾有系统地进行过研究细菌武器和准备细菌战的工作，并拥有为进行这种工作所必需的庞大技术设备。

许多供词都证明第七三一部队是准备细菌战的主要中心。

关东军总司令部根据日军参谋本部的指令，曾采取决定，在发生日苏战争时，就用装有鼠疫跳蚤的飞机弹攻击苏联远东各城市，并用飞机散布细菌法来传染苏军各后方地区。

这个残忍罪恶计划设计人，即前关东军作战部长松村将军供称：

> 在与苏联发生战争时，细菌武器就应当在沃罗希洛夫、伯力、海兰泡和赤塔等城市一带使用。

与苏联国界邻近——这也就是第七三一部队正是在满洲展开活动的首要原因。

但被告川岛还说出了第二个原因。为了从事于进行细菌战的罪恶研究工作，需要有很多人来作牺牲品。这种用活人来进行的丧尽天良和惨无人道的实验，本应严守秘密。

所以被告川岛说，石井部队在满洲展开活动的第二个原因（我摘引该犯供词）如下："就是那里有可能获得大量非日籍的活人来做进行细菌试验的材料，并且满洲地域也很广阔。"

（三）在活人身上进行罪大恶极的实验

审判员同志们！

现在我就带着对那些惨死在日本恶魔毒手下的牺牲者深致哀悼的心情，进而检察石井部队在活人身上干出的那些不久前还是极端秘密隐讳的滔天罪行。

这方面的情形在庭审中已经充分查明了。

成千累万由日本宪兵机关转交给试验者恶魔们去摧残的活人惨遭慢性杀害的事实，不仅已由各被告和证人的供词所充分证实，而且已由那些被苏军虏获的日本宪兵队档案真本文件所充分证实。

我们现在已知道石井部队内用活人进行实验的详细情节和程序，同样，对于凡是按所谓"特殊输送"手续被解到石井部队里去的不幸人们中没有一个人生还的事实，也是丝毫不庸置疑的。

所有被拘禁在该部队内由石井四郎之兄充当狱长的内部监狱里的人们，

受过试验后就只能落到焚尸炉里去。

　日本宪兵队发遣到石井部队监狱内去被消灭的，有不同民族、不同性别、不同年龄的人，其中有老人，有青年，有男子，有妇女，甚至还有小孩。

　他们中间有些人落到该部队手中后经过几天就断送了生命，其他的人要受尽若干月的惨痛后才得死去。

　这些被日本宪兵队抓去交给实验者任意摧残的人们，肉体上遭到不堪言状的痛苦，并且时时刻刻都受到死的威胁。从苏军所缴获的日本宪兵队文件中，我们知道某些牺牲者的姓名。我们知道有牡丹江的一个铁路员工孙朝山，有木匠吴定兴，修理匠朱志猛，有个是中国的爱国志士沈阳人王英，他们所犯的罪就是他们不肯容忍日寇在中国土地上横行霸道。

　我们还知道有个中国共产党员，山东黄县人崔德恩，他之所以惨死在石井部队里，就是因为他不顾日本宪兵的严刑拷打，始终忠实于本国人民，始终没有变节。

　我们还知道有个大连的正直店员锺民慈，他被日本宪兵当做嫌疑犯抓去，说他从邮政局寄过一篇揭破日寇暴政的文章到报馆里去。

　苏联军队一个兵士德姆琴科的英名是令人永志不忘的，他曾落到日本宪兵手中而始终忠实于他身为苏联公民的职责，始终忠实于他所发过的军人誓言。德姆琴科虽受到严刑拷打，但终于拒绝把关于苏联的任何消息告诉拷问他的那些日本宪兵。"那时——据前日本'保护院'集中营副主任证人山岸说——我便决心把他消灭掉，所以我就把他送到第七三一部队里去了。"

　关于这样惨死在石井部队牢狱里而大半是中国人和俄国人的姓名，还可以列举出许多来。

　但是大多数牺牲者的姓名，我们却不知道。因为凡属落到石井部队监狱里的人，立刻就失去了姓名。只给每个人一个号码，一直到他死去为止。当他受过实验后死去时，第一部的司书就把他的号码从名册上勾销，被毒死者的尸体便放到焚尸炉里去焚化，而从这死人身上解下来的镣铐就拿去给往下一个牺牲者戴上。

被告川岛向法庭据实供称，在日本人占领下的满洲，石井部队对于用以进行实验的人是从未感到缺乏的。日本宪兵队的原本报告便证实了这点。

法庭收到有关东宪兵队司令部一九四三年三月十二日所下关于应将各类人犯按"特殊输送"手续送到石井部队去消灭的绝对秘密训令，这实在是一个最无耻和最残忍的文件。这个训令上载明有应行消灭者，不只是一切"怀有亲苏或反日心理的"分子，并且是凡属日本宪兵认为有反满洲政府活动或情绪等嫌疑的人，甚至是——据该训令上说——"依其罪行程度可以预料该犯被提交法庭审判时将被释放或经短期禁闭即可释放"的分子。

应按"特殊输送"手续消灭的，还不仅是那些有反日活动嫌疑的人们本身，并且还有——据该训令上所说——"凡与应受'特殊输送'的犯人同一思想者……其罪情虽轻，但不宜将其释放者……"凡是训令上特别条文中所指明的"有关民族运动和共产运动的思想犯"，即一切优秀进步人士一落到宪兵手中，都应按这个训令加以消灭。

训令"备考"上强调地说，对于训令上所列举的各类被捕人，各宪兵队长可向关东宪兵队司令官"坚决"申请援用"特殊输送"办法。

从该训令中显然可以看出，石井部队内所消灭的人，不仅是积极抗日的分子，甚至是一切因全无罪证而不能提交日本法庭审判的嫌疑分子。

所谓"满洲国"宪兵署顾问、证人橘武向法庭供述时，详细讲过"特殊输送"手续，按这个手续说来，一个人的生死问题，是由宪兵队长擅自处理，即由他批在宪兵拘票上的几个字来决定。

实行把确定处死的人发遣到石井部队里去的不只有日本宪兵机关，而且还有所谓"日本军事团"，即日军侦探机关。

例如，在庭审过程中已经查明，驻哈尔滨日本军事团中心机关下面，曾设立有专门禁闭俄国人的所谓"保护院"集中营，那里经常把每批十多个俄国人发遣到第七三一部队里去杀害。这是些不愿服从日本侦探机关要求，即不愿进行仇苏活动的人。这些人确实怀有反日情绪，但审判他们是毫无理由的，因为甚至按日本法律说来，他们也没有犯任何足以交给法庭惩办的罪行。

这些人的命运，完全由"保护院"集中营主任饭岛和副主任山岸擅自处理，只经他们一个简单字条，就可以把任何被拘禁者押送到第七三一部队里去，一去之后就永不复返了。

我已经说过，被送到第七三一部队里去消灭的不仅有男子，而且还有女人。

前关东军司令部干部部长，即一九四五年夏季被山田派往第七三一部队去巡视过工作的田村大佐供称：

> 当我视察生产场所时，他们把我引到内部一所房屋里去，这里有些特式牢房，内中关得有一些戴着脚镣的活人，据石井亲口向我解释，这些人是用来作实验的……在这些要受实验的人中，我看见有中国人和欧洲人，还有一个女人。据石井将军亲口向我说明，这个女人和这些欧洲人乃是俄国人，他们都是由日本驻满宪兵队和军事团送到部队里来的，据日本讨伐机关决定他们都是应被消灭的犯人。

法庭已查看过各种证据，其中证明自第七三一部队监狱设立以来的全期间内，经常都有许多由各日本军事团和宪兵队抓住而必遭消灭的俄国女人和中国女人被押送到这监狱里来。

上面所说的那个带有婴孩、姓名不详的俄国女人，在严刑拷打下惨死在石井部队里，她那令人悲痛的形象实在是使我们任何人也不能忘记的！被告川岛在法庭上供述过这位不幸的俄国人母亲所受到的痛苦情形。原来她被解到该部队时已身怀有孕。孩子就生在这监狱里。她陷在这些万恶实验者毒手内达两年之久，受尽骇人听闻的苦楚，忘记自己身上的疼痛，经常都在担心孩子的命运。结果是母子两人都死掉了，因为——据川岛在这里供称——凡是落到该部队监狱内的人，是没有一个能活着出去的。

凡是按"特殊输送"手续必遭消灭的人们都用特别囚车厢或专门汽车被解到哈尔滨，沿途戒备森严，严守秘密。宪兵队颁发有特别命令，严厉嘱告说，凡是按"特殊输送"手续解送的人，沿途都要戴上脚镣手铐，或用细绳把脚手紧紧捆着。

法庭已查看过关东军宪兵队司令部一九三九年八月八日所下第二二四号作战命令原本，该命令证实，当时是把三十个被监禁者"特殊输送"到石井队里去，而输送被监禁者到第七三一部队去的手续是与我刚才向法庭报告过的情形完全相同的。诸位也就能够相信到，押送这些被监禁者的手续该是办得如何缜密，押解这些在劫难逃者到必死之地去的护送人该是挑选得如何仔细。

在进行罪恶实验时被日本细菌学家所消灭的牺牲者人数是极多极多的。据被告川岛（他是决不会乐于夸大这种牺牲者的数量的）供称，单在第七三一部队里每年遭杀害的就达六百人，就是说，从一九四〇年起至日军投降之日止，丧失性命的至少有三千人。据已经交由法庭查阅过的证据，内中包括有该部队在近几年间所进行过的实验材料证明，被告川岛所说的牺牲者数目，乃是最低限度的数目。

种种文件证实，所有驻满各日本宪兵队和军事团都一批批地把被监禁者押送到石井部队里去，每批是由几人到几十人不等。

石井曾竭力设法增大按"特殊输送"手续送往该部队的牺牲者数目。当宪兵队领导人前来该部队时，石井亲身带他们去视察该部队，为的是要使他们相信，凡是宪兵队发遣到这里来的人都真正是被歼灭了，新送来的牺牲者也定会遭到同样的命运。在哈尔滨宪兵队司令春日部下当过副官的证人木村，已供述过当时石井同春日两人进行过的这样一次谈话经过。

由此可见，石井部队内大批消灭活人的事实已由本案材料充分证实，现在我就来讲到该部队内在活人身上进行实验的那种惨无人道的办法，说到这种办法时，真是不禁令人战栗，不禁令人痛恨。

审讯材料证明，第七三一部队既在所谓"实验室条件下"，即在内部监狱和监狱所属各实验室里，又在安达站附近该部队特种细菌打靶场上，用活人进行过罪恶的实验。

在实验室条件下从事实验时，主要是由第一部工作员负责；在打靶场上进行实验时，则由第一部、第二部和第四部负责，但此种实验主要是由第二部工作员进行，他们在无法自卫的牺牲者身上实验过各种新式细菌武器。

总之在各种实验中，都使受实验者遭到最难堪的痛苦。

在实验室条件下进行试验，是把最危险的传染病，如鼠疫、炭疽热、鼻疽、各种伤寒及其他病症等等，注射到受实验者的身上。

这些恶魔们对活人进行此种试验时，在某些场合也曾重复过科学上所知道的试验方法，但这种试验本来只是在动物身上进行的。例如在研究痘苗效能时，这班日本试验家们曾挑选出大群被捕的人，把其中一部分人先种上痘苗，接着又把被捕者全体都传染上相当的病症，然后试验家们就来等待传染后的结果，即察看那些没有被种上痘苗的人是死亡还是得重病。当试验新痘苗时，多半是所有受过试验的人都死去了。牺牲者的尸体经过病理学的解剖研究后，就在焚尸炉里焚化，然后又对另一批被监禁者来进行罪恶的实验。

证人古都叙述过这样一次试验防伤寒痘苗的情形。他奉第一部部长田部命令把水里染上伤寒病菌，然后就把这水分给五十个被监禁的中国人喝下去，其中一部分人是事先注射过防伤寒药剂的。这次试验结果是多数被试验者都因染上伤寒症死去了。

所有这一切罪恶实验情形都会加以详细登记。往往把实验结果拍成照片，或录在电影片上。实验记录中每次都载明有被实验者所属的种族。

审判员同志们，我想请诸位注意到庭审中业已查明的一种情况。

现在业已证明，第七三一部队在活人身上不仅进行过与准备细菌战有关的惨无人道的试验，而且进行过其他同样是惨无人道的使人痛苦万分的实验，这种实验虽与进行细菌战没有直接关系，但其规模是很大的。此种实验的目的，就是要研究人的身体在一定条件下的抵抗力限度，研究只是日本关东军司令部各专门部或医务处才感到兴趣的那些有关预防与医治非流行病症的个别问题。

为了在活人身上进行此种实验起见，第七三一部队内设有一个测量在高空中人体抵抗力限度的气压试验室。这样一来，石井部队的实验家们也曾进行那全无心肝的德国秘密政治警察实验家拉希尔博士所进行过的同样实验，亦即纽伦堡国际法庭所公正认为是希特勒恶魔对活人进行的一种最残酷和最惨无人道的实验。

被放在气压试验室里的人，总是受到不可思议的痛苦而慢慢死去了的。

据被告西俊英供称，在气压试验室内消灭犯人时的情形，都极仔细地被录在电影片上。

显然，该部队内只有按日本空军司令部所给予的任务，才会把人放在气压试验室里进行实验。

第七三一部队内还重复过拉希尔在达壕杀人营里用活人进行过的另一种惨痛实验，即遵照医务处指令进行的冻伤实验。石井部队在多年以内大规模地实验过冻伤。

这里有许多被告和证人都详细说出了这种残忍实验的情形。此种实验都是用俄国人和中国人作为对象。

受试验者被带到严寒露天里，有时强迫他们把双脚双手都放在水内。强迫一部分受实验者走动，而另一部分受实验者则迫令其站在原地不动。那个试验者（我们现在已知道他的名字，他就是石井部队里的所谓"科学工作员"吉村医生）用一根木棍敲着人们的光手赤脚借以确定是否已达到完全僵冻的程度。

当手脚都完全冻伤之后，受实验者就被带到狱房里去，其中一部分人是不加医治而因患坏疽病死去了的。对另一部分被监禁者则割去其冻伤了的手脚，然后加以治疗，以便把他们医好后又用来进行另一种试验，或是在他们痊愈时将其杀死。

冻伤实验的经过情形，都摄有照片。试验结果报告书则送往关东军医务处。

前该部队"训练"部长西俊英向法庭供出了该部队所摄冻伤实验情形的电影片。影片上放映出，人们怎样被解往寒风冷冻的小坪上去，怎样伸出一双双赤裸裸的胳膊对着严风。吉村用一根棍子敲着他们的手，借以确定双手是否已完全冻伤。

日本医生们为了准备在冬季条件下对苏作战，所以极广泛地进行过此种残酷的冻伤实验。为此目的而专门修筑有一栋房子，内面有用人工方法管制低温和寒风的设备。

这些实验虽与准备细菌攻击一举没有直接关系，但都是在活人身上进行的一种最残酷和最惨无人道的实验。

在该部队第一部各实验室内，至少有三十个细菌学家专门从事研究各种细菌的问题。业已证明，那里每一个细菌学专家都曾在活人身上进行过实验。

我没有可能讲到该部队在所谓"实验室条件下"对活人进行的各种实验，但是我要提醒法庭说，在进行此种骇人听闻和惨无人道的实验时，同时使用过该部队监狱内的两百到三百个被监禁者，其中没有一个人能够活着出来，并且每年送到这个内部监狱去遭死的至少有六百人。

我已经说过，这个监狱是由该部队第一部管辖的。用作实验的被监禁者中有一部分人被转交到第二部去进行广泛的罪恶试验，第二部则在一个特别打靶场上，即在最切近于战斗环境的条件下，从事此种试验。

在进行此种试验时，实验者都藏在距实验地点约一公里远的安全壕内。受试验者则蹲在一个开阔的小坪上，脚手都被捆住，或者被紧绑在栽到地里的各铁柱上。

在使用细菌爆破弹时，实验者们并不想要让牺牲者立刻死去。所以各被试验者头部及其身体上所有生命攸关的地方，都用特种金属板或厚棉被盖住。

这些浸满了人血的被条和金属板都被保存起来，经过消毒之后就放在该部队储藏室里，留作下次实验之用。诸位从证人堀田镣一郎供词中，已经知道了这种情形。

在安达站打靶场上对活人进行试验时，采用过几种办法。

最通常的办法是投掷细菌弹，或从低空飞行的飞机上，直接散布细菌和染有鼠疫的跳蚤。

在另一种场合，则是把细菌弹放在距被绑在柱子上的人有一定距离的地方。细菌弹是用装在实验者所在战壕内的电气设备来爆炸。

实验开始后经过一点半到两点钟，就将被实验者身上的绳索解脱下来。然后用警务囚车把他们运到该部队内部监狱去，就在那里来观察他们的病况。

在绝大多数场合，凡在打靶场上受过实验的人，是不加任何医药帮助的。打靶场条件下所实验的乃是极有效的致命武器，所以实验者们对于凡是使全体被试验者都遭惨死的试验极为赞赏。

凡第一部所研究出的大多数致命细菌的效能，都在打靶场条件下用活人来试验过。

然而在打靶场上进行实验时，最为注意的乃是那些日本人认为最适宜于进行大规模细菌战的细菌，即鼠疫菌、炭疽热菌、霍乱菌等等。

一九四五年一月间，被告西俊英参加过这样一次实验，其目的是要查明坏疽病在零下二十度的严寒天气里的传染可能性。主持那次实验的，是第二部部长碇常重大佐和科学工作员二木。

有十个被监禁者摆成半圆形被绑在铁柱上，他们的头部和腰部都用铁板和棉被防护着，然后就用电流将细菌弹爆炸。

由于此次试验的结果，所有这十个牺牲者受了几天极端痛苦后都死去了。

同时，法庭还知道许多次在打靶场上时常进行的对活人传染鼠疫的实验详情。

所有这种实验都是使受实验者遭到惨死。

我不来说明在打靶场上用活人进行试验的个别情节。这些罪大恶极的实验，都是审判员们记得的。

第一〇〇部队也用强迫手段在活人身上进行过这种惨无人道的实验。被告人三友以及证人福住、樱下和畑木供认说，这个部队里曾在被监禁者身上试验过各种毒药效能。据被告三友供称，当受此种罪恶实验的不幸牺牲者的身体已经虚弱到再不能进行实验时，就把他们杀死，而将其尸体埋在死马掩埋场上。三友本人就毒死了一个受实验的俄国人，是用注射氰化钾的办法把他毒死的。另外有三个俄国人被试验得虚弱无力的时候，就由日本宪兵当着三友的面把他们枪毙了。

对活人施行的这种空前残暴举动，是由第七三一部队和第一○○部队工作人员在日本宪兵队和各日本军事团直接参加下干出的。审讯材料已充分证明，无论是各该细菌部队，亦无论是宪兵队或日本驻满各军事团，都是一概受前日本关东军总司令被告山田直接管辖，所以各细菌部队对那些受残酷实验的牺牲者所干出的种种暴行，其甘心惨杀成千成百人命的罪恶，都应由山田负完全责任。领导第七三一部队和第一○○部队进行此种活动的两被告梶冢和高桥，也要同山田一起分负这一责任。

在活人身上进行实验，乃是审讯关于日本当权集团及其雇佣杀人犯所作穷凶极恶罪行的本案中之骇人听闻的一页。

在此种凶恶罪行中，凡人道主义学者，即为了人类福利来同死亡作斗争的战士们曾用最大努力和无数牺牲所达到的现代科学成绩，竟被用去惨害和歼灭人命。

只有天良丧尽，道义堕落，在日本帝国主义面前表示奴颜婢膝，专门仇视人类的人，才能干出这种违反人道性的万恶罪行。石井部队中根本不把那些被送来消灭的人看成是人，却给了他们一个侮辱万分的诨号，称他们是"木头"。

（四）在进犯蒙古人民共和国时和反对中国的战争中使用细菌武器

审判员同志们！

现在我就要讲到已由法庭查阅的各种证据，借以证明日军各细菌部队早在一九三九年间就已超出研究细菌武器的范围，即超出在实验室和打靶场上用活人进行此种武器试验的范围，而开始在当时各个战场上由日军进行的军事动作中实际使用各该部队所造出的细菌武器。

从被告西俊英供词中可以看出，石井部队的军事破坏队，即所谓"敢死队"，由一个在活人身上进行过最残酷实验而又几乎参加过各次细菌攻击的碇常重中佐指挥，最先在战斗环境内使用过细菌战武器来反对苏蒙军队。这是在一九三九年当日军在哈勒欣河一带背信弃义进犯蒙古人民共和国时发生的事情。当日军实行退却的时候，原已写过特别保证书并用血书加以签押过的"敢死队"（西俊英在接事时亲眼看见过这个保证书），就在日军溃退时最后退却，并用烈性伤寒病菌传染过哈勒欣河。为了这一罪恶"功勋"，当时哈勒欣河战区日军总指挥，即遭受了苏蒙军严重痛击，侥幸逃走了的日本将军荻洲立兵，曾对石井部队明令嘉奖，并向上峰陈请晋升碳常重为大佐。

然而碳常重部下那些惯于在该部队实验室内肆意残杀无法自卫者的所谓敢死队员们这次对苏蒙军举行细菌攻击，还不过是使用细菌的序幕，此后，从一九四〇年起，石井部队就开始在战争环境内大规模使用细菌武器。

在用细菌攻击中国和平居民时，他们广泛地使用过日本战犯认为在他们所策划的细菌战中乃是主要型式的那种细菌武器。他们在施行细菌攻击时，使用得特别广泛的方法，就是从飞机上用特种装置散布染有鼠疫的跳蚤。

到华中去的第一个远征队，是一九四〇年派去的。该队由石井本人领导。远征时，他们用鼠疫跳蚤把宁波附近整个区域都染上了病菌，致使当地中国居民中间发生了鼠疫流行病。

派遣该远征队到华中去的事实，不仅有各被告及各证人的口供，而且有苏军在日军档库中所虏获的正式文件，加以证实。

说到这里，我请法庭注意到日军两个正式文件。第一个文件是日本关东军总司令梅津将军一九四〇年七月二十五日下给野战铁道司令官的丙字第六五九号命令，内容是要该司令官派车辆运送"加茂"部队中的"奈良"队。梅津将军命令把这个由四十人组成的队伍连同所带物品输送到华中去。第二个文件就是关东军野战铁道司令官草场中将一九四〇年七月二十六日颁发的第一七八号命令，命令中载明有该队伍由平房站出发，经哈尔滨、长春、沈阳、山海关、天津直达上海的运输路线。该命令备考中说道（原文如下），"所运材料因系必须保守秘密的特种器材，故未注明名称"。

这两个文件内所指的"加茂"部队（我们已经知道，当时石井部队就是用的这个名称）以及"奈良"部队从平房站出发的事实确凿证明，一九四〇年七月间，第七三一部队中派去了一批带有秘密物品的工作员到华中去，这队人也就是被告川岛、柄泽、西俊英、梶冢等等向法庭供述的那个远征队，"奈良"部队乃是该远征队所用的假名。

我们同样知道究竟是什么货物才注明有"须严守秘密的器材"等字样。

在派遣该部队到中国内地去之前，被告柄泽曾奉命准备了七十公斤伤寒菌和五十公斤霍乱菌，以供该远征之用。此外石井部队第二部还给远征队备办了五公斤染有鼠疫的跳蚤，即大约有一千五百万个染有鼠疫的跳蚤，这些跳蚤被包装在将安置到飞机上的一种特别装置物内，以便从空中散布下去。

这种致命的货物也就是石井远征队带往中国内地去的"秘密货物"。

伤寒菌和霍乱菌是预定要由该队队员散布到蓄水池内去，染有鼠疫的跳蚤则将从飞机上投散到各城市和居民点去。

当远征队队员转回到该部队之后，他们特别赞扬由鼠疫跳蚤所传播的鼠疫病菌含有致命作用。

第七三一部队的罪恶领导人，即亲身领导这次赴中国内地远征队的石井四郎本人，也很赞成这种意见。

一九四一年间，当时任该部队总务部长的被告川岛，有次走进石井办公室去，看到石井正在仔细阅览一本中国医学杂志。石井把他很感兴趣的一篇文章内的几段话念出来。中国医生们写出了在上海以南宁波城一带发生强烈鼠疫症的情形。那里特别指出这次鼠疫流行病含有稀罕性质，它只伤害人，但并不像通常的鼠疫那样，同时使鼠类也受到传染。

石井在评述中国人写的这篇文章时，很得意地指出，说这篇文章证实了他在一九四〇年间用飞机散播鼠疫跳蚤来对中国居民实行细菌攻击一事是有成效的。

由此可见，还在一九四〇年间，据第七三一部队罪恶领导人所说，该部队就已经解决了选定细菌攻击主要武器的任务，并在军事行动中开始使用了这种武器，其目的就是瓦解敌人后方，以及在遭受侵犯国的和平居民中散布致命的疫症。

石井异常重视一九四〇年远征的意义，竟命令制出了一张专门关于那次远征的影片。

关于这张影片的情形，被告西俊英已向法庭供述过了。影片上摄有准备和进行细菌攻击的各个阶段：既反映着首先把散布鼠疫跳蚤的特种装置安在飞机上的情景，又反映着后来从飞机上散播此种鼠疫跳蚤的经过情形。影片末还映有专门一幕：所谓"工作结果"。银幕上放射有描写宁波城一带鼠疫盛行的中国杂志报纸上的文章摘录。这张影片每当有某某"要人"，如关东军总司令山田，日本皇属竹田宫和三笠，关东军司令部高级军官及日军参谋本部代表等来到该部队时，都曾放映过。

石井部队不止一次派遣过远征队到中国内地去对和平居民举行细菌攻击。

一九四一年夏季派出了第二次远征队到中国内地去，领导人是该部队里一个部长太田大佐。这次远征队是专门派去散播鼠疫流行病的。日军司令部给予该远征队的基本任务，是要破坏中国军队的交通线，其重要枢纽是常德城，所以要在常德城居民中间引起鼠疫流行病。该远征队内曾有三十个细菌学专家参加，全队人员总数达一百人。在远征队转回后，太田大佐曾向石井作过报告，当时有该部队总务部长即被告川岛列席。太田向石井报告说，该远征队在常德城及洞庭湖一带居民点上空，散播过大量染有鼠疫的跳蚤。

太田和石井都非常称赞这次远征的成绩，因为当时在常德一带的居民中间引起了强烈的鼠疫症。

第三次派远征队到华中去是在一九四二年，这次远征准备得特别周密。

一九四二年五月，石井将军从东京转回后，召集了一次全体部长秘密会议，他在会议上宣布说，按他所奉到的日军参谋本部命令，该部队应派遣一个很大的远征队到华中去，向中国军队举行细菌攻击。细菌攻击应在日军举行所谓"战略退却"时沿铁路一带施行。

在准备这次远征时，石井屡次召集过该队部长联席会议，讨论到选择传播疫症的细菌问题。这几次会议结果，是决定要利用鼠疫菌、霍乱菌、伤寒菌、副伤寒菌和炭疽热菌。

驻扎在南京的"荣"字第一六四四部队，曾积极参加过向中国居民举行的这次细菌攻击。

被告川岛遵照石井命令，曾在"生产"部内给该远征队培养出了一百三十公斤副伤寒菌和炭疽热菌。远征时所使用的其余的致命病菌，则是由该南京部队养出的。石井部队第二部供给了该远征队用去传染鼠疫的大量跳蚤。

在这派往中国内地去的第三次远征中，石井部队用来毒害中国军民的办法，主要是在地面上进行细菌军事破坏的鄙陋手段。当日军退却时，石井部队工作人员把各水井、河流、池塘、田地上都散布了病菌。他们还广泛地用细菌毒染过各种仿佛是偶然遗留在民房内的食品。

参加过这次对华远征队的，有本案证人之一古都良雄，他的供词中详细说明了石井部队恶魔们在这第三次远征中国内地时所使用的那种卑鄙残杀手段。古都曾向法庭供称，他于一九四二年夏季被编入石井将军所领导的这一队人内，这队人在浙赣战区内使用过伤寒、副伤寒、霍乱和鼠疫诸病菌毒杀中国居民。

我亲自在上述区域内——古都供称——用第七三一部队飞机送来的伤寒菌和副伤寒菌传染过蓄水池、水井和住宅……当时遵照石井少将命令做好了三千个馒头，这些馒头里放上伤寒菌和副伤寒菌之后，就分发给中国战俘们吃了，然后便把他们从俘房营里释放了出去，让他们再去传染别人，同样又按石井指示，专门烤制出了放有伤寒菌的三四百块饼干。我把饼干里放上伤寒菌，交给了别动班的人，他们就当作仿佛是忘记了的食品遗留在老百姓家里……据我所知，当时浙赣战区内因我们施放传染菌就发生了伤寒症。

前面我已经提到过，所谓南京防疫部队，即"荣"字第一六四四部队，在一九四二年第七三一部队远征时期，曾积极地帮助过该部队所进行的动作。这个日军秘密细菌部队，也就是南京市民所熟知的那个在活人身上进行残酷试验的"多摩"部队。在东京举行的日本主要战犯审判案材料中，也提到过"多摩"部队。

东京国际军事法庭收到过南京市法院检察官书面报告，其中特别指出，"多摩"部队是日军中经常用活人进行凶恶实验的最秘密机构之一，该部队内在活人身上注射过含有毒质的血清。报告中又说到，该部队所害死的人是不可胜数的。

关于日寇兽行这一消息，引起了国际军事法庭的注意，国际军事法庭曾要求当时在东京审判会上代表国民党中国利益的美方控告人，要他提供出有关"多摩"部队罪行的更详细材料。

此后不久，国际法庭中苏方控告人就将川岛和柄泽两人的书面供词，即这一充分揭破日本当权集团方面在试验细菌武器时用活人来进行万恶实验的材料，交给了美国主要控告人肯南。

但大概是有什么重要人物力求妨碍揭破日本军阀骇人听闻的罪行，所以关于"多摩"部队活动以及关于石井部队内所作同样试验的文件，终于没有提交给国际法庭。

但"荣"字第一六四四部队参加一九四二年那次远征的事实，已由前该部队长被告佐藤的供词、被告川岛和柄泽的供词、前日军大佐三品的供词以及其他许多证据材料，完全加以证实了。

一九四二年远征中国内地一事完结后，石井将军在该部队领导人员会议上正式声明说，在浙赣战区使用细菌武器，已收到颇大的成效，造成了几种极厉害的传染病。石井所作的这个声明是与实际情形相符合的，这点可从当时日军第十三军团所缴获的华军指挥部文件中看出，该文件内载有日军在其所放弃区域内造成了强烈瘟疫的事实。

（五） 在苏联和在蒙古人民共和国境内实行细菌军事
破坏活动，以及加紧准备反苏的细菌战

被告川岛供称，说在他看来，早在一九四二年时，第七三一部队内关于制定出几种能在战时广泛使用的有效细菌武器的任务已完全解决，这种武器是用大量人命来试验过，并在几次用细菌攻击中国的行动中加以检查过了。

受日本关东军兽医处管辖的第一〇〇部队，同样也遵照军司令部命令进行过细菌破坏活动。关于这点已由参加过此种军事破坏活动者即被告平樱和三友以及证人桑原明等等向军事法庭供述过了。一九四四年，第一〇〇部队远征队在苏联边界上的三河区各蓄水池内施放过毒菌。被告平樱和三友两人曾参加过这次远征。一九四五年被告平樱领导过在海拉尔地区的一个远征队，其目的就是要对蒙古人民共和国进行细菌军事破坏。

我们从各证人和各被告的供词中知道，第一〇〇部队海拉尔远征队队员们的动作原是很秘密的。为了不引起任何怀疑起见，他们都称自己是海拉尔日本军事团工作员。据苏军所虏获的海拉尔日本军事团文件证实，平樱所领导的这个别动班的行动是异常积极的。该军事团长天野于一九四五年三月二十六日所作报告第七条中说道："新京第一〇〇部队一九四四年三月根据关东军总司令部作战命令派出了一个别动班，现时该别动班在班长率领下极为热心地积极执行其所负职务。"

庭审材料已经证实，在此以前，从第一〇〇部队内派出过几次侦察破坏队到海拉尔地区去，目的是要查明传染当地牲畜以便把烈性兽疫病传布到蒙古境内去的实际可能性。

所有这些材料都证实出，第一〇〇部队按照关东军总司令部多次命令，不仅准备过用细菌战和军事破坏手段来反对苏联、中国和蒙古人民共和国，并且还实际进行过军事破坏和使用过细菌武器。

庭审材料证实，自一九四一年六月二十二日希特勒德国背信弃义开始进犯苏联之日起，日本战犯们在大规模准备和策动细菌战方面的积极性更是特别增大起来了。当时，帝国主义日本当权集团在各种武器和兵种方面，都加

紧作战准备，它指望德国会在西战场上战胜苏联，所以它只等待良机，以便侵入苏联远东区，并攘夺苏联领土。

那时，日本帝国主义者的细菌准备工作基本上已经完结，大批制造细菌武器的必要条件都已具备了。

我在上面已经说过，一九四四年间，从被告山田就任日本关东军总司令一职时起，细菌战准备工作就大大加紧了起来。当时再次奉到过日军参谋本部责成加紧生产传播鼠疫的跳蚤的专门指令，该指令曾被坚决执行。第七三一部队所有各支队都奉有任务，要尽量加紧捕获用以繁殖跳蚤的老鼠。诸位已从被告尾上和西俊英及一些证人口供中听到，该部队的各支队曾是怎样努力着手执行这一任务。改穿便衣的专门队伍挨门挨户，在谷仓内，在田地上，到处捕鼠。捕鼠有优良成绩者受到奖励。大规模地养育跳蚤。

在七三一部队和一○○部队内从新训练过直接进行细菌战的干部。这两个部队的各支队都交归各战线指挥官和各军团指挥官节制。当时任第五军团军医处长的被告佐藤，曾积极协助过第六四三支队内的捕鼠工作，他责成过第五军团所属各部队都要去捕鼠并送往该支队去。

被告山田曾几次检查过各细菌部队的作战准备程度，亲身到那里去巡视过，并保证它们随时都有作战准备。

一切都准备好了。只等待东京方面发出反苏战争的信号。

但是这一信号终于没有发出来。雄强的苏联及其英勇军队打破了侵略者的种种计划。日本军阀所渴望希特勒军队将在苏联战线上取得的那种有决定意义的胜利，根本没有来到，而这也就打破了进犯苏联远东区的计划。虽然如此，但当时帝国主义日本的头目们仍继续加紧准备作战。直到日军最后覆没时止，日军统帅部从未放弃过对苏使用细菌武器的这种强盗计划。各该细菌部队领导人始终——直到日本投降时止——都鼓舞过自己部属中的进攻精神，使他们寄望于细菌武器的威力，并向他们预示说很快就要在战争中使用这种武器。

由此可见，当时细菌战危险的策源地还继续存在着。

苏联政府鉴于日本施行一种与中立条约根本不相容的仇苏政策，遂于一九四五年四月宣布该条约无效。一九四五年八月间，苏联忠于自己对盟国所负的义务，为了尽快结束第二次世界大战，便命令自己的武装力量去歼灭作为帝国主义日本打击力量的日本关东军。这个命令在短期间内就完成了，因而英勇的苏军就迫使日本武装力量投了降，第二次世界大战便从此结束。

日本战犯们在日本关东军快要投降的时候，为了扫除他们的罪行痕迹，便按照日军统帅部命令把第七三一部队和第一〇〇部队及其各支队内的一切房屋和设备都销毁了。

使人类避免了细菌战惨祸的伟大功绩，是属于苏联及其武装力量的。

（六）对各被告个人罪状之分析

审判员同志们！

现在我就要来分析确定各被告个人罪状的证据材料。

我认为，庭审结果已完全证实了全体被告的罪状，所有这些被告，由前任日本关东军总司令被告山田起，直到第一〇〇部队实验员三友止——当然程度不同——都积极参加过准备细菌战一事，所有他们都曾知道这一战争所能引起的骇人后果，并懂得各人行为的罪恶性质。

他们中间，大多数人都是在活人身上进行罪恶实验的积极参加者或发起人。无论用什么上峰命令或军人地位来作借口，都不能辩护他们所已经干出并在法庭上业已充分证实的这种滔天大罪。

几年以前，这些罪犯还相信他们是可以逍遥法外的，所以就利用这种不受惩罚的情况，凶暴无极地摧残了许多无法自卫者的生命。他们在各司令部办公室内，以及在对外界严守秘密的各实验室内，拟制出用以残害千百万人命的毒恶计划。他们在中国平民妇孺身上，以及在由残暴宪兵机关交给他们摧残的成千赤手空拳的人们身上，检验各种细菌的致命效能，这样来等待他们所渴望的细菌战争开始。

当时他们是决没想到会有偿还血债的那一天的。

此刻，他们已被裁判者的手捉来并被安放在被告席上，都胆小如鼠地企图辩护着。其中有些人，甚至例如照道理本应归入日本主要战犯之列的本案主犯被告山田，亦竟装腔作势，仿佛他们在法庭上所听到的情形很使他们惊异。

这班残酷无情仇视人类的罪犯，此刻居然假装他们虽已猜测到有过这种罪行，但不完全知悉这种罪行的底细；或者企图装成自己只是命令的盲目执行者，但未曾悟解到这命令的罪恶性质。

然而这些已被捕获和已被揭破的恶棍们所表示的此种胆怯畏缩、半认不认的态度，是欺骗不了任何人的。

*　　*　　*

现在我分析各被告个人罪状的证据时，就从前日本关东军总司令山田乙三开始说起。

为了正确地确定他个人对本案中审讯的此种反和平反人类罪行所负责任的程度，必须首先充分查明关东军总司令在所谓"满洲国"这日本殖民地内所起的作用。

他曾经是这"满洲国"及盘踞在该境土上日军的全权主人，他是那里的独裁者，所谓满洲"皇帝"溥仪，不过是他手上的一个傀儡而已。凡被任为关东军总司令的人，都是日本当权集团中最受信任和最有威望的人物，都是积极和最实际参加万恶侵略阴谋的分子，日本帝国主义者正是信托了这班人来实现自己最秘密的强盗计划。

所有该占领区内的全体日军部队和一切管理机关，都曾受关东军总司令管辖。其中凡负责对满洲居民实施残暴恐怖手段的日本宪兵机关、侦探和反侦探机关，亦均完全听他节制。据山田本人在庭审时供认，把人用所谓"特殊输送"办法发遣到石井部队里去一举，只有由关东军总司令批准了这一惩治那些在日本人看来是不良分子的万恶手续后，才能实行的。

山田在法庭上企图减轻自己在这一罪行中的作用，他借口说，这种"特殊输送"办法是他的前任人梅津将军批准的，说他继梅津担任此职时因想象不到究竟按"特殊输送"办法消灭了多少人，所以他没有废除这道命令。

这种想减轻自己所负责任的企图，该是多么可耻呵！须知山田曾亲自视察过石井部队，当时他不会没看见该部队监狱内关有几百个惨遭实验的人。山田在法庭上企图断定说，他现在"记不清"他视察该部队时究竟看过那个监狱没有。

然而，法庭上所查阅的各种证据是把山田的这种说法也完全推翻了的。

我要请法庭注意到，一九四五年六月初，前关东军司令部干部部长田村大佐遵照山田命令视察过石井部队。

田村巡视了该部队各个地方。他曾被引到该监狱内去视察过，在那里他看见了那些受实验的人。

在我视察生产场所时——田村供称——他们把我引到内部一所房屋里去，这里有一些门上开着小窗的特式牢房，内中关得有一些戴着脚镣的活人，据石井亲口向我解释，这些人是用来作实验的。

在这些受实验的人们中，我看见有中国人和欧洲人，还有一个女人。据石井将军亲口向我说明，那个女人和这些欧洲人乃是俄国人，据日本讨伐机关决定，他们都是应被消灭的犯人。

在我所看过的那些牢房内，我亲眼瞧见犯人们胡乱倒卧在地板上，形容极为痛苦难堪。

田村详细视察了石井部队后——据他说来——"这一致命武器生产的巨大规模真正使我惊奇"，并说，他所见到的一切，实在出乎他的意料之外。

田村回到关东军司令部之后，立刻把所见到的一切都向山田将军报告过了。

据田村本人供称：

　　我还向山田将军报告了石井将军及其部属在活人身上进行着的那些很有趣的实验……并向他叙述了我视察监狱楼房的经过以及我在那里所见到的一切。

　　山田听过田村所作报告之后，是否曾表示奇怪或惊异呢？没有的事，因为田村所说的一切都是山田早已知道的，自然丝毫也不能引起他的惊奇。

　　山田将军听我作报告时所发出的那些驳词和问题——田村供称——就使我相信到他确实极为熟悉第七三一部队内的情况。

　　他身为总司令，既很周密地督察过这一为了作战目的而使用最危险病菌的罪恶研究工作（诸位都记得，山田曾主动地把北野将军召到司令部来作关于在安达站打靶场上实验鼠疫跳蚤结果的报告，并且这种实验每次都是用活人来作对象的），既亲自建立过一些由司令部高级军官组成的负责确定细菌武器型式和拟订武器使用计划的专门委员会，既亲身视察过石井部队，且认为该部队——据田村所说——"能够完成任何任务"，试问这样一个总司令又怎能不"非常清楚"石井部队内所发生的一切情形呢？

　　被告山田想化装成为一个普通兵士，仿佛他只大概知道一点第七三一部队和第一〇〇部队所干的罪行，虽则他自己并不卸脱这一责任，但先前却不完全知悉此种罪恶活动的规模及其恶毒性质——山田这种企图显然是没有成就的。

　　其实他不仅知道过石井、梶冢、高桥等人的全部罪行，不仅知道过第七三一部队和第一〇〇部队所作出的种种罪恶。他还策划过并且指导过这种种罪行，他还极力督促过那些罪恶的实验家们，因为使用细菌武器一举是已由日本当权集团列入到侵略战计划之内的。

　　石井本人及其他一切曾探求和完善这毒杀人类武器的罪犯们，都不过是山田用来实现日本侵略计划的一种工具罢了。

正因为如此——据审判材料所确证——所以各该秘密细菌部队都曾直接受关东军总司令山田管辖，当时关于使用细菌战武器的命令原是由他发出的。

山田借口说在活人身上进行罪恶实验一事，乃是他的前任即已被东京国际军事法庭判处无期徒刑的梅津将军所批准的，但他想这样来减轻本人罪过的企图是毫无根据的，因为山田继梅津任总司令时，比他的前任人更加热心地促进过各细菌部队在实际使用最危险细菌战武器方面的工作。

在庭审时受过讯问的各被告和证人的一切供词都显然证实，自从山田任日本关东军总司令一职时起，准备细菌战的紧张程度是急剧地增长了，牺牲在万恶实验家手中的人数是大大增加了——因为罪恶细菌武器在尚未作为大规模侵略战打击手段用去袭击人类之前，总是再三用无法自卫的牺牲者来从事检验的。

被告山田异常秘密地准备过细菌战去反对各爱好和平国人民，他也就是反人类的日本阴谋家头子之一。山田毕生都是为了达成这一罪恶阴谋目的而效力。他当过陆军训练总监，当过日本最高军事参议院委员，指挥过在中国的几个日军大兵团，参加过进犯苏联的准备工作，末了正是他受任为日本帝国主义主力关东军总司令，以及在满洲傀儡国实行穷凶极恶统治的日本驻满"大使"。

该犯罪行已经充分被证实了。为了这种罪行，他应分受到法律上所规定的极刑惩治。

被告山田的罪行与第七三一部队和第一〇〇部队都有直接关系。

这两个部队都是属山田管辖，所有关东军秘密细菌部队的全部工作都是由他指导。所以较之其他罪犯说来，该罪犯占着特别的地位。

* * *

现在我就来讲到证实被告梶冢罪状的种种证据。

梶冢隆二从一九三九年十二月起任关东军医务处长。他担任这一重要军职，正是当石井部队已充分展开其罪恶活动，并已在哈勒欣河地区初次用细菌攻击过苏蒙军队的时候。

梶冢在预审和庭审中供述时，曾极力想特别强调上述这种情况。其实，他在法庭上辩护的全部企图都是想证明，说他只是在关东军内开始任职以后才知道石井部队的秘密工作，说他虽知悉石井部队所进行的这一工作，虽知悉该部队中——据他说——"秘密的秘密"，即在活人身上进行实验，但他并没有积极参加过这种罪行。我们现在就要来证明该被告的这种说法全是撒谎，毫无根据。

现在已完全证实，还在他没有受任关东军医务处长职务以前很久，即早在一九三六年间，当梶冢任日本陆军省军医署卫生科科长一职的时候，他就积极协助过成立一个特种秘密细菌部队以便准备细菌战。

由于梶冢的同意和赞助，石井四郎被任命为这个后来称为第七三一部队的部队长，梶冢同石井有过很密切的私人关系，所有石井关于准备细菌侵略战的罪恶思想，梶冢都曾表示赞成和同意。

可见石井部队是在梶冢积极参加下成立的。

任命石井为该部队长的命令草案不是由别人，而正是由梶冢拟定并在上面签署过的。尔后，这个命令就由陆相签字发表了。

梶冢在评述到石井个人，并说到自己同他的私人关系时供称。

> 石井从国外考察回来后，自一九三一年起，就在军医学院同事——也有我在内——以及在有威望有信仰的人物和日军参谋本部工作人员中间开始进行宣传鼓动，说日本必须准备作细菌战……当时我个人很同意石井的思想和理由。

梶冢并不否认他很熟悉石井部队内在准备细菌战方面的秘密工作。他不得不承认，他"很清楚"在活人身上进行罪恶实验的事实。

在同被告山田对质时，他被山田揭穿之后才招认说，他几乎熟悉第七三一部队所进行的全部"细菌工作"。

他也不否认，他领导过第七三一部队在检查鼠疫、霍乱、斑疹伤寒等痘苗效能方面的研究工作。

我们从庭审材料中知道，这种罪恶研究工作始终都是经过用活人作残酷实验的办法来进行的。

梶冢企图减轻自己的责任，公然说他只是从石井和北野两人口中知道过有对活人进行实验的事情，而并没有直接参加过这种实验。

梶冢关于他亲身参加第七三一部队罪恶活动一事所作的这种说明，是自相矛盾和毫无根据的。梶冢极力想把自己说成是一个虽连什么都知道，而却连什么也没有参加过的人。例如他说（我来引出他的供词原文）：

> 实际上我领导过第七三一部队那种在各方面研究和培养各种病菌的工作，而不管这种病菌将用在什么地方。这个问题是我这个医务处长所不感兴趣的。
>
> 但是，我既知道第七三一部队内所生产的细菌是要用去对活人进行实验，以及用去作细菌武器，所以我就促进过第七三一部队来生产细菌武器。
>
> 我对第七三一部队工作的具体领导，就是监督该部队内一般研究和培养各种病菌所进行的工作。
>
> 在这方面，我给第七三一部队长发出过一切有关上述问题的必要指令。同时，我既是医务处长，我也收到过第七三一部队长关于研究和培养各种病菌问题的报告。
>
> 此外，我既是细菌学专家，所以我对上述问题贡献过各种意见。

法庭知道，第七三一部队内所有梶冢在这供词中说是归他管辖的一切工作，都是用活人作实验对象来进行的。这确实证明，对第七三一部队中所干出的一切万恶罪行，梶冢并不是一个消极的观察者，而是一个积极的参加人。何况这种罪行都是按梶冢的直接命令所作出的哩。

在与第七三一部队实验员濑越对质时，梶冢不得不供认，说所谓"冻伤研究"都是属于他管辖范围内的事。由此就得出唯一正确的结论，所有这种按性质说来是特别残酷的实验，都是依照他的命令进行的。梶冢同样供认说，他常收到作过冻伤实验的吉村写来的书面报告。

我不来向诸位重复说到吉村所进行过的种种骇人听闻的实验。第七三一部队内所作的这种实验，都是遵照梶冢直接命令进行的，所以我认为现在已完全证实，该被告并不是简单知道——如像他所企图断言的那样——第七三一部队内"秘密的秘密"，即在活人身上进行实验一事，而他乃是这种最残酷和最惨无人道实验的发起人和领导者。

梶冢全然知悉第七三一部队用细菌攻击中国和平居民的事实。

可是梶冢却竟企图把这种细菌侵略战的公开攻击，说成不过是一种试验而已。"这种武器对中国说来无条件是进攻武器——梶冢声称——但对日本说来，我却认为它不过是带试验性的武器。"

说对中国人民举行过的细菌攻击是带"实验性"的这种论调，真是横蛮无耻，诡辩多端，只是又一次说明梶冢乃是一个残酷无情仇视人类的恶魔，他直到现在还认为石井部队远征中国一举不过是细菌侵略战以前的一种试验。

梶冢与关东军司令部其他高级军官不同，他可以毫无限制地洞悉第七三一部队所进行的全部工作。材料证明，他曾经常视察第七三一部队，并且对该部队全部活动都了如指掌。

被告山田供称，当他到达关东军以后，不是别人，正是梶冢在一九四四年七月末向他作过关于第七三一部队工作情形的详细报告，并指出该部队在从事研究和制造细菌武器的秘密工作。

据山田供称：

军医中将梶冢曾实际领导过第七三一部队在研究和大批制造细菌武器方面的科学试验工作。

梶冢亲手建立了第七三一部队各支队，其直接任务就是要向苏联举行细菌攻击。

可见，本案全部材料证实从第七三一部队成立之日起，直到日本投降时止，梶冢始终是细菌战准备中最积极参加人之一。他参加过关东军司令部内讨论在侵略战争中实际使用细菌武器问题的一切秘密军事会议。

关东军总司令部正是经过梶冢来与第七三一部队发生直接联络的。

被告梶冢的罪状已在庭审中完全被证实，所以我以国家公诉人资格完全拥护对他提出的起诉状。

*　　*　　*

被告川岛应当被认为是最熟悉第七三一部队全部活动的罪犯之一。他在该部队供职期间担任过总务长和第四"生产"部部长。一九四一年间，他兼任过该部队最秘密的第一部即所谓"研究"部部长。

川岛在受审时，曾很久和极力隐瞒过他在这第一部中工作的事实，只是该部中一个曾在川岛领导下工作并认出他是自己过去长官的证人古都，才把他揭破出来了。

川岛所主持过的，主要是该部队内大批生产细菌的第四部，即所谓"生产"部。从一九四一年到一九四三年间，他始终是担任这一职务。在该时期内，第七三一部队的生产能力——据法庭医学检验委员会结论所载及各被告和证人供称——达到了巨大的程度，每月竟培养出若干万万亿微生物。

川岛直接参加过在活人身上进行的种种实验。庭审材料证明，有时他亲自拟订各种罪恶试验计划，例如在一九四一年六月间，他曾亲手起草过一道命令，要用活人来试验装有鼠疫跳蚤的"石井式弹"的效能。从川岛供词中可以看出，那次惨受实验的是被关在监狱里的十五个中国人。川岛直接参加过这次罪恶实验。

川岛同样参加过准备细菌武器去进攻中国和平居民的罪行。

据该被告供词证实，一九四二年五、六月间，由川岛领导培养出了大量伤寒菌、副伤寒菌和炭疽热菌，以供石井部队远征中国内地之用。

证人古都的供词揭穿了川岛的活动，证明川岛在领导该部队第一研究部时进行过用强迫手段传染活人的大批罪恶实验，并用活人作过其他许多惨无人道的试验。

可见，川岛对于石井部队内部监狱里残暴毒死成千百被监禁者一事，应负直接的责任。

川岛承认了这一切事实，他在法庭上供认说，他既参加过细菌战的准备工作，又参加过在活人身上进行惨无人道的实验。总之，川岛的罪状已完全证实无讹了。

*   *   *

被告柄泽十三夫的罪状也完全被证实了。他于一九三三年间进入日本军队里服务，由参谋本部供给费用，住过医学系，在军医学校两次受过细菌学专门训练，一九三九年十二月被任命到石井部队供职，他在那里就专门从事于制造细菌武器。

柄泽在该部队中很快就被升任为分部部长了。据被告柄泽的直接长官川岛所说，柄泽"很爱"自己的业务，总是极力设法改善大批生产致命细菌事宜。

石井部队组织过几次向中国居民实行细菌攻击的远征队，其所用的大量病菌正是由柄泽供给的。

柄泽为了研究该部所制细菌的致命效能，曾于一九四三至一九四四年间，几次参加过在安达站打靶场上用细菌弹爆炸法传染活人的实验。

在战争时期，被告柄泽曾受委托研究把细菌生产工作分散到该部队各支队去进行的问题。为了这个目的，柄泽于一九四四年巡视过该部队在孙吴、海拉尔、林口、海林诸城市的各支队，并给每个支队拟定了为大量生产供细菌战用的细菌所必需的设备计划草案。

柄泽在这一切方面都完全承认自己有罪。

除了他个人的供认以外，还有许多其他被告和证人的供词，其中也有川岛和西俊英的供词，都揭穿他的罪行，他们都说明该被告是切实和积极参加过细菌侵略战的准备工作。

*   *   *

在庭审中完全证实了其他两名被告即西俊英和尾上正男的罪状。前者是该部队第六七三支队长，后者是第六四三支队长。

该两名被告都完全洞悉第七三一部队在准备细菌战方面的罪恶工作的内容，并积极参加过这种工作。

被告西俊英参加过在活人身上所进行的实验。例如——据本案材料证实——西俊英曾于一九四五年一月间，参加过用坏疽病传染活人的实验。这次惨受实验的是十个中国爱国分子，他们在被试验之后——据西俊英本人供称——都痛苦万分地死去了。

当苏军快进抵孙吴城时，西俊英为了掩蔽第六七三支队罪恶活动起见，乃下令把该支部队房屋和设备统统放火烧毁了。

西俊英曾发给他部下每个人一点氰化钾，命令他们在一旦被苏军俘去时便服毒自尽。

西俊英的部属没有执行这个命令，而是——除个别人以外——宁愿投降受俘了。

无论西俊英或尾上都是石井将军在准备细菌战方面最积极的助手，他们完全熟悉石井关于使用细菌武器的计划。

该两名被告都承认了向他们宣布的罪状；此外，各证人的供词以及提交法庭的文件也揭破了他们的罪行。

*   *   *

被告佐藤俊二，于一九二二年进入日军，他也同其余大多数被告一样，两次住过军医学院特别训练班，他在相当长的时期内担任过各种军医职务，并在该学院内任过讲师。

佐藤于一九四一年以大佐衔被任为广州市第八六〇四细菌部队长，当时这个部队密称为"波"字部队，而在一九四三年二月间，他又被调到南京去担任"荣"字第一六四四细菌部队长。

我已经详细讲过南京"荣"字第一六四四部队的活动情形。这南京部队也如第七三一部队及第一〇〇部队一样，都是日本专门为了细菌侵略战目的成立起来的秘密细菌部队。

业已证实，"荣"字第一六四四部队曾同石井部队一起向中国和平居民举行过细菌攻击。同时又已证实，"荣"字第一六四四部队内也在活人身上进行过残酷的试验。佐藤被任为"荣"字第一六四四部队长的这一事实本身，也就证明他是细菌侵略战的一个积极参加人。

证实这点的，还有关于该部队内用来大批培养细菌的特种仪器之强大生产能力的材料。

那里大量生产的这些微生物，都是供细菌战用的，因为庭审材料证实，南京部队内几乎没有生产过痘苗。

佐藤曾很久都拒不招供。只是当他面前已摆有各种证据之后，他才迫不得已承认说他指挥过这两个专为进行细菌战成立的特种细菌部队。

在庭审中，佐藤同时还供认说自己曾完全熟悉"荣"字第一六四四部队于一九四二年间参加过所谓浙赣战役中用细菌进攻华中中国军队的行动。

他同时又已供认说他所领导的这个部队曾是为日军制造细菌的"兵工厂"。

一九四四年间，佐藤任关东军第五军团军医处长时，曾实际帮助过石井部队驻海林的支队。

他下过命令要组织专门搜捕鼠类的各捕鼠队，并把捕获的鼠类发送到第七三一部队海林支队中去。

佐藤是一个积极参加细菌战准备的人，我认为他的罪状业经本案材料完全证实了。

＊　＊　＊

被告菊地是第七三一部队第六四三支队实验员，被告久留岛是该部队第一六二支队实验员。该两犯都曾帮助各该支队军官们培养病菌，都充分熟悉自己进行的工作是为了准备细菌战。

此外，菊地还于一九四五年夏季住过第七三一部队专为造就进行积极细菌侵略战干部而开办的训练班。被告菊地和久留岛本人对这些事实也不表示否认。

可见，该两名被告均应负参加细菌战准备一事的责任。

* * *

被告兽医中将高桥隆笃自一九四一年三月任关东军兽医处长时起，就管辖有用以准备与进行细菌战并从事细菌破坏活动的特种部队，即第一〇〇部队。高桥开始担任此职时就立刻发挥了巨大的积极性，并得以增大了第一〇〇部队在培养兽类烈性传染病菌，如鼻疽菌、牛瘟菌、炭疽热菌，以及培制谷类毒药和病菌方面的生产潜能。

由高桥直接发起在第一〇〇部队内成立了所谓第六分部，大量生产为进行细菌战和从事军事破坏用的细菌，同时在活人身上进行罪恶实验。

被告高桥在关东军各军团内建立了第一〇〇部队支队网，这些支队也进行过制造细菌武器的工作，其任务都是为要在作战时和在进行细菌破坏活动时直接实施细菌攻击。

高桥曾亲身领导过细菌战武器研究工作，并为此而建立过许多生产细菌和毒物的新分部，这样来大大扩展了第一〇〇部队的生产能力。

日本宪兵机关把应行歼灭的那类被监禁者送到第一〇〇部队里来，也如送往第七三一部队去一样。第一〇〇部队也用这些人来进行过恶毒的实验，研究过注入人体内的毒液作用。所有受实验者后来都一律加以杀害，以免留下这种罪行的证人。高桥既是对第一〇〇部队实施领导的人，所以他也应该负这种罪行的责任。

高桥还领导过第一〇〇部队所进行的军事破坏活动。

该部队曾采办过大批牲畜，为准备进行破坏活动而用这些牲畜进行过从空中施放流行传染病的实验。

为了研究在自然环境内细菌武器的效能起见，曾由被告高桥命令在安达站区域第七三一部队打靶场上用牲畜来进行过实验，方法是从飞机散下毒菌到草料上来传染牲畜。此外，被告高桥在对北兴安省内邻近苏联边境的各区域进行过有系统的侦察之后，曾就从第一〇〇部队中派出过几个远征队去把边界额尔古讷河诸支流染上毒菌，以便检验借河流来进行细菌破坏活动的功效。

所有这些事实，都经被告高桥向法庭供认了。

法庭同样还听过被告平樱的供词，他证实被告高桥在准备细菌战和对苏联及对蒙古人民共和国进行细菌破坏活动中起过积极的作用。可见，被告高桥的罪状已完全证实了。

*   *   *

被告兽医平樱全作一九三九年十二月被征入日军，一九四二年六月被派到第一〇〇部队内工作。平樱原来知道该部队是在为了进行反苏的军事破坏和细菌战而大批生产各种病菌和烈性毒药，因而他直到被俘之前都曾积极参加过反苏和反蒙古人民共和国的细菌战准备。他曾亲身主持过在探求和使用细菌武器方面的研究工作。一九四二年七月，平樱参加了派往毗邻苏联的北兴安省三河区去的远征队，该队在那里进行过传染蓄水池和牧场的实验后，曾由平樱参加把边界额尔古讷河支流染上了炭疽热菌。

一九四四年六月，平樱率领了由第一〇〇部队七个工作员组成的一个侦察别动班出发侦察，为的是要确定能否用飞机在苏联边境去传染蓄水池、夏冬牧场、草场及道路。关于这次侦察结果，被告平樱写过一个详细书面报告给第一〇〇部队长，并向日本关东军兽医处长被告高桥作过口头报告。

被告平樱奉高桥命令，曾在海拉尔城一带采办了大批牛羊，准备将其染上烈性传染病之后，就赶到蒙古人民共和国境内去从事细菌破坏。但由于苏军迅速进攻的结果，平樱这种企图未能得逞，因为他来到海拉尔不久后就被苏军进攻部队俘虏了。

被告平樱所干出的这些罪行，已由他本人供认，以及被告高桥和三友及证人桑原明等等供词所充分揭露了。

＊　　＊　　＊

被告三友一男，于一九四一年自愿参加第一〇〇部队，担任实验员职务，他本知道第一〇〇部队在准备细菌战，却积极参加过培养炭疽热菌和鼻疽菌等等的工作。

一九四二年七月，被告三友与被告平樱一起参加过传染额尔古讷河支流的破坏活动。一九四四年八、九月间，三友在第一〇〇细菌部队工作员井田清领导下经常对活人进行过罪恶实验。

被告三友供认，他在几个活人身上实验过各种毒药的效能。经三友进行实验后，被监禁者中有一个死去，另一个三友注射氰化钾后就被毒死了，以免走漏实验的秘密消息。另有三个人也由于同上原因而当着他的面被日本宪兵枪毙了。

三友虽是第一〇〇部队内的普通实验员，可是他手上曾染遍了他所杀害的那些人们的鲜血，加之他的活动是自觉地为了准备细菌战。此种情形不仅已由三友本人的口供，并且又由被告平樱及许多证人的供词所完全证实了。

（七）结论

审判员同志们！被告席上这些恶徒们所犯的罪行真是骇人听闻，人所共弃。

日军各秘密细菌部队内这班仇视人类者所干出的极恶大罪，实在是无可比拟的了。

当我们来确定本案各被告的责任时，应该不只是估计到他们所已经犯过的、已经作成了的罪恶。虽然这些罪恶已是极端骇人听闻，但我们片刻也不能忘记，他们作出这些罪恶是为准备干出更加骇人听闻的新罪恶。残杀成千成百的人命，就是为要准备残杀数千百万的人命。

在活人身上进行残忍的实验，就是预备要引起瘟疫和霍乱普遍流行病。

按日本帝国主义者的恶谋，细菌武器本应使全世界爱好和平的人类遭到无穷的灾难和痛苦，是要歼灭千百万人命，是要把辽阔无际的地区变成为一片焦土。

正因为如此，所以法庭在决定这些罪犯的命运时，就应当注意到这种反和平反人类罪恶阴谋的终极目的，而细菌战武器正是为了这种目的来准备的。

我们知道，并非所有一切恶徒都已被安放在这里的被告席上。我在开始讲话时就说过，此种罪恶阴谋参加者的链条，并不在诸位所将要判决的这些罪犯身上就告终结。

我们知道，抱有准备和进行细菌战罪恶目的的日军各秘密细菌部队，乃是按日本天皇裕仁命令成立的。

我们知道日军参谋本部和日本陆军省中那些罪犯的姓名，正是他们扶持和领导过各秘密细菌部队所进行的秘密工作，慷慨地拨发过款项给这些细菌部队，批准过细菌武器型式，并计划过细菌攻击开始的日期。按公理说来，他们本来是应当同这个前任日本最高军事参议院委员兼关东军总司令的被告山田一起坐罪的。

我们知道那班为人所共弃，丧尽德性，甘作日本帝国主义鹰犬的前日军将领兼细菌学专家的姓名，如石井四郎、北野、若松有次郎等，他们就是为了日本当权集团利益决心献出自己专门知识来准备罪恶细菌战的人。

我们知道前第七三一部队工作人员中那班仇视人类的日军军医和工程师的姓名，如太田、村上、碇常重、田中、吉村及其他许多恶棍等，他们凉血成性和残酷无情地惨杀了大批无法自卫的人，他们养育了千百万染有鼠疫的跳蚤和千百公斤致命的微生物以便用去灭绝人命。

而这些恶魔今天却还是逍遥法外。目前这班人都住在我国国境之外，正享受着帝国主义阵营反动势力的庇护，而这种反动势力本身就在妄想将来有天它们能用大量托拉尼脱尔、①原子弹和致命细菌来袭击人类。

但是，杀人犯中这些现时在本法庭上受审的罪犯，就应该因自己干过一

① 托拉尼脱尔，为英文 Trinitrotoluene 的音译，即著名的 TNT 火药。——编校者注

切极恶大罪，而受到最严重的处分。

国家公诉方鉴于此种罪行含有的这种是要惨杀大量无辜老弱妇孺的特性，鉴于各该罪犯所进行的残忍实验曾使成千赤手空拳的人们受到牺牲，所以认为全体被告都应按苏联最高苏维埃主席团一九四三年四月十九日法令第一条治罪。

全体被告都犯了极恶大罪，所以他们都应受严刑惩治。

但是，我希望诸位审判员同志们在判罪时必得对每个被告分别处理。

我以国家公诉方代表资格，认为对被告山田、梶冢、高桥、川岛和佐藤等犯应采用极刑——各处以二十五年有期徒刑。

对被告柄泽、西俊英、尾上、平樱和三友等犯，处以十五年至二十年有期徒刑。

至于被告菊地和久留岛等犯，那么我认为应估计到他们只起过执行命令的作用——虽则他们明知这是些罪恶性的命令——所以我认为可限于各处以三年有期徒刑。

审判员同志们！这次审判的意义，就在于它再明显不过地暴露出了曾极端秘密准备过细菌战作为一种最残忍侵略武器的日本帝国主义强盗的狰狞面目。

本来，拿出无数亿兆病菌之骇人力量来惨杀人类的时刻已是很迫近了的，而唯一因为苏联武装力量给了敌人一个歼灭、致命和神速的打击，才使世界免除了细菌战的惨祸。

今天，我们抱着深以我们雄强社会主义祖国之从毁灭危险下救出了世界文明这点自豪的心情，回想到苏联人民在卫国战争中的伟大功绩。

诸位所要定下的判决，不仅应严厉而公正地惩罚这些已交法庭审判的罪犯并严厉谴责日本侵略者的罪行而已。

这一判决还应当成为对新世界大战挑拨者们所下的森严警告，这些新战争挑拨者是和这里将由诸位判罪的罪犯们一样残酷无情，一样残忍仇视人类的。

让所有图谋作出反人类的新罪行并制造新武器来歼灭人命的那班人们记着吧：世界人类并没有忘记第二次世界大战的惨痛教训。

今天捍卫和平安全的有千百万普通人们，有以伟大苏联为首的雄强民主势力阵营。

这乃是雄强的能于战胜一切的力量，这一力量能遏止住新战争的任何挑拨者，并能予以严厉的惩罚。

审判员同志们，让诸位所下的判词成为关于这点的森严警告吧！

各辩护人的演词

十二月三十日早庭记录

审判长：现在继续开庭。请为被告山田作辩护的柏洛夫律师讲话。各被告可从日语广播中听该律师的演词。

柏洛夫律师演词写入庭审记录中。该律师演词同时用日语广播。

柏洛夫律师为被告山田作辩护时的演词

审判员同志们！

在本审判案中，所有我们这些作辩护的人，以及替前关东军总司令山田大将作辩护的我，都曾很少向各被告发出问题。这本来是很自然的现象，因为他们的罪状已经由各被告和各证人的供词以及本案所有各种文件所完全证实了。

本审判案中辩护人方面最大的困难，就是这里关于事实和证据本身全然没有什么讨论的余地。

无论是各证人的供词，无论是本案所有那些在预审阶段上收集的各种原本文件，亦无论是各被告本人所作的详细供述，都确凿证实了起诉书中所列举的事实。

既然有了这些带实际司法性质和诉讼性质的事实和情节，要在本审判案中作辩护真是一件不容易和不简单的事情，但是辩护人必须本着公正裁判原则所要求的异常仔细精神来履行自己的职责。

当然，我并不想来辩护那些已由国家公诉人极为详尽说过的真是严重万分的罪行。我所要辩护的只是这个已经完全不年轻的被告山田，他由于种种不幸原因和情况而在一定程度内参预过破坏作战法规和通例的这种反人类的罪恶行为。

我所辩护的这个人在法律面前，以及在那些其儿女是被他们使用过细菌武器的民族的理智和良心面前所干出的罪行，真是严重到了极点，然而也有一些能够来说明和减轻他的罪恶的事实和情况，这些事实和情况是诸位审判员同志在定判决词时为了公正裁判利益所应当估计到的。

国家公诉人在演词中依据极多的事实和文件，已经说到了本案各被告尤其是以前的将军山田所犯的极恶大罪。

我所要说的话是，究竟我所辩护的这个现已年近七旬的山田的理智、意志、性格和道德外貌，是在哪样一种因素影响下面形成的。

这一对于本案有最重大意义的问题，必须得到一个明显确切的回答。我们苏维埃刑法科学从来没有赞同过刑法学中所谓人种学派及其认为罪行天生性的学说。

在资产阶级还是一个革命进步社会阶级的那个时代里，许多大思想家、学者和政治家也曾提出并论证过认为人类初生下来时没有思想、没有冲动和没有性格的意见。

众所周知，洛克和卢骚这样的大思想家在其著作中曾断定说："人心里并没有天生的劣根性"……

十九世纪的伟大俄国教育家乌新斯基论及遗传性和教育问题时指出说，

假如把一位大音乐家的孩子从小就送到一个野人岛上去，那末这孩子在开始其音乐创作时所发出的那种震耳欲聋的野人声音，一定会是与他父母的音乐声调大相悬殊的。

审判员同志们，我觉得这里不妨提到一点，就是天才研究家马克思和恩格斯两人在自己的著作中曾经指出，说人们所处历史环境、社会存在条件以及由社会关系所产生的教育条件等，确定出人们的智慧、兴趣、意志、性格和道德面貌。例如，恩格斯曾经指出，还在十九世纪中叶的时候，英国工人和英国资产者甚至在外表上彼此都是极不相像的，仿佛他们是属于两个不同的民族，他们外貌上、性格上和一切精神面貌上的区别，乃是由不同的生活条件及其在社会环境条件中所受到不同影响造成的。

我想，我所辩护的山田这个人的年龄以及他在本审判案中的地位，都使我要来尽可能详细地讲到社会因素、国家政治因素和思想因素对于确定一个人的意志和性格时的影响问题。

在这个问题上，可以而且应当不仅注意到单个人的意志和性格，而与其说是要注意到单个人的意志和性格，不如说是要注意到各整个社会阶级的意志和性格，有时还要注意到各整个国家人民的意志和性恪。

审判员同志们，恕我提醒诸位一声。我所辩护的山田——这从本案各种材料中也可以看出——是生在一八八一年。最伟大思想家马克思关于当时的日本曾这样写道：

> 具有纯粹封建土地占有制和极广泛发展之小农经济的日本，其所表明出的欧洲中世纪的情景，要比现代大都浸透了资产阶级成见的历史书籍上所描述的要真实得多。

中世纪制度及其占统治地位的横蛮势力，人民群众在政治上毫无权利，黑暗无知和备遭抑压，教堂势力主宰一切，对科学实行追究，对当时进步人士横施野蛮镇压等——这就是科学共产主义创始人论到我所辩护的山田由以诞生和度过早年生活的那种历史环境和社会生活条件时所作出的估计。

当时，即在十九世纪下半期，日本政治舞台上出现了三井、三菱、住友和安田这四大豪富家族。它们曾享有国家帮助和皇室的全力支持，很快就变成了帝国主义垄断组织。

一八六八年革命保全了日本的封建制度。一八六八年后在日本建立的专制君主制度，实际上是几乎一直保存到最近时期，因为按普鲁士宪法模样制定的一八八九年宪法给天皇保留有无限的权力。

一八六八年革命时期，三井家族在财政上帮助过皇室反对日本封建政府即幕府的斗争。三井和三菱促成了十五岁的睦仁登位，其统治年代称为明治时代。

向皇室投资原是对双方都有利益的。三井家族获得了采矿、森林业和建筑工厂的权利。当时日本几乎所有一切经济富源都成了三井、三菱、住友及安田四大家族垄断的财产。

维新后的整个时期中，日本皇室变成了世界上最富裕的王朝，它拥有不可胜数的财富。

十九世纪下半期，上述四大家族和皇室一起，曾掌握和监督国内所有一切银行、工厂、矿山、森林、土地和全部经济资源。它们所主持的巨大工业和银行康采恩，在日本就叫做"财阀"。"财阀"就是财政集团的意思，日本"财阀"史专家丰原一郎称"财阀"是在封建条件下所发展起来的垄断资本。贱价劳动曾促成"财阀"富庶起来。半世纪内，日本在中国内地和在满洲进行的各次侵略战争已向全世界表明，三井、三菱、住友和安田曾经怎样巩固自己的强力。日本天皇裕仁称第二次世界大战是"日本的神圣战争"，虽则大家都知道，这次世界大战乃是"财阀"们所准备和进行的；东条和荒木不过是"财阀"们在思想上的同胞弟兄。战争首先而且主要是使三井、三菱、住友和安田以及其他二十家所谓新"财阀"们发财致富。无怪乎至今人们都称"日本"是"财阀"的王国。大战以前的五年内，"财阀"的资本增殖了一倍，而在五年大战时期中，这种资本却增加到了十倍。有三百六十个巨大新式工厂曾供应了这个对"财阀"们有极大利益的巨大"杀人屠场"的需求。它们把大炮、炮弹、炸弹和飞机大批输送到各战场上去。而细菌武器也就是按"财阀"意志所准备和使用了的。

正是这班最凶恶和最带强盗性的日本帝国主义者，懂得不动员广大民众便不能进行战争，所以他们就在全国范围内用好战的民族主义和兽性的沙文主义毒药来毒化日本人民的意识。在家庭和学校内对儿童施行沙文主义教育，在各种刊物和艺术方面进行军国主义的宣传，宪兵间谍制度和警察恐怖制度，宗教庙宇和僧道，监狱，各社会法西斯主义政党以及帝国主义国家机器的其他种种成分等，都一往直前地发展起来和发动起来，以期用反动思想教化广大民众，首先是教化海陆军人。日本帝国主义所用来造就忠顺军人的一切形式和方法，都是以所谓日本君主制度是出自上天及其永久性和不可动摇性的原则为基础。

整个日本军国主义和帝国主义的特征，就是现代"最新资本主义"组织形式——特别是在武装、战术和战略方面——与军人相互关系间旧有封建形式互相结合。日本军人所赖以训练出来的思想，乃是武士道的思想，即同样也是封建性的思想。日本军官所一贯遵行的全部军人道德典范（"武士道"）——从崇拜武士剑和尊崇皇帝为最高主宰的习惯起，直到在作战失败或在"丢面子"场合时就剖腹自尽的行为止——都是深深浸透了封建思想和封建情感。

不仅日本军人，而且全体日本居民，自幼年直到暮年，经过学校、刊物、戏院、电影等等，都是受着此种精神的教育。为了用好战的侵略精神来教育军队和全体居民起见，曾经广泛地培植了所谓"武士道"精神。这种精神就是认为日本是特殊天选民族而应占居优势，就是把敌人当作下等人或"野蛮人"而加以蔑视和用无限残酷手段来对待。这种精神也就培养出了那班相信死后能升天成仙的狂信分子。

请诸位审判员同志们回忆到所谓"神风"吧——这名词是用来称呼那些甘心牺牲性命去炸毁敌方军舰的飞机师的。不仅日本宣传机关，而且世界资产阶级刊物，都把这班飞机师的狂妄举动宣扬为"日本精神"（"太和魂"）的最新表现，而神道教义上则训导说，这样为尽忠"天"皇而殉命的"幸运人"的灵魂，将转入神界，因而就有死后成仙的保证。

在近二十年内，日本帝国主义"刷新了"封建武士道思想，把它同现代的、最反动的、野蛮的、掠夺成性的法西斯思想结合起来，使日本军国主义具有了军事法西斯性质。这样把两种最反动思想结合起来，当然只是加深了日本整个军事机器和对外政策的强盗性质。

大家知道，这一点所造成的政治后果，就是在一九三六年同希特勒德国和法西斯意大利缔结"反共产国际"公约，以及在一九四〇年缔结三强军事协定。

狂妄的"高等种族"论之麻醉日本军人和日本人民的程度，比德国那班元首们和大学教授们用这种理论来麻醉德国人的程度还要深刻。

种族主义的补助作用就是要在"理论上"论证日本帝国主义者企图奴役亚洲各国人民以至取得世界统治的意图。

事情竟弄到这种地步，甚至按职业说来应该态度慎重的日本外交代表，也毫无忌惮地表示出大国主义的意图。大家都记得，日本出席国联大会代表内田伯爵早在一九三二年间举行的一次正式记者招待会上就声明说过："日本人在地球上的使命，就是要领导全世界。日本将是新救世主的摇篮。"

此外，东京审判会上的文件和证人供词也证实着，在起诉书所包括的时期内，即自一九二八年起的时期内，日本曾经常和残酷无情地扑灭过那里原有的民主成分。当时日本国家机关一贯按法西斯式样实行改造，对于任何一种反抗日本帝国主义和法西斯主义发展的表示都用最无情的恐怖手段加以镇压。

这里不能不提到一件事实，就是在比日野丰教授著的一本日本学校教科书《日本神道论》中公然说道，天神下凡化身为日本皇帝，"以便治理替天行道的太和种族"。"我们的神圣帝国高踞在世界一切之上，享有唯一的不可侵犯的优势"——在这本教育日本幼年和青年的教科书上继续说道。

日本帝国主义领导集团得以做到了的事，就是在日本军事机器被毁灭之前，几乎每一个日本人都像是不言而喻地认为"太和族"是神的种族，其使命就是要征服一切民族和统治全世界。"八纮一宇"原则，即世界上一切国家都应受"天皇"统治的原则，曾在各庙宇、各大学、各中小学、各街道、各家庭、各行政省区，即在到处都加以宣传。

审判员同志们，我想请诸位特别注意到，正是在我所辩护的这个山田受普通教育和专门军训时期，以及后来在前日军中长期服务的年代内，曾把宗教学说和君主专制原则巧妙结合起来，借以普遍培植认为日本及其皇帝是出自于上天的学说，以及崇拜"祖先精神"等等的思想。

在日本人脑筋中，特别是在日本军人脑筋中，充满了关于日本岛国起源，关于日本皇室是出身于天照大神（太阳神），关于日本人民是出自于那大家都应绝对盲目服从的天皇神族等等的神话观念。此外，还加上一种认为日本负有应把黄种人及其他有色种族"从白种人统治下"解放出来的"特殊"使命的侵略学说。由此得出的政治结论，便是认为战争"必要"以及认为战争是实现"天命"和清除人间罪恶的一种"永不可免的"手段的学说。

审判员同志们，我想特别着重指出一件促进了日军中间培植"武士道"精神的事实，即日本军队远自十九世纪八十年代起就是按普鲁士榜样进行训练的。当时专门派去教练日军的一个德国军事代表团，曾在日本住过多年。该军事团团长就是毛奇最亲近的战友麦克。

因此，具有反动思想，把纪律性变为心理上的机械盲从主义的普鲁士精神，同时也灌输到了日本军队中，所以无怪日本在多年内都被称呼为"东方普鲁士"。

审判员同志们，我觉得不妨来提到普鲁士精神就是一味崇尚刑棍、马刀和"法律"条文，就是在军队中培植粗暴军规和刑棍纪律这点。

审判员同志们，同样也要回忆起和估计到，日本军事机器的直接组织者山县元帅原是一个热烈信仰俾士麦和毛奇以及崇拜威廉第二的人。

由元老院（天皇直属的封建元老会）最著名的一个元老山县所主持的

武人朋党，提出了"日本全部力量都在于它的军事威力"的口号。山县领导过日本军事机器，他是军官团和青年的"思想主宰"，他从十九世纪末起几乎直到一九二二年死去时止都是日本国政机关的领导人。山县是"突然打击"战术的倡导者。由他发起颁布了规定海陆军都直接服从天皇的法律。日本反动军事政论家平田筱作在他著的那本载有荒木大将和冈田海军大将所作序言的书上公开写道：

> 日本陆海军官兵唯一服从天皇，他们决不能离开天皇意志而开放一枪一炮。

审判员同志们，我对这些历史事实、文件和各种情况所作出的分析，显然证明出，以天皇为首的现代日本"财阀"的垄断工业康采恩和银行康采恩，即至今还拥有那种在半世纪内业已七次成为日本侵略战工具的现代工业机器，也就是日本运用百般杀人手段举行的侵略战争的鼓舞者、指使者、组织者和领导者，同时也就是制造和使用细菌武器的发起者和组织者。

正是它们再三策划、准备和发动过侵略战争，正是它们用宗教偏见和封建偏见抑压过九千万日本人民，正是它们始终用警察高压手段控制过这些人民，正是它们用好战的民族主义和野蛮的沙文主义毒药毒化过日本人民意识，正是它们用其全部教育训练制度把日本军人变成了它们意志的机械执行者，而它们的意志就是要在全世界上建立其陆海军统治和政治经济统治。

被告山田也就是执行日本帝国主义罪恶办法的许多人中间的一个。审判员同志们，我想诸位定会赞同我的观点，即认为我所辩护的山田所犯的罪恶，乃是由于他在前日军队伍多年生活中不幸朝朝夕夕无意受过强迫性思想训练的结果。

审判员同志们，这点是不能不承认的，而诸位承认这点时就应当为了司法利益在自己所要作出的判决词上指出说，在本案中不仅查明了被告山田所犯的罪过，并且查明了他遭到的不幸，而这种不幸就在于他是在使他不能不成为这样一个人的时代中和历史环境内诞生、长大、生活和工作的。

审判员同志们，也许诸位认为我所引的论据，即证明社会存在条件以及由社会关系和国家制度所产生出的训练和教育条件确定出人们的理性、意志、性格和道德面貌的论据是不充分的吧，换句话说，也许诸位怀疑我所辩护的山田及本案其他各被告不只确实是违反战争法规和违反人类法律的罪犯，而且确实是日本帝国主义的牺牲者吧？

那末，为了更切实论证我所作辩护词的基本论旨起见，就请准许我来援引一些极有说服能力的历史事实吧。

审判员同志们，现在不仅我们苏维埃社会主义共和国联盟的公民，不仅是我们那些人数众多的国外朋友，并且连那些聪明的敌人也都知道，社会主义社会的条件便利着人们体力和智慧在各方面的发展，便利着他们的能力和天赋才能的发展。

审判员同志们，试举我们时代成百成千在科学、艺术、军事和体育等各部门方面实行创作的苏维埃人来说吧。例如那些生在伟大十月社会主义革命以前从人民中出身的人，请诸位想想，假若在伟大十月以前的俄国实际生活条件下，那他们会成为什么样的人，那他们的生活会是怎样继续下去；而在苏维埃国家条件下，即在斯大林宪法阳光照耀下，他们都已经成了什么样的人，他们的生活是已经怎样开展了起来。我们看见，我们知道，原先受沙皇制度蹂躏、压迫和窒息的千百万人，现今已经能够来伸直躯干，扬眉吐气，发扬他们所固有的那种丰富的创造天才，而在业已变更的社会关系条件下，能够表露出他们原有的那些深藏蕴蓄的丰富智慧。昨天的工人和牧夫即从人民中出身的人们，今天却已变成了极有名的学者、艺术工作者和国家活动家，而这一切一切都应归功于业已变更了的社会关系及由这社会关系所产生的新的教育和训练条件。在各人民民主国家内，全世界人也可以看到同样的情形。

审判员同志们，现在请让我从以上所说的一般意思中作出一个关于我所辩护的这个前任将军山田的局部性的逻辑结论。

现在，我就要根据本案所有的文件材料，直接讲到足以表明我所辩护的这个被告的个性及其行为的一种"生活途程"史。

从本案材料中可以看出，被告山田是生于一八八一年间，出身于历来替天皇和权势王公服务的武士军阀家庭中。

从一八八七年至一八九八年间，他是在普通小学和中学里受过教育和训练的。一八九八年间，山田进入士官军校，以后转入军官学校，毕业后就于一九〇三年间获得少尉衔，并在第三骑兵联队中服务。从一九〇四年五月至九月间，山田以骑兵小队长资格在大连辽阳地区参加过日俄战争。由于军备窳陋，加之是由以庸碌沙皇尼古拉第二为首的拙劣指挥官们所领导，沙俄军队便遭到了失败。

当时那种制度的失败，即专制制度的失败，竟被日本那里的人们，不仅是日本那里的，并且是其他资本主义国家那里的人们看作是对于俄国的胜利，对伟大俄国人民的胜利。

被这次胜利冲昏了头脑的不只有当时的青年军官山田，不只有日本陆海军，而且也有当时年轻的整个日本强盗帝国主义。

审判员同志们，真令全世界各国爱好和平人民惊异的，就是在东京举行的那次审案被告席上，未曾有过日本垄断资本联合组织即"财阀"的任何代表人物。那里也未曾有过他们的大头子日皇裕仁。其所以如此，是因为美国垄断资本家和他们的日本同僚间无论过去和现在都有着非常牢固的联系。正因为如此，所以美方控诉人在该国际军事法庭上甚至没有敢于提到那些工业和财政大王们策划和组织过第二次世界大战的作用。

我们苏维埃司法所特具的，乃是真正的正义性；为了维护正义起见，所以我请求军事法庭在对我所辩护的山田作出判决词时，要估计到他在日本帝国主义者违反战争法规和通例的罪行中所表现过的真实的作用，而不是想象的作用。

本案查明，山田原是在这样一种历史时期，在这样一种环境和这样一种条件内诞生、长大、成人、生活和工作的，他在这种情形下也就成了无非是机械盲从主义的那种军纪的体现人。

所以，山田不仅应受惩罚，并且也应受怜惜。

审判员同志们，最后，我还请诸位在实行判决时估计到一点，就是被告山田无论在预审时或在庭审时都曾表现出了胆量和勇气来完全承认自己的罪过。他了解了自己罪行的全部深度。他既不辩护自己，也不怜惜自己，却详细、真诚和充分地说明了自己的罪行，同时也说明了业经本案材料查明的种种罪行的其他各主谋人和组织者所干出的更大的罪行。

现在被告山田已在诸位面前俯首认罪，静待诸位的公正判决。

审判员同志们，请让我就此结束我替被告山田辩护的各种理由的说明吧。

＊　　＊　　＊

审判长：现在请替被告川岛作辩护的波罗维克律师讲话。

波罗维克律师演词写入庭审记录中。该律师演词同时用日语广播。

波罗维克律师为被告川岛清作辩护时的演词

审判员同志们，军事法庭委员同志们！

我们每个人都了解我们苏联人在本案审判期间所怀抱的那种心情。

在这些时日，我们每个人都满怀着深刻的谢忱和爱戴，表示感谢还在很多年前就英明地预测到并向苏联人民预告过远东方面有着致命危险笼罩在我们祖国头上的那个人，感谢曾以其英明天才挡开了敌人已经跃跃欲试的毒手而把我们从奇灾大祸中挽救出来了的那个人。

这里被告席上诸被告所干出的罪行，真是严重到万分了。

审判员同志们，但是，根据我国法律，我们苏维埃律师被邀请到这里来是要履行我们所担负的任务，即帮助诸位正确地来判决本案，并把凡属能于减轻各被告罪过的理由都提供给诸位。

现在我就尽我个人的力量来履行这一任务。

我是要为前日军军医少将医学博士被告川岛清作辩护。

在尚未作辩护以前，我要请诸位注意到，在本审案中，也如在不是审判一个被告而是审判若干被告的任何审案中一样，最复杂的问题就是确定每一被告的作用及其参与的程度，确定每一被告个人对所犯罪行应负的责任。

正因为如此，所以我就从确定本案中我所辩护的这个被告的作用和地位这点，来开始我的辩护词。

大家知道，川岛是因犯有种种罪恶被控的。

控诉条文上说：川岛清同日军特种细菌部队中那些专门从事准备和进行细菌战的负责工作员一起，积极参加过探求与制造大批杀人细菌武器的工作，他也和被告柄泽一起积极参加过对中国进行细菌战一事，他又同其他几个被告一起亲身参加过用活人进行残忍罪恶实验的工作……

这就是川岛被控的罪状。

他的罪状已由本案材料，如各被告和证人的供词及法庭医学检验委员会结论所证实，并且川岛本人也未曾打算隐瞒什么或掩蔽什么，他简直从预审开始时起直到庭审完结时止，都始终承认说自己犯了罪。

当然，在此种情况下，关于证据和事实问题，这里决不会同国家公诉人发生什么争论。川岛所干出的一切罪行都已经证实，并且他本人也承认了这点。然而川岛在此种罪行中所起的作用及其参加程度是与本案其他几个被告的作用颇不相同，特别是与那些得以逍遥法外但迟早定会受到人民惩治的主要战犯所起的作用大不相同的。

审判员同志们，虽然川岛所犯罪恶十分严重，但我终究认为川岛并不是此种罪恶的主要和基本参加人。

今天，川岛是因他在第七三一部队内工作期间所干出的种种行为而受到审判的。所以我要简略提到这个问题发生前所经过的情形。

我们要回忆到一九三六年，当时日皇曾颁布秘令要在哈尔滨附近建立一个细菌部队（以后命名为满洲第七三一部队）。试问，川岛当时在什么地方呢？当时他在东京一个师团的军医处里担任很平常的副处长职务。

一九三六年过去了。接着，一九三七年、一九三八年，一九三九年、一九四〇年也过去了。在这个时期内，第七三一部队增大起来，部队员额膨胀，工作范围扩大，建筑了飞机场和打靶场，出现了监狱和焚尸炉，建成了整整一个军事市镇。试问，川岛当时又在干什么呢？

当时，川岛以军医中校衔在东京军事学校预科任病理学讲师，尔后则前往北平工作。

那时，川岛根本不知道，平房站那里已有一个杀人工厂在加紧工作，根本不知道当时上海以南宁波地区已在用这骇人工厂的产品对中国人民举行细菌攻击，以及根据日皇新命令继续在扩大该工厂的活动等等。

后来，对川岛命运有过决定意义而充满重大国际事变的一九四一年来到了。三月间，日本陆相颁布了一道命令，于是川岛初次知道存在有平房站部队。而当时在完全受日本军阀操纵的日本内部，在这最极端最野蛮反动黑暗势力猖獗横行的日本内部，正在疯狂地准备战争。

当时希特勒已经侵占了欧洲许多国家，几乎攘夺了西欧全境，这个癫狂元首所发出的胜利战报惹得日本军阀坐立不安。日本反动势力急忙起来，深恐有所迟误，深恐贻误良机。日本军阀在这个时期内的行为，已由在东京举行的国际军事法庭审案所有种种材料十分详细地说明了。

日本军阀这种战争狂热浪潮，这种蛮横投机浪潮，就把川岛也如把其他许多人一样卷入了漩涡，所以他一落到第七三一部队中时，就根本没有考虑过，没有思索过他究竟是在干什么，究竟是落到什么地方了。

川岛就是这样开始堕落下去的。

川岛在该部队内的两年工作期间干出了许多罪恶事情，而且这点是已经查明了的。但他在那里所起的作用是否是积极组织性的作用哩？他在那里是否是一个主要人物呢？

关于怎样实现对该部队的领导以及谁是该部队的真正领导人这问题中很引人注意的详细情形，已经在预审时，特别是在庭审时查明了。

这里再三提到过那不断关怀自己产儿命运的日皇裕仁，这里也说到过那关注该部队的日本陆相和日军参谋本部。关东军司令部及其他许多人都曾领导过这个部队。

审判员同志们！诸位记得，川岛在供述中，曾经说到他的直接长官石井四郎常常被召到东京去作关于部队活动的报告，该部队内时常有各种将军以及关东军司令部主要领导人员来观察过。

当时川岛必得向每个人作关于自己工作的报告！就连那个以关东军司令部经常代表资格驻在该部队内的山本中佐，即由川岛在受预审时形容为关东军司令部在该部队内"耳目"的这个人，也曾经常查问过川岛及部队内其他工作员所做的事情。如果还注意到该部队长兼领导人乃是最大的细菌学专家，是极有名的细菌战思想家石井四郎，那末大家就知道决不能把川岛看作是这方面的领导人物了。

其实，川岛不过是一个执行别人罪恶意志的人，固然是个负责的执行者，但他终归只是一个执行者。我以为这种情况可能减轻他的罪状，所以我请诸位审判员同志在确定我所辩护的这个被告的罪状程度及其在本案中的作用和地位时，估计到这种情况。

审判员同志们！末了，我为要充分执行我所负的任务起见，还要请诸位注意到另一种也很重要而能减轻川岛清罪状的情况。

大家知道，川岛已完全承认了他所犯过的罪状。而且不仅如此，川岛已经完全悔罪了；在我看来，若不相信他所说的话，若不相信他这行为的真诚性，那是没有充分根据的。

川岛的这种行为究竟可以怎样来解释呢？

我以为，他的出身无疑义对他的行为是有影响的。须知川岛原是出身于一个普通日本人的家庭。他并不是什么世袭的武士，也不是大资本家大地主的儿子。他的父亲是个普通农民。川岛清受到了高等医学教育，曾想献身于科学，甚至在一九三四年间用"假结核菌"这一很平常的主题写成的论文考中了博士学位。所以我想，假使川岛不曾落到我在上面已经说过的那种环境内去，那他还未必会落到本案的被告席上来。

川岛清确实是犯了罪，他了解并悟觉到这种罪恶是在高压着他，必须选择另一条道路即正直道路才对，并且川岛表现出他有走上这条道路的力量和勇气，不仅是承认自己犯过罪，而且在法庭上极力帮助彻底揭露一切罪行。

审判员同志们，诸位都记得他在一九四九年十月三十日受预审时所说的话，那时川岛供称：

> ……我完全承认我有罪……现时我充分认识了我在第七三一部队内活动的罪恶性质，这种活动就是要探求已为人类所谴责的细菌战的武器……
>
> ……我确认，我们当时在活人身上进行试验以及用毒菌把他们大批害死，这乃是种反人类的野蛮罪行……当时我进入第七三一部队不是自愿的，而是奉行我所不能不执行的日本陆相命令……我承认，先后由石井将军和北野将军领导的第七三一部队，原是一个罪恶的组织。我既参加过这一组织，所以我现在甘受惩罚……

自然，川岛所说的这番话并不是轻易说出来的。他为要说出这番话来是费过很多功夫。他在毅然决然说出这番话之前，是经过了多番筹思和苦恼的。

我以为，要是川岛今天又讲出同样的话来，那就是证明川岛心里已发生了相当的转变。究竟是什么影响了他呢？究竟是什么因素对他起了作用呢？我以为这种因素无疑的就是时间。须知川岛被俘已经有四年多了。在这个时期内，的确是有充分的时间来想清一些问题，并从新估计某种事物，譬如说，川岛在这个时期内至少是不能不思考到这样一个问题，即为什么苏联在与全副武装敌人单独作战时虽曾失去过大片领土，但它终于不仅坚持住了自己，并且还完全歼灭了希特勒所有最精锐的师团。同时川岛也不能不思考到一点，即为什么他那本国军队遭到了如此悲惨的结局。同时，川岛也不能不注意到他那祖国日本内部由于战争结果所发生的种种变动，以及其他许多情形。

我以为，这种思索，这种极有益处的思索，曾不能不影响到他的意识和心理。

据我看来，这就是使川岛不得不在相当程度内改变本人立场的真实原因，这也就使我们可以得出结论说川岛是在悔罪。

军事法庭委员同志们！

我要结束我的话了。川岛犯了极严重的罪。他此刻坐在被告席上是难受的。但有一点是无疑问的：川岛离开这里时一定会是心中感觉轻快，一定会是心中感觉到他在这法庭上所持态度是诚实的。

我请诸位审判员同志对他从轻惩罚。

* * *

审判长：现在请为被告梶冢隆二作辩护的山尼科夫律师讲话。各被告可听该演词日语译文广播。

山尼科夫律师演词写入庭审记录中。该演词同时用日语广播。

山尼科夫律师为被告梶冢隆二作辩护时的演词

审判员同志们，我带着很激昂的心情来履行我所担负的职任。我懂得，在本案中要为一般被告作辩护，就中也为我所辩护的梶冢隆二来作辩护，原是一件十分复杂而困难的事情。

在本案中作辩护这件事的复杂性，是由于各被告所作罪行的性质及已向他们宣布的罪状的严重性来决定的。

我们大家都在某种程度上目击过，甚至参加过很多具有重大社会政治意义的审判案，但这次审判案按其特点和性质说来乃是一次绝无仅有的。法庭实践中未曾有过这样的审判案，并且人类历史上也找不出这样的审判案来。

本案被告席上各主要被告如山田、梶冢、高桥和佐藤等被控的罪状是说，他们身任日军中领导职位，主持过日军特种细菌部队，并使各该部队的活动集中于从事制造细菌武器借以准备细菌战来反对苏联和其他国家。

从起诉书条文中可以看出，这罪状实质就是准备细菌战；前关东军司令部医务处长军医中将医学博士被告梶冢，也是因犯此种罪恶受控。

微生物学已存在许多年了。世界先进学者如巴士特尔、科赫、麦奇尼科夫及其他人等曾多年致力于微生物的研究，他们把自己的智慧、健康和生命都贡献出来而为人类谋福利，他们曾与人类的死敌——流行疫症作斗争，力求延长人们的寿命。

可是本案被控诸日军军事专家和医学专家，却曾把人道科学用在另一方向上，即用去进行反人类的战争，使微生物学去服务于对苏联及对其他国家进行侵略战的目的。

任何的战争都要消灭很多人命，都使人类受到深创巨痛。这里各被告准备过——据他们说——最有效的战争武器，其实就是准备过用去反对人类的最骇人听闻的武器。

我所辩护的梶冢隆二，也是因犯这种极恶大罪受控的。

被告梶冢在受预审和庭审时基本上已经承认对他宣布的罪状是正确的。

根据被告已承认所宣布的罪状这点出发，似乎可以做出结论，说我这个为梶冢作辩护的人已无事可做，我的辩护词已是多余的了。其实不然，我国法津上英明地规定出了：不管罪状属于何种性质和证据如何严重，辩护人必须搜集能减轻被告罪状的证物，说出自己为被告作辩护的意见。

既然被告梶冢基本上已承认自己犯了罪，那末关于事实问题，我也就没有什么要来同国家公诉人争论了。同样，关于依法确定罪行性质一层，我也没有什么要来进行争论。

审判员同志们，我要讲到的，只是请诸位注意到我所辩护的被告所否认的个别情节。

当我说到被告梶冢在基本上已承认向他宣布的罪状是正确的时候，我所根据的是被告梶冢在受预审和庭审时都承认说，从一九三一年起，他就同意细菌战思想家石井四郎的观点。一九三六年间，梶冢赞成过关东军总司令关于在关东军建制内成立石井部队的请求。在成立该部队时，梶冢积极参加过配备该部队医务军官人员一事。此外，梶冢当时就知道第七三一部队在制备用以反对中国军民的细菌武器。

一般说来，被告梶冢承认了自己直接参加过建立第七三一部队以及他知道该部队实际活动的事实。

同时，被告梶冢认定说第七三一部队原是受两重的管辖，所以该部队活动中有些个别事实是他所未曾知道的。

第七三一部队受两重管辖这一事实，从各证人供词及本案其他材料中可以看出。起诉书上说道：

> 各细菌部队及其各支队均直接受日本关东军总司令管辖……证实这点的……还有被苏军所缴获的前日本关东军总司令梅津美次郎一九四○年十二月二日所发布的命令。

其次起诉书上又说道：

> 继梅津之后任日本关东军总司令，现为本案被告的山田将军在供词中也证实说，各细菌部队都是直接受他管辖的。

这样就已确切查明，第七三一部队原是直接受总司令管辖的。在预审时曾发生过一个问题，究竟当时关东军总司令是经过哪些部科来领导第七三一部队。

第七三一部队既属于关东军司令部医务处系统内，那它的活动似乎是应完全受被告梶冢所主持的该司令部医务处管辖的了。但本案所有的材料查明，第七三一部队履行过许多战略方面的职能，而该部队在这方面的工作，据被告梶冢断定说，是不属于他的直接管辖范围之内的。

究竟被告梶冢这种说法是否正确呢？我想请诸位注意到各证人所说出的那些与第七三一部队活动直接有关并能说明对该部队的领导问题的供词。这些证人就是田村正大佐和松村少将。

　　证人田村正在预审时供称："第七三一部队是受两重管辖的：作为战斗单位的第七三一部队是由松村少将所主持的关东军司令部第一部（作战部）领导和监督，同时第七三一部队又受关东军司令部医务处即受梶冢中将管辖。"

　　在预审时曾被讯问过的证人松村关于这个问题供述得更加明确，他说：

　　　　关东军总司令梅津以及后来——从一九四四年七月起——总司令山田对第七三一部队活动的领导，关于战略问题是经过……作战部实现的，关于科学技术问题则是经过司令部医务处长梶冢将军实现的。

　　其次，证人松村对直接提出的问题回答说："关东军司令部作战部是在研究和制造细菌武器问题方面具体领导过第七三一部队。"而该证人松村在对质时又证实说："关于在战术上运用细菌武器诸问题，是由司令部作战部领导的。"

　　根据田村和松村两证人供词可以作出结论说，第七三一部队是受过两重的管辖：关于研究、制造和战术上运用细菌武器诸问题，它是受关东军司令部作战部管辖；而关于科学研究工作的问题，则是受被告梶冢所主持的关东军司令部医务处管辖。

　　第七三一部队这样受两重管辖的情形，就可能造成一种条件，致使凡是有关制造细菌武器的消息以及与该部队此种活动相联系的一切问题都完全归作战部管辖，而身为医务处长的梶冢对于个别问题可能是不知道的。

　　我所提出的这些理由并不能解除被告梶冢所应负的责任，但这种理由可能成为提出关于减轻被告罪状及其同谋罪问题的根据。

　　同样，我还想请诸位注意到一种情况，即在本案中业已查明，第七三一部队是一九三六年奉日皇裕仁敕令建立起来的。细菌战思想是出自于石井四郎将军，成立第七三一部队是由石井将军发起，该部队的实际活动也是由石井将军指导的。至于在研究和制造细菌武器方面，对该部队活动实行领导和监督之责，则属于松村少将和关东军参谋长笠原行雄中将，这点据我看来也是不能不减轻梶冢的罪状。

在估计被告梶冢个人经历时，我应当指出说，梶冢是一九一四年在东京大学医科毕业，他既是一个官费生，所以他在高级学校毕业后就必须进日军里去服务。一九二四年三月间，梶冢获得了医学博士学位。

末了，我请诸位对梶冢定罪时估计到我所陈述的那些减轻罪状的情况，同样请估计到他真心承认自己的罪过，并根据这点来决定对他实行惩治的办法。

＊　　＊　　＊

审判长：现在请为被告高桥隆笃作辩护的兹维列夫律师讲话。

兹维列夫律师演词写入庭审记录中。该演词同时用日语广播。

兹维列夫律师为被告高桥隆笃作辩护时的演词

审判员同志们！

我所负的责任就是要为前关东军兽医处长高桥隆笃中将作辩护。

我所辩护的高桥被控为犯了反人类的罪行，犯了在任何文明国家都公认是极深重的罪行。

审判员同志们，这一案件具有极大的社会意义，它又一次提醒全人类说，法西斯势力为求达到世界统治而造成了多少不可胜数的灾祸。

帝国主义日本是根本敌视战争法规和惯例的。日本军界上层分子曾决心把全部科学成果不用去造福人类，而用去危害人类。

审判员同志们！世界上没有一个国家里不是为使人们免除可怕瘟疫而从事研究种种防止此种病菌的手段和方法的。

历来有过多少伟大学者毕生致力于这一高尚目的，有过多少这样的勤劳人物在同疫症作斗争中捐弃了自己的生命，所以全人类都怀着爱感来颂扬和纪念塞清诺夫、皮洛哥夫、菲诺格拉得斯基、麦奇尼科夫、巴士特尔以及其他科学泰斗的英名。但在帝国主义的日本，却有些学者居然利用世界科学的经验和成果而把自己的知识用去研究与解决另一种问题，即探求那种尽量大规模用人工散布鼠疫、霍乱、鼻疽、炭疽热、伤寒等等流行病的方法。

在日本那里出现了一个细菌战思想家学者石井将军，而这个学者就领导了主张在当时所准备的反对各国和平人民的强盗战争中使用细菌武器的宣传。

但问题不只在于石井一人。充满侵略欲的日本军界上层分子，曾一心指靠致命细菌这一新式武器。

身为日本陆海军最高统帅的日皇裕仁已经确信苏联军力强大（而日本是把苏联当作为第一号作战对象的），并遭受了坚强保卫着本国人民和平劳动的苏军所屡次给予的惨痛失败，就为实现种种侵略计划而颁布了一道秘令，内容是要准备细菌武器并以这种武器装备日军，以期在战争中利用这武器去反对苏联、中国、蒙古人民共和国，以及反对美国和英国。

为了执行这道敕令，于是就成立了两个新军事部队，即划归关东军建制内的第七三一部队和第一〇〇部队。

这两个部队，特别是第七三一部队，逐渐扩大自己的活动，成立各个支队，以至于在各部队中建立了别动队式的支部。

关东军司令部内专门指导军事破坏活动的第二侦探部，对这件事并未袖手旁观。它也开始利用各该部队的工作成果和工作员来进行军事破坏动作。

关东军中对第七三一部队和第一〇〇部队极为重视，把它们当作该军建制内的特种战斗单位。所以这两个部队都直接受关东军总司令山田将军管辖。日本陆相经常知道各该部队的活动，并洞悉它们的作战准备程度。

可见，细菌战思想是由日本上层统治集团中产生出来，是受到该统治集团支持，是按日皇敕令在作为日本帝国主义基本打击力量的关东军中具体实现了的。

审判员同志们，当检讨日本准备细菌战的全部历史时，须得指出一点，即那班要比本案诸被告负更大责任的细菌战主要思想家和组织者，却都是留在苏联境界以外，以致没有被传到庭受审。

审判员同志们，诸位在这里所审判的乃是日本帝国主义罪恶计谋的传达人和执行者，所以诸位在确定其中每个人的作用时，要按每个人所犯罪过的程度来给以惩治。

我以被告高桥的辩护人资格，对于各种事实完全不来争论，同样我也没有任何根据反对控告机关所收集并交给了诸位的各种证据。

我所辩护的高桥不容争辩地确实是犯了向他宣布的罪状。

高桥本人无论过去或现在都不否认自己是犯了罪。

高桥承认说，他所犯的罪就是他参与过准备关东军去对苏联、中国和蒙古人民共和国进行细菌战和破坏活动的工作。

高桥承认说，他所犯的罪就是他领导过受那个由他主持的兽医处管辖的第一〇〇部队的活动。

高桥已承认说，他所犯的罪就是他曾帮助扩大第一〇〇部队在探求最有效细菌方面以及在增加部队内生产能力方面的种种活动。

高桥已承认说他所犯的罪就是他组织过侦察别动队去进行军事破坏的工作。

然而高桥以前否认过，现在还否认他曾知悉第一〇〇部队内用活人进行实验的事实。高桥虽否认这一事实，但他并不推卸自己也应对第一〇〇部队所干此种罪行负责。

高桥关于这点供称："我从各证人供词中才知道有对活人进行实验的事实。我个人虽不知道对活人进行实验一事，但我并不推卸自己的责任，因为第一〇〇部队是受我管辖的。"

高桥并不否认第一〇〇部队内用活人进行过实验的事实，并不否认被告三友及证人福住和畑木等人供词确符实情，但他个人在这方面并没有罪过。

我要重复说一句，高桥认定，关于第一〇〇部队所进行的此种试验工作，他原先是不知道的。我之所以要讲到这点，是因为我认为这点对于确定高桥在本案中的作用一事具有重大的意义，因为根据俄罗斯苏维埃联邦社会主义共和国刑法第十八条规定，诸位审判员同志应该查明每一被告的作用，因而也就应该查明其社会危险性，所以诸位在对每个人判处刑罚时当然应该估计到这点。

审判员同志们，诸位现在是审判着高桥，他现已年逾六旬，所以你们不能不注意到他的生活历程。

究竟他是怎样落到这种境地的呢，究竟为什么高桥竟走上了这条把他引到因犯极恶大罪受审地步的道路呢？

高桥原来是个很有才干的人，他本来可以走上诚实劳作的大道，他本来能够献身于一种良善目的，即使本国免遭各种兽疫的灾害，但是他没有走上这条正路。

为什么竟会弄成这样了呢？

高桥曾肄业于东京大学医科兽医学系。他住大学时获得了陆军省官费生的资格，而这也就使他必须在毕业后进入日军服务。

高桥受到高等教育后就成了军人，而最高军事机关就把他看成是自己所培养出的一个很有才干及大有希望的兽医。

当时在高桥面前出现了一条新的道路，即谋获军事禄位的道路，而他也就步步高升起来了。一九四二年间，他已获得兽医少将衔，尔后即晋升为兽医中将。同年间，高桥便被任为日军精锐部队关东军兽医处长。

高桥受过盲目服从命令的精神教育，他所遵循的是日军中唯一的法律——军事典范，他也就再分辨不出何谓好坏，何谓可做不可做，他也就忘掉人类道德规范了。

从此高桥就一味执行各种罪恶命令，他已把自己兽医的职责置之脑后。命令压倒了他的理智，命令埋没了他的良心。

审判员同志们，请诸位回忆到一九四九年十一月二十三日高桥在受审讯人审问时所供述的一段话，当时高桥说：

一般说来，在日军细菌学家中，老早就有过要建立兽疫部队来准备作细菌战的意见；我曾反对过这种办法，认为这是违反人道的。

高桥在这里受庭审时，不得不承认说，他不仅在任何地方都没说出过自己的意见，都没表露过自己的意见，反而始终把这种意见隐藏着，而当他奉到上级的罪恶命令时，就来执行那种正是有个时候为他的良心所不容许的事情了。

高桥只是现在才把他在许多年前所想过的事情告诉给大家。只是当他看清了自己工作的后果，当他确信他的领导者们该是设计出如何骇人听闻的罪行时，他才把这点说明出来。

高桥说他曾隐匿了他反对细菌战的态度，他这番话在某种程度上可以用来说明当时高桥所处的环境，即他的健全理性、他的良心是曾被日本当权集团所执行的劫掠政策的一般方针所埋没了的。

审判员同志们，高桥的罪行只是与第一〇〇部队相关联，而高桥与第一〇〇部队工作相接触，只是一九四一年当该部队内以及整个关东军内都在大肆准备细菌战的时候。从那时起，高桥才开始参加他在口供中所详述过的那种罪行。

审判员同志们，根据这点，我认为可以作出结论说，高桥虽确实犯过罪恶，但终归不能把他算入细菌战准备的鼓舞者和发起人之列。

审判员同志们，诸位听过高桥在我们面前所说出的悔罪词，他已充分责备了自己，他并没企图卸脱应负的责任。

当我向高桥发出问题，问他现在怎样估计自己在准备细菌战方面的活动时，高桥曾回答说：

我认为这是惨无人道的事，所以我因我参预过此事而表示翻悔。我特别表示翻悔的，是因为日本青年在我指导下作过这种恶事。

高桥已经了解了他所犯种种罪恶的全部严重性，而他的自认以及他那揭穿日本帝国主义领导者面目的供词，都足以证实这点。

我请诸位只按他所犯罪恶的程度，来决定对他施行惩治的办法。

我请审判员同志们在对他判罪时要给他一种希望，使他能够用自己的余年去为人类服务，这样来不仅在我们面前，并且在他本国人民面前以及在全世界人面前将功赎罪。

在我为高桥作辩护的这番话中，我是尽力想说出凡属可能减轻我所辩护的这个被告所遭苦运的情由，我的辩护词就此完结。

＊　　＊　　＊

审判长：现在请为被告佐藤俊二作辩护的波加切夫律师讲话。

波加切夫律师演词写入庭审记录中。该演词同时用日语广播。

波加切夫律师为被告佐藤作辩护时的演词

审判员同志们！

诸位所审判的那些罪恶行为，实与德国法西斯蒂在其暂时占领过的苏联地区和欧洲其他国家领土内所干出的那种兽行有些共同之点。同时，这两者彼此间又具有共同的思想基础。

本案所审讯的罪行乃是帝国主义日本同法西斯德国互相联盟的直接产物。其所以造成此种罪行是由于当时日本统治集团为法西斯思想所陶醉，即妄图统治世界，认为日本民族优于全世界一切其他民族，同时企图侵占苏联远东境土。

《日本时报》在一九四四年十二月间公然写过："迫使日本动用武器与迫使德国动用武器的基本目的，原来是一样的。"

日本统治集团不惜采取任何手段来达成自己的目的。他们是按"只求目的，不择手段"这一原则来行动的。

我们是斯大林时代的苏联人，是代表伟大人道主义思想的人物，我们所受到的是对人表示尊敬的教育，所以我们很难想象到可以利用细菌去大批消灭人命。我们这些身为普希金、托尔斯泰和高尔基同胞的人，从来就认为人是自然界的主宰，在我们看来，"人"这个字乃是一个极高尚的名词。

我们所希望于一个人的品质，应该是宽宏大度，克己精神，热爱祖国，但这种爱应该是高尚的爱，是为了人类福利，为了人类幸福未来而贡献出自己所有一切，直至贡献出最后一滴血为止的爱。

我们希望人们要具有少年丹柯那样的精神，他把自己那颗赤热发光的心脏从胸腔中剜出来，高举在自己头上，这样来给那些在黑夜中徘徊的人们照耀道路。

我国历史上有过不少使我们引以自豪的人物。一九四一至一九四五年卫国战争所提出的犹如丹柯那样献出自己的心脏来拯救他人的英雄特别多，他们都是热爱祖国、热爱本国人民和热爱自己家庭的，他们都曾勇往直前地去为从法西斯铁蹄下解放祖国领土而奋斗过。这些人物的英名不仅已载入我国英勇史册上，并且我们始终虔诚怀念着他们，把他们当作爱国主义、勇敢和大无畏精神的象征，当作应该效法的榜样。

哪知我们在本次审案期间，又碰着了帝国主义世界中人们对于人品所持的另一种观点。

所以，我在尚未直接替佐藤作辩护之前，首先想讲讲竟使此种罪行成为可能的原因。

在资本主义社会里，大家都崇拜着黄金偶像，崇拜这一迷惑了人们心灵的黄色妖怪。

"这种可恶的魔术——高尔基说过——迷惑了他们的心灵，它使人们成为黄色妖怪任意玩弄的工具，成为供这黄色妖怪经常用来提炼金子作为本身血肉的矿石。"

那里，人们就是为了这黄金妖怪而无恶不作。那里对于每一个人的生命都是按他所应产生的收入多寡来加以估量的。那里，人乃是商品。

那里，根本就不知道什么是祖国，那里只知道营业谋利。

华尔街一个很有势力的财阀波煦曾这样来辩护自己的活动，他说："你们若消灭掉利润的动机，那你们也就会消灭一切进步。"

我之所以讲到利润这个问题，并不是想要转移诸位对我们所审查的这案件，对我所要辩护的这佐藤的注意力，而是因为这个问题对于本案，对于为佐藤作辩护一事，具有重大的意义。

佐藤的名字在起诉书中是与山田列在一起，认为他是一个领导者，是一个主持过各特种细菌部队活动的人，是一个实现过帝国主义日本统治集团在发动侵略战方面的罪恶计划，准备过细菌武器去歼灭和平居民的人。

起诉书上所定的这个罪名是极严重的，并且基本上是理由充足的，但是我不能同意把佐藤与关东军领导人员同等看待。起初，他本是一个部队长，后来是第五军团军医处长，他这职位距上层人物还远。他仅仅是一个陆军军人，虽则他获有将军衔，他只是那些上层人物意旨的执行者，这些上层人物曾经一贯地在日本人意识中培养兽性的种族仇视主义思想，而于一九四五年间竟因绝望而凶狂地颁布了准备进行细菌战的命令，因而又一次证实他们根本不顾日本人民的利益而使国家必然遭受到无穷的牺牲。

罪行的主犯，乃是三井、三菱、住友和安田这班"财阀"。

罪行的主犯乃是日本帝国主义的那些喉舌和思想家，如荒木大将一类的人，这荒木曾鼓吹过，硬说日本是军阀民族的思想，他也同戈林一样曾在自己部属中激起贪嗜人血的残暴本能，他指使他们说："毫不留情地杀吧！""表扬出敌视欧美的日本精神、亚洲精神吧。"

这种号召杀人的鼓吹不是没有恶果的，并且也不会没有恶果，因为为了实现这种思想，日本的国家机构向来就在这方面努力，因为为了实现这种思想，日本统治集团在几十年内都用他们所要求的那种精神来教育过日本人，毒化了千百万人的意识，拿神道思想这一奉为宗教的特种爱国主义体系来从事投机。

而佐藤却不过是一个人，他本是一个医学博士、军医学院讲师和病理学专家，却被任命为细菌部队长。当任命他时，并没有问过他是否同意。他是个军人，上面有人命令他，他就得执行。

究竟谁是此种骇人听闻战争武器的创始者，这是很难说的。细菌战问题还在一九二五年时，就由国联军缩会议审查过。那里曾指出说，防止准备细菌武器是一件非常复杂的事情，因为：

> 决不能勉强限制病菌实验工作而妨碍细菌学的发展——专家结论上说——因为这种细菌研究工作首先是为了人道目的……即同某种预想的危险作斗争……每个国家都应认识到由于在该国境内进行细菌研究工作这一事实不免发生的道义责任。

显然，日本帝国主义者是因考虑到这点而把细菌研究工作移至满洲境内去进行。他们假冒发挥一般细菌学而发展了其中有军事意义的方面，他们居然利用这一科学中的人道思想成分来达成自己的卑劣目的。

从前，福得上校在他那本关于这个问题的"著作"中，说过可能投掷装有霍乱菌、鼠疫菌和痘菌的炸弹。我们尚不知道，福得他这食人生番"著作"中究竟研究到了什么程度，可是日本头目们却已经经过石井将军来具体实现该著作内所包含的思想了。

佐藤承认自己所犯的罪就是他领导过"波"和"荣"字两个细菌部队，指导过各该部队去制造细菌武器以资准备对苏联及对其他国家进行细菌战。他曾把这种任务当作自己的军人职责来执行过。

此刻很难断定的是，究竟佐藤奉到要准备细菌武器的任务时，他内心里是否有过什么斗争，究竟他当时对这一不仅远远超出军医普通职责，并且是与此种职责根本相反的任务采取了什么态度。

此刻很难断定，佐藤在担任这些职务时所表现的积极性确实是如起诉书上所说的以及国家公诉人所指出的那样。我关于这个问题有点意见，我认为把这种意见贡献给诸位审判员同志们是必要的。

请诸位在会议室里判决佐藤的命运时注意到我的这番意见。

佐藤是个病理学医生，他按这一专门技能在军医学院当过讲师，他用关于这类题目的论文考中了博士学位，自然，缺乏细菌学专门知识这点，虽没阻碍他在领导各细菌部队一事中的积极性，但至少是大大减轻了他的这种积极性。

其次，就是佐藤在一九四一至一九四五年被苏军俘虏以前这期间内，没有得过一次奖章。这虽是一件小事情，但这件小事情在某种程度上却说明佐藤在执行其所负任务时并没有表现出他很热心。

我们知道，重大的功劳，特别是军事功劳，何况还是特别秘密的军事功劳，照例是要得到相当报偿的。

既然没有得到过奖章，那也就是说没有过特殊功劳。

本案材料证实，佐藤被任为"波"字部队长是在一九四一年，即在该部队工作建立起来并布置就绪后已经有几年的时光了。

我并不是说此种情况能完全辩白佐藤，但这一事实可以减轻他的作用和责任。

说到这里，我想请诸位注意到一件事情，佐藤在被告名单中占第八名，即在职位上比他较低的西俊英、柄泽、尾上等人后面。

而这并不是偶然的。佐藤的作用，较之当时所进行的细菌破坏活动和在活人身上所作的种种实验，以及第七三一部队内部监狱刑室中有三千人被害死的事实说来，是要轻得多。我有根据地认定，佐藤并没有亲身参预过杀害那些落到"特殊输送"范围内而被当作"受实验材料"受过种种暴力和侮辱的不幸的人们。起诉书上并没控诉佐藤有此种野蛮行为，我对这点是同意的。

自一九四四年二月佐藤被任命为第五军团军医处长后，有个时期离开过领导各该细菌部队的工作，并且一般地就离开了与准备细菌武器有关的活动。

只是在一九四五年五月间，才由尾上向他提出请求，要他捕获鼠类送到海拉尔第六四三支队里去。

佐藤为实现这种请求而颁布了相当的命令给第五军团各部队，因而他对准备细菌武器一事起过某种协助作用。

在庭审时，宣读过关东军司令部作战部长松村的口供，其中说道，那时关东军中几乎所有各陆军部队都进行过捕鼠工作。所以，佐藤在此场合所给与的协助并没起积极性的作用。他在这里并没表现过主动性，并没有起过倡首作用，他不过是重复了他周围人们所干的事情。

根据这一切实际材料，我请审判员同志们判明这样一个问题，究竟把佐藤列到那些积极参与过实现帝国主义日本当权集团罪恶计划的主犯们一起是否正确。

可否——例如说——把佐藤与关东军总司令山田将军相提并列，认为他们两人所起的作用相等而将他们判处同样的刑罚呢？

我请审判员同志们切实估计佐藤所干出的一切罪行以及他在准备细菌战中所起的那种远非主要的作用。

审判员同志们，我希望诸位能作出人道为怀的判决。

* * *

审判长：现在请为被告西俊英和平樱两人作辩护的波尔霍维金诺夫律师讲话。

波尔霍维金诺夫律师演词写入庭审记录中。该演词同时用日语广播。

波尔霍维金诺夫律师为被告西俊英和平樱全作作辩护时的演词

军事法庭委员同志们！

人类在有生以来的千百年内遭受过许多次的战祸。

但战争史上还没有过像细菌战武器这样可怕的杀人利器。

在本案审讯过程中已经查明出，日本统治集团在按日皇裕仁敕令建立的各秘密实验室内，积聚了大批歼灭人命的可怕武器，如鼠疫、霍乱、伤寒、炭疽热及其他种种致命病菌。

分布在满洲那些距我国边界很近地区内的杀人工厂，曾按日皇意旨每天不断地扩大过培养致命细菌的生产能力。

当时我们祖国以及盟国军民已经有受到细菌战祸的危险。

可以不庸置疑地说，当时日本帝国主义者是会要实施这种万恶计划的。

但是在英明战略家斯大林同志领导下的我们光荣的苏联军队，由于采取急速进攻动作和彻底粉碎了关东军的结果，终于阻止了此种万恶计划的实施。

审判员同志们！本案审判快要终结，不久诸位就会去商榷要怎样判决这些被告的命运。

我们苏联法庭是世界上最公正最人道的法庭，它对被告判罪时，始终都是依各被告已在庭审中证实的具体罪状作出发点的。

不庸置疑，诸位对每一被告也会首先察明各人所犯罪行程度及各人社会危险程度，而严格分别加以处决的。

我是以辩护人资格把由我辩护的西俊英与平樱全作所犯罪恶及其参加此种罪行程度加以分别看待的，所以我关于这个问题要简略说出自己的见解。

我觉得，若来分析他们每个人所犯的罪，那就能正确断定，无论是前日军中佐西俊英，亦无论是前日军中尉平樱全作，都不能被归入罪行的主使人和鼓舞者之列。事实证明恰恰相反，他们所起过的乃是一种次要的作用。他们都是本国统帅部命令的执行者，固然他们所执行的是罪恶命令，但既然他们不过是执行者，所以他们的罪恶显然是轻一些。我所辩护的这两个人都已经完全承认自己犯了罪，我有充分根据来断言说，他们俩人都已觉悟到第七三一部队和第一○○部队内所干罪行的严重性。

前日本关东军军医中佐西俊英完全承认了自己所犯的罪，他对所控各节丝毫没有表示否认。

西俊英在受预审时供称：

> ……我懂得，当时所准备的战争定会在和平居民中引起无数的牺牲；我懂得，此种细菌战武器以及在活人身上强制进行细菌传染实验的办法，乃是惨无人道的罪恶行为……

在庭审时，我曾问他是否了解该部队工作终极目的的全部罪恶，当时西俊英回答说："了解。"他并声明说，他完全悔罪。

他这样悔罪不是偶然的，所以我认为他这悔罪是完全真诚的。

为要相信这点，就必须回想起西俊英被俘以前是在什么地方和什么条件下生活和受教育的。从幼年时起，他那意识中所熏染的就是这样一种思想：所谓日皇是天生的，凡是出自日皇的一切都应无条件执行，以及日本负有特殊的使命。

当时他每日每时都曾受到那种对其他一切民族包括苏联各族人民在内一律表示蔑视的狂热沙文主义思想的熏陶。

他那些长官们代表日皇来命令他，而他也就盲目地执行过这种罪恶命令。

这是他在被俘以前的情形。

但西俊英被俘后所见到的战后实际情形，却不能不触动他的心灵，不能不引起他心理上重大的变动和转变，不能不使他重新估计以前认为天经地义的东西。

我觉得，根据这种情况就可以相信到，西俊英悔罪是真诚的。

不能把西俊英看作是与那些罪行发起人和主使者一样的罪犯。

我们已经很清楚地查明，建立第七三一部队及其各支队的发起人恰恰就是日皇裕仁。而第七三一部队的直接组织者则是日本陆军省、参谋本部和关东军司令部。

主持第七三一部队的是日本细菌战思想家石井四郎将军，那末难道可以把我所辩护的一个小小军医中佐来和在活人身上进行穷凶极恶试验的头子石井将军混为一谈么？

可见，只能把西俊英当作是日军统帅部以及前日本关东军总司令罪恶命的一个执行人来看待。

讲到我所辩护的第二个人，即前日本关东军兽医中尉平樱全作时，我应当指出，他也完全承认了自己犯了罪，他无论在受预审或受庭审时都曾坦白详细地供认说，他对自己的罪行表示惭愧，表示反悔。

平樱也和西俊英一样是在帝国主义日本的条件下诞生、长大、受到教育和从事工作的，而他只是受俘后蹲在苏联的期间，才觉悟到自己原来在第一〇〇部队内作的是罪恶工作。

这个罪犯按其在全体被告中的作用也只能当作一个命令执行者看待。

这就是我关于能减轻被告西俊英和平樱两人罪状的情形所要说出的简略意见。

我觉得，我所列举的这些理由是与实际情况完全相符合的，这也就使我有根据来请求诸位审判员同志从宽治罪。

*　　*　　*

审判长：现在请为被告三友一男、菊地则光和久留岛祐司三人作辩护的普罗珂坪科律师讲话。

普罗珂坪科律师的演词写入庭审记录中。该演词同时用日语广播。

普罗珂坪科律师为被告三友、菊地和久留岛三人作辩护时的演词

审判员同志们！

全世界都知道，日本当权的帝国主义集团曾在多年内一贯进行背信弃义的侵略政策，制出在太平洋和东亚各国实行掠夺的计划。

日本帝国主义集团直到最终倾覆时止都没有改变过自己的意图。这个

集团准备过反对人类的滔天罪行，即细菌战争，为此而采用过无数万万极可怕的病菌——鼠疫菌、霍乱菌、坏疽病菌、伤寒症菌、炭疽热菌等作为战争利器。

他们把一种昆虫即跳蚤用致命鼠疫菌武装起来当作这种史无先例的新军队中的一种兵员。

这就是已由军事法庭查明了的实际情形。

我由于我国伟大宪法及本人职责关系，应该来为提付本案判决刑事处分的三个被告，即（一）三友一男（二）菊地则光（三）久留岛祐司进行辩护。

在起诉书中向他们提出的总罪状是说他们在日军专为准备和进行细菌战所设立的细菌部队中供职时参加过各该部队出产作为大批杀人手段的细菌武器的罪恶工作。

此外三友还被控为亲身参加过用对活人施行残忍试验的办法杀害人命的活动，并参加过对苏联进行的细菌破坏工作。

审判员同志们，让我首先来为被告菊地作辩护。

菊地则光被控的罪名是说他在担任医务实习员期间培养过伤寒菌、副伤寒菌、结核菌和赤痢菌，研究过营养液，改善过营养液制造方法，以便大批出产进行细菌战所需要的细菌。

菊地则光是日本国籍，他是按照兵役义务规章被征入伍的。我得说明，军队中服务一事是与菊地本人愿意与否无关的。在军中服役原是他的义务，但这当然不是说他应该执行自己长官所发布的那些分明是罪恶性的命令，即关于改善致命细菌制造法的命令。在本场合，他起了自己长官帮手的作用。

所以，替菊地则光作辩护的人，也如菊地本人承认了一样，认为他确实犯了罪过，并认为按苏联最高苏维埃主席团一九四三年四月十九日法令第一条确定他的罪状是正当的。

至于处分问题，那末我请军事法庭在讨论此问题时估计到菊地是诞生和成长于资本主义社会里这点。

他一向都是按资本主义社会兽性法则生活的。他一向都是从关东军领导者方面受到这种思想陶养的。

同时我还请求法庭估计到，菊地所犯罪恶程度与现在同菊地并排坐着的将军们所犯罪恶程度相较（顺便说说，他现在是生平第一次同日本高级将官并列而坐）是要小得多。

此外我还请求法庭估计到我国法律所预计到的各种减轻罪状的情由，特别是估计到被告诚恳承认本身罪过及悔悟自己所犯罪过的情由，并依其罪恶程度而从宽治罪。

辩护人相信军事法庭将对菊地则光定出公道的判决。

至于同样完全承认了自己罪过的三友一男，那末公诉方对他提出的罪名是更加沉重的。三友除制造致命细菌之外，还不只用动物而且用活人来进行过试验。

他曾遵照自己主人命令杀害过许多人命，然后就把死者尸首加以剖开，检查内面因中毒结果所发生的变化。当时他并没认为这是罪恶。日本军阀集团教导给小兵三友的思想原是如此。

这是过去的事。但从前是个兵士的三友现在已成了另一个人了，他现在说的已是另一种话。审判长和审判员同志们，我请你们诸位相信三友在预审时特别是在庭审时诚恳表示悔悟的态度。

三友痛斥自己过去所干的罪恶活动，并承认说他自己犯了严重的罪恶。

我请诸位在对他判定处分时估计到一九四五年八月以前的三友所由以产生的那种环境的一切特点。

我请求法庭对他从轻治罪，因为他在那副由日皇裕仁创立的万恶杀人机器中并不是一种什么特别重要的机件。

最后，我还要讲到久留岛祐司所犯罪恶程度及其所应负责任程度。他已承认他所犯的罪恶是：

（一）他在日军第七三一部队第一六二支队中服过务；

（二）他于一九四四年十月参加过平房站附近试验细菌弹的工作；

（三）他从一九四四年十一月起到日本投降时止担任过实验员职务，培养过霍乱、伤寒、结核及其他种细菌，搜捕过鼠类动物，繁殖过跳蚤。

庭审查明了，久留岛参加当时在平房站附近举行的细菌弹实验演习，只是表现于他以日军兵士资格在试验细菌弹时担任过打靶场护卫职务。第二，他计算过落到特备箱子内的跳蚤数量，借以测量从飞机上投下跳蚤的散播程度。末了，他搜捕过田鼠和老鼠。

久留岛祐司是于一九四四年一月应征入伍的。他既深信他是"神明"种族中的一分子，所以他执行过长官命令他所作的一切。

久留岛不过是一个兵士而已。

我毫不怀疑，一九四四年时的久留岛已不存在了。现在所有的是另一个久留岛，是一个诚恳斥责本人已往一切的久留岛。

准备细菌战的责任应该由那些鼓励和组织过这战争的主犯去担负。

审判员同志们，我请诸位对久留岛尽量从宽处罚。

* * *

审判长：现在请为被告柄泽十三夫和尾上正男作辩护的鲁克杨杰夫律师讲话。

鲁克杨杰夫律师的演词写入庭审记录中。该律师演词同时用日语广播。

鲁克杨杰夫律师为被告柄泽和尾上作辩护时的演词

审判长和审判员同志们！

日本战犯审判案引起了我们伟大祖国全体社会人士的注意和兴趣。

在法庭上业已查明，日本当权集团所准备的并不是普通的战争，而是不免要产生极可怕后果的战争，是人类史上空前未有的战争，其所使用的武器是普通眼目所看不见而能致人于死命的鼠疫、霍乱、炭疽热、鼻疽、伤寒症及其他等细菌。

分析法庭审讯材料表明向各被告所提出的关于准备细菌战争反对苏联及其他国家的罪状乃是证据确凿的。

向各被告提出的罪状已在庭审过程中得到证实，而我并没有什么可能推翻此种罪状的材料。

当我在本法庭上开始执行我为辩护人的职责时，我想简略地说明日本这个帝国主义国家的实质，说明日本当权集团的思想，说明日本纪律的特点等问题，因为这些问题对于我所辩护的柄泽和尾上有直接关系。但是，有一位和我一起担任辩护的同事，即柏洛夫律师，在我以前讲话时已经详细说明了日本帝国主义国家机关和日本军事机器的组织原则和方法。他讲到了日本人民被宗教和封建偏见所压制所钝化的情形，讲到了日本人民的意识被好战民族主义和兽性沙文主义毒药毒害的情形，讲到了日本帝国主义当权集团用整个教育训练系统把日本军人变成他们意旨的机械执行者的情形，而这当权集团原是妄想建立世界统治权的。

为避免重复起见，我不来讲到这些对本案一切被告包括我所辩护的被告在内都有最重要意义的问题。

审判员同志们，现在就要讲到那些与我所辩护的被告有直接关系的具体说明。

为着辩护柄泽十三夫和尾上正男，我要说明如下几点意见和理由。

被告柄泽罪状的要点诸位都很清楚知道，所以我认为再来详细讲到这点是不适当的。

柄泽犯过直接参加准备细菌战反对苏联和其他国家的罪恶，这是没有什么疑义的。在柄泽领导下大量培养出的致命细菌，曾于一九四〇年和一九四二年间由细菌战思想家石井将军率领的远征部队在华中战地上散播过。

柄泽既为战争培养过致命细菌，因而也就犯了危害人类的罪恶，这点是业已证明了的。

但是，诸位审判员同志不应该忽略一种情况，即柄泽在本案中并不是一个基本犯，不是主犯。柄泽按官衔说只不过是个少校，他在职务方面是依赖于他人的，他只是执行过前部长川岛将军、前部队长石井将军、前关东军总司令梅津大将的命令，以及日皇裕仁的意旨，而这一班人在我看来是应该对准备和使用细菌武器一事负主要责任的。

柄泽原是关东军中的一个军官，当时他认为在军队中服务首先就是要绝对执行各种军事操典和各种军事命令。因此，被告柄泽在本案中的作用是个执行者，而不是首犯，即不是罪行的组织者。

既然柄泽在职务方面曾是一个属员，当时上级长官的意旨和命令高压着他，而向来都是受着盲目服从教育的柄泽自然不能拒绝执行此种意旨和命令，所以辩护人抱有一种希望，希望审判员同志们在给柄泽判定处分时必会注意到这些情况，并把这些情况看成是能切实减轻我所辩护的这个被告所犯罪状的情由。

我不企图来辩驳向柄泽提出的罪状，但是我不能不请诸位注意到一个在我看来有根本意义的辩护理由，即我所辩护的柄泽已承认说自己有罪。

在预审时，柄泽已诚恳承认了自己的罪过，说出了其他诸人所犯罪行，因而帮助了大家揭穿日本当权集团罪行的事情。柄泽曾供称：

> 我了解第七三一部队是个罪恶组织，因为它准备了用国际公法所禁止的野蛮手段来杀害人的那种工具。

往下他又说过：

> 我既在本部队内工作过，因而也就是这种罪恶行动的参加者，也就是在人类面前犯了罪过，所以我当然要受到处分。我了解了这点，因此自审讯开始时起我就努力忠诚地客观地揭穿本部队的罪行以及我个人在这方面的作用。

我所辩护的柄泽真正一贯忠实揭穿了他自己和他的同谋犯所犯的罪行。

我觉得，军事法庭在对柄泽定下判决时应该对这一可能减轻他所犯罪状的情况也加以注意。

现在我就要来为被告尾上作辩护。

由本案材料中可以看出，尾上正男在任第七三一细菌部队第六四三支队长时所执行的工作，主要是组织搜捕并畜养鼠类动物——大小鼠——和培养跳蚤当作细菌武器。尾上在预审时供称：

> 我知道第七三一部队内进行过研究和大量制造细菌武器以供进行反苏细菌战之用。在我所领导的第六四三支队内进行过培养鼠类和跳蚤的工作，这种鼠类和跳蚤送到了第七三一部队中，以供制造细菌武器之用。

由尾上本人供词中可以看出，他所主持的那个支队共捕获和繁殖了七千多只老鼠，培养了大量跳蚤，这些老鼠和跳蚤后来都由他负责发送到了第七三一部队中去。第六四三支队领得了供培养细菌用的装备品，以及七十五吨制造供培植致命细菌用的营养液的材料。

这就使我这辩护人必得同意向被告尾上提出的罪状，并认为他的罪状是已经证明了的。

然而在尾上案件中我看到有可以大大减轻他所犯罪过的情况。

我所辩护的尾上，也如柄泽一样，曾在最带侵略性的、各方面最有准备的关东军中服务。这支军队是日本帝国主义的突击力量，是日皇大本营的骄子，其旗帜上所写的是："对苏联进行战争，侵占苏维埃远东区、西伯利亚及乌拉尔。"

日皇裕仁、日本参谋本部和陆军省专为关东军准备过最坚定、最忠于帝国的兵士和指挥官干部。为了对军人养成这种品质起见，不仅由陆军省，而且由教育部——有个时期教育部领导人曾是主张和苏联作战的思想家荒木——极力利用过欺骗手段，在日本兵士和居民中燃起盲目仇视其他民族的心理，鼓吹必须绝对盲目服从长官，必须特别忠实于所谓替天行道的日皇，极力发扬武士道精神，野蛮残暴对待敌人等等。

换句话说，关东军的兵士和军官们都受过了特别的教育。在他们中间培养渴望侵占他国领土的心理，对他们灌输过纳粹主义和法西斯主义的思想。当时日军兵士们都是唱着"日本征服全世界"的军歌。

无怪乎在一九三七年间，即在日本对华进行战争的时日，每当日本军队派往中国去时，各车站上总可看到日本兵士肩带上写有如下字样："我中村现在出征，是要征服他国人民和夺取他国领土。"

尾上也如其他派往关东军去的军官一样，受过这种训练，作过军事宣誓，并誓死要忠于日皇裕仁。

尾上不经丝毫思索而盲目地执行过自己长官的命令，他曾是他那些长官手中的活机械，他本身的"我"是没有过的。

由此可见，尾上在本案中远不是一个首要人物。他也如我所辩护的柄泽一样，不过是他人意志的执行者，是日本罪恶集团和日军罪恶指挥机关的那些罪恶思想的执行者。

这使我有理由来请诸位审判员同志注意到上述种种情况，并把这些情况看成是很能减轻尾上罪状的情由。

同时，我还希望诸位审判员同志在决定每一被告犯罪程度时，把被告尾上业已承认其所犯罪状这点看成是足以减轻罪状的事实。

他奉行的训条曾是："照自然冲动做去，服从国法。"但日本国法乃是日本当权者意志，乃是帝国主义者意志的表现，尾上不过是他们的一个仆役。

审判员同志们！我坚决相信，你们的判决是会本着维护法律的精神，本着保障爱好和平人类安平幸福的精神定出的，同时在规定判决和给由我所辩护的柄泽和尾上两人确定处分时，将会估计到辩护人提出的理由，而你们的判决一定会是公允和人道为怀的判决。

各被告的最后陈述

审判长：现在我宣布双方辩论已告终结。

被告川岛，请到无线电播音机旁边来。现在法庭让你作最后陈述。

被告川岛陈述说：

现在我经审判长准许来作最后陈述。当我尚未初次来到苏联以前，我对苏联曾抱有一种完全不正确的观念。这种观念只是由于不了解实际情形的结果，所以当我在日本投降时被苏军俘虏来到苏联以后，才第一次了解到我原先的观点全属错误。

我所感觉到的第一件事情，而且是最清楚明白感觉到的事情，就是苏联人以人道主义态度对待我。

我想了想苏联人用这种态度对待我的原因，结果我看出这并不是一件偶然的事，而是因为在苏联这里已经没有什么民族仇视观念，因为苏联是一个民主国家，这个国家关心人民福利，坚决捍卫和平。

这就使我觉悟到我所犯罪恶的全部深度，这就使我改变了我自己的观点。

我已了解到，我所犯的罪恶不仅对于我本人，而且对于我国全体人民都是一种奇耻大辱，因此我对此完全忏悔。

这就使我了解到我以前对苏联所持的观点是错误的。我开始了解到，日本在投降以后应该发展成为一个民主国家，因此所有一切旧罪恶都应被揭穿，应被根本铲除。

我所说的这些话都是我的悔悟，都是我的虔诚忏悔。所以，在预审最初开始时，我便叙述与我所服务过的那个部队的活动有关的各种罪恶的事实。这对于我本来是一件不容易而很痛苦的事情。

担任预审的人员们对我表示的人道主义态度，帮助我及时找到了摆脱这种困难状态的正确出路。

我很清楚了解到我所犯的罪恶是危害人类的滔天罪恶。

我并不是现在才第一次这样思想，而是早已发生了这样的思想，但在这里，在这法庭上，我已特别坚决相信我自己所发生的这种思想和感觉是正确的了。

我甘愿接受法庭对我判定的最严厉的处分。

审判长：请坐下。被告柄泽，请到无线电播音机旁边来。现在法庭让你作最后陈述。

被告柄泽陈述说：

还在一九四六年，即当东京国际法庭对主要战犯案进行预审的时候，我便以证人资格受过审讯。

当时我把我个人和第七三一部队所作的一切罪行都揭穿了。现在，我以一个寻常人、一个普通人的资格来把我内心里沸腾着的一切统统说出来。

现时住在日本的有我的母亲，她已年满八十；此外，在那里还有我的内人和两个孩子。

他们先前都是靠我所领薪水养活。但是我了解我所犯罪恶的全部深重性，并对我所犯的罪行完全悔悟。

我将来一定要成为一个崭新的人。我请求法庭给我公正判决。

审判长：请坐下。被告山田，请到无线电播音机旁边来。现在法庭让你作最后陈述。

被告山田陈述说：

首先我要感谢法庭给我和其他各被告指定了辩护人来作辩护。

我想把我所有各次供词总结一下，并把我个人先前所处地位确切说明一下。

我出生在一个军人家庭，从幼年起就是在军队中生长和服务的。我历来受到的都是听从长官命令和谨守军人职责的教育。

我被任命担任关东军总司令一职以后，始终忠实一贯地执行了日本陆军省和参谋本部的一切命令和指示，这样来努力加强关东军的作战准备。

我承认我自己在加强细菌战战斗准备方面所应负的责任。

至于当时为准备细菌战而进行的那些滔天罪行，那末我明白了解，对此应负责任的有第七三一细菌部队和第一〇〇细菌部队各届长官，以及关东军各届总司令，包括我个人在内。

但是我想说明一点，就是与这些部队有关的一切人员都是按命令行事的，都是为执行这些部队长官和关东军司令官的意旨而行动了的。

被告川岛刚才讲到了这些部队中所干出的罪恶行为，以及一般为准备细菌战而干出的罪恶行为。我对于他所说的这些话没有什么可以补充。这些罪恶行为是根本无法辩白的。

我已经说过，我承认我应对各该部队在我任关东军总司令一职时期，即从一九四四年七月至一九四五年八月时期，为准备细菌战而干出的一切罪行负罪过责任。

我了解我所应负罪过责任的全部深重性。我了解我所犯罪恶的全部深重性，所以我并不去思想到法庭将来对我这种罪过判决的刑罚轻重如何的问题。

这就是我在最后陈述时所要讲的话。

审判长：请坐下。被告西俊英，请到无线电播音机旁边来。现在法庭让你作最后陈述。

被告西俊英陈述说：

我十分感谢法庭在这次审案中指定辩护人来替我辩护的盛意。

我再没有什么话要说了。现在我只是静待苏维埃法庭作出公允的判决。

审判长：请坐下。被告梶冢隆二，请到无线电播音机旁边来。现在法庭让你作最后陈述。

被告梶冢陈述说：

我承认我犯了向我所提出的罪状，并甘愿承受任何严厉的处分。

承蒙法庭让我作最后陈述，但我并没有什么要想自行辩白的意图。

我只把我的感觉说出来。

我研究医学原是为促进保健事业，是要造福人类。我是个医生，是一个从事人道主义职业的人，而我竟不去执行医学家的神圣天职，却走上了另一条道路，即走上了准备利用细菌当作武器的细菌战的道路。这点我认为是我自己的奇耻大辱。这点我认为是一个身为医生者的奇耻大辱。我很懊悔我以前曾参加过这种罪恶行为。

我因我犯过种种罪恶而感觉在各国人民面前犯有罪过。

审判长：请坐下。被告佐藤，请到无线电播音机旁边来。现在法庭让你作最后陈述。

被告佐藤陈述说：

从一九四一年起我担任过两个细菌部队的部队长，并直接领导过准备细菌战的工作。此外，我当第五军团军医处长时也协助过准备细菌战的工作。

我所犯的罪恶是与医生职责相抵触的，是与医学道德相抵触的。这种罪行是反对人类的。我的行为是反对世上一切善良东西的。

此刻我在法庭上完全忏悔我所犯过的罪恶。我很感谢辩护人，同时我应该说明，当我听到律师替我这样一个罪犯辩护时，我真是心中感觉惭愧。我认为我是配不上这点的。

现在我请法庭对我定出公允的判决，这种判决将是完全相当于我所犯的罪恶以及我所应负的罪过责任的。

审判长：请坐下。被告平樱，请到无线电播音机旁边来。现在法庭让你作最后陈述。

被告平樱陈述说：

现在我经过审判长准许来作最后陈述。首先，在这次审判案中把国际反动势力准备细菌战的罪恶计划彻底揭穿了。其所以能做到这步，只是因为苏军及时地粉碎了日本军阀准备进行细菌战的全部计划。

对我们这班参加过细菌战准备工作的罪犯判处严厉惩罚，这对于那些现在正极力企图准备第二次细菌战的罪犯们乃是一种警告和告诫。我希望，那班应对准备细菌战一事负主要责任的罪犯，即日皇裕仁、石井将军、若松将军，将会受到严厉的惩罚。

我深信，并且希望，凡是那些犯有准备细菌战罪而此刻未在受审者之列的罪犯们也将会受到严厉的惩罚。

审判长：请坐下。被告三友，请到无线电播音机旁边来。现在法庭让你作最后陈述。

被告三友陈述说：

以前，当我在第一〇〇部队中工作的时候，我没有了解我所干罪行的全部深度，然而当我在苏联这里住过四年以后，特别是近几日来在法庭这里蹲过以后，我已深刻感觉到我所犯罪恶的全部深重性了。

在苏联这里，我第一次认识了关于苏联的实情，我认识了苏联人，我看到了他们该是怎样慈善和高尚。

我了解了我自己所应负的全部责任。我对于我曾参加过罪恶行为这点表示忏悔。

审判长：请坐下。被告高桥，请到无线电播音机旁边来。现在法庭让你作最后陈述。

被告高桥陈述说：

我只是在亲眼看见了苏联实际生活情形后才最初认识了苏联。被告川岛在最后陈述中所说日本应复兴为一个光明新国家的意见，是完全正确的。我完全同意这种意见，我再没有什么话可以补充。我感谢法庭敦请律师来为我辩护，我感谢辩护人关于我个人说了一番温存的好话，我对于我所犯那些罪行深表悔悟。我了解了这些罪行的全部深度和全部沉重性，但是今天我想请求法庭对我从轻处罚。我请法庭对我定出公道的判决，好使我能把自己的力量贡献于人类有益的事业。

审判长：请坐下。被告菊地，请到无线电播音机旁边来。现在法庭让你作最后陈述。

被告菊地陈述说：

我从幼年起就是受着叫我尽忠日本国家，叫我尽忠日皇的教育。我本以为我能用自己的工作效劳于本国人民，但我受了欺骗。

我在居留苏联的四年期间内，由于苏联当局对我及其他日本人表示人道主义态度，我已了解到我该是如何受了欺骗，我在国内从幼年起所受到的该是如何虚伪荒谬的教育。

我已根据亲身经验认识苏联正确有理。我心灵中已发生了我毕生所不能发生的转变，现在我正想要在将来改正我的一切错误。

在法庭这里，我深以那班主要罪犯即细菌战的主要组织者和鼓励者没有到场受审为憾。

我对于这班人充满着仇视心和厌恶心。

我已明白了解我所应该走的那条道路。

我的最后陈述就是如此。

审判长：请坐下。被告久留岛，现在法庭让你作最后陈述。

被告久留岛陈述说：

我悟解我的罪状的深重性，我悟解我任第七三一部队第一六二支队工作员时所干的罪行的深重性，这个支队曾大量制造过供大批消灭人命用的细菌。我完全了解自己所犯的罪过，并忏悔我所干出的一切罪行。

我对那些把我卷入准备细菌战罪恶勾当的军阀表示无限的痛恨。我从幼年起就是在不正确的环境中受着教育，受着腐败思想的熏陶。但是正如我的辩护人所说的那样，我已经不是四年前那个久留岛了。

最后，我要感谢这里对我及其他战俘表示的诚挚待遇。

我感谢苏联不分种族而平等待遇我们的盛情。我感谢这里在审判时用人道主义精神对待我的态度，感谢法庭为我请律师来当辩护人的盛情。

审判长：请坐下。被告尾上，现在法庭让你作最后陈述。

被告尾上陈述：

在预审时，以及在法庭这里，我都诚心诚意承认说我参加过由我个人以及第七三一部队一般工作员所干出的那些罪行。

我对于有我参加以及由我个人以该部队支队长资格亲自干出的那些罪行，都再次表示忏悔。

　　我感谢法庭聘请有威望的律师来为我辩护。我悟解我所犯罪过的沉重性，我了解我曾不是一个普通的职员，我曾是一个担任领导工作的职员，是一个支队长，我对于我所犯的罪恶都表示忏悔。

　　将来，我将尽量努力去反对此类非人道的行为，去为和平而斗争。

　　最后，我请求法庭对我从轻处罚，如果法庭认为有这种可能的话。

　　审判长：请坐下。

　　法庭人员退堂商议，以便定出判决。

　　下午四点二十分，法庭人员一齐退堂去商议，以便定出判决书。

　　下午九时三十分，审判长宣读判决书，然后就由翻译员把判决书译成日文。

　　下午十一时四十五分，审判长宣告庭审会闭幕。

审判长契尔特科夫

书记：科尔金

瓦拉弗科

军事法庭判决书

代表苏维埃社会主义共和国联盟名义定出的判决书

一九四九年十二月二十五至三十日，滨海军区军事法庭——由少将法官契尔特科夫任审判长，上校法官伊里尼茨基和中校法官沃罗比耶夫任审判员，科尔金上尉任书记，经国家公诉方代表人三级国家司法顾问斯米尔诺夫以及被告方辩护人波罗维克、柏洛夫、山尼科夫、兹维列夫、波加切夫、普罗珂坪科、鲁克杨杰夫、波尔霍维金诺夫等律师参加——在伯力城公开举行的庭审会上审理了日本战犯被控一案，本案被告为：

（一）山田乙三，一八八一年生于东京，日本人，将军，前日本关东军总司令；

（二）梶冢隆二，一八八八年生于田尻町城，日本人，军医中将，医学博士，前日本关东军医务处长；

（三）川岛清，一八九三年生于千叶郡，山武县，莲沼村，日本人，军医少将，医学博士，前日本关东军第七三一部队生产部长；

（四）西俊英，一九〇四年生于鹿儿岛郡，萨摩县，樋胁村，日本人，军医中佐，细菌科医生，前日本关东军第七三一部队训练部长；

（五）柄泽十三夫，一九一一年生于长野郡，小县县，丰里村，日本人，军医少佐，细菌科医生，前日本关东军第七三一部队生产部分部长；

（六）尾上正男，一九一〇年生于鹿儿岛郡，出水县，米津町城，日本人，军医少佐，细菌科医生，前日本关东军第七三一部队第六四三支队长；

（七）佐藤俊二，一八九六年生于爱知郡，丰桥城，日本人，军医少将，细菌科医生，前日本关东军第五军团军医处长；

（八）高桥隆笃，一八八八年生于秋田郡，百合县，本庄城，日本人，兽医中将，生物化学家，前日本关东军兽医处长；

（九）平樱全作，一九一六年生于石川郡，金泽城，日本人，兽医中尉，兽医，前日本关东军第一〇〇部队科学工作员；

（一〇）三友一男，一九二四年生于埼玉郡，秩父县，原野村，日本人，上士，前日本关东军第一〇〇部队工作员；

（一一）菊地则光，一九二二年生于爱媛郡，日本人，上等兵，前日本关东军第七三一部队第六四三支队实习卫生兵；

（一二）久留岛祐司，一九二三年生于香川郡，小豆县，苗羽村，日本人，前日本关东军第七三一部队第一六二支队卫生兵兼实验员；

上列十二人均犯有苏联最高苏维埃主席团一九四三年四月十九日法令第一条上所定之罪。

滨海军区军事法庭根据预审和庭审材料查明：帝国主义日本当权集团，曾在多年以内准备进行侵略战争来反对苏维埃社会主义共和国联盟。

一九四八年在东京结束的对日本主要战犯审讯过程中已经查明进行反对苏联的侵略战争乃是日本当权集团力求强占苏联领土政策中的一个基本部分。

日本帝国主义者因醉心于日本种族优越和在日本支配下建立“大东亚共荣圈”的狂妄思想，并图谋协同希特勒德国一起用侵略战争建立世界统治地位，曾不惜采取一切违害人类的极横蛮罪恶手段来达成这个目的。

日本帝国主义者在其反对各爱好自由人民的罪恶侵略战争计划中，曾预定要使用细菌武器去大规模消灭对方军队及和平居民，包括老弱妇孺在内，方法是散布鼠疫、霍乱、炭疽热等致命的流行病及他种严重疾病。

为了上述目的，在日本军队内成立有特殊部队来制造细菌武器，并训练过专门军事人员和军事破坏工作匪帮，到遭受日军侵犯的国家领土上去用细菌传染城市和乡村、蓄水池和水井、牲畜和庄稼。

还在一九三一年间，即自从日本占领满洲而将其变成进攻苏联的基地时起，在日本关东军编制内已经为准备细菌战而成立有一个密号为"东乡部队"的细菌实验室，由身为残忍细菌战思想家和组织者之一的石井四郎主持。

在一九三六年间，即当日本反苏战争的军事准备工作加紧时，日军参谋本部又遵照日皇裕仁敕令在满洲境内建立了两个细菌机构，其目的不仅是要探究进行细菌战的方法，而且是要制造足供日军使用的细菌武器。

这些机构都是严守秘密，并为隐藏起见而命名为"关东军部队防疫给水部"和"关东军马匹防疫部"。后来它们被改名为"第七三一部队"和"第一〇〇部队"。

这两个部队都设立有许多支队，分别交归关东军各部队和各联队支配，而驻屯在日军对苏作战计划上所规定的主要打击方面。

其实，这些支队原是些战斗单位，能随时遵照指挥部命令去使用细菌武器。

第七三一部队和第一〇〇部队连同其各个支队，都是直接受关东军总司令管辖的。证明这点的有附入本案文件的前关东军总司令梅津将军一九四〇年十二月二日颁布的关于成立第七三一部队四个新支队的命令。

第七三一部队是布置在离哈尔滨二十公里远的平房站附近特设的一个严加守卫的军事市镇中，这是一个准备细菌战的强大研究所，拥有科学工作员和技术工作员约计三千人，以及多处用最新技术和完善仪器装备的实验室。

该部队的使命及其实际工作性质，可从其机构上看出。该部队分成若干部，其中只有设在哈尔滨市内的第三部才是主管军队给水事宜的。

第一部（即研究部）所负职能，是研究和繁殖各种效力最大的致命细菌，以便用作举行细菌攻击的武器。

第二部（即实验部）曾用活人进行过检验培养出的细菌性能的工作，制造过预备把细菌撒放到敌军方面的炸弹和特种施放器模型，繁殖过鼠疫跳蚤以便在敌军领域散布鼠疫流行病。该部内设置有四千五百具繁殖器（孵育器），用来在老鼠身上繁殖跳蚤。在这批繁殖器中可能于短促期间内繁殖出大量鼠疫跳蚤。第二部为进行罪恶实验而管辖有一个位置在安达站附近的特备打靶场和配备有专门器皿的飞机的航空队。

第四部（即生产部）所负任务是要繁殖各种已用实验方法研究出来的细菌，俨然是一座出产各种烈性传染病菌的制造厂。

该部曾拥有强大技术设备，以便大规模繁殖足供进行细菌战用的各种细菌。

该部生产能力每月平均可以繁殖出三百公斤鼠疫细菌。

第五部（即训练"教育"部）内培养过能够使用细菌战武器和用散布细菌办法引起鼠疫、霍乱、炭疽热流行病及他种疾病的干部。

由此可见，第七三一部队大量制造烈性传染病菌，预备用作细菌战武器，以期毁灭对方许多地区和杀害无数和平居民。

据法庭医学检验委员会结论上所说，这样大规模繁殖细菌的目的是预定要进行积极的细菌战。

第一○○部队驻屯在离长春以南约十公里远的孟家屯地方，也如第七三一部队一样进行过那种罪恶工作。

第一○○部队生产部内设有六个分部，其中：第一分部制造炭疽热细菌；第二分部制造鼻疽细菌；第三和第四分部制造可能引起他种牲畜传染病的细菌；第五分部繁殖毒害禾苗谷穗的细菌，目的是要把禾苗谷穗消灭；第六分部制造牛瘟媒介物。

同时在预审和庭审过程中又已查明，在华中和华南动作的日军部队中也成立有两个专门制造细菌武器的秘密部队，并为保守秘密起见而取名为"荣"字部队和"波"字部队。这两个部队的活动性质完全与第七三一部队及第一○○部队活动性质一样。

日军指挥部曾预料到在使用细菌武器时将有使自己军队受到传染的危险，所以在各营及各团内成立有防疫部队，受各军团军医处长节制。这原是准备细菌战总计划的一个组成部分。

在第七三一部队和第一〇〇部队内研究进行细菌战的方法和武器时，曾用活人进行过残忍罪恶实验，以期检验细菌武器效力。在进行这类实验时，日本恶魔用横蛮方法害死了落入他们毒手的成千人命。

第七三一部队和第一〇〇部队在几年以内用那些在实验室里繁殖出来的鼠疫菌、霍乱菌、伤寒症菌、炭疽热菌及坏疽病菌等进行传染活人的实验。大多数染上病菌的人都在惨痛情况下死掉了。而那些痊愈过的人，则被用去重复实验，结果也是都被害死了。

被用来残忍杀害的人，是日本宪兵队用所谓"特殊输送"办法押送到第七三一部队特设内部监狱里去的。这种死于日本恶魔毒手的牺牲者，都是些被视为有反日活动嫌疑而注定要遭杀害的中国爱国志士和苏联公民。日本凶手真是残暴万分，例如他们居然把拘禁在监狱内而预备进行罪恶实验的人叫做"木头"。

据被告川岛供述，单只在第七三一部队内每年就至少有六百个被拘禁者惨遭杀害，而从一九四〇年起至一九四五年日军投降时止，被害死的不下三千人。

同时又用整批被拘禁者进行过罪恶实验。在安达站附近的打靶场上，常把大群犯人绑到铁柱上，然后就在其近旁把装有鼠疫菌、坏疽病菌及他种病菌的细菌炸弹爆裂去传染他们。

例如一九四三年末，由被告柄泽参加在打靶场上进行过炭疽热传染十个中国公民的实验。一九四四年春，又由他参加在这打靶场上用一批活人进行过传染鼠疫细菌的实验。一九四五年一月间，又由被告西俊英参加在同一打靶场上进行过用坏疽病菌传染十个人的实验。

受被告高桥总领导的第一〇〇部队内也用活人进行过类此的残忍实验。

例如在一九四四年八、九两月间，第一〇〇部队内曾把细菌放到饭食里去传染了八个中国公民和苏联公民，不久他们就全部死掉了。

除了用烈性传染病菌对活人进行传染的罪恶实验之外，第七三一部队还对被拘禁者进行过冻伤四肢的实验。大多数不幸遭到这种残暴实验的人，都是在被染上坏疽病和脱掉四肢后就死掉了。

试验细菌武器效能的工作，并不只是以在第七三一部队和第一〇〇部队内部进行实验为限。同时日本帝国主义者还在对中国的战争中和对苏联的军事破坏动作中具体使用过细菌武器。

一九四〇年间第七三一部队特编的远征队，曾由石井将军率领开到华中战争地区去，在那里曾把鼠疫跳蚤用特制的器具从飞机上撒放下来，结果在宁波一带引起了鼠疫流行病。

这次害死了成千数中国和平居民的罪恶动作，曾摄照成影片，后来这部影片曾在第七三一部队内放映给日军高级将校——被告山田也在内——看过。

一九四一年间，第七三一部队又派遣一个远征队到常德城一带去动作过，结果常德一带也受到鼠疫细菌的传染。

一九四二年间，日军又在中国境内使用过细菌武器。这次由被告柄泽和川岛参加准备过的第七三一部队远征队，是与曾有一个时期受被告佐藤指挥过的"荣"字部队协同动作的，这次用各种烈性传染病菌传染过当时日军在华军压击下被迫退出的地区。

第一〇〇部队曾于多年以内再三派遣细菌班到苏联边界上去动作，这些细菌班中曾有被告平樱和三友参加。这种细菌班对苏联进行过细菌军事破坏，办法是把细菌投入靠近边界各地蓄水池中，包括三河区在内。

由此可见，在预审和庭审过程中已经查明，日本帝国主义者曾准备在对苏联及对其他国家开始侵略战争时，就大规模使用细菌武器，借此而把人类卷入新灾祸的苦海。

他们在进行准备细菌战争时不惜采取一切罪恶手段，在进行使用细菌武器的罪恶实验时杀害过成千数的中国公民和苏联公民，在中国和平居民中间散布过各种烈性疫症。

军事法庭认为本案各被告个人所犯罪恶已经确凿查明如下：

（一）山田乙三，从一九四四年起至日本投降时止任日本关东军总司令，曾领导其所辖第七三一部队和第一〇〇部队准备细菌战的罪恶活动，鼓励过该两部队在进行各种使用细菌武器实验时横蛮杀害成千人命的行为。

山田采取过各种措施，使第七三一部队和第一〇〇部队能对进行细菌战有充分准备，使其生产能力能充分保证日军以细菌武器。

（二）川岛清，在一九四一至一九四三年间任第七三一部队生产部长，即任该部队领导工作员之一时，参加过准备细菌战工作，曾知道该部队各部工作情形，并亲自领导过大批繁殖致命细菌，以期充分供给日军以细菌武器的工作。

一九四二年间，川岛参加过组织在华中作战地区内实际使用细菌武器的工作。川岛在第七三一部队内服务期间，始终都亲身参加过用拘禁在该部队内部监狱里的活人进行烈性病菌的残忍实验而将其大批害死的罪恶工作。

（三）柄泽十三夫，曾担任过第七三一部队生产部分部长职务。他曾是细菌武器制造工作积极组织者之一，同时又是准备细菌战工作的参加者。

在一九四〇年和一九四二年间，柄泽参加过组织远征队对中国和平居民散布瘟疫病症的工作。

柄泽屡次亲自参加过使用细菌武器的实验，结果害死了许多被拘禁的中国公民和苏联公民。

（四）梶冢隆二，从一九三一年起就主张使用细菌武器。他在一九三六年任日本陆军省军医署科长时，曾促成过建立和编成专门细菌部队一举，而石井将军（当时还是大佐）就是由他推荐委任为该部队长的。

从一九三九年起，梶冢接任关东军医务处长而直接领导过第七三一部队的工作，供给它以制造细菌所必需的一切物品。

梶冢经常到第七三一部队去巡视过，洞悉其全部工作，曾知道用细菌传染活人进行实验时所作出的残暴罪行，并赞许过这种罪行。

（五）西俊英，从一九四三年一月起至日本投降时止担任过第七三一部队驻孙吴城第六七三支队长，亲自积极参加过制造细菌武器的工作。

西俊英在兼任第七三一部队第五部长时，曾训练过细菌战专门干部，以供关东军各部队直属特别部队任用。

他曾亲自参加过杀害被拘禁的中国公民和苏联公民，办法是用烈性传染病菌来传染他们。

为隐藏该支队及第七三一部队所作罪恶活动起见，西俊英于一九四五年当苏军逼近孙吴城时就下令焚毁该支队所有一切房舍、设备及文件，而他这一命令也就立即执行了。

（六）尾上正男，在任第七三一部队驻海林城第六四三支队长时，曾进行研究各种新式细菌武器和制造各种器材，以供第七三一部队使用。

由他领导培养过细菌专门干部。

尾上曾知道第七三一部队内大批杀害被拘禁者的事实，并以自己的工作助长了此种滔天的罪行。

一九四五年八月十三日，尾上为隐藏该支队罪恶活动痕迹而亲自焚毁了该支队所有一切房舍、器材和文件。

（七）佐藤俊二，从一九四一年起，任广州隐称"波"字部队的细菌部队长，在一九四三年间又被任为与此相同的南京"荣"字部队长。佐藤在先后主持这两个部队时，参加过制造细菌武器和准备细菌战的工作。

后来佐藤担任关东军第五军团军医处长时又指导过第七三一部队第六四三支队，明知该部队和该支队工作带有罪恶实质而协助过该部队和该支队制造细菌武器的工作。

（八）高桥隆笃，在任关东军兽医处长时，曾是细菌武器制造工作组织者之一，直接领导过第一〇〇部队所进行的罪恶活动，因而应该对用各种烈性传染病菌传染被拘禁者而进行的残忍实验一举负责。

（九）平樱全作，在担任第一〇〇部队工作员时，亲自进行过关于制造和使用细菌武器的研究工作。

他屡次参加过在苏联边界地方进行专门侦察以期探究对苏联举行细菌攻击最有效方法的工作，当时他曾把细菌投到各该地区蓄水池中，包括三河区在内。

（一〇）三友一男，以第一〇〇部队工作员资格直接参加过制造细菌武器的工作，并亲自对活人进行过检查各种细菌效力的实验，用此种惨痛手段害死这些受实验的活人。

三友参加过在三河区一带对苏联进行的细菌军事破坏活动。

（一一）菊地则光，以实习卫生兵资格在第七三一部队第六四三支队实验室内供职时，直接参加过探究新式细菌武器和培养副伤寒和痢疾病菌的工作。一九四五年间，菊地在造就供进行细菌战用的干部训练班内受过专门训练。

（一二）久留岛祐司，受过专门训练后在第七三一部队支队内担任实验员时，参加过培养霍乱病菌、脱皮伤寒病菌和其他各种传染病菌，以及实验细菌炸弹的工作。

滨海军区军事法庭根据以上所述各节，认为已充分证明上列各被告确犯有苏联最高苏维埃主席团一九四三年四月十九日法令第一条所定之罪，同时依据苏俄刑事诉讼法第三一九条及第三二〇条规定，并估计到每一被告犯罪程度。

兹判决如下：

对于山田乙三，根据苏联最高苏维埃主席团一九四三年四月十九日法令第一条判决禁闭在劳动感化营内，期限二十五年。

对于梶冢隆二，根据苏联最高苏维埃主席团一九四三年四月十九日法令第一条判决禁闭在劳动感化营内，期限二十五年。

对于高桥隆笃，根据苏联最高苏维埃主席团一九四三年四月十九日法令第一条判决禁闭在劳动感化营内，期限二十五年。

对于川岛清，根据苏联最高苏维埃主席团一九四三年四月十九日法令第一条判决禁闭在劳动感化营内，期限二十五年。

对于西俊英，根据苏联最高苏维埃主席团一九四三年四月十九日法令第一条判决禁闭在劳动感化营内，期限十八年。

对于柄泽十三夫，根据苏联最高苏维埃主席团一九四三年四月十九日法令第一条判决禁闭在劳动感化营内，期限二十年。

对于尾上正男，根据苏联最高苏维埃主席团一九四三年四月十九日法令第一条判决禁闭在劳动感化营内，期限十二年。

对于佐藤俊二，根据苏联最高苏维埃主席团一九四三年四月十九日法令第一条判决禁闭在劳动感化营内，期限二十年。

对于平樱全作，根据苏联最高苏维埃主席团一九四三年四月十九日法令第一条判决禁闭在劳动感化营内，期限十年。

对于三友一男，根据苏联最高苏维埃主席团一九四三年四月十九日法令第一条判决禁闭在劳动感化营内，期限十五年。

对于菊地则光，根据苏联最高苏维埃主席团一九四三年四月十九日法令第一条判决禁闭在劳动感化营内，期限两年。

对于久留岛祐司，根据苏联最高苏维埃主席团一九四三年四月十九日法令第一条判决禁闭在劳动感化营内，期限三年。

本判决书可在被判诸人收到判决书副本后七十二小时内，依上诉手续向苏联最高法院军法处提出抗告。

审判长少将法官契尔特科夫
审判员：上校法官伊里尼茨基
中校法官沃罗比耶夫